调查作文教育导论

张荣华 著

西安交通大学出版社
XI'AN JIAOTONG UNIVERSITY PRESS

内容简介

本书是面向中小学教师和学生开展“研究性学习”“综合实践活动”“项目式学习”，以及各学科开展观察日记、参观记录、人物访谈记录与报告、语言课题调查报告、自然科学调查报告、社会科学调查报告，以及小论文等学术性写作的指导用书。

本书分为六编，通过回答调查作文“是什么”“写什么”“如何写”三个重要问题，试图从理论到案例破解调查作文的写作密码。包括调查研究的价值，调查作文教育的理论基础，教材与课程标准中的调查作文，调查作文的主题设计与实施计划，调查作文写作素材的收集与分析，调查作文的写作等。

本书为调查作文在中小学校的有效实施，从理论、方法与技术、案例等方面提供指导，具有较高的学术价值和社会效益。其阅读人群除中小学师生以外，还可以是与调查作文相关的研究人员。本书还可以作为师范大学研究生和本科生相关教育的参考书籍。

图书在版编目(CIP)数据

调查作文教育导论 / 张荣华著. —西安 ：西安交通大学出版社，2022.9

ISBN 978-7-5693-2778-6

Ⅰ. ①调… Ⅱ. ①张… Ⅲ. ①作文课-教学研究-中小学 Ⅳ. ①G633.412

中国版本图书馆 CIP 数据核字(2022)第 170467 号

DIAOCHA ZUOWEN JIAOYU DAOLUN

书　　名　调查作文教育导论
著　　者　张荣华
责任编辑　韦鸽鸽
责任校对　祝翠华
封面设计　任加盟

出版发行　西安交通大学出版社
　　　　　　(西安市兴庆南路 1 号　邮政编码 710048)
网　　址　http://www.xjtupress.com
电　　话　(029)82668357　82667874(市场营销中心)
　　　　　　(029)82668315(总编办)
传　　真　(029)82668280
印　　刷　西安五星印刷有限公司

开　　本　787 mm×1092 mm　1/16　**印张**　22.5　**字数**　460 千字
版次印次　2022 年 9 月第 1 版　2022 年第 9 月第 1 次印刷
书　　号　ISBN 978-7-5693-2778-6
定　　价　98.00 元

如发现印装质量问题，请与本社市场营销中心联系。
订购热线：(029)82665248　(029)82667874
投稿热线：(029)82665249
读者信箱：1431440292@qq.com

作者简介

张荣华，山西师范大学教师教育学院教授，教育学博士，美国纽约州立大学布法罗分校访问学者，山西省侨联特聘专家委员会第二届专家委员，全国教育硕士优秀教师，山西师范大学校级教学名师。张荣华长期致力于中小学课程与教学改革研究，主持各类项目20余项；在"社会科学引文索引"SSCI、"中文社会科学引文索引"CSSCI、北大核心等期刊发表论文40余篇，独著《课程视野：小学科学教育的挑战及应对》，与他人合著《解码中学生青春期性健康教育》《微课其实不简单》《科学教育基础》；荣获山西省教学成果奖基础教育特等奖2项、高等教育一等奖1项。

前言

PREFACE

在我国，写作教育一直专属于语文教育。然而，自 20 世纪 90 年代末开始，实施新课程改革的中小学校各学科教师不约而同地发现，要开展“研究性学习”“综合实践活动”，就不得不面对写作教育的问题。调查报告如何写，如何指导学生写调查报告，成为各学科教师绕也绕不开的棘手问题。彼时，作为基础教育研究队伍中的一名新兵，我也有着同样的疑惑。不同的是，我把它当成一个学术问题，专门研究起来。

自 2007 年开始，我在做博士论文之余，2008 年又与江苏省凤凰母语教育研究所、江苏省苏州市工业园区娄封第一实验小学合作，组建“小学调查作文实践研究”课题组，展开实践研究。通过实施调查作文研究，我们对小学调查作文的教育现状、实施形式、课题开发原则、教学模式，以及评价进行初步探索，并发表论文 2 篇。2016 年论文《调查作文的文体性质、类型及教育价值》发表之后，我开始思考调查作文教育观和写作观等理论问题。

2017 年从美国访学回国后，我继续做教材比较研究，但将精力重点放在中美中小学科学教材中的科学写作比较上。随着对科学写作研究的深入，我越来越发现我们面临着“双重思维”的挑战，尤其是自然科学类调查作文的撰写。一方面，学生要在使用母语表达的过程中学会汉语思维，另一方面，还要在使用汉语写作的过程中学会科学思维。然而，不研究科学写作是弄不明白的。如果把调查作文看作是研究性学习或综合实践活动的成果，科学写作则是真正地采用“写作”的方式，让学生像科学家定义科学概念、解释科学现象、阐释科学原理那样，通过“写作”去学习教材中的科学概念、原理等。当学生用科学的话语重新建构原有的知识，再用准确的语言文字表述出来时，这个过程就实现了汉语思维向科学思维的转换。因此，科学写作是培养学生科学思维、科学素养和人文素养的一种重要的教育方式。

在我看来，调查作文可以从义务教育阶段贯穿到高中阶段，而科学写作则可以从初中开始贯穿到高中阶段。小学阶段，可以大力发展调查作文，而从初中开始结合物理、化学、生物和地理课程的学习，就要逐渐加大科学写作的力度。到高中，在科学课程中，调查作文与科学写作就合二为一。2021 年统编版语文教材实施以后，我又将统编版教材与人教版教材进行比较，撰写的论文《调查作文的比较、分析与反思（四）——统编版小学语文教材的进步与不足》发表在《现代中小学教育》杂志 2022 年第 3 期。它的姊妹篇《调查作文的比较、分析与反思（五）——统编版初中语文教材的进步与不足》和《调查作文的比较、分析与反思（六）——统编版高中语文教材的进步与不足》也已发表，均收录在本书中。

"调查作文"系列研究成果发表以后，在国内引起了一些反响。其中四篇文章被中国人民大学《复印报刊资料》全文收录：《调查作文的文体性质、类型及教育价值》(《初中语文教与学》2016 年第 3 期)、《新课程背景下小学调查作文的实践探索》(《小学语文教与学》2012 年第 1 期)、《关于小学"调查作文"教育现状的调查与反思》(《小学语文教与学》2010 年第 6 期)、《调查作文的比较、分析与反思(二)——中日初中语文教材比较》(《中学语文教与学》2009 年第 7 期)。截至 2021 年 12 月，在中国知网上，我撰写的有关小学、初中和高中语文教材的中日比较论文下载量分别达到了 1577、691、572 次，这些数据还在不断更新中。除此之外，这些文章还被人民教育出版社、国务院发展研究中心信息网(国研网)等多家网站转载，收到了良好的社会反响。2012 年，我将这些成果编辑，以《基于调查作文的中日中小学语文教材系列比较研究》为题目，申报山西省社会科学优秀成果奖，荣获山西省第七次社会科学研究优秀成果三等奖。

结合自身多年积累的研究经验，对教材中的调查作文进行比较，并在中小学进行调查作文的实践，在此基础上开发出适合不同年龄阶段学生认知水平的调查作文、课题体系等工作固然重要，但更为迫切的是，应该对我们的一线教师、师范生，甚至是小学生进行调查作文的教育，尤其应当帮助中小学教师认识和了解调查研究，熟悉和掌握调查研究的方法，这样才能使调查报告的写作教育落到实处。毕竟首先得教会中小学教师做调查研究和撰写报告，才有可能通过他们教会中小学生做好调查研究、写好调查作文。今天，研究性学习、综合性实践活动、项目式学习都已在中小学得到了广泛开展，撰写研究报告的调查作文成为成果展示的必要方式。本书就是为这些教师和学生提供有关调查作文研究和写作指导的参考书籍。

本书分为六编。第一编为认识世界——调查研究，即绪论部分。该部分阐明调查研究这一古老研究方法是人类认识世界的思想武器，具有极其重要的价值，意在激发学习者对调查研究的浓厚兴趣和思想意识。第二编为调查作文教育的理论基础(第一章)，首先明确调查作文独立文体性质，回答调查作文"是什么"的问题，并提出"文以通窍世理"的写作观、活动—内化—表征写作模式，以及三性合一的教育观，构建调查作文的基本理论体系。第三编为教材与课程标准中的调查作文，包括三章内容。其目的旨在从国内国外语文教材比较(第二章)、国内新旧语文教材比较(第三章)、中小学课程标准分析(第三章第四节)和中小学其他教材分析(第四章)的角度，弄清楚调查作文教育的现实图景、不足与进步。第四编为调查作文的主题设计与实施计划(第五章)，讨论如何拟定调查作文题目和研究计划，企图从选题和计划上为调查作文教育的实施提供方法与技术上的支持。第五编为调查作文写作素材的收集与分析(第六章和第七章)，回答"写什么"的问题。本编详细介绍定性调查和定量调查的资料收集、整理与分析，阐释具体的调查技术与方法，试图为调查作文的写作提供收集质性和量性素材的技术支持。第六编为调查作文的写作(第八章到第十一章)，回答"怎么写"

的问题。本编探讨中小学常见调查作文类型：观察日记、参观记录、人物访谈记录与报告、语言课题调查报告、自然科学调查报告、社会科学调查报告，以及小论文的写作要素、结构，每种类型还提供学生范文予以详细分析，旨在从理论到案例破解调查作文的写作密码。

本书为调查作文在中小学的有效实施，从理论、方法与技术、案例上提供系统的、多方面的、专业的指导，具有较高的学术价值和社会效益。它不仅对中小学生撰写综合实践活动和研究性学习成果报告有较高的指导价值，而且对一线教师的教育实践具有较强的参考价值。本书的阅读人群还可以是与调查作文相关的研究人员、管理人员、领导和工作人员。本书的研究成果可为中小学教材建设借鉴，也可直接用于调查作文的校本课程开发。除了为基层提供调查作文教育的指导以外，本书还可以作为师范大学研究生和本科生教育的参考书籍。本书虽是作者筚路蓝缕、十年磨一剑的结果，奈何吾辈的学识赐墙及肩，管窥筐举，未可言得其真道也！不足之处还望专家及同仁批评指正。

本书的写作还邀请来自江苏、北京、陕西和山西的多位中小学一线教师韩雪丰、王平宏、张悦悦、闫阅、张芳芳、张怀义等参加，虽然他们的工作在书中已然标注，但还是难以表达我对他们的感激之情。特别感谢我的研究生闫阅补充了 2017 年高中课程标准中的相关内容，韩雪丰撰写并设计各章的“学习提要”，包括“本章提要”“学习目标”“本章小结”和“思考题”，还撰写了绪论第三节中的第三部分。感谢山西省教育科学“十四五”规划 2021 年度课题“中小学科学写作任务体系的构建研究”课题组成员的支持：山西师范大学教师教育学院 2020 级硕士生文江玉、徐艺瑄、李家辉、刘慧兰、秦怡、何雯在繁忙的实习期间，承担了第四章第四节的写作。山西师范大学 2020 级教育硕士胡学斌，山西师范大学 2021 级教育硕士靳睿、程钰丽、李柳茹、闫怡婧、周文慧、张婉丽、梁慧、蔺彤参与校对工作，靳睿同学还设计了章节提要和学习目标的格式。

本书的出版受到山西基础教育质量提升协同创新中心、山西师范大学社科处“三名工程”和山西师范大学教务处优质课程的资助，并得到西安交通大学出版社的帮助与支持，在此表示衷心的感谢！

张荣华

2021 年秋冬于龙城

目 录
CONTENTS

第一编

认识世界——调查研究

绪　论

章节提要

调查研究是一项非常古老的研究艺术，也是人类认识世界的重要方法。本章从多个研究领域，如人文社会科学、语言学、自然科学，以及医学等领域阐明调查研究的重要价值，企图凸显调查研究之于人类认知的重要意义，激发起学习者调查研究的浓厚兴趣和思想意识，为后续学习奠定基础。

学习目标

1. 归纳调查研究在人文社会科学研究领域获得的成果。
2. 阐述调查研究在语言学方面做出的贡献。
3. 阐明调查研究在自然科学领域发挥的作用。
4. 举例分析调查研究在医学领域中如何发挥作用。

调查研究是非常古老的研究方法。我国西汉史学家、文学家司马迁在撰写《史记》时，不仅参考了《左传》《国语》《世本》《战国策》《楚汉春秋》及诸子百家的有关著作、民间存有的古文书传等文献资料，还在撰写每一个历史人物或历史事件时，亲自去采访和实地调查。为韩信写传时，司马迁专程到韩信的故乡淮阴搜集有关韩信的故事。为给孟尝君立传，司马迁曾亲自考察了孟尝君的故乡薛城，获得大量的第一手资料，从而保证《史记》的真实性。而在西方，公元 284 年即位的罗马皇帝戴里克先曾经专门派官员清查罗马帝国的人口，调查的信息包括人口、牲畜、橄榄树等几乎所有的信息。可见，调查研究的历史长久。

第一节　调查研究与人文社会科学研究

一、调查研究与社会学研究

社会学研究中，调查研究是一种非常重要的研究方法。在中国，最早从事社会学调查研究的是20世纪初一些教会学校或其他学校中的外籍教授。新中国成立之前，主要的专业性社会调查研究机构有两个，即北平社会调查所和中央研究院社会科学研究所。大量农村社会调查成果被发表：如《湖南农民运动考察报告》《定县社会概况调查》《花篮瑶社会组织》《福建的一个民族村》《山东的集市系统》《河北农村社区的诉讼》《河北农民的风俗》《山西的土地制度》《江村经济》等。这些报告探查了在帝国主义和地主的盘剥下，中国农村社会性质与农民贫困的根源。

毛泽东曾于1927年1月4日—2月5日，历时30余天，对湘潭、湘乡、衡山、醴陵、长沙五县的农民运动进行了考察，写就《湖南农民运动考察报告》。《湖南农民运动考察报告》发表以后，1927年5月27日和6月12日分别被共产国际委员会机关刊物《共产国际》用俄文和英文翻译发表。毛泽东使用调查研究方法，以其过人的洞察力，提出解决中国民主革命的中心问题——农民问题的理论和政策，为解放全中国，实现中国民主革命寻找到一条光明之路。费孝通的《江村经济》，开创了人类学研究当代文明社会——农村的先河。《江村经济》通过对太湖边上一个约三百六十户的小村子——“江村”，农民生活及其变化的实地研究，深刻剖析中国农村社会，形成“人多地少，工农相辅”“发展农村工业是提高农民生活水平的必由之路”等观点，对探索中国农村社会现代化的道路做了一些探索。李景汉主编的《定县社会概况调查》，涉及对人类社会的文明（包括社会制度和组织、文化、教育、科技、经济、金融等）、生活和生产状况、历史沿革与地理分布等方面的调查，为世人提供了一部中国农村社会生活的百科全书，也是近代以县为单位进行社会调查的一个代表作。

以上这些调查报告，以及其他许多专业性社会调查报告，详查我国近代社会之概貌，准确把脉半殖民地半封建社会的沉疴痼疾，为中国人民奋起救亡、追求真理和民族独立提供了力量源泉，堪称社会学研究方面的典范。改革开放以后，社会学研究的机构不断健全，人员不断增加，研究方法不断更新，研究成果也逐年增加。

二、调查研究与教育学研究

教育研究领域，调查研究也是一种非常重要的研究方法。近代教育史上，最早将调查法用于教育研究的是1910年由美国肯德尔教授主持，为期一周的关于博伊西地区学校制度的调查。[①] 在我国,教育调查研究的开展始于20世纪初。胡适把实用主义(Pragmatism)一词翻译为“实验主义”,并将实用主义的方法概括为“大胆地假设,小心地求证”,倡导在学术研究中强化实证意识。随着杜威来华讲学,五四时期的中国思想文化界形成了一股实验主义热潮。以“拿证据来”为中心口号的实验主义被当时认作典型的科学精神,充当了与传统迷信抗战的武器和推进历史的先锋。[②] 在“实验主义”思潮的影响下,中国教育界掀起了调查研究中国旧教育,寻求改革良方的新教育运动。1921年8月,为配合孟禄在中国的教育调查,中国教育界一批知名人士黄炎培、张一麟、范源濂、严修、梁启超、袁希涛与留美学生陶行知、郭秉文、蒋梦麟、金邦正、凌冰、邓萃英等在北京发起并成立了“实际教育调查社”,其宗旨是“从事实上调查,作实地的研究,以为实行改良的基础”。正如范源濂所解释:

> 吾国今方值新旧递嬗之会,凡事有亟须创设者,亦有亟须改造者,夫人能言之矣。然徒言创设、言改造,而不豫定其计划,犹之纵骑游行,终将无归。知计划之必要矣,而不先之调查,犹之向壁虚造,百无一当。是故,计划之不可无,调查之不容缓,乃当然之序,不易之理也。他事皆然,教育事业独能外于是乎?[③]

二十年代,最值得一提的调查研究要数孟禄和推士的调查研究。从1921年9月24日到12月7日,孟禄用两个多月的时间,走遍了北京、保定、太原、开封、南京、无锡、上海、杭州、南通、福州、厦门、广州、济南、曲阜、天津、奉天9省16市。考察了从幼儿园至中小学、大学,私塾乃至教育行政机关150多处教育设施。这次调查的结果于1921年12月19日至21日在北京美术学校所召开的教育讨论会上公布。范源濂、严修、袁观澜、陈宝泉、张伯岑、梁启超、胡适、郭秉文、朱经农、陶行知等教育界知名人士,以及来自全国各地的教育工作者共70余人参加讨论会。会议分13个讨论议题,深入地讨论了中国教育面临的问题:提出问题的概述、学校系统、学校组织、教授法、教育课程科学、行政的效率,教师的职业、指导,成人教育、职业教育、校舍、政府与私立学校、学生运动,广泛涉及中国教育的现状与问题。[④] 孟禄对中国学校制度改革问题及教授法进行了重点调查,得出“中国今日的教学法,譬如踢球,是只教学生研究踢球方法,不叫学生自己踢球”,[⑤]“中国研究文学方法颇有可取,惟研究科学方法尚欠精密”“书本之讲习似乎太多,实习之训练似乎不足”的调查结论,[⑥]切中中国“新教育”所面临的发展困境。以平民教育家晏阳初为干事长的中华平民教育促进会,为改进愚、穷、弱、私的落后素养和制订平民教育实施方案,于1926年开始对定县进行调查,1928年始由社会

---

①裴娣娜.教育研究方法导论[M].合肥:安徽师范大学出版社,2000.
②元青.杜威的中国之行及其影响[J].近代史研究,2001(2):152.
③汪懋祖.孟禄博士之来华与实际教育调查社之缘起[J].教育丛刊,1922,2(8):1.
④阿部祥.保尔·孟禄与中国的近代教育[J].钟启泉,译.外国教育资料,1996(1):14-15.
⑤胡适,陈宝泉,陶行知.孟禄的中国教育讨论[J].新教育,1922,4(4):556.
⑥孟禄博士与山西阎督军之谈话[J].王文培,口译.新教育,1922,4(4):587.

学家李景汉接任继续进行，有关教育现状的调查结果被收录在《定县社会概况调查》中。

无论是实际教育调查社还是平教会，调查是其开展工作的基础和前提。如平教会的工作步骤为“调查、研究、实验、表现和推广”五个步骤，而调查是排在第一位的。在这些社会团体和来华教育人士的影响下，调查研究逐渐走入教育学学术研究领域。今天，它与教育科学的历史研究法、比较研究法、实验研究法、理论研究法一起，组成教育研究的基本方法。①

三、调查研究与经济学研究

1880 年，马克思曾经采用邮寄调查的方法，对法国的工人进行过一次调查，以了解法国工人遭受雇主剥削的程度。他在问卷中设计了以下问题：你们的雇主或他的代理人是否会以狡诈的手段诈取你们的部分酬劳？如果是按件计酬，产品的质量会不会是雇主狡猾地诈取你们工资的一个托词？马克思寄出了 25000 份调查问卷，反映了马克思对资本主义的研究。

我国学术研究的诸多成果表明，通过调查研究才能够获得经受住历史考验的学术成果。如，司马迁通过调查研究撰写《史记》。中国革命实践成功的历史经验表明，通过调查研究才能发现和把握社会发展的本质规律，从而抓住机遇，促进社会发展。近代毛泽东对湖南农民运动的考察，发现了中国革命的规律，最终领导新中国的成立。三年困难时期，毛泽东深入调查食堂问题，使党和国家的路线方针政策得到及时调整。粉碎“四人帮”以后，万里在安徽运用调查研究的工作策略，引导了“家庭联产承包责任制”的农村改革。1978 年 9 月 13 日至 20 日，邓小平在东北地区进行了为期 8 天的调查研究。从辽宁到黑龙江、吉林，再到辽宁、河北、天津，邓小平先后在本溪、大庆、哈尔滨、长春、沈阳、鞍山、唐山、天津等地，针对我国工业建设同发达国家之间的差距进行了深入调查。通过调查，邓小平发表“北方谈话”，强调要以国际上先进的技术作为我们搞现代化的出发点，从而提出全党工作重点转移到经济建设中的崭新命题，为党的十一届三中全会实现伟大的历史转折奠定了思想和政治基础。

可见，重大政策的决策离不开调查研究，而调查研究的成果又推进中国社会的进步与发展。在我国，重视调查研究是我们党在革命、建设、改革等各个历史时期做好领导工作的重要传家宝。习近平总书记曾在《谈谈调查研究》一文中所说：“调查研究不仅是一种工作方法，而且是关系党和人民事业得失成败的大问题。”②做调查研究，既要“身入”基层，更要“心到基层”，其基本流程为：进入实地——事件发生的现场，调查和访问调查对象，对所要研究的现象或问题，多方考察，分析原因，形成结论。只有这样，才能真正做到一切从实际出发，理论联系实际，实事求是，真正保持党同人民群众的密切联系，也才能从根本上保证党的路

---

①裴娣娜. 教育研究方法导论[M]. 合肥：安徽师范大学出版社，2000.

②习近平. 谈谈调查研究[R]. 习近平同志 2011 年 11 月 16 日在中央党校秋季学期第二批入学学员开学典礼上的讲话.

线方针政策和各项决策的正确制定与贯彻执行，保证我们在工作中尽可能防止和减少失误，即使在发生失误时也能迅速得到纠正而又继续胜利前进。

第二节 调查研究与语言学研究

一、调查研究与语言学研究

社会语言学是研究语言现状、发展与变化的一门学科。社会语言学创始人拉波夫一生做过很多语言学的社会调查，这里以“杯子”为例来看一看拉波夫是如何进行语言社会学调查研究的。[①] “杯子”(cup)是一种最常见的日常生活用具和器皿，从来没有人较真地研究过“杯子”为何是“杯子”而不是“碗”(bowl)，或其他什么东西。拉波夫这么做了，而且还发现了给词义“定界”的规律。拉波夫首先用纸做成 19 个大小不一、形状各异的杯状器皿，它们有的是方的，有的是圆的；有的带把的，有的没有把；有的形状怪异，有的形状夸张。然后，他拿着这 19 个杯子到人群中进行抽样调查。拉波夫在宾夕法尼亚大学和哥伦比亚大学连续做了 8 次调查，每次调查 11～24 人，了解人们是怎样称呼他制作的每一件“器皿”，并严格记录人们的回答和每一种称呼的次数。然后，他根据调查结果和数字统计出哪一个形状被认作杯子(或杯状、碗状、怪状等)的比例数字。最后，运用他和数学家桑科夫教授一起设计制作的一种计算机软件系统——变异规则和概率公式，求得标准杯子确切的深浅与大小的比例，以及与其他形状(如碗)之间的模糊值。于是，拉波夫将“杯子”定义为一个形式化的公式：

“杯子”这个词一般指一种圆状的器皿，它的宽和深的比例是 $1+r$，

其中 $r \leqslant rb$，$rb = A_1 + A_2 + \cdots + A_n$。

“杯子”也可以变指(variably denote) 一种器皿，它的宽和深的比例是 $1+r$，

其中 $rb \leqslant r \leqslant rt$，概率为 rt－rört－rb。[②]

二、社会语言调查

社会语言调查是主要的研究方法也是社会语言学发展的动力之一。由于语言的发展受到社会诸多因素，如政治、经济、文化等的影响，因而，社会语言调查在某种意义上也可以看作是语言国情调查的内容之一。通过社会语言调查，可以弄清楚一个国家语言状况(language situation)，为语言工作和研究提供基础。如日本文部省曾经在 1994 年资助“国际社会中日语的综合研究”，采用多级分层随机抽样的方法，对 28 个国家和地区使用日语的情况

---

①本刊特约记者. 社会语言学创始人拉波夫[J]. 北京：世界汉语教学，2001(1)：40.

②同上。

及相关问题进行调查。其目的是了解日语的使用范围，以及人们对日语、日本和日本人的看法，为树立日本人的国际形象和使日语成为联合国的工作语言寻找对策。20世纪30年代初民国政府执政期间，由教育部国语统一筹备委员会①提出调查全国语言区域状况的计划。时隔六十年，1997年1月6日经国务院批准设项对语言文字使用情况展开全国性调查。

“中国语言文字使用情况调查”开始于1998年，由国家语言文字工作委员会负责，范围涉及除港澳台以外的所有省市和自治区，抽中的县市有1000多个，入户调查的样本量达到14万户。问卷共有9种，其中入户问卷有3种，包括家庭问卷、主调查对象问卷和其他成员问卷；专项调查问卷6种，包括公务员问卷、教师问卷、商业人员问卷、医务人员问卷、大学生问卷和中学生问卷。问卷的内容涉及家庭的一些与语言文字有关的背景信息、被调查者个人背景信息、语言文字使用的方方面面，包括母语、家庭常用语言、社会交际日常用语、语言能力、语言文字使用的习惯、普通话学习和使用中的有关问题、繁体字和简化字的使用及相关问题、汉语拼音的掌握和使用情况、少数民族文字的掌握和使用情况、外语的掌握和使用情况、人们对语言文字及其使用的不同看法等。陈章太认为语言状况的调查应当包括所调查的语言、方言、文字在本地区使用的地理分布、人口数量、语言地位，以及城镇与乡村的差异、口语与书面语的差异、过去与现在的差异等；应当包括教育、行政、政法、宣传、宗教、商贸、公交、军队等各种行业使用语言文字的情况；还应当包括家庭和个人使用语言文字的情况。

通过语言调查，还可以弄清楚语言的变异情况。比如胡明扬先生曾经对北京方言中的“胰子”“姆末(我们)”“且(从)”“伍的(什么的)”4个词在20世纪80年代的使用情况做过调查；陈松岑先生曾经对北京话“你”“您”使用情况、北京售货员使用礼貌用语、北京城区两代人对上一辈非亲属使用称谓情况等进行过调查。语言变异常常表现在语言的三要素，语音、词汇、语法的变化上，其中，词汇最具活性，社会的发展和变迁往往首先是通过词汇的变化而体现出来。历史上，汉语曾多次受到外来文化的影响，吸纳了许多外来语。汉语对外来语最大的一次吸纳发生在清末民初。早在鸦片战争之前，已经有不少西方商人、传教士等来到中国经商、传教、办学校；同时也有许多人，特别是东南沿海一带的中国人去西方国家游历。在这样的中外文化交流中，产生了许多外来语。中日甲午战争以后，随着清政府师法日本明治维新，取道日本学习西方文明的决策，大量反映了西学内容的新词汇以留日学者、学生为中介，通过报纸、书籍等官方媒体涌入中国。如梁启超撰文翻译的民主、科学、政治、经济、自

---

①国语统一筹备委员会成立于北洋政府时期，原名为国语统一筹备会，由教育部于1919年4月21日成立。1928年国民党政府成立，改名为国语统一筹备委员会。除分期举办国语讲习所、国音字母讲习所和协助各地举办讲习班，修订注音字母方案、编辑出版《国音常用字汇》，提请国民党政府教育部公布“新国音”标准以外，还调查全国语言分布状况，学校教育和民众教育的国语教学状况。中华人民共和国成立后，该机构不再存在，一部分并入中国科学院语言研究所，一部分并入中国文字改革委员会。

由、法律、哲学、美学等词汇。据高名凯所作的《现代汉语外来词研究》(1958 年出版)统计,现代汉语中的外来词共有 1270 个,其中来自日本的有 459 个,来自英语的有 547 个,来自法语的有 78 个。改革开放以后,随着中国国门打开和与外界经济、文化交往活动的增多,又出现了一个外来语涌入的小高峰。如"Mobile Telephone",其汉译名称就有几种说法。最早叫"携带电话""移动电话""行动电话",后来被称为"大哥大",直到现在,才形成了"手机"这个理想的译文。近年来,随着现代科技尤其是互联网技术的发展,语言变异的情况更加频繁。一些流行词、网络用语大量产生。如美眉(妹妹),作秀(表演),偶(我),拍砖(提意见),山寨(模仿、复制),雷人(吓人)等。少数民族的语言也发生了很多变化,如大量借用、吸收汉语普通话词汇,乃至直接采用普通话的词语读音和语法句式,形成各种过渡语、中介语或混合语。① 汉语和少数民族语言变异的情况,反映了社会生活的变化,值得我们进行更加深入的语言调查。

通过语言调查,可以了解一个国家或地区内濒危语言和方言等。如 1997 年联合国教科文第 29 次会议通过"调查世界各国的语言使用状况"的决议,其调查目的有三个,一是向世人提交一份全世界现存语言情况的完整报告;二是为解释世界语言的现状和发展前景,以及解决世界语言中的各种问题提供客观依据;三是要分析世界不同地区社会语言的发展趋势,对制定有关挽救濒临灭亡的少数民族语言政策做出贡献。在我国,据一些重要的民族语言文献所言,中国使用人口不超过 1 千人的少数民族语言有 30 种以上(陈章太,2002),它们是:阿侬语(500 人),巴则海语(几个人),不辛话(200 人),布依语(500 人),达让僜语(900 多人),格曼僜语(200 多人),葛玛兰语(几个人),卡那卡那布语(300 多人),拉基语(200 多人),满语(40 多人),曼米语(900 人),莽语(500 人),木佬语(几个人),普标语(50 人),沙阿鲁阿语(100 人以下),苏龙语(几个人),塔塔尔语(1000 人以下),仙岛语(100 人),义都语(200 多人),羿语(几个人),(柯尔克孜族)哈萨克语(260 人),(蒙古族)哈萨克语(20 多人),赫哲语(几百人),(乌孜别克族)柯尔克孜语(400 人),邵语(200 人),畲语(1000 人以下),(普米族)彝语(400 人),(珞巴族)藏语(600 多人),(瑶族)壮语(900 人),(布朗族)宽话(1000 人以下),(景颇族)波拉话(1000 人以下)。调查这些濒危语言和濒危方言,记录或保存这些珍贵的语言资料,以便提出切实可行的保护政策,抢救或延缓其消亡的时间,这是时代赋予我们的使命。

2009 年 8 月 12 日,教育部出台《通用规范汉字表》(征求意见稿)面向社会公开征求意见,拟恢复"喆""淼""仝"等 51 个异体字,对 44 个汉字字形进行微调,并调查补充用字。该字表一经公布,就引起了社会上的广泛争论。尤其是网民对 44 个汉字的"整形"问题争议异常激烈,大多数意见认为字形微调会改变人们长期以来形成的使用习惯,将给大众用字造成

①陈章太.中国社会语言学在发展中的问题[J].世界汉语教学,2002(2):109.

麻烦，担心影响学生学习、考试和增加社会成本，因此认为不宜轻易改动。① 按照《通用规范汉字表》，44 个汉字在专家的倡导下进行如下写法调整："琴"字左上角"王"字最后一笔由"横"变为了"提"；"唇"字的厂字头由半包围结构调整成了上下结构，"亲""杂""杀"等字底下的"竖钩"改为"竖"，最后一笔由"点"改成"捺"……。

总之，通过社会语言调查，既可以摸清楚语言状况、变异情况，以及濒危语言状况等语言的基本状况，而且还可以在一定程度上预测语言生活发展的情况和问题，完善语言发展计划，为制订、实施语言政策和有关的教育政策、文化政策提供科学的依据。

第三节 调查研究与自然科学、医学研究

一、调查研究与自然科学研究

古人在长期的农业生产、畜牧业生产和渔业生产的过程中，积累了大量朴素的自然科学知识，其中不乏由实地调查和观察所获得的自然科学知识。在科学实验成为自然科学的研究方法之前，实地调查和观察不失为研究自然现象获得关于自然界知识的最重要的方法之一。

大约在公元前 5000 年，生活在尼罗河两岸的古代埃及人就运用调查和测量的方法创立了最早的实用几何学。古埃及人生活的地方，地处世界上最干燥、最荒芜的地方之一——北非沙漠，人们根据尼罗河的泛滥、退水和收获季节来安排农业生产活动。但由于受尼罗河水泛滥的影响，农民的土地面积每年都在发生变化。政府的税收官每年都要实地调查和测量农民当年的土地面积，然后根据他们实际占有土地面积的大小来征税。于是，在调查了大量形状各异的土地以后，埃及人研究出了尽管烦琐但却相当可靠的正方形、矩形及梯形面积的计算方法，以及近似于 3.14 的圆周率。② 古埃及人的实用几何学在建造金字塔的过程中逐渐发展成为一门成熟的学科，吸引了公元 2500 年前左右的古希腊七贤之一的泰勒斯等人的研究和学习。泰勒斯具有高超的几何学造诣，他不仅指导埃及人用相似三角形的性质测量金字塔的高度和海上船舶的距离，而且提出了第一个逻辑推理系统，他还是考虑空间图形全等概念的第一人，他的工作为欧几里得《几何原本》的问世创造了条件。

调查研究和观察促进了作为生物学分支之一的动物学的发展，尤其是亚里士多德（公元前 384 年—公元前 322 年）的研究工作，奠定了分类动物学的基础，并且在两千年来深深地影响了人类的生物学思想。亚里士多德非常重视感觉所观察到的物质世界的实在性，他认为感觉对象必定可以自主地存在，一物体区别于其他物体的个别特性并不先验地、独立地存

---

①《通用规范汉字表》公开征求意见工作领导小组. 欢迎社会各界继续关心和支持字表征求意见工作[EB/OL]. [2021-10-15]. http://www.edu.cn/hzb_8413/20090827/t20090827_402715.shtml.

②列昂纳多·姆洛迪诺夫. 几何学的故事[M]. 沈以淡，王季华，沈佳，译. 三亚：海南出版社，2004.

在于相的世界，而是属于物体本身。他还认为获得认识的过程开始于感觉经验；从重复的感觉经验中形成记忆；在记忆中，通过一个“直觉”或洞察的过程，有经验的研究者可以看到事物的普遍特性。① 这与他的老师柏拉图对感觉持怀疑态度和通过理念或哲学反思而认知事物的认识论主张形成鲜明对比，亚里士多德把他对知识的探求引向了个体、自然和变化的世界，即一个通过感觉感知的世界。亚里士多德不仅经常观察老鹰、蜜蜂等动物的行为，亲自解剖动物，而且在整理前人的观察结果时经常虚心向哲学家、渔父、农夫、旅行者等对动物有第一手知识和经验的人调查和请教。在积累了大量一手资料以后，亚里士多德撰写了一系列的关于动物的书，如《论动物解剖》《论动物行为》《论动物生态》《论动物生成》和《动物志》。其中，《动物志》描述了数百种动物，包括人的身体构造、生长繁殖等生活方式，提出了多种分类系统。如发生（胚胎）分类、生活分类、性别分类、居处（呼吸方式）分类、食物分类、行动分类、级进分类等。②

亚里士多德以后，观察和调查研究成为博物学，包括动物学、植物学、矿物学等学科在内的一门学问的主要的研究方法。今天，生物学已经从博物学中独立出来，并且发展成了一门拥有诸多分支学科的科学。其中，研究人与环境相互关系的生态学，运用的主要研究方法就是野外调查研究方法。

二、调查研究与医学研究

医学上，调查研究也是一种非常重要的研究方法。我国古代著名药物学家李时珍为了撰写《本草纲目》，曾对各种医书上的不同记载进行过大量的、反复的调查研究。自东汉《神农本草经》成书，历代本草学家都有不少专著问世，但其学术价值却备受质疑，“品数既烦，名称多杂。或一物析为二三，或二物混为一品”。大多数本草书籍自成体系，彼此之间缺乏统一性，不同的本草书籍之间对同一种药物的描写常会出现许多互相矛盾的说法；有些书籍甚至谬误连连，误人性命。而出现这些问题的最主要原因就在于这些本草书籍作者们没有进行过调查研究和观察。于是，李时珍在徒弟和儿子的陪同下，深入山间田野、山林矿窑，向种田人、捕鱼人、打柴人、狩猎人、采矿人，以及各地的名医宿儒进行调查，搜集各方意见，经过与植物的实物、标本等进行对照，确定药物的真实的形状、生长情况等。

过去两千年里，人类历史上曾经爆发过多次传染病。每一次传染病的爆发和流行，都给人类社会带来极大的心理恐慌和经济动荡。仅鼠疫，历史上就爆发过三次。尼德兰画家老勃鲁盖尔的《死神之凯旋》、加缪的小说《鼠疫》、乔万尼·薄伽丘的故事集《十日谈》等作品对第二次鼠疫都有详细记载。因病人身体上会出现黑色斑点，因此，鼠疫又被称为“黑死病”

---

①戴维·林德伯格.西方科学的起源[M].王珺，等，译.北京：中国对外翻译出版公司，2001.

②亚里士多德.动物志[M].吴寿彭，译.北京：商务印书馆，1979.

(Black Death)。20世纪电影大师英格玛·伯格曼以此次瘟疫为题材,拍摄了《第七封印》。瘟疫的蔓延造成了人口减少,生产和经济活动停滞,社会混乱,但同时也促使了社会格局的变化发展。

前两次瘟疫流行时,人们并没有认识到瘟疫的病因和传播途径。第三次鼠疫爆发时,法国著名的微生物学家路易·巴斯德(Louis Pasteur)派遣助手亚历山大·耶尔辛(Alexandre Yersin),前往我国香港采集并分离瘟疫的病菌。耶尔辛想办法进入停尸房,在一个刚刚死去的水手尸体大腿内侧的肿块上,提取了一些液体样本。然后,他一边在显微镜下观察液体里的微生物,一边将这些液体接种到豚鼠身上。几天后,接种了肿块液体的豚鼠都死了。耶尔辛又在死豚鼠身上分离到了杆状菌。1894年6月24日,耶尔辛写信给巴斯德汇报,他最后断言"毫无疑问这就是导致瘟疫的微生物!"鼠疫菌被发现以后,接替耶尔辛做后续调查的法国军医保尔·路易·西蒙德(Paul-Louis Simond)在一所羊毛加工厂,调查了有死老鼠的羊毛加工车间和没有死老鼠的车间工人的死亡情况,并仔细观察了健康老鼠和得病老鼠梳理皮毛的情况,提出死去的劳工和老鼠之间一定存在着某个媒介——跳蚤。西蒙德设计了一个精巧的实验证实了他的猜想。1898年6月2日,西蒙德给巴斯德去信汇报了他的发现。

在防治传染病学理论建立的过程中,调查研究扮演了很重要的角色。在世界卫生组织正式颁布的"国际疾病分类"(International Classification of Diseases,ICD)目录中,霍乱被列为头号传染病,其编码为001。时任维多利亚女王的私人医生,伦敦著名的医生约翰·斯诺(John Snow)采用实地调查的研究方法,找出了霍乱的传染源头和传播方式,遏制了霍乱的进一步蔓延。斯诺也因此被誉为原始典型的"实地"流行病学家。当时对霍乱病菌进入人体有两种观点:一种观点认为霍乱病菌是通过空气进入人体的;另一种观点认为霍乱病菌是通过饮水或吃饭进入人体,在病人的胃里发作而引起死亡的。斯诺猜测到病菌极大可能是通过饮水进入人体内部的。当时还没有自来水,人们的饮用水和生活用水都得使用水泵,从井水中抽水。因此,斯诺推测某个水井受到了霍乱病菌的污染。为了验证自己的猜测,斯诺不顾个人生命危险,深入贫民区的霍乱病区,开始挨家挨户地调查霍乱的发病情况。他一边登记这些病人的信息,一边在绘有一幅该地区所有道路、房屋、饮水机井的比例为1∶6500的地图上,用圆点标记出死者居住房屋的位置,最终得到一张霍乱死亡者分布与该区居民汲取饮用水的街道抽水机的距离关系图。[①] 斯诺将该抽水机作为霍乱的始作俑者。在调查过程中,斯诺还在伦敦的另一个地区获得了宽街霍乱的有力证据。一位妇女搬出宽街后,还每天派人从那里打水运回来喝,结果,她和女儿都因感染上霍乱而不幸死去。斯诺根据自己的调查结果,向政府提议关闭该水井,并建议所有水源都要经过检测才能饮用。9月8日,该水井水泵把手被摘除,而自此以后,新的霍乱病患者再没有出现。1855年,斯诺根据自己的发

① Andrew Cliff,Peter Haggett. 疾病制图[J]. 地理译报,1990(12):44.

现，发表了《霍乱的流行模式》一书。

今天，实地调查已经发展成为流行病学的调查方法，成为医学的主要研究方法之一。流行病学调查包括隔离调查、爆发调查、现况调查、病例—对照研究、群组研究等。通过调查，可以收集人群健康状况、环境因素、社会因素，进而分析病例（或健康异常）的分布、变化及其规律，探索和阐明病因等。

三、新冠肺炎疫情防控中的调查研究

进入20世纪，随着环境污染和生态平衡被破坏，涌现出很多跨越物种界限的传染病，如艾滋病、禽流感等。由于人口流动加剧，这些传染病在很短的时间里可以迅速传播到全世界，并在各地流行起来。为了截断传播途径和进一步预防和防控传染病，流行病学调查就显得非常重要了。2019年年底到2020年年初，在防控武汉新冠肺炎疫情的过程中，调查研究发挥了很大的作用。

首先发挥作用的是医院大夫的接诊调查。12月26日—29日，湖北中西医结合医院呼吸内科主任张继先，先后接诊了7位新冠肺炎病人，发现他们都有发烧、咳嗽症状，而且他们的胸部CT片与其他病毒性肺炎完全不同。出于医生的直觉，张继先判断出这是一种从未见过的病。从27日起，张继先先后两次向医院报告，医院又向区、市、省三级卫生健康委员会疾病控制部门报告。张继先大夫和医院的上报行为，使得不明原因的病毒性肺炎进入卫生防疫部门的视野。

武汉市卫生防疫部门很快进行了流行病学调查，并发布了调查结论。湖北省、武汉市卫健委疾控部门接到报告后，又指示武汉市疾控中心、金银潭医院和江汉区疾控中心前往发病医院，开始进行流行病学调查。12月30日，武汉市卫生健康委员会发布紧急通知，要求各医疗机构追踪统计救治情况，并按要求及时上报，并发布第一次“武汉市卫健委关于当前我市肺炎疫情的情况通报”，具体公告如下所示：①

> 近期部分医疗机构发现接诊的多例肺炎病例与华南海鲜城有关联，市卫健委接到报告后，立即在全市医疗卫生机构开展与华南海鲜城有关联的病例搜索和回顾性调查，目前已发现27例病例，其中7例病情严重，其余病例病情稳定可控，有2例病情好转，拟于近期出院。病例临床表现主要为发热，少数患者呼吸困难，胸片呈双肺浸润性病灶。目前，所有病例均已隔离治疗，密切接触者的追踪调查和医学观察正在进行中，对华南海鲜城的卫生学调查和环境卫生处置正在进行中。
>
> 武汉市组织同济医院、省疾控中心、中科院武汉病毒所、武汉市传染病医院及

①武汉市卫生健康委员会.武汉市卫健委关于当前我市肺炎疫情的情况通报[EB/OL].(2019-12-31).[2021—04—27].http://wjw.wuhan.gov.cn/gsgg/202004/t20200430_1199576.shtml.

武汉市疾控中心等单位的临床医学、流行病学、病毒学专家进行会诊，专家从病情、治疗转归、流行病学调查、实验室初步检测等方面分析，认为上述病例系病毒性肺炎。截至目前，调查未发现明显人传人现象，未发现医务人员感染。目前对病原的检测及感染原因的调查正在进行中。

随着不明原因的病毒性肺炎患者和医务人员感染数量的增多，疫情进入公众视野。武汉市卫生防疫部门的调查结论很快受到公众的质疑。国家卫健委派出专家组进入武汉进行流行病学调查，得出“不明原因肺炎属于传染病”的结论。这一结论最终促使中央发布一系列防控政策和措施，有效遏制了疫情的进一步蔓延。国家卫健委委派专家组于 12 月 31 日抵达武汉指导疫情处置。1 月 7 日，中国疾病控制中心成功分离首株新冠病毒毒株，不明原因的病毒性肺炎病例的病原体被初步判定为新型冠状病毒。中共中央总书记习近平在主持召开中央政治局常委会会议时，对做好疫情防控工作提出要求。1 月 10 日，新型冠状病毒的基因组完成破译，1 月 12 日，世界卫生组织将新型冠状病毒命名为“2019 新型冠状病毒(COVID－19)”。与此同时，泰国、日本、美国等国先后出现新冠肺炎患者，更加证实“新冠肺炎是一种新型传染病”。1 月 20 日，中央做出一系列重要决策。习近平总书记强调要把人民群众生命安全和身体健康放在第一位，坚决遏制疫情蔓延势头，同时要及时发布疫情信息，深化国际合作。国务院总理李克强邀请钟南山和李兰娟两位院士参加国务院常务会议，在充分听取他们的意见以后，会议决定将新冠肺炎纳入乙类传染病管理、采取甲类防控措施。当晚，央视《新闻 1＋1》连线采访钟南山院士，钟南山院士肯定地发出“肯定存在人传人”“14 名医务人员感染”等回答，使得新冠肺炎属于传染病的概念深入人心。1 月 22 日，武汉发出“封城”、佩戴口罩等防控公告。1 月 23 日凌晨，武汉宣布“封城”。武汉疫情防控指挥部发布 1 号通告，停运全城公交、地铁、轮渡、长途客车，市民无特殊原因不离开武汉，暂时关闭机场、火车站等离汉通道。直到 2020 年 4 月 8 日“解封”，武汉进行了长达 76 天的全民抗疫战役。

“控制传染源、切断传播途径、保护易感人群”是防控传染病的三大措施。为了有效防控新冠肺炎传染，国家卫生健康委快速应对，密集出台了一系列文件，为医疗机构诊疗、社区防控、交通工具预防、心理危机干预、医用防护用品使用、病例转运等提供操作程序和指导意见，指导武汉和其他地市的疫情防控。2020 年 1 月 30 日，卫健委发布《关于印发新型冠状病毒感染不同风险人群防护指南》，针对普通居家人员、出行人员、居家隔离人员、特定行业人员四类新型冠状病毒感染风险不同的人群，提供个人防护用品配备和防护措施建议。其中特定行业人员包括公共交通工具司乘人员、出租车司机、公共场所服务人员、武警、交警、安保人员、媒体记者、快递人员等，隔离病区工作人员、医学观察场所工作人员、疑似和确诊病例转运人员，流行病学调查人员，标本采集人员、生物安全实验室工作人员，和环境清洁消毒人员、尸体处理人员等。此指南几乎涉及社会上的所有人群，也从一个侧面说明新型冠状病毒具有极强的传染性。新型冠状病毒性肺炎的传染性有多强？相比 SARS，新冠的聚集性传染性要高出很多。“聚集性疫情”是由中国疾控中心流行病学首席专家吴尊友在国务院联防联控机制发布会上提出的，指在相对小的单位里出现两个或以上病例的疾病传播情况。统计发现，聚集性疫情中有 83％是以家庭为单位的，其中一代传播的占 22％，两代传播的有 64％，个别还出现了三代、四代传播。主要原因就在于新冠病毒性肺炎有不止一种传播途径。除飞沫传播、接触传播这些常见传播途径之外，研究人员还发现气溶胶传播途径。这预示着去往公共场所的健康人，将会有很大的可能性被传染。

这里，我们简要介绍一个发生在餐厅的流行病学调查的案例。2020 年 4 月初，《Emerging Infectious Diseases》杂志网站发布了一篇题为《COVID－19 Outbreak Associated with Air Conditioning in Restaurant，Guangzhou，China，2020》的研究，它是由广州市疾病预防控制中心的几位研究人员共同参与完成的。该论文详细描述了一同在一家餐厅三楼就餐的 3 个家庭是如何感染新冠肺炎的。调查获得以下信息：

①2020 年 1 月 23 日，A 家庭从武汉出发，抵达广州；

②1 月 24 日，患者 A1 与其他 3 名家庭成员（A2—A4）在某餐厅共进午餐；

③与此同时，B、C 两个家庭坐在相邻的桌子旁；

④1 月 24 日晚，A1 患者出现发烧和咳嗽症状，入院治疗；

⑤截至 2 月 5 日，共有 9 人（A 家庭 4 人、B 家庭 3 人、C 家庭 2 人）感染了 COVID－19。

根据以上信息，研究人员绘制了图 0－1。

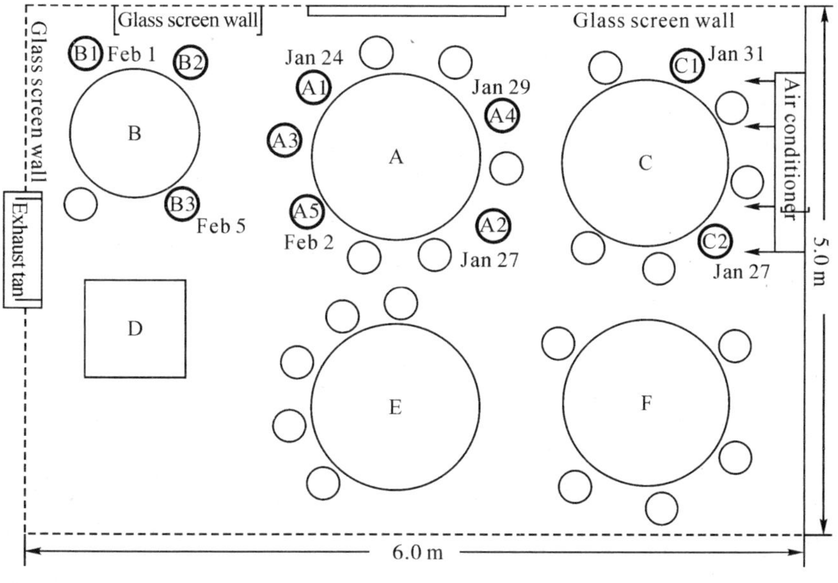

图 0－1　三个家庭在同一餐厅就餐的座位和时间

注：图中的 A、B、C 分别表示三个家庭；ABC 字母旁边的数字分别表示家庭成员，其中 A1 是患者，A1 旁边的英文字母和数字，分别表示该家庭成员发病的月份和日期。

根据图 0－1，研究人员推测，B 和 C 家庭中受感染人员的唯一已知接触传染源是餐厅中的患者 A1。就 B 家庭而言，最可能的情况是家庭成员都直接被患者 A1 感染。但也不排除是第一位生病的 B1 传染给了 B2 和 B3。而对于 C 家庭，很可能是 C1 和 C2 都被 A1 感染，或 C1 在护理 C2 的同时被感染。

为什么在餐厅里吃个饭，就会被感染呢？调查人员推测：最可能原因是液滴传播，就是“飞沫传播”，而空调在这里做了“帮手”。一般来说，直径大于 5 微米的较大呼吸飞沫在空气中保留时间很短，移动距离也有限，常常小于 1 米。患者 A1 跟其他桌上用餐人员的距离，尤其是桌 C 的人之间的距离都大于 1 米。A1 不可能感染 C 家庭成员，但是，C 桌上的人都感染了，可能的解释只有一个：来自空调的强劲气流可能会将液滴从 C 桌传播到 A 桌，再传播到 B 桌，然后再传播回 C 桌，空气流动路径为出风口→C→A→B→进风口。经过这一循环，A1 呼出的含有新冠病毒的飞沫就会感染 C 桌上的顾客。研究人员绘制了如图 0－2 的空调气流流动方向图。根据这一研究结果，研究人员建议餐厅可以增加餐桌之间的距离，并注意空调风向和改善室内通风。

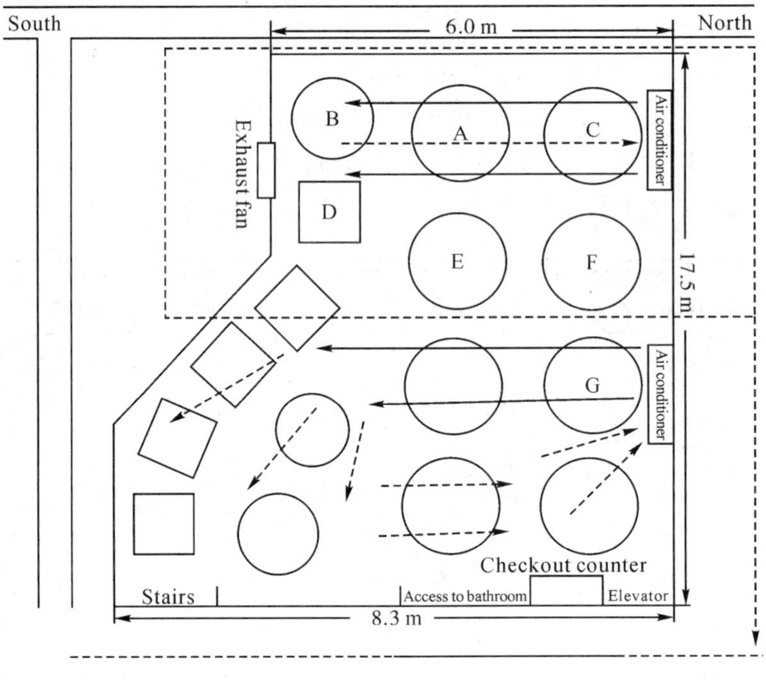

图 0－2　空调气流流动方向

注：图中 A、B、C 等英文字母代表餐厅的桌子。带箭头的实线表示气流从空调流出，带箭头的虚线表示气流又返回空调。

2020 年 1 月 22 日晚，国家卫健委发布《新型冠状病毒感染的肺炎流行病学调查方案（第二版）》，指导新型冠状病毒感染的肺炎疑似病例、确诊病例，以及聚集性疫情的调查。其中的第三条详细列举了调查的内容和方法。[①]

通过查阅资料，询问病例、知情人和接诊医生等开展流行病学调查。如果病例的病情允许，则调查时应先调查病患本人，再对其诊治医生、家属和知情者进行调查。

调查内容分为第一部分和第二部分，包括基本情况、发病与诊疗、临床表现、实验室检查、流行病学史、密切接触者信息，以及病例的诊断、治疗与转归等，疑似病例仅需填报第一部分，确诊病例填报第一部分和第二部分。

（一）基本情况：基本人口学信息，如姓名、性别、年龄、住址、民族、联系方式等信息。

（二）发病与诊疗情况：临床表现、实验室检查、发病就诊经过和病情变化与转归。

（三）可能感染来源：对病例发病前 14 天内的暴露史开展调查，主要调查其发病前武汉相关旅行史或居住史，与发热呼吸道症状患者的接触史，野生动物及其售卖环境等相关暴露史。务必详细询问接触时间、方式、频次、地点、接触时采取的防护措施等。调查时，若发现调查表中未列入，但具备重要流行病学意义的内容也应进行详细追问和记录。

（四）密切接触者判定：对病例发病后的活动情况和人群接触情况进行追踪和排查，确定密切接触者。密切接触者定义和判定标准按照《新型冠状病毒感染的肺炎密切接触者和可疑暴露者管理方案（第二版）》执行。

2020 年 4 月 13 日，由北京市疾病预防控制中心、北京大学公共卫生学院、首都医科大学公共卫生学院的于建平等人编制《新型冠状病毒性肺炎病例流行病学调查工作规范》，为新型冠状病毒性肺炎疑似病例、确诊病例、无症状感染者和聚集性疫情开展流行病学调查工作建立行业标准，以防范新型冠状病毒性肺炎疫情的蔓延和传播。

本章小结

本章概述调查研究这一古老的研究方法在多个研究领域的应用，企图揭示调查研究在人文社会科学领域、语言学、自然科学，以及医学研究等研究领域的重要价值，凸显调查研究之于认识世界、改造世界的重要意义。

思考题

1. 搜集毛泽东在 20 世纪二三十年代撰写的调查报告，阅读并分析其写作结构。

2. 为什么说调查研究是关系到党和人民事业得失成败的大问题？试结合中国共产党党史予以分析。

3. 举例说明社会语言调查如何为制订语言政策提供科学依据？

4. 简述流行病学调查在新冠肺炎疫情防控中的作用。

5. 关于调查研究，你还知道它在哪些领域得到应用，试举一两个案例进行说明。

---

① 中国卫生健康委员会. 新型冠状病毒感染的肺炎防控方案（第二版）[A/OL]，(2020－01－23) http://www.gov.cn/xinwen/content_5471768.htm.

第二编

调查作文教育的理论基础

第一章　调查作文教育的基本理论

章节提要

本章探讨调查作文教育的基本理论，阐明调查作文是一种独立的文体，其教育秉承“文以能穷世理”的写作观，以及“儿童三性合一的均衡发展”的教育观。本章为调查作文教育的实施奠定了坚实的理论基础。

学习目标

1. 阐明调查作文的文体性质。
2. 描述调查作文的写作观。
3. 阐释调查作文的写作模式。
4. 明确调查作文的教育观。

早在20世纪初新学堂兴起之时，调查作文就走进了中小学校各学科的教学大纲、课程纲要、课程标准等课程文件中，并同时走进了各学科的教材。新课改以来，随着研究性学习和综合实践活动的开展，调查作文又走进中小学教育教学实践。为促进调查作文教育深入、持续而健康地发展，有必要对调查作文的基本理论进行讨论，以构建调查作文教育教学的理论基础。

第一节　调查作文的文体性质

按照《现代汉语词典》的释义，“调查”为动词，是指为了了解情况而进行考察，多指到现场的考察。① 可见，除实地考察以外，调查还包括间接考察。实地考察的方式主要有观察、参观和实验，以获取第一手的考察材料；间接考察的方式有使用特殊工具，如问卷，或查阅书籍和文献等资料获取考察材料。因此，调查可以看作"为了了解(查明)客观事实而调用(动)各种材料(资源、人力等)的活动"。生活中，"调查"也可以作为名词来使用，意指一种研究方法或技术。从前面的介绍我们知道，调查研究是一项非常古老的研究方法。通过调查，人们可以获取信息，查明事实真相。调查，也可以指基于"为了了解(查明)客观事实而调用(动)各种材料(资源、人力等)的活动"的过程、结果。如今，将活动的过程或结果记录下来，可以采取多种多样的形式。比如，拍视频、录像、摄影等。然而，最便捷的方式还是文字记录。当我们将所查明的客观事实以及活动的过程、结果，甚至由此引发的建议撰写成文时，就形成了调查作文。

不同语境中，调查作文的含义不同。按照《现代汉语词典》的释义，"作文"也有两种意思，一是用作动词，意为写文章，多指学生练习写作；二是用作名词，指学生作为练习所写的文章。综上，调查作文也有两种意思，一是作动词用，指调查作文的写作实践活动(writing practical activities)。既包括开始阶段的选题或结束时的写作，还包括课内外的调查、课堂的讨论以及小组活动的书写记录活动等一切与调查作文相关的思维实践活动和身体行为实践活动；二是作名词用，指采用文字、图表等将调查研究方法、过程及其结果等报告示众的一种写作产品(production of writing)或形式(writing form)。狭义的调查作文仅指以问卷为工具收集信息而撰写的文章，简而言之，调查报告的写作，是为调查作文。

一、三分法文体理论及其面临的挑战

在我国，大凡谈论写作，文体便是一个难以绕过的存在。刘勰认为阅读和赏鉴文章，第一件事情是先要辨识文章的"位体"，其后才依次考察文章的"置辞""通变""奇正""事义""宫商"等。刘勰把文体的体制规范称为"大体""体要"等，且要"立体""昭体""位体"，否则就会"失体"而成为"缪体""讹体"。② 倪思更是将文体看作文章所以为文的必要条件："文章以体制为先，精工次之。失其体制，虽浮声切响，抽黄对白，极其精工，不可谓之文矣"。③ 叶圣陶先生认为写作文字，因所写的材料与要写作的标的不同，就有体制的问题。④ 文字的体制，即为文体。叶圣陶先生认为举凡文体，可以分为叙述文、议论文和抒情文三类：

> 叙述文的材料是客观的事物(有的虽也出自虚构，如陶潜的《桃花源记》之类，但篇中人、物、事实所处的地位实与实有的、客观的无异)，写作的标的在于传述。议

①中国社会科学院语言研究所词典编辑室．现代汉语词典[M]．第七版．北京：商务印书馆，2016．

②张新明．刘勰论"体"[J]．古典文学知识，2006(4)：122－127．

③(明)吴纳．文章辨体序说[M]//徐师曾，文体明辨序说(合订本)．北京：人民文学出版社，1962．

④叶圣陶．作文论[M]//张定远，作文教学论集．北京：新蕾出版社，1982．

论文的材料是作者的见解，写作的标的在于表示。抒情文的材料是作者的情感，写作的标的在于发抒。

虽然叶老自认为这一分类贯彻了包举、对等和正确三个原则，但它还是遗漏了某些文字，像通告、请假条这类的文字，它们属于叙述、议论，还是抒情呢？历史上，通告、请假条、调查报告、说明书、日记、计划与总结等类的文章，是归于“应百姓日常事务所需”的“应用文”范畴。它是我们在工作、生产、生活和学习中处理公事和私事等日常事务时经常使用的一种文体，具有“约定俗成”的惯用格式。[①] 应用文满足了国人日常事务、社会生活和行政事务的需求，却无法满足科学研究、社会调查等探寻世界真理的“学术（问）事务”的需求。

叶老曾指出，“作文这件事离不开生活，生活充实到什么程度，才会做成什么文字”。从历史角度来看，中国人过着一种感性有余而理性不足的生活。

虽然中国古代不乏具有重大发现的科学研究文章，如《本草纲目》等，但鲜有由成千上万、成年累月的细小发现积累而成的科学成果。科学研究文章的匮乏，造就了既往文学艺术倾向的文体理论。近代以来，中国的科学技术有了长足发展，但是科学技术的生存土壤——延续几千年的中国式的生活方式并没有发生本质的改变。直至 20 世纪 80 年代，调查报告依然被看作政治生活的反映：[②]

许多调查报告是作为向上级汇报工作的材料用的，上级单位可以根据调查报告所提供的材料，研究文体，确定路线、方针、政策、措施，指导工作。有时把调查报告作为文件发给下级，或在报刊上发表，可以更有力地提出问题，宣传政策，推广经验，指出工作方向，推动革命和建设事业的发展。

早在 20 世纪 20 年代，深受明治学校教育洗礼和欧美近代思想的影响，日本生活调查作文先驱野村芳兵卫将作文分为三类：[③]文学文章、实用文章、学问文章。他认为文学文章主要是通过文学形象来表达的文章，如儿童诗、童话、儿童剧、少年小说等；实用文章是在生活中有一定功能的应用文，如信、日记、请假条、会议通知、请柬，以及计划、总结、倡议书等；学问文章是以调查、研究为基础，表达科学原理的文章，如自然观察、社会观察记录、生活记录等。按照这一分类体系，调查作文就属于学问文章。

综上所述，中小学阶段，学生写作的文章常被区分为记叙文、说明文和议论文三种文体。但事实上，三分法并没有包举所有文章类型，而且，也面临着对调查作文等学问文章难以分

---

①钱宽．介绍几种日常应用文（上）[M]//北京市工农教育研究室，北京人民广播电台．语文基础六十讲．北京：北京出版社，1981.

②铁宽．介绍几种日常应用文（下）[M]．北京：北京出版社，1981.

③方明生．日本生活作文教育研究[M]．上海：上海教育出版社，2002：103.

类的挑战。与传统的记叙文、议论文和说明文三大文体不同，调查作文应属于一种独立的文体。它不同于三大传统文体，但却综合了三大文体的写作特点。

二、调查作文与记叙文

记叙文区别于说明文、议论文的本质特点是什么？曾曦通过对各种形式的记叙文进行分析以后，发现记叙文最大的特点在于“故事性”：①记叙文重在描述和刻画人物、事件、景物的特点，文章要体现时间、地点、人物、事件、原因、结果六大要素，但所描述的对象或事件不一定是作者本人在写作时的亲身经历。可以是记忆中的一个人、一件事情，或者一个景物。而调查报告必须先经过作者本人的实地或实际的考察，并以此为依据撰写文章。记叙文以记叙为主，但往往也体现出作者思想感情的变化，主观性较强。而调查报告则以事实为基础，以数据为依据，很少掺杂作者个人的遐想和情感变化，来不得半点虚构和遐思，具有很强的客观性。

同样是《救救青蛙》，如果以“今天中午十分闷热”开始，我：拿着钱去买冷饮→碰到卖青蛙的小贩→上前制止→(小贩不听)我拿钱买了一只青蛙→把青蛙放进了河里。这样写出来的文章属于记叙文，虽然这种情况发生的概率极低，不是每个人买冷饮的时候都能够碰上卖青蛙的小贩。倒是夏天走进饭店，可以撞见等待下锅或者炸好了的“田鸡”。如果作者亲自去市场、餐厅、饭店等地调查了青蛙被捕捉、贩卖的情况，结合生态学知识，指出保护青蛙等于保护生态环境，发出救救青蛙的呼吁，这样写出来的文章才是调查作文。

因此，记叙文的故事可以虚构，往往体现出作者的思想感情变化，主观性较强。但调查作文反映的却是客观事实，不容半点虚构和遐思，具有很强的客观性。

三、调查作文与议论文

议论文区别于记叙文、说明文的本质特点，曾曦认为议论文的根本用途是“讲道理”，其本质特点在于“逻辑性”，讲道理的文章，必须符合逻辑。这是对议论文最基本、最本质的要求。

议论文重在阐述作者如何利用论据论述论点，得出结论的过程。论据可以是数字，可以是名人名言，也可以是事例等。如 80 年代那场关于真理标准的著名论证，针对“两个凡是”的错误论调，1978 年 5 月 11 日《光明日报》发表特约评论员的文章，旗帜鲜明地提出“实践是检验真理的唯一标准”论题。为了证明这个判断的正确性，作者引用关于实践是检验真理的尺度的论述、科学史上的事实(如门捷列夫元素周期表经受实践检验)和国际共产主义运动

① 曾曦. 非凡的学习：傻瓜作文[M]. 上海：文汇出版社，2005.

的历史事实(如十月革命胜利证明马克思列宁主义是真理),作为理由和根据来证明自己作出的判断。由于这些理由和根据都是已知的真实的判断,因而有力地证实了“实践是检验真理的唯一标准”这一判断的真实性,加强了结论的信服力。

著名作文八大家之一王鼎钧指出:“议论文是写许多人共同的意见,或者是大家都能接受的意见”,而不是个人意见。[①] 调查作文所展示的结果或结论,发表的常常是一己之见。这些一己之见的形成离不开前人的工作基础,当行文发表遇到需要参考或引用他人的相关研究时,就必须对所参考或引用的资料在文中进行标注。所标注的参考资料或文献遵循约定俗成的格式,体现了调查作文在格式上的规范性。调查作文所展示的结果或结论,常常又具有创新性,是同时代人没有认识到的,因此,极有可能揭示出事物的规律。如曾经获得日本学生科学奖最高奖——总理大臣奖的高三学生村本君,在小河边散步时,发现河边的蟹群上下舞动着蟹钳在一起“跳舞”。蟹的舞蹈激发了村本的好奇心,经过持续的观察、记录,村本最终发现了未被世人知晓的蟹的习性。[②] 研究结束后,村本以《蟹之舞蹈》为名撰写了论文。论文中使用的材料都来源于村本对蟹之舞的观察记录,而他在文章中揭示的蟹的习性,填补了蟹习性研究的一个空白。

调查作文中也有议论和结论,但这些议论和结论必须建立在作者亲临现场所获得的数据基础上。数据的来源可以是数字,可以是照片,可以是观察记录,等等。尤其是调查报告中的数据,必须是作者本人采用严格的调查研究方法“首次”获得,且保证数据的可靠性及研究的可信度。议论文中所引用的证据,就没有这么严格的要求。

四、调查作文与说明文

叶圣陶在《文章例话》中说:[③]

> 说明文大体也有一定的方式。开头往往给所要说明的事物下一个诠释,立一个定义……从下诠释,立定义开了头,接下去把诠释和定义里头的语义和内容推阐明白,然后来一个结尾,这样就是一篇有条有理的说明文。

也有观点认为说明文的根本用途是讲事实,其本质特点是客观性。说明文的构成元素有对象、焦点、焦点事例、辅助事例、展开线索。[④] 可见,说明文是向人们介绍和说明事物状态、性质、特点、功用等客观特征的文章,要求写作前对事物进行仔细观察和研究,以便反映事物的真实面貌。

---

①王鼎钧.作文十九问[M].北京:国际文化出版公司,2007.

②钟启泉.社会科学教育展望.[M]//李稚勇,方明生.社会科学教育展望.上海:华东师范大学出版社,2001.

③叶圣陶.文章例话[M]//刘增人,冯光廉.叶圣陶研究资料.北京:北京十月文艺出版社,1988.

④曾曦.非凡的学习:傻瓜作文[M].上海:文汇出版社,2005.

在这一点上，调查作文也与说明文非常相似。但是说明文倾向于对个体或者个别事件的说明和描写，而调查作文更多地倾向于对某一类现象或某一问题的研究。它主要用来说明作者本人，而不是他人通过调查研究获得的研究结果。说明文要解决的是“是什么”和“怎么样”的问题，而调查作文往往还要探究“为什么”，以及作者本人对于问题改善的意见和建议。从这个意义上看，调查作文可以说是一种说明性的文体，靠事实说话是它最大的特点。

五、调查作文是一种独立文体

调查作文是一种独立文体。调查作文是作者（调查者）针对某一特定问题（主题），经过本人的实地或者实际的调研考察，在收集数据或证据的基础上，得出调查结果和结论，进而提出对于改善研究问题的意见和建议，并且采用一定的格式或写作规范要求将调查过程撰写成书面文章。[①] 它与三大文体还有一个不同之处在于，调查作文可以在高中、初中、小学甚至幼儿园各个年龄层次上开展。作为一种独立的文体，它的特点还包括：

(1)撰写调查作文必须事先经过作者本人的实地或者实际的调研考察；

(2)调查作文反映的是客观事实，具有很强的客观性，不可杜撰和虚构；

(3)调查作文中的议论和结论必须建立在真实、可信的数据或证据基础上。通常会在此基础上提出作者（研究者）对于改善问题的意见和建议；

(4)调查作文是用来说明研究者本人（或团队）而不是他人（其他无关人员）针对某一问题的研究过程、方法与结果，用以揭示事物规律，并将结果用文字、图表等符号表述研究结果的一种写作形式；

(5)具有一定的格式或写作规范要求；

(6)由于数据、证据的挖掘与处理等，又关乎人们的数学素养、科学素养。因此，调查作文不仅关乎写作，而且还是一个采用科学的、社会学的研究方法进行跨学科学术研究的过程。

第二节　调查作文的写作观

一、我们为什么要写作：文以通穷世理

纵观中西方古代的写作观念和写作产品（文章），关于“我们为什么要写作”问题的回答，中西方有着明显不同。有学者发现，中国传统写作观认为“我们为了表达而写作 ”，而西方倾向于“我们为了阐释而写作”。[②] 比较与分析这两种写作观，有利于构建新时代面向未来社

①张荣华．调查作文的文体性质、类型及教育价值[J]．山西师大学报（社会科学版），2015，42(5)：144－149．

②曾琴．言志与模仿：中、西写作观之比较研究[J]．写作：高级版，2009(1)：11－14．

会发展和美好生活的写作观。

(一)为表达而写作

中国古代写作理论枝繁叶茂,但谈及写作目的时,却根出三系:“诗言志”“诗缘情”和“文以载道”。中国最早论述写作目的的一段文字可见于《毛诗序》,《毛诗序》中有“诗者,志之所之也,在心为志,发言为诗”,说明写作的目的是表达写作人的思想。① 西晋陆机在《文赋》中提出“诗缘情而绮靡,赋体物而浏亮”,说明写作是为了表达写作人的一种感情。思想和感情,一个是理性活动,一个是感性活动,都属于人的心智活动。言志缘情,写作就是将人的思想和感情以文字形式表达出来的一种活动。这一认识贯穿后世多代文论史。只是,“志”和“情”的表达,要局限于礼义所限制的范围之内,而非信马由缰地抒发。陆机提出写作是情感抒发的同时,又说“虽区分之在兹,亦禁邪而制放”。

“志”和“情”的表达还应观照到“道”,以文化人。刘勰在《文心雕龙》的开篇《原道》中,提出“辞之所以能鼓动天下者,乃道之文也”。其用意虽然在于“借助儒家经典的权威,提倡内容切实、风格健康、体制规整、辞采清丽的文章,以改善当时的文风”,②但却奠定了“文道”论的始基。及至中唐时期,柳宗元(773—819)在《答韦中立论师道书》中说:“始吾幼且少,为文章以辞为工。及长,乃知文者以明道,是固不苟为炳炳烺烺,务采色,夸声音而可以为能也。”第一次明确提出“文以明道”的概念。其意蕴是指文学不仅要有文采、情韵之美,还必须反映社会现实,包含深刻的思想,有益于世道人心。③ 宋朝儒家理学思想的开山鼻祖周敦颐(1017—1073)正式提出“文以载道”:“文所以载道也。轮辕饰而人弗用,涂饰也,况虚车乎? 文辞,艺也;道德,实也。……不知务道德而第以文辞为能者,艺焉而已。噫! 弊也久矣”。④

除“文以载道”外,古人还提出“养气”说。孟子首创“气”之概念,他在《孟子·公孙丑上》说:“‘敢问夫子恶乎长?’曰:‘我知言,我善养吾浩然之气’”。⑤ 曹丕在《典论·论文》中首次提出“文以气为主”,⑥又说“气之清浊有体,不可力强而致”。韩愈在《答李翊书》中提出“气盛言宜”论:“气,水也;言,浮物也。水大而物之浮者大小毕浮。气之与言犹是也,气盛则言之短长与声之高下者皆宜”。⑦ 罗宗强指出“气之清浊有体”的“气”,其含义主要指生理气质方面的,而“文以气为主”的“气”则是指表现在作品中的感情气势和力量,涉及文学主体的心理

---

①曾琴.言志与模仿:中、西写作观之比较研究[J].写作:高级版,2009(1):11-14.

②成复旺.新编中国文学理论史[M].北京:中国人民大学出版社,2010.

③廖可斌.“文以明道”的两种语境[N].光明日报,2016-07-15(12).

④周敦颐.周敦颐集[M].北京:中华书局,1990.

⑤万丽华,蓝旭.孟子[M].北京:中华书局,2007.

⑥张广明.中国古典文学名篇精粹[M].呼伦贝尔:内蒙古文化出版社,2010.

⑦张清华.韩愈诗文评注[M].郑州:中州古籍出版社,1991.

功能。[①] 气论观认为“气”是作家先天具有的修养、气质，是文学创作的前提，应通过“养气”来加强作家包括道德修养、情感培养、艺术修养在内的自我修养。王国维(1877—1927)提出，艺术创造正是艺术主体旺盛生命冲动的“发表”，生命的冲动与发表，正源于儒道两家都重视的养气。人秉天地之气，进行主动积极的修养，对大自然的神奇和人世间的盛衰产生深切的感受，于是引发了不可遏止的创作冲动。[②]

起初，“载道”与“言志”“缘情”“养气”之说相并列，但“五四运动”时期，因文学革命者将其作为集中而系统否定传统文学观和写作观的靶子，“文以载道”才占据绝对核心地位，绵延至今。[③] 彼时，人们批评“文道论”：一方面，“文”被看作载“道”之器，无纯文学之资格”；另一方面，“道”代表了儒家的道统思想，“束缚人心”“折其天赋之性灵以自就樊鞅。[④] 但是，根植于中华文化的“文以载道”，早已深深浸入华夏民族的文化基因，不是几个人、几十年的批判就能销声匿迹的。20 世纪 90 年代以来，人们对全盘西化、去东方化等种种错误影响进行反思时发现，作为一以贯之的文化血脉，重建中国文化话语体系时，“文以载道”能够担负起“阐旧邦以辅新命”的使命。

当前，在全球化视野下，“文以载道”不仅没有被摒弃，反而融汇符合当下文化精神的“道”的内涵，实现了古代文论的现代转换。[⑤] 中国文化中，“道”的含义相当宽泛复杂。一指道家对宇宙规律的认识，是一个本体论的存在。如“道沿圣以垂文”。二指儒家义理和儒家仁政教化的社会目标，有伦理教化和价值引领的作用，如“圣因文而明道”。有学者指出，“道”几乎包含符合一切传统文化精神的伦理思想、道德规范，如以人为本、仁者爱人、刚柔相济、和而不同等。即使后来将“道”变成“道学”，这其中仍然包含“为天地立心，为生民立命，为往圣继绝学，为万世开太平”的志向和高尚情怀。[⑥] 面对“文化强国”和“两个一百年”的奋斗目标，“道”的内涵已经演变为社会主义核心价值观、中国精神和中华优秀传统文化。[⑦]

总之，“文以载道”的写作目的论，根植于中华传统文化，在现代社会，又被赋予符合当下文化精神的新的含义，必然也会成为当代写作表达的指导和依据。然而，中国的“文”从诞生之初，便有着与“道”二而实一、不可分离的这样一种相伴相生的关系。[⑧] “文”与“道”如此密不可分的关系，令“文”的发展难以突破“道”的框架。传统上，有关写作的讨论，很少纯粹讨

①罗宗强. 魏晋南北朝文学思想史[M]. 北京：中华书局，1996.

②杨琪. 文气说理论研究[D]. 西宁：青海师范大学，1999.

③胡晓明. 中国文论理论性的三个维度：八论后五四时代建设性的中国文论[J]. 社会科学战线，2021(9)：134－141；282.

④赵玉敏. “文以载道”理论的语义溯源及当代意义[J]. 北方论丛，2021(4)：120－127.

⑤同上。

⑥郭鹏. 道与文：文以载道理论的实践价值[N]. 光明日报，2016－07－15(12).

⑦本报评论员. 文以载道以文化人[N]. 光明日报，2015－10－21(2).

⑧赵玉敏. “文以载道”理论的语义溯源及当代意义[J]. 北方论丛，2021(4)：120－127.

论写作，而是与写作的伦理价值问题混杂在一起，写作的伦理价值超越其阐释价值和艺术价值。当今互联网与信息洪流的时代，由于数字技术与人工智能迅猛发展，中文写作已经发生了大众大规模自发参与、知识获取与生产方式、写作表达与传播方式更新转型的重大变化。① 中小学写作教育理论如果还停留在“说写同一”的观点上，认为作文就是用笔说话，就是把说的话写出来；会说话的人只要识字就一定会写作，②将难以有根本性、前瞻性和生活性的改变与突破。另一方面，“道”包括人生之道、人伦之道、政治之道、天地之道等。由后世写作理论与实践来看，“文以载道”的讨论和阐述都非常重视“人道”，而忽视“天道”。所谓“载道”常聚焦于文章对政治之道、人伦之道与人生之道的追求，缺乏对天地之道的一以贯之而深刻的探究，自然缺乏以文通穷世理——用文章描绘、揭示和探索天地宇宙自然的运行规律的写作规范和写作理论，导致儿童在拥有探究、调查，甚至猎奇自然等强烈欲望的时候，无法通过文字表达去理解和建构自己对世界的认识。

（二）为阐释而写作

西方的写作理论繁杂多样，但其根源都可以追溯到古希腊重视“阐释”的写作传统。从人与自然的对立出发，古希腊的“模仿说”发端于人们对自然界与人类社会，对物质与精神的关系的哲学思考，是一种哲学推理和思辨的结果。它更关注的是世界的本质规律和人的理性认知。③ 重视“阐释”的西方写作观念也相应包括了“模仿”“修辞”“记颂”“思辨”这样一些主张和特点，其中最重要的当属“模仿说”。所谓“模仿”（mimesis），是指对自然物构成形式和功能的“学步”。在古希腊人看来，艺术既包括医药、耕作、骑射、手工业等与生产技术有密切联系的人工创造，也包括像诗歌、绘画、雕塑、音乐等“模仿的艺术”。古希腊人认为写作与其他艺术创作一样，其目的旨在模仿。哲学家赫拉克利特认为艺术是对自然和谐的模仿，如绘画是使用黑、白、红等色彩对自然和谐形象的模仿，音乐是使用不同音调、音高对自然模仿的和谐曲调。德谟克里特认为在许多重要的事情上，我们是模仿禽兽……从天鹅和黄莺等歌唱的鸟处学会了唱歌。④ 苏格拉底将模仿理论扩展到文学艺术作品，提出人应当成为文艺模仿的对象，人的外部形体动作，内部精神特质、性格情感等，都可以成为文艺创作模仿的对象。柏拉图认为模仿的本质是“相似”（与现实世界相似），具有“相似”特征的“意象”（image）是“真理”（truth）的表层。⑤ 文艺在本质上是对理念的模仿——模仿只是理念的图像和影子。而真正将模仿说体系化的是亚里士多德。

---

①胡晓明.中国文论理论性的三个维度——八论后五四时代建设性的中国文论[J].社会科学战线，2021(9)：134－141；282.

②俞磊，赵文静.论叶圣陶“说写同一”的写作观[J].学术探索，2012(12)：127－130.

③曾琴.言志与模仿：中、西写作观之比较研究[J].写作：高级版，2009(1)：11－14.

④同上。

⑤转引自周海天.意义的优先性与符号建构的根据[J].批评理论，2019，3(1)：62－74.

亚里士多德在他的写作学专著《诗学》中指出，诗起源于人的天性，而人的天性中，把人与禽兽区别开来的天性，就是模仿的本能，人类最初的知识就是从模仿中得来的。亚里士多德还提出文学模仿的对象范围：过去有的或现在有的事、传说中的或人们相信的事、应当有的事。“过去有的或现在有的事”，是指历史或现实题材；“传说中的或人们相信的事”，是指神话或寓言题材；“应当有的事”，是指理想的虚构题材。亚里士多德还从认知论的角度指出，艺术模仿是使人产生快感的源泉，因为人们在欣赏艺术品的过程中，从艺术品本身产生一种认知感。因此，艺术模仿会让人产生愉快感。此外，亚里士多德还演绎推理了模仿的本质。艺术创造就是把事物的存在从一种形式转换为另一种形式，诗人就是把事物的实体存在转换为语言符号的存在。因此，艺术模仿不只是对实在世界进行复制和抄录，而是在自然事物基础上的自由创造，它可以在一定程度上偏离自然。同样是描绘蟹，在崇尚“模仿说”的古希腊人笔下，蟹钳住蛇，对蛇说：“朋友，你应该伸直，不要横行”（《蟹与蛇》）。而在“言志缘情”的中国人笔下，就成了“量才不数制鱼额，四海神交顾建康。但见横行疑是躁，不知公子实无肠”（宋朝诗人陈与义·《咏蟹》）。前者折射出强烈的写实主义写作价值取向，而后者折射出中国特有的中和、栩栩如生、追求精神境界型审美的写作价值取向。[①]

从近代艺术史家、科学知识社会学家的研究中，可以窥见“模仿说”对艺术和科学的影响。美国著名艺术史家斯韦特兰娜·阿尔珀斯（Svetlana Alpers），在对 17 世纪荷兰的描绘性艺术作品进行深入研究之后，指出 17 世纪时人们对于世界的发现和世界的塑造都是通过心智对自然的反映，而知道我们所知道的东西。[②] 2014 年萨顿奖获得者，科学史家和科学社会学家史蒂文·夏平（Steven Shapin）指出，画家的手艺和实验论者的手艺，都是制作出忠实模仿，未经中介之观看行为的再现物（representations）。绘画是心智采用色彩在画布上对自然的塑造，而做科学实验，不是做思想实验，而是做真实的实验，做大量的真实实验，然后从那些大量实验所制造出的自然的忠实模仿、归纳或推断出自然界的图景。写实再现的手艺，取决于事先接受的成规；而在科学中做成写实的陈述，系基于“诚实的手”“忠实的眼”。接受了这项知识成规，又履行了再现的手艺，则制作再现物当中人工凿刻（artful nature）的性质消失了，再现物取得了现实反映的地位。[③]

正是在“模仿说”这一创作理论的指导下，诞生了很多模仿自然的诗句绘画和文学艺术作品。其中的发展历程我们不好细说，单就 17 世纪而言，在英格兰的经验主义科学中诞生了一种新的写作规范与形式——实验论文。科学已经成为现代世界中典型的和最强大的文化形式，对科学实验在其中所起的秉轴持钧的作用我们却知之甚少。史蒂文·夏平指出，科

①王建疆. 主义与形态张力中的世界美学多样性[J]. 贵州社会科学，2016，323(11)：4－19.

②阿尔珀斯. 描绘的艺术：17 世纪的荷兰艺术[M]. 王晓丹，译. 北京：商务印书馆，2021.

③夏平，凯里. “如何认识科学”（十六）：科学知识与社会建构——大卫·凯里对史蒂文·夏平的访谈[J]. 王荣江，译. 淮阴师范学院学报（哲学社会科学版），2016，38 (2)：64－71；146.

学实验是从物质技术(material technology)、书面技术(literary technology)和社会技术(social technology)三个方面构建起科学知识与科学研究范式。其中,书面技术承担了形构(formulate)实验实作,将科学事实(知识)传达给未直接见证者知道的功能,即“文以明道”。它的始作俑者就是英国物理学家、化学家罗伯特·玻意耳(Robert Boyle)。夏平和谢弗的《利维坦与空气泵》分析了玻意耳1650年代末和1660年代的诸多书面实作,包括《新实验》连续叙述四十三个气动实验,《续新实验》的五十个实验,以及《续新实验》第二部分更多数量的不连续实验观察,总结了实验论文的特点。① 实验论文是实验性试验(experimental trials)的报告,明显与自然哲学的体系不大相同。实验论文的写作人,需要“冷静而谦虚”“勤奋而明辨”,是一个“只断言其所能证明者”的不涉任何利益的观察者——实验哲学家。论文的内容是对实验细节进行周详记述,使读者无须亲自重复实验,根据这些记录进行考虑和思考,便可在他们心目中制造出实验场景的形象,并获得清晰观念。这一书面技术即虚拟见证(virtual witnessing)技术,由于文本可以信任,一可以使未到现场的读者通过心智实验室或脑海中呈现的实验而相信实验有效的目的;二可以使见证实验的证人无限地增衍,实现科学知识的广泛传播。写作方式采取“赤裸裸的书写方式”,而不是“华丽的”风格,目的是“以哲学而非修辞学的笔调”来撰写,通过平实的、苦行的、不加修饰(但是层层盘旋)的风格,清晰说明而不扭曲地反映自然。

夏平指出,实验被体制化、实验产生的事实必成所谓适当科学知识的基础,是从玻意耳对气体力学的研究以及气泵在该领域的运用开始的。今天,绝大多数人都是从物理课上得知玻意耳定律的:空气对于声音的传播是必需的,一定质量的理想气体,在温度不变的情况下,它的压强跟体积成反比。但是,几乎没有人知道玻意耳于科学史的重要价值。玻意耳藉由实验论文所创立的实验纲领遭到了同时代托马斯·霍布斯(Thomas Hobbes)的批驳。霍布斯认为气泵是“孩子们用的玩具枪性质”的东西,不足以产生玻意耳所举荐的知识。科学史中早已不见霍布斯的踪迹,而玻意耳所建立的实验纲领却奠定了科学文本、科学教学以及科学史的学术规范,成为科学史上具有典律作用的研究范式。科学事实产生于一个公共空间,通过科学论文的诠释、论证与发表被更多人见证,最后通过共同体内的辩护、同意,成为合法的知识基础。从这个意义上来说,写作亦是科学发现的强有力的“工具”之一。自17世纪始,以科学学术论文的形式在大学、科学研究院等科学共同体内得到广泛的传播,引领和指导着科学的不断发展与进步。

17世纪欧洲科学家创制的科学实验实作论文,体现了写作(科学)人的严谨科学态度和严密的科学推理和思辨,客观地阐释自然的本质规律和人的理性认知。科学家告知和说服其他科学家关于科学知识主张的有效性,建立和推动了写作在科学话语体系中的应用,促进

① 夏平,谢弗.利维坦与空气泵:霍布斯、玻意耳与实验生活[M].蔡佩君,译.上海:上海世纪出版社,2008.

了科学范式的形成，也使得科学写作成为一种特殊的写作方式。20 世纪中叶后，在建构主义认知理论以学生为中心的教育理念影响下，英美学者提出“通过写作学习科学”(learning by science writing)的口号。20 世纪 90 年代，美国还将科学写作教育写入《美国科学教育标准》，该标准认为科学写作教育的价值在于科学写作交流可以使学生把注意力集中到诸如他们是如何知其所知的，他们的知识又是如何同其上位概念、同其他范畴的一些概念，以及同课堂以外的世界发生联系的这样一些问题点上。一些学者还研制了科学写作教育标准和利用科学写作来提高科学素养的课程实践框架。

更多的学者对科学阐释的理论进行了深入研究。一些学者提出科学写作历程模式、科学写作的知识告知模式和知识转换模式。从心理学的角度，完善了科学写作的认知功能。布里顿提出跨课程的语言写作有三种类型：事务性写作(transactional writing)、表达性写作(expressive writing)和诗意性写作(poetic writing)。[①] 事务性写作是依照惯例写作，旨在与读者沟通、告知、劝说或教导他们的写作方式。如报告、计划、备忘录、期末报告或传统散文。表达性写作通常以第一人称写作，旨在表达个人感觉、认知、思想的写作。如日记、日志、初稿和书信等。诗意性写作指采用艺术性语言，不受任何特定形式、写作方式限制的写作。如小说、诗歌、戏曲等。加拉格尔等人认为科学学习中的写作有记叙、描述、解释、介绍和论证五种形式。[②] 与此同时，科学写作的目的、结果和面向的读者类型不同。记叙的目的旨在记录情感和想法，展示写作者的态度，读者可以是写作者本人，也可以是其他人(同学、老师或大众)。描述的目的在于如实报道，向他人传播基本知识。解释的目的在于阐明因果关系。介绍的目的在于指导他人，展示的是程序性知识。论证的目的是劝说他人，说明论证的过程。

吉丝(Keys)将科学写作分为五种类型：实验性科学写作、解释性科学写作、报告性科学写作、传记性科学写作、说明性科学写作。[③]

> 实验性科学写作：中学科学课上经常使用的一种写作类型，是指学习者在动手活动或实验活动中，根据所获真实资料、数据或实验结果，对科学观点进行合理解释或推论。其格式包括目标(目的)、方法、结果和结论。
>
> 解释性科学写作：关注科学过程的小报告，以大量行为动词为特征，并按一定的逻辑顺序组织内容。也有人将其解释为学习者运用已习得的科学文字，描绘事件的特征，并在原有科学概念的基础上，对事件的特征做出科学的解释。

---

①胡瑞萍，林陈涌. 写作与科学学习[J]. 科学教育月刊，2002(10)：2，18.

②SEABURY D L. The Write Connection：Implication of Research on the Design of Writing Activities for Teaching Elementary Science[J]. Constructivism，2001：62.

③KEYS，C. M. The development of scientific reasoning skills in conjunct ion with collaborative writing assignments：An interpretive study of six ninth — grade students[J]. Journal of Researchin Science Education，1994(9)：1003 - 1022.

报告性科学写作：相对比较正式的科学写作。学习者通过从各种书籍、期刊、互联网、个人访谈等中寻找信息与资料，对某一科学问题进行描述。如对关于全球变暖、艾滋病感染等进行写作。

传记性科学写作：尚未得到广泛运用的一种科学写作类型，是以一个或一组科学家的生活或贡献为主题进行的写作。

说明性科学写作：有潜在价值的科学写作类型。常用于争议性话题的写作，如恐龙是冷血动物还是热血动物？学习者通过搜集第一手或第二手的数据来撰写文本，鼓励学生深入理解证据与观点的关系，使其形成对科学论证的理解。

胡瑞萍和林陈涌认为科学写作形式有八种类型：描述（记叙）、游记、导引或说明、辩论或演说稿、概念图或心智图、科学报告、制作小手册、日志写作。① 美国理科教材中涉及的科学写作形式有十余种：描述（记叙），游记（传记），导引、解释或说明，辩论或演说稿，概念图或心智图，实验设计（报告），制作小手册或资料卡，日志写作，电视广告，黑板报，新闻报道（报纸投稿），以及科学报告。其中，科学报告又包括调查报告、综述、小论文和多媒体报告。从最终作品的应用范围来看，这些类型又可以概括为四种类型：科学学术类、科学应用与分析类、科学新闻类与科学普及类四种类型。②

总之，从“模仿”出发，以阐释为目的的写作理论沿袭对世界本质规律进行理性认知的传统，在近代催生了生产、传播科学知识的科学学术体系和科学写作，从而分化出诗意性阐释、表达性阐释、事务性阐释，以及科学性（客观性）阐释。这是一条与“文以载道”截然不同的发展道路。我们更重视写作的伦理价值问题，观照的是写作人内心精神世界的家国情怀、人伦情理。而科学性阐释观照的是写作人理性认知的客观性、科学性、知识的客观生产与传播价值。如前文所说，“道”包括人生之道、人伦之道、政治之道、天地之道等，科学性阐释的最终目标，是用文字复刻虚拟世界，通过推理和思辨，认识客观规律，发现宇宙“真相”——天地之“道”。由科学学术与科学写作的理论与实践来看，“文以载道”在“天地之道”方面非常成功，值得我们学习。

（三）文以通穷世理的古代实践及现实必要性

1. 文以通穷世理的古代实践

上文我们大致梳理了在东西方文化中，占据主流地位的写作目的论。从中可以明显地看出中西方写作目的论都看重“文”与“道”的关系，只是我们倡导“文以载道”，更强调重视写作的伦理价值问题，观照的是写作人内心精神世界的家国情怀、人伦情理。而欧美国家倡导“文以明道”，更重视写作的阐释价值，尤其是科学性（客观性）阐释，观照的是写作人理性认知的客观性、科学性、知识的客观生产与传播价值。事实上，在中国古代，也曾经有过以文明

①胡瑞萍，林陈涌．写作与科学学习[J]．科学教育月刊，2002(10)：2－18．

②张荣华，郭巾英．《科学发现者》中科学写作的类型与设计特点[J]．化学教学，2018(8)：90－96．

道、阐发宇宙规律和天地之“道”，通穷世理的写作学，以及写作实践。对这些理论和实践进行简短回顾，有利于构建通穷世理的写作目的论。

先秦时期，以孔子(公元前551—公元前479)为首的儒家学派提出“述而不作”的命题。由于古汉语单音单字，具有单字多义的特点，导致后人和今人将其运用到政治学、编辑学、阐释学等多个领域，对“述而不作”也有多种多样的解释。[①] 就写作而言，有学者认为该命题体现了儒家“强调继承而排斥创新”的写作观。[②] 墨子，名翟(公元前476或480—前390或420)，春秋末期战国初期宋国人，创立了先秦显学“墨学”。墨子在批判儒家“述而不作”观的基础上提出“述作兼善”观：“古之善者则述之，今之善者则作之，欲善之益多也。”(《墨子·耕柱》)这意味着写作应不论古今，唯“善”是从。从阐释“善”的角度，墨子提出写作有三条准则：“有本(溯源)之者，有原(推究)之者，有用(应用)之者。”但是，墨子又指出立言，向上追溯必须研究历史，“上本之于古者圣王之事”，以古代圣王的行事为依据，不能唯书本是从，还要向下考察“下原察百姓耳目之实”，从调查百姓耳闻目睹的事实中去概括推究，避免局限于一己之所见。同时，所立之言还必须能够应用于实际，“废(发)以为刑政，观其中(符合)国家百姓人民之利”，形成治理刑狱和政务的措施，看它是否符合国家百姓的利益。一方面，这些准则反映了墨子“不唯书”“不唯上”“只唯实”的批判精神；另一方面，也折射出墨子源于实践、用于实践、为实践所检验(证)的写作观。墨子非常重视以农、工、生产、生活实践作为获取知识的源泉，[③]提出实践是写作的源泉，写作应记录自己或他人眼见为实的事实。在长期实践和观察中，墨子提出墨经八条，阐述了力、杠杆原理、光的直射、光影关系、小孔成像、点线面体圆等概念，达到中国古代科学发现的最高峰。如，“力，刑(形)之所以奋也”，“景，光至，景亡；若在，尽古息”，“景，光之人煦若射。下者之人也高，高者之人也下。足敝下光，故景障内也”。与此同时，墨子还提出写作是一种心智的辩察，为了使文章“明是非，审治乱，明同异，察名实，处厉害，决嫌疑”，墨子提出“摹略万物之然，论求群言之比”的论辩理论与技术。墨子的论辩术包括以“名”“辞”“说”这三个概念为基础的演绎系统，“以名举实，以词抒意，以说出故”(以名称来代表实物，以词汇来表达意思，以推断来找出原因)，以及立说的七种推理方式：或、假、效、辟、侔、援、推，翻译成现代汉语，就是或然推理、假言推理、直言推理、比喻说理、相同言辞的互证、引敌论证已论、同类事物的类推。

朱亚宗先生曾指出：“墨家集团成功地实现了人类社会早期难以具备的两个结合，一是学者与工匠的结合；二是辩术与技术的结合。”[④]自汉“独尊儒术”以后，在后世墨学虽有传播，却最终成为一门绝学。但是，“不唯书”“不唯上”“只唯实”的写作风格，却在沈括、徐霞客、李

---

①王凯莉.论孔子“述而不作”的创作观[J].青年文学家,2016(15):34-35.

②潘新和.墨家写作思想初探[J].福建师范大学学报(哲学社会科学版),1993(3):52-56.

③于光胜,刘长明.墨子的科技思想及其当代价值[J].自然辩证法研究,2015,31(4):78-82.

④邵长杰.墨子科技思想中的人文关怀[N].中国文化报,2012-12-04.

时珍等人记载的写作实践中得到延续。

沈括第一个使用“石油”这个概念，不仅描述了石油的形态、采集方法、燃烧性质，而且还预测“此物后必大行于世”。只是沈括预测的是石油燃烧产生的煤灰可以替代松墨，而不是人们对石油自身的利用：

鄜(fū)、延境内有石油，旧说“高奴县出脂水”，即此也。生于水际气沙石与泉水相杂，惘惘而出，土人以雉尾裛(yì，霑湿)之，乃采入缶中。颇似淳(通“纯”)漆，然(通“燃”)之如麻，但烟甚浓，所霑帷幕皆黑。余疑其烟可用，试扫其煤以为墨，黑光如漆，松墨(用松烟制成的名墨)不及也，遂大为之。其识文为“延川石液”者是也。此物后必大行于世，自余始为之。盖石油之多，生于地中无穷，不若松木有时而竭。今齐、鲁间松林尽矣，渐至太行、京西、江南，松山大半皆童(山上不长草木，光秃秃的样子)矣。造煤人盖未知石烟之。

(《梦溪笔谈》卷二十四)

徐霞客的山水游记更多地体现了古代文人的山水意识和寄情山水的复杂情感风貌。他以自然山水为审美对象，将对宇宙、人生的认识及对个人遭际境遇的情感融入山水描写中，通过观照山水自身的形象，将观赏的愉悦情态展现在读者面前，以获取美感。① 在徐霞客笔下，黄果树是这样的：

路左一溪悬捣万练飞空，溪上石如连夜下复，中剜三门，水由叶上漫顶而下，如鲛绡万幅，横罩门外，直下者可以丈数计，捣珠崩玉，飞沫反涌，如烟雾腾空，势甚雄厉，所谓珠帘钩不卷，匹练挂遥峰，俱不足拟其状也。

(《滇游日记》)

李时珍的《本草纲目》记载了李时珍通过实地调查、观察、自己尝验万事万物之理的经验。比如，李时珍亲自尝验曼陀罗的致幻作用：

相传笑采酿酒饮，令人笑；舞采酿酒饮，令人舞……予尝试之，饮须半酣，更令一人或笑或舞引之，乃验也。

(《本草纲目·草部·曼陀罗花》)

在阐明天地之道方面，墨子和后世的古代科学家走上了截然不同的道路。墨子可谓我国古代科学界的圣人——“科圣”。《墨子》，尤其是墨经八条，在许多方面显示出近现代科学活动和科学方法原理的特色。墨经揭示了不容反驳和质疑的、独立于人们的主观意识之外的“事实”，这些“事实”，有些是观察所获，如，“景，光至，景亡；若在，尽古息。”有些是实验所获，如，“景，光之人煦若射。下者之人也高，高者之人也下。足敝下光，故景障内也。”有些是理性推理所获，如，“力，刑(形)之所以奋也。”而在今天，这些最稳固的事实无一例外地成为

①冯乃康.古代游记的山水意识与《徐霞客游记》[J].北京第二外国语学院学报，1997，76(2)：89－98.

科学知识。墨子以后，后世的科学家更多地做着博物学家的工作，描述自然中业已存在“实然”的景物、现象，而认“实然”为“当然”，很少对同类不相像却一致地具有某一同一性质的事物进行归纳和分析。

墨子以后的古代科学家，文学领域造诣颇深，却未能在自然科学领域超越墨子。有人将墨子科学传统没有得到有效传承的原因归结为其科学思想未迎合封建统治者的需要，最终被封杀。① 从知识的社会建构角度来看，统治者的不倡导是墨学绝学的一个原因。但是，墨子的科学知识过于深奥，写作中也没有借助公式、数字、图形等辅助理解的形式。再加上只有少数人接受教育，使得仅以文本为载体的科学知识未能得到大规模的学习和普及。而玻意耳在他的《新实验》系列著作中，非常重视插入精致的视觉图案，用实验装置和实验现象图的仿真形象，为读者（学习者）提供密集度更高、更周详的细节，减轻了公众对科学知识的不信任感，有助于知识的虚拟见证。

2. 文以通穷世理的现实必要性

第一，“道”变，“文”亦要变。随着科学技术的进步，“道”的内涵与外延发生了极大的变化，写作的目的与功能也应随之发生变化，以实现现代“文”“道”关系的动力均衡。

从中国方面看，传统儒学将“道”视为正常的社会秩序和伦理秩序以及关于这些秩序的思想和行为方式。② 自汉以后，“道”主要指包含着关于社会人生的各种符合传统伦理思想和道德规范的思想和情感。在现代社会，“道”被赋予当下文化精神的新的含义，成为社会主义核心价值观、中国精神和中华优秀传统文化的集中表述。从世界思想史来看，“道”是对自然界、人类社会，以及人类自身的解剖、分析、观察与思考，其成果促成了自然科学、社会科学和人文学科的蓬勃发展，如图 1－1 所示。

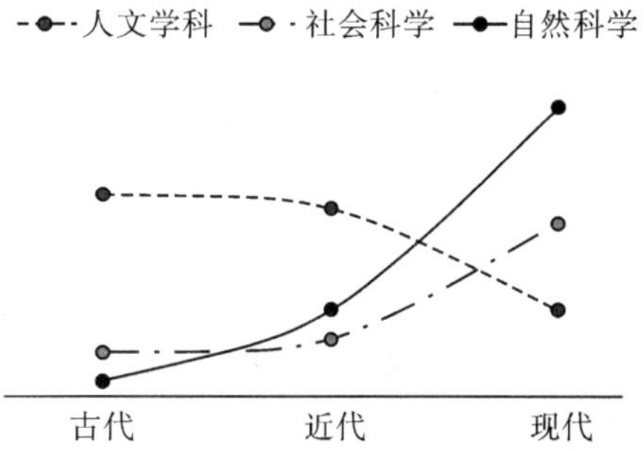

图 1－1　自然科学、社会科学和人文学科不同时代的发展趋势

随着生产力的进步，人们开始从不同侧面和角度分门别类地研究客观世界，仅从自然科学中，就分化出生物、物理、化学、地球科学、空间科学等诸多学科。19 世纪 20 年代，出现了超越一个已知学科的边界而进行的涉及两个或两个以上学科的跨学科、交叉学科、学科融合等研究领域。而最新统计表明，最近 25 年，交叉性合作研究获得诺贝尔奖项的比例达到 49.07%，接近一半。有报道指出，目前的学科分类除数学、自然科学、技术科学、社会科学以外，还出现了交叉学科、边缘学科、横断学科（综合学科）等，达到 1000 多门。而根据《中华人

①于光胜，刘长明. 墨子的科技思想及其当代价值[J]. 自然辩证法研究，2015，31(4)：78－82.
②郭鹏. 道与文：“文以载道”理念的实践价值[N]. 光明日报，2016－7－15(12).

民共和国学科分类与代码简表(国家标准 GBT 13745－2009)》,学科分类有三个级别,一级学科或学科群有 62 个,二级学科有 676 个,三级学科达 2382 个。可见,我们对自然世界、人类世界以及人类自身的认知层次越来越细微,越来越深刻。人类认知范围的深度和广度,从来没有像今天这么广大。作为知识呈现和表达的书面技术——“文”,不能挟制也挟制不了“道”,只能跟随“道”的变化而变化。与“道”相制衡的“文”,必然地要突破单一的伦理目的,走向客观、全面、阐释世界本来面目的途径,达到“道”“文”关系的总体均衡。

第二,“道”恒久远,自少年始以“文”问“道”符合人生不同阶段对“道”的兴趣规律。从“道”的内容构成上来看,“道”主要包括人生之道、人伦之道与天地之道。在人的一生中,不同时期和阶段,对这三种“道”的兴趣程度不同(如图 1－2 所示)。处于婴儿期的人们,先天地拥有趋利避害的本能,对待亲人和陌生人能够表达出不一样的情感和态度,而对人生的认识几乎为零。少年时期,人们对天地之道表现出极大的兴趣,远远高于对人伦之道和人生之道的兴趣,而对人伦之道的兴趣又高于人生之道的兴趣。随着年龄的增长,青年时期,人们对天地之道的兴趣达到顶峰。中年时期,人们对人生之道的兴趣达到顶峰。而老年时期,人们对人伦之道的兴趣达到顶峰。因此,从人的成长历史来看,中小学阶段的学生对“天地之道”的探究有着强烈的兴趣和好奇心。有探究,就会有探究结果的表达:或吟诗,或绘画,或作文,或舞蹈,等等。在诸多表达形式中,写作是进行思想交流与沟通的最主要、最普遍,甚至是最经济的一种媒介。中小学阶段是我们认识世界、探索世界的关键时期,从小学阶段着手探究天地之道的行文训练,符合人生不同阶段对“道”的兴趣发展规律,又可以促进问“道”的探究习惯与素养的养成。

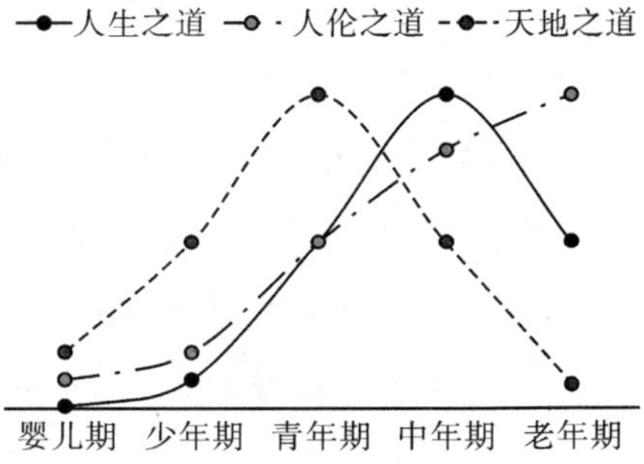

图 1－2　人生不同阶段对“道”的兴趣

第三,以文通窍世理是破解中小学写作教育难题的有效途径之一。在我国,中小学生的文章写作教育归于语文教育。多少年来,语文教育饱受批评。有学者指出,我国的语文课程延续了古代读经式的文选阅读课程形态,以“阅读”为中心设置中小学语文课程,注重语文课程对学生的教化功能,重视对语言的“理解”而忽视对语言的“运用”。关于写作教育的批评声也不绝于耳。作文教育研究局限于 12 个“争议点”的讨论。[①] ①主题立意:积极,消极?②切题,还是离题?③“我”共性,个性?④说真话,写真实乎?⑤真情或是造假?⑥文采抑或浮华?⑦模仿(化用),或者抄袭?⑧文体变异:是邪,非邪?⑨网络语言影响:好事,坏事?⑩高考作文写诗:赞同,反对?⑪教师作文评分:审美疲劳?⑫新概念作文:

①俞发亮.刍议“争议作文”的价值[J].语文建设,2007(4):31－32.

何去何从?

我国的写作教育几乎空白,王荣生在《我国的语文课为什么几乎没有写作教学?》中提出语文课上的作文其实是"文学性散文"的写作,它没有固定的、必学的知识内容,没有人人必须达到的、统一的技能指标,而只能采用"催生"的办法引领学生进入自发"创作",这就使得作文的课堂教学难以操作。① 韩军在2005年6月2日接受中国教育报记者的采访时,曾指出中国中小学生在作文中"编造谎言",已成为一道举世罕见的风景。② 教育部前发言人、语文出版社社长王旭明接受记者独家专访时,指出我们如果不按照语文特点和规律办事,就会导致全社会文化、传统文化的一种断层,不会讲话、不会写文章、不会与人交往。③ 调查显示,我国各地语文教科书中的命题作文比例至少在90%以上。这是儿童习作题材单一、内容空洞、情感浅白的主要原因之一。④ 命题作文泛滥,暴露出语文教师对儿童语言发展和表达的绝对控制权力,将儿童作文过程中的认知与思维需求禁锢在有形无形的物理空间内,造成"偏重于对事或物的意念和感悟等感性经验的表达""重抒情而轻理性思考""对实践和思维过程的训练重视不够",以及作文"假、大、空话连篇"。

彻底解决作文教育上的问题,就必须对写作的目的进行重新定位,树立"文以通窍世理"的写作目的观念。以对世界万事万物规律的探究为内容和题材,在对事物意念和感悟等感性经验进行表达和抒情的基础上,重视思维推理、实践探究和理性思考,以求反映客观世界的真实面貌和本质规律,以实现认识世界、改造世界、与世界和谐相处的目的。

(四)"文以通窍世理"的写作观

"文以通窍世理"的写作观包括三个重要观点:"文"通世理,"文"以致知,"文"应致用。

1."文"通世理

《现代汉语词典》中,"文",一作名词,表示文字、文章等;二作动词,有使用文字、符号等记录信息、传送信息的意思,后多指作文、写作、练笔、创作等。文字著于竹帛谓之"书",笔墨又是记录信息的工具,因此,日常生活中,人们常常用"书写""下笔""笔墨""文笔""落笔"等来比喻写作。本文中,"文"泛指文章和写作。"文"通世理说的就是"文"的本质:文章和写作是用来反映客观世界真实面貌和本质规律的载体和手段。

要想理解"文"通世理的本质,就必须去寻找"文"最初的起源,因为只有从起源上才能弄清楚"文"之所以发生的机制,才能知道"文"与客观世界之间的关系与联系。

---

①王荣生.我国的语文课为什么几乎没有写作教学?[J].语文教学通讯,2007(35):4-7.
②陶继新,张圣华.在语文教育的路上我们失落了什么?[N].中国教育报,2005-06-22(4).
③刘婷.语文出版社社长:语文教育问题导致"不会说话"[N].北京晨报,2014-06-27.
④李武南.儿童作文题材生成的受制因素与对策研究[J].金华职业技术学院学报,2008(1):77-82.

“文”，甲骨文中写作，金文中写作。陈梦家推测，“文”的原义，可有三种：一是古代有断发文身的习俗，文即文身。二是古金文‘文’字常于胸中画一‘心’字形，疑象佩饰形，文即文饰。三是“文”字像人温雅而立的姿态，文即文雅”。① 按照《说文解字》的解释，“文”来源于仓颉仿照自然事物的形象、形状、形态而创造出来，用于书写记事的“图形”——书面符号系统：

> 黄帝之史仓颉见鸟兽蹏（tí，同“蹄”）远（háng）之迹，知分理之可相别异也。仓颉之初作书，盖依类象形，故谓之文。其后形声相益，即谓之字。②

因此，许慎断言：“文者，物象之本；字者，言孳乳而浸多也。著于竹帛谓之书。书者，如也。”这说明“文”起源于对客观世界及其规律的描摹与刻画，“文”是事物本然现象的反映或模拟。这一论断不仅得到后世学者的积极认同，还与古希腊时代有关写作的模拟说不谋而合。

“文”的内涵表明“文”可以通达世理。“文”是反映客观世界及其规律的若干载体或手段之一，但也是人类文明中最重要的文化载体或手段。许慎曾说：“盖文字者，经艺之本，王政之始，前人所以垂后，后人所以识古。”文章是经书的基础，也是王权政治的基础，前人用它将文化传播给后人，后人用它认识古代文化。为什么文章可以跨越时空？因为文章使用的是一些恒常不变的和标准的“形状”——文字进行的表达。比如，对于“花”和“鸟”的记载，在中国虽然有繁体字和简体字之分，但是，“花”和“鸟”这些字眼却永远不变。同样是表达和表现“花”和“鸟”，世上却找不到两幅一模一样的花鸟画，皆因绘画采用的是随时变化和个性化的绘画语言。与绘画类似，戏曲、舞蹈、音乐、传统工艺技术等表达语言都具有变化性、个性化和无形化，当精通这些技艺的人们消失以后，相应的文化也就跟着消失了。更为重要的是，作为语言媒介的“花”和“鸟”的概念，它们所表达的事物的实质并没有发生变化，这就使得思维和思想的传承成为可能。如果没有语言文字的恒常性，那么，人类的文明大厦将难以延续至今。因此，在诸多反映客观世界及其规律的载体或手段之中，“文”是最重要的。

通过多种多样的体式和形式，中小学生在习文和作文中得以通晓世理。中小学阶段的习文和作文教育，尤其是作文教育应着眼于对大千世界林林总总、方方面面的感知和认识。此时，就需要学会形式多样的“文”，而不应将局限于服务于考试的一种类型。在德国的中学

---

①李圃．古文字诂林（第8册）[M]．上海：上海教育出版社，2003．

②李楯着．我听陆宗达讲《说文》[M]．北京：生活·读书·新知三联书店，2017．

里，母语写作教学的文章体式种类繁多，[①]满足了中学生通过作文"文"以"通晓世理"学习的需求。比如八年级要求：故事梗概；书籍广告说明词（与故事梗概的区别）；写信、报道；简单议论文；报道，记事；图表描述和阐释；描写（区别描述和抒情）；改编课文（从叙述体到话剧）；日记；小型报告（约 10 分钟，写短语提纲）；塑造性写作（创造性写作）；学习技巧：做笔记，做读书文摘，做记录等；用工具书；阅读技巧（快速阅读、信息阅读和消遣阅读等）；实用类文章的阅读和理解（4 步骤）；如何在回答课文问题时正确引证；如何准备发言稿（3 步骤）；怎样背诵课文（5 步骤）。十一年级要求学生撰写：小型论文（独立撰文，正确引证，10 页左右）；文论（文学作品和实用类文章）；文学作品阐释和写作；专题报告（约 20 分钟）；记录（课堂记录、会议记录、讨论记录等）；其他：读者来信、评论、短评、书评。

美国《科学发现者》四套教材的科学写作任务，[②]从总数上来看，《生命的动力》教材最多，有 141 个，《原理与问题》有 97 个，《化学概念与应用》有 63 个，《地理、地质学、环境与宇宙》最少，只有 29 个。教科书的编写者在设计写作任务时，将学生看作"现代社会中的人"，紧紧围绕学生的"生活世界"以学生的个人生活中心向四周辐射，向社会辐射。其写作主题涉及个人关注的直接对象——植物、动物等自然物的描述，生活用品——遥控器、微波炉、滑石粉等物体的科学原理的说明，生活娱乐设施——游乐车等的科学规律探究，医疗报告和医疗技术的解释，新技术对社会造成影响的辩论，自然灾害防治手册的编写，以及向政府相关部门提供有科学依据的建议……写作需要的知识涉及学生作为"社会人"需要运用科学概念和科学过程的几乎所有方面。写作者的身份多种多样，有时是本人，有时是记者，有时是医生、疗养院工作人员、产品开发者、政府官员、科研人员、探险者、自然观察者、科技书籍的读者、自然灾害中的受害者，等等。通过不同身份的转换，学生得以站在社会不同群体的立场，体验和考察科学概念、原理、知识运用等，真正实现培养具有较高科学素养的人。

2."文"以致知

"文"何以致知？说到知识来源，我们都能想到一句格言"格物致知"，而且也知道，"格物"（认知）的理念和态度不同，生成的知识系统也不同。我国知识系统可谓"四部之学"，其典型代表不外"经、史、子、集"。这是依据古代典籍文献体裁为分类标准而形成的一个庞大的知识系统，一直沿用到近代。其认识与认知的核心指导思想是"天人合一"的观念，其思维方法主要是归纳法，而不是由概念而进行抽象的、逻辑的、推理的推演法。近代科学秉承天

---

①洪宗礼，柳士镇，倪文锦，等．母语教材研究 5：外国语文课程教材综合评介[M]．南京：江苏教育出版社，2007.

②张荣华，郭巾英．《科学发现者》中科学写作的类型与设计特点[J]．化学教学，2018(8)：90－96.

人分离或对立的认知理念，承认人世间有人世间的规律和现象，自然界有自然界的规律和现象，采用“欲前后更置之不可得”的概念的抽象推演，不断发现客观世界的客观规律，从而构建起知识大厦。比如植物的光合作用，亚里士多德认为植物体是由“土壤汁”构成的，1648年比利时的科学家赫尔蒙德用柳树苗揭示出构成植物体的物质来自水，1864年德国的萨克斯用实验证明植物的绿叶在光合作用时形成淀粉……再比如抗体的发现，19世纪末科学家贝林发现血清中存在抗毒素，将其命名为“抗体”，1890年，德国学者埃利希提出血清中存在的抗菌物质在抗感染免疫中起决定作用。此后，法格雷乌斯、克拉曼和米切尔、米勒等长达30年的研究，才探明了体液免疫的过程。科学家们将这些发现撰写成文，发表在科学杂志上，让更多的人知晓、知道这些新发现、新知识。从知识生产、知识传播的角度来看，“文”具备“致知”的功能。

有学者认为中国的语言和文字，尤其是方块结构的汉字是阻碍近代科学体系建立和发展的根本原因①。这样的解释与事实并不符合。爱因斯坦曾经说过，西方科学的发展是以两个伟大的成绩为基础的：希腊哲学家发明形式逻辑体系（在欧几里得几何中），以及通过系统的实验发现有可能找出因果关系（在文艺复兴时期）。字还是方块字，语言还是汉语，现代的中国人在科学认知方面不仅超越了先哲，而且在科学发展史上取得了不菲成就。中国的第一位诺贝尔奖获得者屠呦呦的成果就是发表在中文期刊上，诺贝尔奖评委没有因为是用汉语写作的，就抹杀了屠呦呦在发现青蒿素上的原创性。因此，认为汉语是科技发展的障碍这种观点是错误的。

阻碍科学发展的因素，外因论认为是社会、政治、经济、地理等外在因素压制了科学产生，而内因论则认为是思维模式和民族性影响科学的产生。科学是一种以假设—演绎—检验的方法来进行的思维工作方式，并按此方式工作的社团活动。这种工作方式是科学的内在属性，科学这种建立在演绎逻辑上的理性思维活动，其根源与凭借在于语言。② 语言是理性思维的根源媒介，如果有意识地在教育中加以重视，必将培养出具有理性思维的革命事业建设者和接班人。在中小学阶段我们应该通过作文和写作引导学生进行理性思维，用手中的笔构建逻辑思维，去认识自然、认识世界和认识自我，去发现新知识、新规律。

3.“文”应致用

朱光潜先生把写作的功用分为“言情、说理、叙事、绘态（亦称状物或描写）”四大类，写作既有状物或描写的“绘态”功能，故“笔下龙蛇似有神”（张怀瑾）；叙事说理之功能，故“文人之

---

①宋礼庭．论李约瑟难题：基于中国文字的视角[J]．武汉科技大学学报（社会科学版）2012，14（3）：243－247．
②同上。

笔，劝善惩恶”(王充)，“笔落惊风雨，诗成泣鬼神”(杜甫《寄李十二白二十韵》)；还有言情之功能，故“笔给人带来的创伤是最深的，它能使生者死，死者生”(约翰·泰勒)。作文和写作还可以作为团结战斗和革命的武器，如朗费罗说，“笔杆子已成为号角”；布尔沃·利顿说，“在真正的伟人的领导下，笔会比剑更有力量。”毛泽东说：“写作是我们所写的东西，应该使他们团结，使他们进步，使他们同心同德，向前奋斗，去掉落后的东西，发扬革命的东西，而绝不是相反。”写作是“使人民群众惊醒起来，感奋起来，推动人民群众走向团结和斗争，实行改造自己的环境”，是要“帮助群众推动历史的前进”。[①]

写作更能生产思想与智慧。塞万提斯在《堂吉诃德》中形象地比喻“笔是思想的舌头”，约翰·克拉克在《英拉词典》中说，“笔墨是智慧的犁铧”。写作(作文)是人们认识客观世界和表现客观世界的辩证统一，是一种自内向外的表现(表达)。[②] 程红兵指出，从内容上讲，作文是客观事物在作者头脑中的能动反映，是作者对一定的对象进行观察、体验、分析、研究、想象加工的产物，是富有创造性的脑力劳动的结晶，它融注了作者的主体性理解和意向，体现了作者的认识与情感。从形式上说，作文是以书面语言为媒介来反映生活、描述事物、传授经验、阐明事理、表达思想情感的，具有一定的篇章结构形态。因此，作文是以有组织的书面语为形式特征的外化物质实体，以此区别于其他精神产品。[③] 写作还是形成系统陈述的逻辑命题，进行逻辑论证的主要手段。这一功能主要体现在科学研究上。有学者指出，科学的内部结构有且仅有三个必要成分：一元本体论，系统陈述的逻辑命题(即逻辑构造型理论)，用以检验的实验或观察。科学活动有三个必要步骤：随机探索，逻辑论证，实验/观察检验，即假设—演绎—检验。[④] 其中对逻辑命题进行系统陈述和逻辑论证，就需要运用语言和使用语言进行写作。

事实上，作文和写作最大的功用，是本着求真务实的科学精神，运用理性与科学方法，以问题为导向，对社会领域、自然领域，以及人的心理领域中的问题进行研究，推动国家和民族不断地向前进步。正如习近平同志“7·26”重要讲话等一系列重要讲话指出的那样，问题导向，发现问题、研究问题、解决问题，是推动一个国家和民族不断向前发展的重要动力。从西方 18 世纪启蒙运动和科学革命的成果来看，[⑤]正是由于科学精神从研究自然向研究社会方

---

①贾振华.毛泽东的写作观：纪念毛泽东同志诞辰 100 周年[J].河北师范大学学报(社会科学版)，1994(1)：13－16；6.

②张明非.论陈子昂“兴寄”说[J]广西师范大学学报(哲学社会科学版)[J].1998，34(1)：59－64.

③程红兵.本质论：拨开迷雾 返璞归真：对中学生作文本质的探寻[J].中学语文教学参考，2004(5)：31－32.

④朱晓农.语言限制逻辑再限制科学：为什么中国产生不了科学？[J].华东师范大学学报(哲学社会科学版)，2015，47(6)：10－28；164.

⑤李茂民.“五四”启蒙思想的内在冲突与百年中国启蒙之路[J].山东社会科学，2019，285(5)：5－13.

面的扩展，以及自然科学的科学方法在社会科学领域得到推广和应用，才确立了心理学、历史、法律、国家和社会领域、艺术和美学等领域的理性原则和基础，并且使得人类社会由此迈向现代化。① 五四运动时期，胡适提出科学精神在于实事求是，寻求真理。科学态度在于撇开成见，搁起感情，只认得事实，只跟着证据走。科学方法只是"大胆地假设，小心地求证"十个字。② 倘若在中小学教育中引导学生通过自己的调查研究、参观考察、观察实验、访谈议论、分析思考后撰写报告，写作时，以有关因果关系的探究为题材和素材，多一些理性探究，少一些风花雪月或虚假事实的杜撰；多进行基于证据的逻辑推理的训练，少一些有感而发、由情而议的空谈大论；多使学生体验知识的生产、发现和传播的快乐，少一些闭门造车的应试作文，何愁学生写作没有素材？何愁不能杜绝"假大空"的撒谎作文？

二、四种文章类型

(一)传统文章类型的演变及反思

文章学有四个部分，即文学源流考、文章派别考、文章各体、著书法。③ 作为文章学的重要研究范畴，"文体"或"体"主要有四种含义：一指某一特定文章体裁；二指不同体裁必须遵守的体制及规范，且体制与规范对文辞和内容有重要作用；三指文体流变，不同文体之间存在"源"与"流"的关系；四指修辞手法及其格式或特点。其中第一种含义是"体"最常用、最简单的含义，就文章体裁而言，分析发现，延续时代越久，文体的种类越分越细。而随着时代的变化，一些文体消失不见，新的文体随即出现。

1. 传统文体

现存最早的文体著作当推萧统的《文选》(《昭明文选》)。该书所列文体有 38 种，分别为赋、诗、骚、七、诏、册、令、教、文、表、上书、启、弹事、笺、奏记、书、檄、难、对问、设论、辞、序、颂、赞、符命、史论、史述赞、论、连珠、箴、铭、诔、哀、碑文、墓志、行状、吊、祭文。刘勰撰写的《文心雕龙》记载了 34 类文体，包括诗、乐府、赋、颂、赞、祝、盟、铭、箴、诔、碑、哀、吊、杂文(包括对问、七、连珠)、谐、讔、史、传、诸子、论、说、诏、策、檄、移、封禅、章、表、奏、启、议、对、书、记。北京大学中文系张少康认为，《文选》和《文心雕龙》两者中相同的文体有 25 种之多，包括了当时最重要的各类文体，分类的差别是由两本书的性质不同造成的。④ 晋朝陆机的《文赋》总结有十种文体，挚虞的《文章流别派》论及七体，明朝吴讷总结五十多体，徐师曾记述一

---

①马克思恩格斯选集：第 3 卷[M]. 北京：人民出版社，2012.

②胡适. 介绍我自己的思想[M]//胡适. 胡适文存(肆). 北京：华文出版社，2013.

③张寿康. 文章学古今谈[M]//张定远. 作文教学论集. 天津：新蕾出版社，1982.

④张少康.《文心雕龙》的文体分类论[J]. 江苏大学学报(社会科学版)，2007，9(1)：50－56.

百二十多体。① 清代姚鼐《古文辞类纂》按文章的内容和功用把文章分为论辩、序跋、奏议、书说、赠序、诏令、传状、碑志、杂记、箴铭、赞颂、辞赋、哀祭十三类。② 近代有学者认为，自明清以来，中国的文人一向把文章分为三大类：散文、骈文和八股文。③ 散文又称古文，如《孟子》和唐宋八大家的文章。骈文的巅峰之作，就是王勃的《滕王阁序》。骈散两体，最初是不分家的。至明清时期，出现了一种专门应对科举考试的文章类型——八股文。

八股文可以说是骈文和散文的混血儿。八股文是指采用破题、承题、起讲、提比、虚比、中比、后比、大结作文程式的文章。它有四个固定和两个不准，四固定是："比数"(段落)固定，字数相对固定，题目固定(限于"四书")，解释固定(必须依据朱熹的《四书集注》)。两不准，即不准引用孔孟以外的百家之书，不准有作者自己的见解。八股文禁锢了人们的智慧和创造能力，也助长了读书人为了迎合主考意旨而抛弃表达个人内心世界的写作动机。在已经获得功名的封建官僚中，还流行着一种与八股文类似的"干禄文"。官员们为了博取统治者的赏识，在撰写章奏、书启、判状等行政公文中，也常常会隐藏自己内心的政治见解，而曲意迎合别人。读书人笔头和心头相分离，官话与内心话相分离，心与口相分离的结果，造成了三说三不说的文风："说古人的话""说他人的话"和"说假话、套话"，而"不说自己的话""不说暴露内心真实想法的话""不说揭露事实的真话"。从这个角度看，八股文带坏了文风，也使得世风日下，最终也随着科举制的灭亡而消失。

如果仅就各类文体的社会功用而言，我国古代的各种文体大致可以分为三类。第一类是反映社会生活现象和表达作者思想感情的文学作品，即文艺文，如赋、诗、骚、杂文等；第二类是用于行政事务处理的公文，如诏、册、表、上书、启、弹事等；第三类是用于应付世俗生活的文书，如颂、赞、祝、盟、铭、箴、诔、碑、哀、吊等。随着最后一个封建王朝清朝的灭亡和局势的动荡，传统文体中的诗、赋、词等文体逐渐走向衰微；用于封建王朝统治的诏、册、表、上书、启等行政文体正在被新式公文所代替；用于应付世俗生活的文体，如颂、赞、祝、盟、铭等由于中国社会连年的战乱和社会的发展，其使用频率也在逐年降低，旧有文体越来越显示出其在适应现实生活需要方面的捉襟见肘。另外，大量涌现的非科举出身的商人、市民阶层的人们，既缺乏使用文言文写作的能力，又缺乏文言文阅读能力。因此，对传统文体从内容到形式上的可应用性进行改良的呼声日渐升高。维新变法时期，梁启超提出了"文界革命"的口号，号召将西欧的文化思想融入文章的写作之中，批判并倡议废除千百年来"代圣贤立言"的八股文。为配合维新思想宣传的需要，梁启超创造出"天下之农工商贾，妇女幼稚皆能通文

①郑颐寿. 辞章体裁风格学[M]. 广州：暨南大学出版社，2008.

②李丰楷. 文体分类研究[J]. 青岛师专学报，1994(2)：41.

③唐弢. 文章修养[M]. 北京：生活·读书·新知三联书店，1998.

字之用”的一种新文体——报章体。这种文体超越了古代散文的限制，采用半文半言的形式，语言平易畅达，通俗易懂，且杂以俚语、韵语、外来语，运用多种修辞手法，具有强烈的艺术感染力。[①] 报章体打破了传统古文的写作模式，提供了一种应用于纸质媒介传播的写作实践案例，很快便在社会上盛行起来。

2. 文言文(文学文)与白话文(应用文)

在梁启超报章体以及近代日本、西欧文化传播的影响下，很多人开始关注应用于不同社会领域的实用文体的写作实践与研究。五四运动前，陈独秀(1879—1942)、胡适(1891—1962)、李大钊(1889—1927)、周作人和钱玄同等人，在北京掀起新文化运动和文学革命运动。1916 年，胡适提出“文学革命八事”，倡导“实写今日社会之情状”的白话文：“一曰，不用典。二曰，不用陈套语。三曰，不讲对仗。(文当废骈，诗当废律。)四曰，不避俗字俗语。(不嫌以白话作诗词。)五曰，须讲求文法之结构。此皆形式上之革命也。六曰，不作无病之呻吟。七曰，不摹仿古人。语语须有个我在。八曰，须言之有物”。[②] 1917 年 2 月，陈独秀提出文学革命三大主义：推倒阿谀的、雕琢的贵族文学，建设平易的、抒情的国民文学；推倒陈腐的、铺张的古典文学，建设新鲜的、立诚的写实文学；推倒迂晦的、艰涩的山林文学，建设明了的、通俗的社会文学。[③] 1917 年，钱玄同发表《论应用之文亟宜改良——改革大纲十三事》一文，谈论“白话文”改革大纲。该文将普通老百姓都能看懂的白话之文定义为“务取老妪都能解”的“应用之文”。刘半农在《应用文之教授》一文中，又明确提出了“应用文”与“文学文”的概念，他认为：

> 应用文与文学文，性质全然不同，有两个比喻：(1)应用文是青菜黄米的家常便饭，文学文却是肥鱼大肉；(2)应用文是“无事三十里”的随便走路，文学文乃是运动场上出风头的一英里赛跑。[④]

这一区分，可谓最早从文体(文章)的“实际应用价值”方面，把诸多文体进行分类的一种大胆尝试。除比喻方式，刘半农还采用表格方式对昔日文学文和今日应用文的不同进行了区分。如表 1-1 所示。[⑤]

---

①刘可. 20 世纪初的写作理论[J]. 首都师范大学学报(社会科学版)，1999(4)：55-56.

②胡适. 欲言文学革命，需从八事入手——胡适至致陈独秀[J]. 新青年. 1916，2(2).

③陈独秀. 文学革命论[J]. 新青年. 1917，2(6).

④刘半农. 应用文之教授[J]. 新青年. 1918，4(1).

⑤同上。

表 1-1 昔日文学文与今日应用文之不同之处

不同处	字法	句法	章法
文学文之所重而今当革除者	1.用怪僻费解之字（如，用古字、古物名之类） 2.借用不适当之字（如，字之通用、强以虚字作实字、实字作虚字之类） 3.用不合义理之典故	1.讲骈俪 2.讲古拙 } 其敝之所极，必至于不合文法 3.语意含混，无一定之是非可否 4.不合逻辑（原文为论理学）	1.（措词）摹仿古人 2.（立意）依附古人（即所谓“文以载道”及“代贤圣立言”也）
应用文之所轻而今当注重者	1.无论虚字实字，一一研究其正确之意义；作文时勿乱用，读书时勿任滑过； 2.字在句中，力求位置妥协，意义确定	1.骈散一任自然，务求句之构造，不与文法相背 2.句句有着实之意义与力量 3.造句时，处处施以逻辑上的分析	1.（措词）说理通畅，叙事明了 2.（立意）以自身为主体，而以古人或他人之说为参证，且不主一家言

文学革命和五四运动以后，天下文章被划归为两大类。一类是登大雅之堂，以先秦口语为基础，视秦汉经典著作为范式的书面文体——文言文；另一类是以百姓日常口语为基础，以小说、话本等通俗文学作品作为范式的语体文体——白话文。白话文彰显了“应百姓之需，通文字之用”的实用倾向，又被称为“应用文”，显示了近代文体或文章不同于古代时期的发展特点及其实用主义的价值取向。相比“应科举之需”的“八股文”或“应官场之需”的“干禄文”，“应用文”更能适应急剧变化的中国社会发展对写作表达的需要，这恐怕也是“应用文”最初的寓意。

3.学校教育中的文章类型

1936 年，叶圣陶曾在《对于国文教学的两种基本观念》里将国文中的“文”划分为文学和非文学（普通文）两大类：①

> 其实国文所包含的范围很宽广，文学只是其中一个较小的范围。文学之外，同样被包含在国文的大范畴里头的。还有非文学的文学，就是普通文字。这包括书信、宣言、报告、说明书等应用文，以及平正地写状一件东西，载录一件事情的记录文，条畅地阐明一个原理、发表一个意见的论说文。中学生要应付生活，阅读写作的训练，就不能不在文学之外同时以这种普通文字为对象。

同年，叶圣陶和夏丏尊发表《文章例话》和《阅读与写作》等著作，明确提出“说明文”。②新文化运动以后，人们不再沿袭传统的文体分类方法，而是采用新的分类方法，把文章分为“叙述”“描写”“解说”“论辩”等几大类。③

①叶圣陶．作文论[M]//张定远．作文教学论集．天津：新蕾出版社，1982．

②同上。

③王砚农，许德楠．语文基础知识六十讲[M]．北京：北京出版社，1981．

这些成果经过国语教育工作者的凝练，被及时地写进课程标准，作为中小学写作教育的核心内容。从1902年至1923年，中小学的课程文件关于对作文的规定，[①]可以看出多种新文体。如，1902年《钦定小学堂章程》寻常小学堂的作文出现了联口语多句成文和记事文，高等小学作文出现了“日记、浅短书札”的文体。1912年的小学和中学课程文件中出现了“日用文章”和“普通文”“实用简及之文”。1923年小学的国语课程纲要中首次出现了“应用文”的字眼——在《方法》中要求“注重应用文的设计、研究和制作”，首次将“实用文”与“记叙文”“说明文”“议论文”并列起来，高中的公共必修国语课程纲要中出现了“语体文”——国语课程目标旨在“继续发展语体文的技术”，学生毕业最低限度的标准是“能自由运用语体文体发表思想”。至此，中小学国语课程出现了以下数种文体：日记、浅短书札、日用文章、普通文、实用简及之文、应用文、实用文、记叙文、说明文、议论文、语体文……，它们之间究竟有何关系？1929年《小学课程暂行标准小学国语》特别在《附注》中指出：

> 普通文为记叙文、说明文、议论文的总称，或称“通用文”。实用文为书信条告的总称，或称“特用文”。

1932年《小学课程标准国语》专门增加了一个《附件》，用来说明各种文体之间的关系，把中小学文章划分为由古文写就的“文艺文”与白话写就的应用文两大类，如图1-3所示。该文体体系一直沿用到1949年。

- 文艺文（文言文）
- 应用文
  - 普通文
    - 记叙文（生活故事、自然故事、历史故事、童话、传说、小说、寓言、笑话、日记、游记、其他）
    - 说明文
    - 议论文
  - 实用文（书信、布告、其他）
  - 诗歌（儿歌、民歌、杂歌谜语、诗歌）
  - 剧本（话剧、歌剧）

图1-3　1932年《小学课程标准国语》中的文章类型

中华人民共和国成立以后，上述体系得到了继承和改造。1950年《小学语文课程暂行标准（草案）》颁布，该课程标准将便条、布告、通知和书信等的练习纳入“应用文”的练习。1955年《小学语文教学大纲草案（初稿）》强调了“日常文件”应纳入作文教学中：

> 作文教学要注意培养儿童未来生活上和工作上需要的语言技能。……有些日常文件，如书信、报告、计划、合同、会议记录等的教学也应该列入作文教学的课题之一。日常文件的教学，要教给儿童一些必要的格式和写作时候应该注意的事项。

①课程教材研究.20世纪中小学课程标准·教学大纲汇编[M].北京：人民教育出版社，2001.

> 至于这些文件的内容应该怎么个写法，那跟一般的文章一样，一般文章写作的能力提高了，日常文件也就会写，也就写得好了，忽视了这一点，光靠几篇书信、报告的范例，让儿童“依葫芦画瓢”，这种“舍本逐末”的教学方法是没有效果的。

“应百姓日常事务所需”的“应用文”与记叙文、说明文和议论文一起组成“四体”，成为20世纪50年代以来中小学作文教学的主要文章类型，如图1－4所示。1963年的《全日制中学语文教学大纲（草案）》指出，“初中阶段要求能写记叙文、应用文和简单的说明文、议论文。高中阶段要求能写比较复杂的记叙文、应用文和一般的说明文、议论文”。1978年的《全日制十年制学校小学语文教学大纲（试行草案）》规定，“小学以记叙文为主，也要会写常用的应用文”。2001年颁布的新课程文件中，“小学以记叙文为重点”的要求被改为“以记实作文、想象作文为主”，依然要求小学和初中学生学写“常见应用文”。

- 文学文
- 普通文
  - 记叙文
  - 说明文
  - 应用文（书信、宣言、报告、说明书）
  - 议论文

图1－4　中小学作文的文章类型

4.应用文分类地位的变迁

从图1－3到图1－4，最大的变化就是，“应用文”的分类地位发生了质的改变。从中折射出应用文由“应百姓之需，通文字之用”到“应百姓日常事务所需”，外延从大到小的变化。有些人还是赞同将应用文视为与文艺文相对应的一类文章类型。吕叔湘曾指出，文艺作品以外的文章都是应用文。

> 应用文跟文艺文有三点不一样。首先，文艺文可写可不写。应用文可不同，让你写就得写。其次是读者。文艺作品的读者是谁，不知道；而应用文的读者是谁，一清二楚。如，会议记录是给参加会议的人，以及跟会议内容有关的人看的。调查报告首先是给领导看的，也可能扩大到一定范围，但仍然是可以预见的。再次是内容和形式。文艺作品的内容可以由作者决定，他爱写什么写什么（当然要考虑社会效果），形式也可以由作者选择，他喜欢写小说就写小说，喜欢写诗就写诗。应用文跟这不一样。要你起草一个计划，你不能把它写成个总结。要你拟一个公函，你不能把它写成一封私信。内容也是规定的，你不能写不全，更不能把规定以外的东西写进去。①

①吕叔湘.介绍应用文写作知识[M].山东：山东教育出版社，1987.

但绝大多数的人们，还是将其视为普通文下的一种特殊文体。实际上，作为一种文体，应用文在我国古代早已有之。如殷商时期的“诰”“命”；春秋时期用于诸侯交际的“辞令”；秦朝时期的“文书”“文案”“文薄”“牍”等。应用文的写作理论散见于相关的文论著作中，并没有形成专著、专论。① 故虽早有“应用文”之实，“应用文”之名却始现于近代。清朝学者刘熙载的《艺概・文概》中写道：“辞命体，推之即可为一切应用之文。应用文有上行、有平行、有下行。重其辞乃所以重其实也”，这可以说是“应用文”最早的表述。铁宽指出：②

> 应用文是我们在工作、生产、生活和学习中处理公事和私事等日常事务时经常使用的一种文体。应用文的特点是大都有惯用的格式，也就是说，比起记叙文、说明文、议论文这些文体来，在写作上有比较固定的格式。这些格式，是多年来形成的，就是所谓“约定俗成”的。……常见的应用文有日记、书信、新闻（消息和通讯）、计划、读书笔记、调查报告和总结等。

还有人指出：③

> 应用文，即应用散文，一种在日常生活中常用的实用性文体。与文学散文相对称，书信、公文、序文、梳义、碑志等都属于应用散文的范围，应用散文都有一定的实用目的，有特定的格式。应用散文的语言要朴实准确，专门术语的使用要讲求科学性。

5.反思

仔细分析文体类型演化的情况，不难发现有很多方面值得反思。

第一，文章类型产生于人们的社会生活。叶圣陶曾指出，“作文这件事离不开生活，生活充实到什么程度，才会做成什么文字”。传统文体是中国人充满仪式感的“小富即足”的世俗生活的反映。从出生到死亡，从议政到管理私人财物，古代中国人发明和创造了各种各样的文体。近代以来，从诗、赋、诏、表、铭、碑等传统文体中演化出说明文、记叙文、议论文、故事、童话、歌剧等实用文体，这一变化一方面显示了时代变迁对文字表达在应用性、普及性上的需求；另一方面，也显示出时代变迁和人们生活方式转变对文字表达在理性上的需求。林语堂曾指出，古往近代，中国人过着一种感性有余而理性不足的生活。封闭而自满的生活养成了中国文人长期以来“久经琢磨于辞藻之美的使用法与机灵之文学特性，以及优越的文学表现技巧和审美能力”，却过着一种缺乏科学精神的生活：④

> 在中国，大概没有人会那样愚笨，好似写一篇研究冰淇淋的论文，经过不断的努力之后，却宣布其犹豫不决之结论谓：制造冰淇淋所用糖之主要作用为使之甜。

---

①刘壮论.古代应用文写作理论的形成[J].首都师范大学学报(社会科学版),2004(3):60.

②钱宽.介绍几种日常应用文(上)[M]//北京市工农教育研究室 北京人民广播电台.语文基础六十讲.北京:北京出版社,1981.

③徐兴华.中国古代文体总揽[M].沈阳:沈阳出版社,1994.

④林语堂.吾国与吾民[M].黄嘉德,译.西安:陕西师范大学出版社,2008.

或有经过长时期井井有条之研究，发表“四种洗涤盆碟方法之时间与动作之比较”，而复得意洋洋自以为察觉了一个新的学理，即“屈膝与提举的动作是疲劳的”。或则写一篇“棉花内霉菌量之研究”，而发表“霉菌数量之增殖，与外衣退去所需时间成正比例”。

而且，各类文体没有关照到儿童或少年天性发展和童真生活的文字表达需求。像应付世俗生活的文书，如颂、赞、祝、盟、铭、箴、诔、碑、哀、吊等，儿童或少年生活几乎不会涉及；用于行政事务处理的公文，如诏、册、表、上书、启、弹事等，更是要等到他们成年以后考取功名，获取官职以后才会遇到；少年儿童使用最为频繁的文体算得上诗了，但唐朝以后，诗不再作为科举文体以后，诗的应用频率也在降低。近代发展起来的应用文，如信、请假条等写作类型，很贴近儿童少年的生活。但问题的关键是，儿童的生活难道只有日常生活而无其他吗？

第二，文章类型的分类杂乱而纷杂。关于我国古代文体，叶圣陶先生曾经批评《文选》和《古文辞类纂》的分类杂乱而纷杂。[①] 他认为《古文辞类纂》中十三类或以文字写列的地位来立类，如序跋、碑志；或以作者与读者的关系来立类，如奏议、诏令；或以文字的特别形式来立类，如箴铭、辞赋。由于标准不唯一，便不能使人满意。叶圣陶先生提出一要包举，二要对等，三要正确的分类原则。所谓包举是要所分各类能够包含事物的全部分，没有遗漏；对等是要所分各类性质上彼此平等，不能以此涵彼；正确是要所分各类有互排性，不能彼此含混。据此，叶先生认为举凡文体，可以分为叙述文、议论文和抒情文三类。但是，面对科学观察报告、社会调查研究报告时，这三种分类就显得有些不适合了。我们来看一段两千多年前亚里士多德在《动物志》中描述鸡的胚胎发育过程的文字：[②]

……在普通母鸡(孵化)三天三夜后，就有了胚胎的最初表现……同时蛋黄开始形成，它上升到尖端，卵的原初成分都在那里，那里也是破壳的地方；心脏出现了，就像蛋白上的一块血斑。这个斑点又动又跳，好像被赋予了生命……

这段文字既有叙述的意味，也是表示作者对于动物胚胎发育的一种见解，只是这种见解和看法并非出自作者本人的臆想和幻想，而是来自一丝不苟的观察。其中也表达了作者对生命的礼赞情感。这类文章到底是属于叙述文，还是议论文，又或者是抒情文呢？可能大多数读者会将其与“说明文”联系起来，其实这是一篇典型的科学观察报告。

第三，没有将以调查、实验、研究为基础，表达科学原理、社会规律的学术性文章独立设置。学术性文章是现代学术和现代大学的重要标志，现代大学传入我国的时间很晚，传统文体中自然是无法包括这类文章的。近代以来，虽然在应用文中有所涉及，但由于大学学术研究属于“西学”范畴，难以突破“中体西用”的束缚，因此，学术性文章始终被认为是只有少数人才能写的文章类型，并未引起人们足够的重视。改革开放以来，我国大学学术有了长足进

---

①叶圣陶．作文论[M]//张定远．作文教学论集．天津：新蕾出版社，1982．

②林德伯格．西方科学的起源[M]．王珺，译．北京：中国对外翻译出版公司，2001．

步。1979 年，北大附中语文教研组率先在全国尝试将“学术论文”引入中学教育。[①] 20 世纪 90 年代末，随着研究性学习在中国的兴起，由学生对知识领域中的某些问题展开课题研究，并撰写学术性论文的新兴教学样态在全国的中小学得到普遍开展。[②] 来自学生学术性论文写作和教师指导学术性论文的困难一直存在，并影响了研究性学习深入、广泛的开展。[③]

如今，学术性写作已经引起重视。我国学者在全球 SCI 数据库收录期刊上发表的论文数量多达 36.1 万篇，占世界总量的 18.6%，连续第九年排世界第 2 位，美国排名第 1 位。在科研产出数量、质量方面，我国的大学学术水平虽然与世界一流大学仍有差距，但影响力已经赶超后者。[④] 一些大学已经开设学术性论文写作指导课程。2017 年，《普通高中语文课程标准》颁布，将学术论著专题研讨设立为 18 个学习任务群之一。[⑤] 而且，由于计算机技术、互联网技术、通信技术的高速发展，百姓的日常生活跟百年之前相比，早已发生了天翻地覆的变化。那么，“应百姓之需，通文字之用”的文章类型有哪些新的变化？很值得研究。

（二）四种文章类型的分类

文章的分类方法古今中外说法不一。夏丏尊认为最基本的分类是把文章分为两种：一种是作者自己不说话的文章；另一种是作者自己说话的文章。[⑥] 事实上，作者有什么样的观点，以及进行何种形式的写作与其过着什么样的生活有着密切关系。朱熹在《观书有感》中说“问渠那得清如许？为有源头活水来”，[⑦]一语道破生活是写作的源头，写作来源于生活。只有把自己在生活中的经验和体会表达出来，让人们感同身受，这样的作品，才能流传千古。[⑧] 叶圣陶说，文章是生活需要的反映，有什么样的生活，就会有什么样的文章。因此，在对文章进行分类之前，有必要讨论一下现代社会的中小学生过着怎样的生活。

党的十九大把创造人民美好生活确立为全党的奋斗目标，过上好日子，成为亿万人民追求的梦想。[⑨] 马克思指出，未来社会是一个“自由人的联合体”，是“以每个人的全面而自由的发展为基本原则”的社会。[⑩] 能够满足每个人全面而自由发展，有意义的社会生活，必然是文明、健康、和谐、优雅的生活。在现实生活资源供给条件下，满足每个人全面而自由发展且有

---

①吴祖兴. 开拓写作的新天地[J]. 语文教学通讯，1995(10)：10.

②张荣华. “研究性学习”研究评述[J]. 山西师大学报(社会科学版)，2003，30(4)：138 - 142.

③张春瑞. 研究性学习中的问题与对策[J]. 基础教育研究，2015(5)：24 - 25.

④叶伟萍，梁文艳，胡咏梅. C9 大学离世界一流大学有多远：分学科的国际合作比较[J]. 教育研究，2017，38(3)：53 - 66.

⑤王亚婷. 高考语文学术性文章阅读研究[J]. 语文教学通讯，2021，1142(3)：13 - 15.

⑥夏巧尊，叶圣陶. 文话毛十二讲[M]. 上海：上海教育出版社，1989.

⑦朱熹. 朱熹诗文选译[M]. 黄坤，译注. 成都：巴蜀书社，1990.

⑧丁红平. 简论韩愈写作观钦州学院学报[J]. 2013，28(7)：22 - 25.

⑨王雅林. 生活方式研究 40 年：学术历程、学科价值与学科化发展[J]. 西北师大学报(社会科学版)，2019，56(3)：63 - 69.

⑩马克思恩格斯文集：第 5 卷[M]. 北京：人民出版社，2009.

意义的生活方式有多种多样，除日常生活外，还包括陶冶性情的文艺生活、健康与娱乐生活、投资生活、公共生活等。作为“美好生活需要”的主体承担者，与成年人不同的是，中小学生既是一个个具体的“现实的个人”，又是一个个处于成长中的“未成熟的个人”。他们的价值观、世界观和人生观正在形成发展中，还不能完全根据自己的价值选择建构自己未来的生活。

作文教学在一定程度上，可以帮助中小学生建构全面而自由发展、有意义的生活。陶本一先生写道：[①]

> 作文教学需要发展儿童、青少年的文学感受性，即表达感受、感情的能力，需要为儿童、青少年的自主文化的发展提供空间和给予引导；作文教学需要发展儿童、青少年的科学地、实证地认识事物的能力，需要通过调查、写作的方法，从小培养儿童、青少年的科学研究能力；作文教学需要通过集体的合作、交流，使儿童、青少年学会集体思维的方法、集体生产与创造的方法；写作是认识自我、形成自我的重要方法，作文教学需要有意识地促使儿童、青少年通过写作认识自身，发现自己成长的道路，逐渐形成自我同一性(identity)。

可见，作文教育影响着中小学生社会化的性质、方向和水平。综合看来，中小学生社会化过程中面临四个方面的生活问题：怎样的生活才是好的？如何过上好生活？如何达成好生活？如何知道生活是好的？每一方面生活问题的解决，对应一种文章类型，见图1－5。

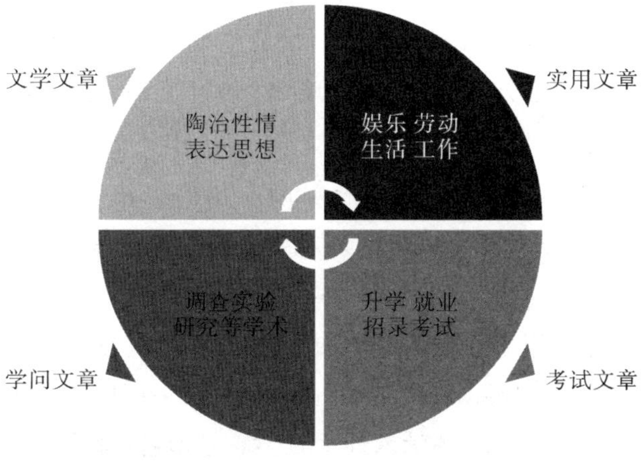

图1－5　好生活需求及其对应的文章类型

文学文章。文学类文章是以解决“怎样的生活才是好的”问题为指向的文章类型，包括以叙述性(narrative)、描述性(descriptive)表达手段为主的文学作品。文学是人类文明的象征之一，代表一个民族的艺术和智慧。它记载着一个民族的生活艺术、生活智慧和生活方

①陶本一．跋[M]//方明生．日本生活作文教育研究．上海：上海教育出版社，2002．

式,从文学作品中,我们可以感受、体验和学习到不同民族的生活艺术、生活智慧和生活方式,体悟到怎样的生活才是好的。而作为人类文明的传承者,中小学生通过阅读、写作文学作品,对民族的艺术和智慧进行继承与创新,陶冶心灵,历练思想,发展情感,形成德性。文学类文章又有多种体裁,如:小说、散文、诗歌、报告文学、新韵文、戏剧、歌剧、剧本、民间传说、寓言、笔记小说、野史、童话、对联和笑话等;其他如史传、哲理、赋、骈文、小品文、文学批评、有文字剧情架构的电脑游戏(含游戏主机)与动漫等。

实用文章。实用文章是以解决"如何过上好生活"问题为指向的文章类型,以说明性(expository)表达手段为主,包括"应百姓之需,通文字之用"的各类应用性文章。百姓生活之需,表现在食、衣、住、用、行、乐,以及家庭、闲暇、投资、消费、健康等实践和活动,相应地,就产生诸多形式的文字表达。每一种形式的文章,都具有特定的功能,以指导、提供或呈现实践活动中的信息需要或问题解决方案。如食谱、衣服吊牌说明、租(买)房合同、产(药)品说明书、请假条、邮件、信件、申请书、工作报告、总结等。

考试文章。考试文章是以解决"如何达成好生活"问题为指向的文章类型,以说服性(persuasive)、论述性(argumentative)表达手段为主,特指升学、就业和招录考试所涉及的应试性文章。比较典型的考试文章有中考作文、高考作文和公务员考试的申论。从字数上来看,这三大考试作文依次要求500字、800字和1000字。从要求上来看,各不相同。中考作文要求:①紧扣任务要求,写作对象、目的明确,文体合适且特征鲜明,内容合理,表达恰当,根据需要灵活运用写作技巧;②紧扣材料发表评论,观点鲜明,论据充分,论证严密,表达恰当,灵活运用论证方法;③讲述故事,符合主题,情节生动,语言有感染力,灵活运用表达技巧;④写建议,针对性强,内容具体合理,思路清晰,语言流畅,态度真诚。[①] 高考语文作文更为凸显以马克思主义哲学为内核、以"三大文化"——中华优秀传统文化、革命文化和社会主义先进文化为载体的价值导向。[②] 而一篇高质量的申论作文,必须对主题有精准的阐释,论点、论据、论证三要素齐全,结构严谨,语言流畅,综合展现出考生高水平的文字表达能力。[③]

学问文章。学问文章是以解决"如何知道生活是好的"问题为指向的文章类型,以分析性(analyticity)和解释性(explanatory)表达为主,指遵循一定的学术规范,采用专业的学术语言,对自我、自然和社会进行探究的学术性文章。它是学者、学生,以及专业人员报告他们学术研究成果的文字载体,也是经由学术活动而产生的论文、报告等写作形式。一般由标题、摘要、关键词、正文、参考文献等组成。

中小学阶段的四种类型文章的不同见表1-2所示。

---

①王兴伟.实现写作评价的精准化[N].语言文字报,2021-08-18(4).

②李熹.高考语文作文命题的价值导向与试题形态创新[J].中国考试,2021(9):62-67.

③温静.破题、构架、行文——申论作文三部曲[J].应用写作,2021(8):49-50.

表 1－2 四种类型文章的不同

类型	文学文章	实用文章	考试文章	学问文章
功用	文学艺术性	现实性	功利性	学术性
反映的内容	意识对于现实的全面感应，表现人的思想、感情和想象	意识对于特定现实的感应，表现实际工作和生活等理论的应用	意识对于特定命题或材料的感应，表现思想、感情和想象	意识对于特定问题和问题解决的感应，表现个人的发现、观点、建议等
作者	作家的主观感受和体验	作者生活中的问题	作者迎合考官的主观感受和体验	作者的客观认识
目的	引导人们了解自己，向上和向善	指导使用和操作	说服考官	亮明自己的观点
格式	无固定格式要求	有格式要求	无格式要求	有格式要求

三、活动—内化—表征写作模式

(一)阶段模式

叶圣陶先生说，写作不仅是拿起笔来写在纸上那一段时间内的事情，而是从写作之前就必须开始，贯穿实际写作的过程，直到写作完毕之后，还需要修改的一件有需要、有目的、可做必须做的事情。写作之前，需要含有意思，认定中心，文章的主要意思就是文章的中心，是为酝酿与构思。中心确定以后，需要围绕中心搜集材料，对材料进行取舍和选择，是为审查材料。选好材料以后，需要结合语言文字的运用进行精心的谋篇布局，是为起草为文。叶老在《语文随笔》一书中，谈到写作须知时，列举了起草为文阶段用词、连句、标点等八个方面的注意事项。① 文章写就以后，还需要对文章进行修改。修改时，如果自己觉得没有写透那意思，还要再来想一通，是为再构思。然后把材料增减一些，调动一些，把语句增减一些，变换一些。概括起来，叶老认为写作历程包括：酝酿与构思、审核材料、谋篇布局（起草为文）、再构思、修改五个阶段。

国外有一些学者也提出了类似的阶段模式。② 如两阶段：勾绘心中意念、将意念转换成文字；三阶段：写作前、写作、修改；预备、酝酿、下笔为文；四阶段：形成概念、作计划、下笔为文、修改；五阶段：写作前、构思、起草为文、再构思、修改。这些阶段模式为普及写作作出了贡献，但也受到认知心理学家的批评。他们认为，阶段模式过于简化写作的过程，而未能深入到写作时的内在认知历程。

---

①叶圣陶．语文随笔[M]．北京：中华书局，2010.

②胡瑞萍，林陈涌．写作与科学学习[J]．科学教育月刊，2011(253)：2－18.

(二)认知模式

在认知心理学家的参与下,国外对写作历程的研究,形成了认知历程模式、认知告知模式与认知转换模式等不同模式。现将这三种模式做以简单介绍。

认知历程模式是 Flower 和 Hayes 于 1981 年在他们合作的论文《写作的认知过程》一文中提出来的。① 该模式如图 1-6 所示。该模式认为写作是在特定的写作环境中,作者调动自我的长期记忆,经历有意识认知监控的一个过程。其中写作环境是指写作者写作时所处的与写作相关的事物组成的环境,有写作主题、刺激线索、读者对象,以及到目前为止所写出的文章等。作者的长期记忆,是指写作者储存在长期记忆内有关主题、读者和写作计划的知识,以及作者关于词汇、语法、标点符号和写作文体等方面的知识也储存在此。写作过程,包括"计划""转译"和"回顾"等主要历程。其中,"计划"涉及"设定目标""产生想法"和"组织想法"。"设定目标"类似写作前的酝酿。根据写作的目的和文章的阅读对象,设定撰写的方向和语法;"产生想法"和"组织想法"相当于我们常说的"构思内容""审核材料"和"谋篇布局"。计划贯穿于整个写作过程中,它可能发生在写作之前,也可能持续发生在写作过程中,甚至也可能发生在草稿完成后。"转译"是指下笔为文,心中所想到的文章内容、结构及起承转合,落实为具体的文字。转译过程是一个非常复杂的认知过程,它可以将个人的工作记忆能量扩展到极限,把储存在个人长期记忆中的知识调用出来,并结合写作的目标、计划等,将头脑中的构思落实到笔端纸面。"回顾"类似我们经常所说的"回头看",起着"反思"和"再构思"的作用,目的是随时对写出的内容进行"评估",然后"修改"不如意的地方。以上历程并不是固定不变的线性过程,而是三种活动随时穿插,交替进行的一个循环过程。至于作者

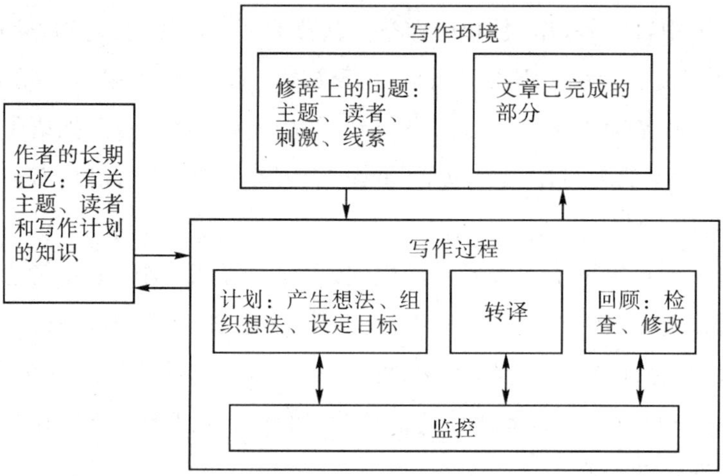

图 1-6　Flower 和 J. R. Hayes 的写作历程模式

---

①Flower, L., & Hayes, J. R. A cognitive process of writing[J]. College Composition and Communication, 1981, 32:365-387.

何时从写作的某一个历程转换到另一个历程，则取决于个人的“认知监控”。具有较强监控能力的作者，能够对自己在写作中的每一历程有清醒的把握，什么时候该动笔了，什么时候该回头看一看，什么地方该修改了，作者都一清二楚。而监控能力差的作者，要么不能抓住灵感闪现的时刻，要么不能辨认出作品需要修改的地方，要么拖延时间错失最佳的修改时间，等等。认知监控的作用能否发挥好还与个人的元认知能力高低有关。

1987 年，Bereiter 和 Scardamalia 在对写作进行研究后，提出了两个关于写作的心理历程的理论模型。① 一个是“认知告知模型”(knowledge-telling model)，另一个是“知识转换模型”(knowledge-transforming model)。在知识告知模式中，写作者首先需要建立一个写作任务的心理表征，对写作的主题和形式进行确认，建构记忆的探针（线索），激活记忆（长期和短期的）数据库，通过延伸活动来提取信息。如果找到合适的想法了，就动笔写作，更新文本的心智表征；如果没有找到，再重新建构写作的线索。这一心理历程离不开写作者已有的内容知识(content knowledge)和谋篇布局知识(discourse knowledge)。② 在知识转换模型中（图 1－7），写作者可以通过内容处理和谋篇布局的互动而增加知识的获得。在内容空间中，

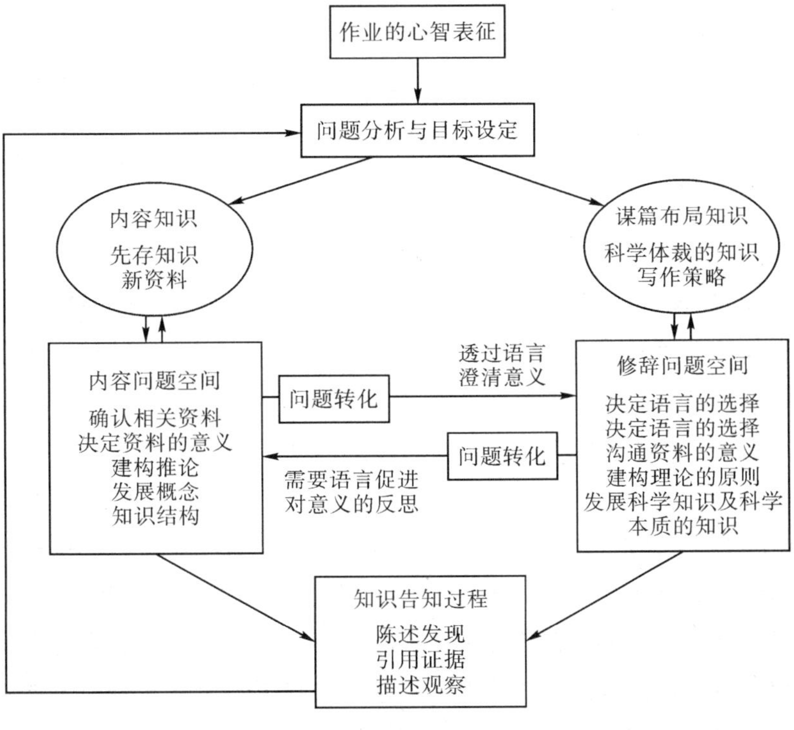

图 1－7　写作的知识转换模型

①Bereiter & Scardamalia. The Psychology of Written Composition[M]. Hillsdale. NJ：Erlbaum，1987.

②台湾学者胡瑞萍等将“discourse knowledge”翻译成“对谈知识”。语言学中，“discourse”是指（口头或书面的连贯的）语段，话语。如，discourse analysis 指话语分析。写作中，有关话语、段落等的选择问题常常会涉及文章的语句、结构、体裁等综合问题，这一过程类似于人们常说的谋篇布局。

写作者需要考虑知识和信念的问题，而在谋篇布局中，则需要考虑从体裁到策略，如何表达内容的问题。每个空间的输出可以作为另一个空间的输入，因此有关语言和语法等修辞问题的选择重塑了内容的含义，而解释内容的努力也会引导写作的进行。正是得益于两个空间之间的交互作用，刺激写作者对写作进行不断反思。

写作者首先会建立一个作业的心智表征，将其认知过程导向问题分析与目标设定。胡瑞萍和林陈涌指出，在科学探究的背景下，内容知识包括先存知识和新数据(第一手观察或来自文献或媒体的二手信息)。由内容知识引发的问题组成了内容问题空间，其运作包括根据探究问题对数据的含义进行反思。而谋篇布局的问题则组成了修辞问题空间，其运作则包括将该意义传达给读者，以及对写作的文本的语言确定和语法的选择，这些工作会促进作为证据的数据和知识主张的链接，因而形成有意义的推论。对修辞问题的分析将会激发写作者重新考虑数据的含义：①

这真的是数据所证明的内容吗？对于数据的价值，写作者还会追问：我有哪些证据？我应该使用哪些逻辑主张？还有没有别的解释？这些想法对我的读者有何意义？这真的是资料所证明的吗？

就在这样反反复复和动态的思维过程中，新知识就以对数据有意义的推论形式产生了。在写作的过程中，有关逻辑呈现、组织、概念链接等问题的考量，都会促进写作者对科学进行深入思考。因此，此模型解释了写作是科学学习的一个重要部分。

(三)活动—内化—表征写作模式

调查作文是针对现实生活中的问题，通过调查研究，发现导致该问题形成的原因，提出解决问题的主张与建议，将其撰写成文的过程。因此，完成调查作文的过程，首先得有调查和研究，才会有文。从时间上来看，调查和研究在先，文章撰写在后。从写作上来看，通过调查与研究生成题材(素材)在先，动笔作文在后。从活动历程来看，要经历问题分析、调查过程、活动经历、目标设定、语言内化与写作呈现几个过程。如图 1－8 所示。

在调查探究的背景下，写作者先有的内容知识与研究实践活动相互作用，不断生成新知识、新问题，其中的新问题内化成素材问题空间，此空间中的心智活动包括根据探究问题对数据的含义进行反思，以及对写作素材进行比较、筛选、整合等。在谋篇布局时，通过体裁知识与写作策略选择的相互作用，生发出修辞问题空间，其空间的运作旨在将素材(内容)意义传达给读者，以及对写作文本语言的确定和语法的选择等。内容空间和谋篇布局空间的相互作用一方面促进作为证据的数据和知识主张的链接，因而形成有意义的推论，也可以促进作者获得的写作素材的文本化。另一方面对修辞问题的分析将会激发写作者重新考虑数据和素材的含义与意义：这真的是数据所证明的内容吗？这真的是作文所需要的内容吗？对

①胡瑞泽，林陈涌. 写作与科学学问[J]. 科学教育月刊，2002(10)：18.

于数据与素材的价值，写作者还会追问：我有哪些证据？我应该使用哪些逻辑主张？还有没有别的解释？这些素材对我的读者有何意义？等等。

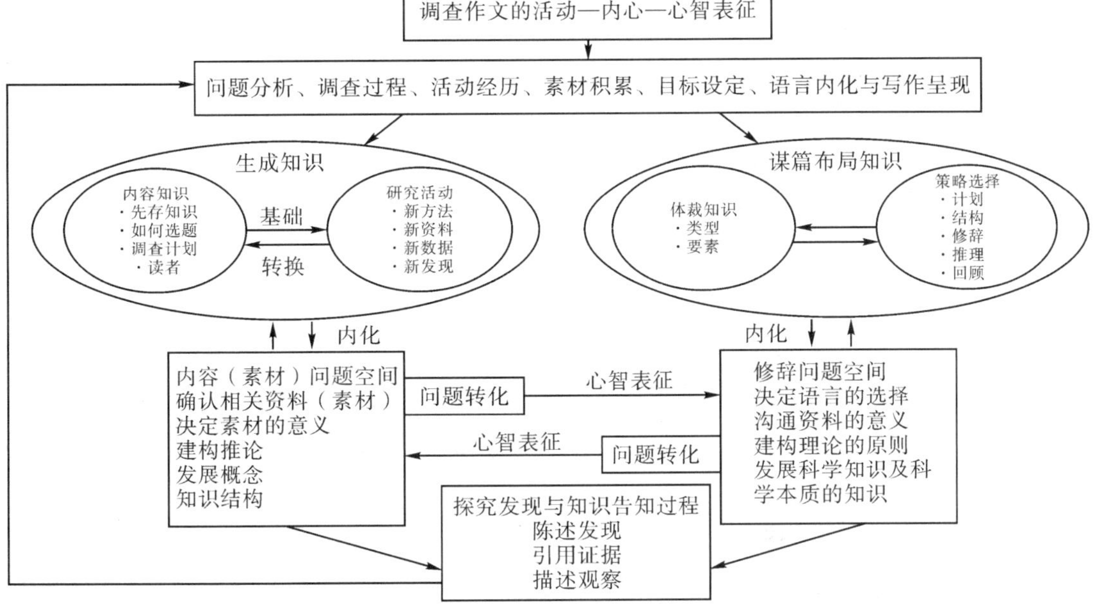

图1-8 调查作文的活动—内化—心智表征模式

四、中小学调查作文的类型与写作要素

调查活动中，人们常常需要面对不同的事物和活动。客观世界的事物和活动又纷繁复杂，因而发展出了形式多样的调查作文。

（一）调查作文的类型

从调查工具来看，一些调查不需要，或较少依赖工具，仅需要调用眼睛、鼻子等五种感觉器官就可以完成，所撰写的调查报告我们称之为“观察报告”或“观察日记”。比如，小学低年级阶段的作文，教师常常会安排学生对动物或植物等具体事物进行观察而后撰写观察日记。一些调查不仅需要用到眼睛、鼻子等五官，而且还需要调查者亲临调查现场进行实地考察，通过对现场事件的描述来反映实地考察的结果，这一类型的调查作文，我们称之为参观记录或野外考察报告。一些调查必须借助于一些物理性的仪器、设备，甚至是化学药品等材料进行实验才能完成，所撰写的调查作文我们称之为“实验报告”。一些调查必须借助于非物理性或化学性的工具，而是事先编制的问卷，通过对特定样本——人，进行访问或调查来收集信息或证据，所撰写的访谈报告，我们称之为人物访谈记录或报告；对特定样本——自然或社会现象的调查，所撰写的报告，就是通常意义上的社会（自然）调查报告。

通过教材比较的研究（详见第三编），可以发现中小学阶段的调查作文涉及观察日记、参观记录、人物访谈记录与报告、语言课题调查报告、社会调查报告、自然调查报告、小论文等。其中，自然调查报告包括实验报告、科学调查报告，小论文包括科学制作小论文和专题小论文。不同类型调查作文开设的起始年级不同，如图 1－9 所示。

观察日记		小学二年级上学期
参观记录		小学三年级下学期
人物访谈记录或报告		小学四年级下学期
语言课题调查报告		小学四年级下学期
社会调查报告		小学三年级上学期
自然调查报告	实验报告	小学三年级下学期
	科学调查报告	小学四年级上学期
小论文	科学制作小论文	小学四年级下学期
	专题小论文	小学五年级上学期

图 1－9　中小学调查作文的不同类型及开设的起始年级

其中，科学制作小论文也可归入自然调查报告。

（二）调查作文的写作要素

详细内容见第六编。

第三节　调查作文的教育观

教育以人性为基础，通过促进三性合一的均衡发展，作用和影响着人的本质发展。在儿童阶段，教育对三性合一均衡发展的影响更加强烈。

一、教育是儿童三性合一的均衡发展

（一）人性的概念

人性是理解教育的基础。自春秋战国以来，教育理论界形成了论证教育必先论证人性的思维习惯。不同时代的人性论彼此之间或有不同，但是，这些论述对我们今天深刻认识人性还是很有启发的。

人性中，自然天性是基础，它构成人性的底层内涵和教育的基础。中国有句古话，“江山易改，禀性难移”。两千多年前，孔子提出“性相近，习相远”(《论语・阳货》)，告子曰“食色，性也”(《孟子・告子上》)，荀子云“凡性者，天之就也”(《性恶》)，“性者，本始材朴也”(《荀子・礼论》)。董仲舒说“生之自然之资谓之性”“性者，质也”(《春秋繁露・深察名号》)，韩愈“性也者，与生俱生也。情也者，接于物而生也。”(《原性》)。这里的“秉性”“性”，指的都是人

的自然属性。它是由遗传物质所决定的人的先天素质、自然禀赋或自然天性。天性中，包括人体生物学的结构与功能，以及维持生命的基本习性与活动。如，吃喝拉撒睡的基本生存技能，以及趋利避害的本能，等等。用荀子的话来讲，“是人之所生而有也，是无待而然者也”的生理本能：“饥而欲食，寒而欲暖，劳而欲息，好利而恶害”。另外，天性中也包括人的脾气性格。英国有部研究儿童性格的纪录片《宝宝的神奇世界》，记录了心理学家格迪·辛格博士和多位顶尖专家，对全英国200多个宝宝的实验跟踪研究。结果发现宝宝千差万别的性格，有兴奋型、冷静型和警惕型三种类型。有的宝宝特别爱学习、爱看书；有的宝宝却总爱调皮捣蛋；有的宝宝遇事淡定，脾气温和；有的遇事急躁，脾气一点就着。这些脾气性格是写在基因里的，并不是后天培养出来的，而是在一出生就有的。

人的自然属性是人性的基础，它是由遗传基因所决定的，在遗传过程中会发生适当的变异。就拿人的身高来说，一般父母身高比较高的，后代的身高普遍比较高；反之亦然。但是，英国统计学家弗·高尔顿在研究祖先与后代身高关系时却发现，后代的身高既不会比身高较高的父母高，也不会比身高较矮的父母矮，而是具有向中间值靠近——“回归”的趋势。但自然天性并不是人性的全部。马克思说：人的本质不是单个人所固有的抽象物，在其现实性上，它是一切社会关系的总和。这一科学论断揭示出人之所以成为人，除了自然赋予人的生物性之外，最根本的在于人的社会性。

狼孩有人的身体和生命机能，却失去了人的本质。它在根本上是一头拥有人的身体的狼，即便让它回到人群，也已经失去了做人的机会。可见，仅有自然天性不能成为人。研究表明，人与黑猩猩大约有98%～99%的基因相似，与大猩猩约有98%的基因相似，与猴子约有80%的基因相似。同为灵长类生物，为什么只有人成为地球上唯一的智能生物？人类进化史表明，人之所以能摆脱动物的生物性而成为地球上的主宰，是因为在其自然天性的基础上，发展出对其自然天性和本能发展加以节制的高级性能——理智与道德，使得人性具有了理智属性和道德属性。理智属性和道德属性一起构成了人的社会属性。人性是由天性、理性和德性三者构成的一个有机整体。如图1-10所示。

图1-10　人性的构成

人是理性的存在物。人和动物最大的区别，在于人在劳动实践过程中，发展出了语言。建立在语言基础上，人类形成了以概念、推理、预测等为主的最高认识能力或逻辑思维能力——理性（理智）。黑格尔指出，理性是一个自己运动发展着的，自己认识自己的绝对理性，是无所不包的精神性的东西。无理性不人类，即理性是伴随支配人类认识自然的高级社会属性，是人性中精神层面的部分。罗伯特·诺奇克指出，理性使我们获取更多的知识，使我们能够更好地控制行为、情绪，以及掌控世界。它使人能够改造自我，进而从实际及象征意义上超越动物的状态。①

相比其他灵长类动物，人类经常会遇到意识、自我、思维等方面的问题，并能够利用理性的力量来化解这些问题。这是因为，人类拥有一个神奇的神经系统。与动物的大脑发育不同的是，人类的大脑中有三个语言中枢和专门处理符号、信息的第二信号系统，使得人类具有除生物本能之外的第二本能——语言本能，同时也为理性活动奠定了良好的生理基础和物质基础。依靠语言本能，理性插上了“虚构想象”的翅膀，通过文化基因——觅母（meme）的复制与传播，从一个大脑转移到另一个大脑，从而实现文化的传播与进化。这一过程与病毒寄生于宿主细胞，利用宿主细胞的物质合成新病毒的遗传机制几乎是一样的。

人亦是德性的存在物。为什么这么说呢？从甲骨文中我们或许能找到答案。西周时期，“德”字有两种写法：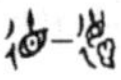。这两个字的左边是“彳”（chì），有“行走”之义。右边，一个比另一个多了一颗“心”。“心”字的上边，是用一只画有直线的眼睛表示的“直”字，表示眼睛要看正。合起来，就是“行得要正，看得要直，心还要正”，行正、目正和心正就是古人赋予“德”字的原初含义。作为社会中的人，很多时候人是要与他人一起共同生活的。此时，人就不能“为所欲为”，只顺着自己的自然天性和本能，或者只顺着自己的理性抉择。正确的做法应是，既要满足自己的天性需要，又要符合理性的认识规律，更不能对他人造成伤害和损害。因此，就需要一些共同生活及行为的准则和规范，来对个体的自然天性和本能以及理性加以节制。一个部落、一个民族，当这些共同生活及行为的准则和规范约定俗成为“道理”或“理论”，并且可以内化为个人的修养时，便产生了德性。本质上，德性是人性中最复杂、最隐秘的心理活动。与理性一样，其活动的物质基础或结构是人的大脑。但是，德性还关涉情绪、意念、情意变化，其活动的基础与体液、激素等物质的变化密切相关。生物心理学研究表明，罪犯与普通人大脑构造是一样的，但某些化学物质，如激素、神经递质等的含量水平可能不一样。

(二)教育是儿童三性合一的均衡发展

有关教育是什么？英国哲学家赫伯特·斯宾塞曾说，教育的目的是培养人的个性，个性是天性中的重要部分，教育的目的是培养人的天性。苏格拉底说教育有一种力量，能够促使人解放和引领灵魂中最好的部分，去沉思万物之中最好的东西。人的灵魂中最好的，又能够引人沉思的部分是什么？自然是理性。法国小说家奥诺雷·巴尔扎克说，教育是民族最伟大的生活原则，是一切社会里把恶的数量减少、把善的数量增加的唯一手段。能称得上抑恶扬善的教育，除了德育再无其他。以上观点分别肯定了教育对人性中某一方面的影响，并不全面。

---

①徐徐.一代醇儒话曾巩[M].北京：二十一世纪出版社，2018.

思想家苏格拉底说，教育的本质是唤醒，是开发你的内心。人性包括天性、理性和德性，因此，教育必然是对人性中的天性、理性和德性的唤醒和开发，绝不能厚此薄彼。在教育中，人的自然属性和社会属性是协同发展，相辅相成的。教育不能偏重于三性之中的任一方面。对儿童而言，如果任由天性张扬，而不加强理性教养，人类文化就难以传承下去；如果忽略德性教养，人将不人，社会将不社会。教育可以使人的自然天性和社会属性之间发生转化。黑格尔指出，教育学是使人们合乎伦理的一种艺术。它把人看作是自然的，它向他指出再生的道路，使他的原来天性转变为另一种天性，即精神的天性，使这种精神的东西成为他的习惯。[①] 孔子说："少成若天性，习惯之为常"（《大戴礼记·保傅》）。人在少年时期，通过教育获得性能上的完善，犹如自然天生的一样。可见，儿童时期三性合一的教育是多么重要。

教育是要儿童天性、理性和德性三性合一的均衡发展（图 1－11）。自然属性是教育的基础，教育不仅促使人的自然属性发生变化，更重要的是，教育在自然属性的基础上，又促使社会属性得到建构和完善。我国近代学者王国维说，知、情、意三者并行而得渐达真、善、美之理想，又加以身体之训练，斯得为完全之人物，而教育之能事毕矣。[②] "知"之训练，影响的是理性的发展；"情意"之训练，影响的是德性的发展；而身体之训练，影响的则是作为人之自然素质的天性的发展。著名教育家陶行知说，教育者不是造神，不是造石像，不是造爱人。他们所要创造的是真善美的活人。真善美的活人是我们的神，是我们的石像，是我们的爱人。华东师范大学叶澜教授说，教育只有培养个体的"内在定力"，才算找准了自己的目标，才可能充分发挥教育对社会和个体不可替代的价值。[③] 只有儿童的天性、理性和德性得到均衡发展，受教育者才算得上是一个"完全之人"、一个"真善美的活人"和一个具有"内在定力"的人，教育才达到真正的目的。

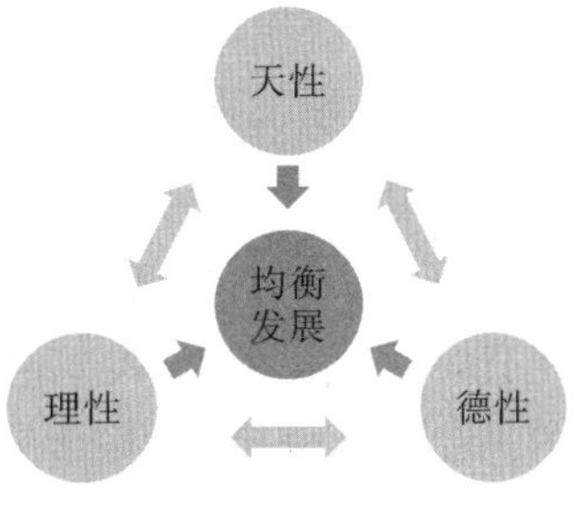

图 1－11　三性合一的均衡发展示意图

具体来说，三性均衡发展的教育，应顺应儿童的天性发展，促进儿童的理性建构和引导儿童的德性修炼。

二、调查作文教育顺应儿童的天性发展

（一）天性的组成

顺应儿童天性的教育，首要的任务是要深刻地认识儿童的天性组成。几乎在每个儿童

①黑格尔．法哲学原理［M］．范扬，张企泰，译．北京：商务印书馆，1982．
②朱永新．教师最喜欢的教育名言［M］．福州：福建教育出版社，2013．
③叶澜．回归突破："生命实践"教育学派论纲［M］．上海：华东师范大学出版社，2015．

身上，我们都可以观察到原始冲动。自出生以后，儿童就一直对自然界的万事万物充满兴趣。动物行为学家珍妮·古道尔在小时候曾经钻进鸡窝一直待了五个钟头，为的是看看母鸡究竟是怎么下蛋的。著名发明家爱迪生小时候有一次看见花园篱笆边上的野蜂窝，想知道野蜂窝里面究竟有什么，就用棍子去拨，结果被野蜂蜇得满脸都肿了起来。在鲁迅先生的笔下，来到百草园的儿童如同一个探险家一样，对大自然的事物充满了无穷无尽的好奇和兴趣。

美国著名教育家、哲学家杜威发现，儿童天生有四类原始冲动(图 1－12)，构成了理智教育的基础。这四类冲动，第一类是社会性冲动，这是儿童理智生活的基础，表现在他希望家庭和他人分享他狭小世界的经验，这种兴趣是以自我为中心，并不断地扩充。第二类是做事情的冲动、制造东西的冲动，也称建造冲动。表现在儿童的游戏、有节奏地运动、手势和假装等方面，可以逐渐发展成为习惯，成为一种在集体中发展的经验。第三类是研究和实验的冲动。常常是建造冲动和社交冲动的结合。在儿童眼里，实验科学和木工场的工作并无区别，他们常常喜欢做一些事情，看看将会发生什么。第四类是表现性冲动，或表达性冲动，和研究性冲动一样，它是建造冲动和交流冲动的继续。

从更深层次来看，儿童的原始冲动是受其智能驱使的。智能是智慧和能力的总称，既是解决实际问题的能力，又是生产及创造出社会需要产品的能力。哈佛大学心理学家加德纳(Howard Gardner)教授经过多年潜心研究，提出多元智能理论。他发现智能的结构框架包括相对独立地存在着的八种智能(图 1－13)：语言智能、数学逻辑智能、空间智能、身体运动智能、音乐智能、人际智能、自然认知智能和自我认知智能。不同儿童的智能表现各不相同，他们至少都拥有这八种智能，而不仅仅局限于数学逻辑智能和语言智能。每个儿童所拥有的优势智能和弱势智能都不相同。比如，有的儿童擅长语言表达，却在身体运动方面表现不佳。有的擅长音乐，却不擅长涉及计算、推理等的数学逻辑智能。智能不是固定的，是可以通过学习提升的。而且，大多数人的智能都能得到适度发展。

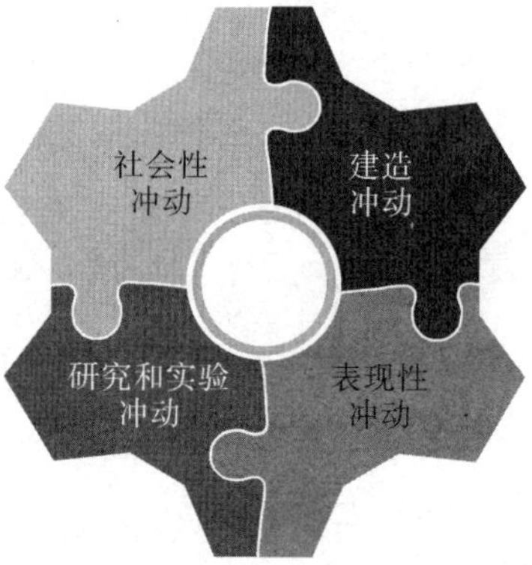

图 1－12　儿童的四类原始冲动

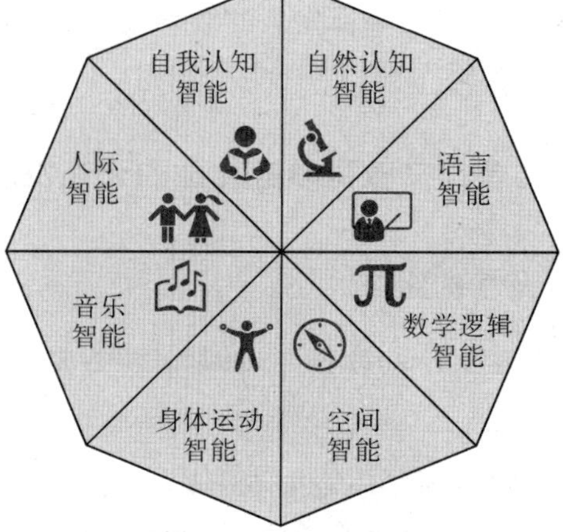

图 1－13　八种智能示意图

(二)开放的教学与学习

首先,通过开放的教学与学习,因势利导,将儿童的原始冲动转化为理性的探究。面对千姿百态的事物,儿童总喜欢亲自摸一摸、看一看、听一听、闻一闻、尝一尝,甚至将物体或者玩具大卸八块,为的就是探究里面的奥秘。如果缺乏正确又及时的引导,儿童的原始冲动会在一定年龄终止,随之而去的还有他们对自然和自然现象的探索欲望。教学中,应将儿童视为独立的学习主体,利用他们的好奇心,通过调查研究等开放的教学与学习活动,引导他们进行感觉、经验和理智的思维活动,培养他们应付新情境的想象力和首创精神。所谓开放的教学与学习,是指不局限于学习学校的教学大纲、教材和课本上的知识。现今在一些落后地区,为了追求考试成绩,教师唯教科书是举。一经发现学生阅读课外书籍,他们就如临大敌,不仅将学生的课外阅读书籍没收,更有甚者还会向家长告状。岂不知,教师们没收的虽然是一本两本图书,但直接打击的却是学生的求知欲望。

开放式的教学与学习,是不规定标准答案的学习。有人曾经做过一个调查,在纸上画一个圆,问中学生这是什么,中学生的答案绝大多数是数字"0",字母"O"。问小学生,小学生们的回答丰富多彩。除了这两种答案以外,小学生们还说出了许多与中学生不同的答案。如,眼泪、表、月亮、太阳、西瓜、扣子等。开放式的教学与学习,还意味着问题解决能力的培养。教育的重要任务之一就是要培养儿童分析实际问题、解决实际问题的能力,以及提出问题的能力。德国数学家戴维·希尔伯特提出20世纪应当努力解决的数学问题有23个,其中的黎曼假设,就在2018年的9月被英国数学家迈克尔·阿蒂亚声明解决。现实生活中,我们经常会遇到各种各样的问题,解决这些问题需要动用许多方面的知识和经验。因此,教育应当将培养学生解决问题的能力作为目标。

儿童多元智能的开发与发展,离不开开放式的教育。开放式教育体现在教育场所的开放、教学内容的开放,以及学习方式的开放。首先,教育的场所应由教室向教室外开放。虽然学校是儿童接受教育的主要场所,但根据教育的需求,可以将儿童从教室的"坐着听"中解放出来,让他们走进大自然,走进社区,走进超市,走进博物馆……

学校教育的目的,在于通过组织顺应儿童天性发展的各种力量,以保证教育得以继续进行。儿童天生具有探索世界的心态与愿望,教育就要为他们的探索创造有利条件。在春暖花开的时候,学校可以组织不同年龄的儿童踏青。让他们一边走,一边观察周围的植物、动物,年龄大的儿童,可以调查周围有哪几种常见的植物、动物物种。大雪纷飞的时节,再旧地重游,找一找先前找过的植物、动物。走走看看,感受大自然的四季更迭,积累自然知识与经验。儿童具有非常强的从经验中学习的能力,我们常常把这种能力称为儿童的可塑性。学校就需要为儿童的多种经验发展创造条件,而不应只重视儿童书本知识经验的获取。

顺应不是无条件地顺从和无原则地顺从。儿童的成长是一种自然如尔的成长。国学大师张岱年先生曾经指出:"前人多解自然为一名词,谓道取法于自然,此大误。自然二字,《老子》书中曾数用之,……皆系自己如尔之意,非一专名。此处亦同,不得视为一名词。其意谓道更无所取法,道之法是其自己如此"。[①] 顺应儿童天性的教育,必定是使儿童"自然如尔"地成长,使之自然、自如、自由和自在地生长,成长为他们自主成为的人,应该成为的人,能够成为的人。古人云,养人犹养树,"顺木之天,以致其性""不害其长""不抑耗其实",这样,培养出的人才才能"或移徙,无不活,且硕茂,早实以蕃"。遵循儿童自然的样子和本来的样子,不过分溺爱,也不过度忧虑,更不过分干涉、打扰儿童,使其在肥沃的土壤中保持先天的秉性,长大成才。过度干扰、过度溺爱和过度干涉,都会影响儿童本性的自然成长。虽然打着爱的旗号,但终究对儿童的成长起到的作用还是伤害。

三、调查作文教育促进儿童的理性建构

(一)理性的组成

有关人的理智属性,我国古代先哲多将其与"学""知"等行为混淆在一起。有时认为其等同于"目见耳闻""博学慎思"等,有时还认为理智属性有优劣等级。如,董仲舒将人性分为三个等级,"有斗筲[②]之性,中民之性,圣人之性"(《春秋繁露・实性》)。韩愈提出"性之品有三",上品的人是善的,中品的人可导上下,下品的人是恶的。[③] 这些论述反映出古代人性论承认理智属性是造成人性之差异的重要原因,但并不清楚理智属性的本质是什么。有关理性是什么,哲学家曾做过充分的讨论。柏拉图认为理性是思考所生产的真理,亚里士多德将理性等同于思想和精神,康德认为理性是人类的认识能力。黑格尔博采众长,把理性划分为绝对理性、客观理性和主观理性三种。绝对理性,与绝对、绝对精神、理念或上帝同义;客观理性,即现实理性或世界理性,意谓宇宙万物的本质、规律和目的;主观理性,即思维理性,自觉的理性或认识的理性,意谓人的最高认识能力或逻辑思维能力。三种理性的关系是,绝对理性是客观理性和主观理性的统一者。[④] 简单来说,主观理性即思维,客观理性即存在,而思维与存在的统一体,即绝对理性。思维是人类认识世界的最高力量和能力,黑格尔认为思维这一主观理性包括健全理性、直观理性,以及自在的理性和自为的理性。[⑤] 其中,健全的理性,是指未经过深入训练的、朴素的、自然的理性,在生活、实践和认识中发挥一定作用的知性。也是道家所谓的"观道""睹道""体道",即通过非感性、非理性、非逻辑的知觉活动,通过主体自我的体验和体悟,才能接近于道。[⑥] 直观理性是指想象力。自在的理性是指娘胎里面

①萧兵,叶舒军.老子的文化解读[M].长沙:湖南人民出版社,1997.
②Shāo,口大底小的竹编容器,比喻才短量浅。
③孙培青.中国教育史[M].上海:华东师范大学出版社,2000.
④俞吾金.黑格尔论理性[C].外国哲学(第10辑).1989.
⑤俞吾金.黑格尔论理性[C].外国哲学(第10辑).1989.
⑥公木,邵公明.道家哲学[M].长春:长春出版社,2007.

就有的理性，自为的理性是指人长大并真正具有了理性的意识时，自在的理性就转化为自为的理性。

黑格尔对理性的论述尽管详细，但真正揭示理性本质，并将理性纳入可教育范畴，还是由心理学家来完成的。皮亚杰(1896—1980)的认知发展理论认为，儿童思维发展是分阶段出现的。像蝴蝶发展所经历的卵、幼虫、蛹、成虫四个阶段一样，儿童的发展也经历了四个阶段。感觉运动阶段(出生至2岁)、前运算阶段(2～7岁)、具体运算阶段(7～11岁)、形式运算阶段(11岁以上)。在感觉运动阶段，婴儿通过运用他们的感觉器官来感知世界和进行思维。他们的语言尚未发展起来，在内心中不能再现客体(思维)，因此，这种智力还是前语言的。在前运算阶段，儿童的动作开始内化，内心逐渐出现了延迟模仿、象征游戏、意象和语言等再现形式，这就使得儿童有了扩大智力的可能。儿童的口头语言在这一时期也得到了迅速发展，但其逻辑思维能力仍然明显缺乏某种灵活性，具有不可逆性、中心化和自我中心主义的特点。7岁以后，儿童的思维发展进入具体运算阶段。此时，儿童的思维仍然限于具体的事物，还不是观念的。他们逐渐表现出同实物有关的逻辑思维，并且获得了可逆性能力、去中心化能力，以及社会中心能力的新的心理能力。此时，儿童可以撇开其他属性的变化，只注意物体的某些属性(数、量)，以及进行“关系”思维，如分类和排序，这两方面的能力都在迅速增长，数学运算在这个阶段也得到了发展。儿童越来越能够根据过去经验的生动表象，想出当时看不见的东西。根据皮亚杰的研究，他发现儿童在这一阶段最重要的表现是获得了守恒性和可逆性的概念。如守恒性的概念涉及质量守恒、长度守恒、重量守恒、对应量守恒、面积守恒、体积守恒，等等。但他们对这些守恒概念的获得并不是同时的。11岁以后，儿童思维发展就进入无限制的逻辑思维时期。此时，儿童能够超出具体现实进行思维。他们有能力运用符号系统去处理各种抽象的事物和关系，如形式思维者有能力考虑词语陈述和命题，而不仅是具体物体。开始能够对自己的思维进行思维，从而使认识活动达到一个范围无限的可能性世界。如充分理解和评价代数的符号抽象、文学评论，以及文学隐喻的使用，自发地参加关于哲学、宗教和道德的，充满了公正和自由这类抽象概念的讨论。

以上四个阶段并不是互不联系的、静止的，而是非阶梯式的、连续发展的，相互交叉重叠的阶段。每个阶段都是从前一个阶段开始的，前一阶段的行为模式总是相融于后一阶段，由前一阶段的结构引出下一阶段的结构。它的完成又导向下一个阶段的开始，并为下一阶段所取代。各个阶段的出现年龄因个人的智慧和社会环境的不同而不同，可以提前或者退后，但是出现的顺序保持不变。

苏联杰出的心理学家、文化历史理论创始人维果斯基(1896—1934)针对当时有关心理过程的一次性定性和不变性的观点，提出了心理发展的动态观点。他认为，人的高级心理机能产生于人的心理发展过程之中，在人的活动中形成和发展起来，并随着心理生活形式的复杂化而改变机能之间的关系。它是在人与人之间的交往过程中发展起来的。人的各种高级心理机能都是这些活动与交往形式不断内化的结果。关于思维与语言，维果斯基认为，在种系发展中，思维和语言有着不同的发生学根源，这两个机能沿着不同的路线发展，彼此独立。而在个体发育中，思维和语言也有着不同的根源，在儿童的言语发展中，有一个前智力阶段；而在思维发展中，有一个前语言阶段。在某个时刻之前，二者沿着不同的路线发展，彼此独立，在某个时刻，二者则相互会合。因此，思维便成了言语的东西，而言语则成了理性的东西。

皮亚杰和维果斯基都为儿童心理和认知发展研究做出了巨大贡献。皮亚杰认为儿童是不同于成年人的独立个体，他们的认知发展过程是"非语言动作思维—自我中心思维和语言—社会化言语和逻辑思维"。儿童的自我中心言语(ego-centric speech)的根源在于儿童最初的非社会性，可以十分自然和容易地转化为思维。推动个体发展的动力是不平衡—平衡的动态过程，个体内部的生长是儿童认知发展的重要影响因素。皮亚杰首次描述了个体从出生到青年初期智力发展的路线；首次将数理逻辑作为划分儿童逻辑思维发展的工具。而维果斯基则认为儿童从生下来的第一天起就处于他的周围环境(历史文化)的影响之下，人类代代相传的是文化，即价值观、信仰、习俗和社会团体的技巧。儿童最初的言语就是纯粹社会性的，自我中心言语不是我向言语转化到社会言语，而是从外部社会言语转化到内部个人言语。这种内部言语既服务于我向思考，又服务于逻辑思维。[①] 因此，他认为，儿童认知发展是一个社会调整过程，影响儿童认知发展的重要因素是文化、语言和社会交往(图 1-14)。

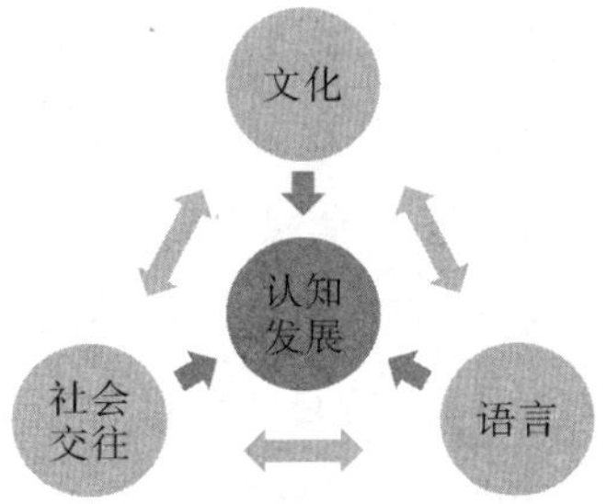

图 1-14　儿童认知发展的文化—社会交往学说

我国著名心理学家朱智贤和林崇德认为，儿童心理发展有一个量变到质变的过程，儿童青少年思维发展经历了几个关键期：出生后八九个月，是思维发展的第一个飞跃期，直观行动思维也自这个时期之后获得发展；2 岁～3 岁(主要是2.5岁～3 岁)，是思维发展的第二个飞跃期，这是从直观行动思维向具体形象思维发展的一个转折点；5.5 岁～6 岁，是思维发展的第三个飞跃期，形象抽象思维，即从具体形象思维向抽象逻辑思维的过渡期；小学四年级，是思维发展的第四个飞跃期，四年级以后，儿童的思维以抽象逻辑成分为主要形式；初中二年级，是思维发展的第五个飞跃期，抽象逻辑思维占整个中学阶段的主导地位。[②]

(二)概念的形成与发展

人类理智的哲学研究表明，只有当一个人具备自由地、独立地运用自身理智的能力时，

①维果斯基.思维与语言[M].李维，译.杭州：浙江教育出版社，1997.
②朱智贤，林崇德.思维发展心理学[M].北京：北京师范大学出版社，1986.

才是一个人成熟的标志。而未成熟或不成熟状态就是指不经别人引导，就对运用自己的理智无能为力。① 理智的成熟，是人生从未成熟走向成熟状态最为关键的一个成长过程，而概念的形成与发展是理智形成与发展的核心。

维果斯基研究发现，概念的形成是建立在经验的基础上，通过一种智力操作来完成的，经历了一个由低至高的内化过程，可以分为三个基本方面和若干阶段。概念形成的第一方面是形成概念混合（堆积）（heap），这一过程中，儿童思维经历了尝试一错误（trial and error）、形成意象和复杂意象三个阶段。第二方面是由变式（variations）组成的复合思维（thinking in complexes）。复合思维及其一切特征是语言发展的基础，复合思维通过把经验的、互不关联的各个要素组织、概括成一个类别，将分类的印象统合（融合、合并）起来，为后来的概括创造基础。因此，复合思维又称概括。复合思维有联想型、自然的聚集复合、连锁复合、扩散性复合、假概念五种类型。比如，儿童会根据事物的一个或几个共同的特征把它们分为一个组，如根据有类似的功能，将刀、叉、勺分为一组。儿童还会将一件衬衣和一只袜子联系在一起，因为它们都是蓝色的；然后加进了一只皮鞋，因为皮鞋和袜子都是穿在脚上的；然后又加进一只钱包，因为钱包和皮鞋一样是用皮革做的。这是连锁复合思维。② 其中，假概念在内容上与成人的概念相一致，充当了复合思维和概念思维之间的联结环节。在复合思维中，已经可见抽象作用的发展。因此，第三个方面的潜在概念（potential concepts）已经在复合思维中发挥作用了。潜在概念的结构与假概念一样，结果也与概念的结果没有区别，但是这些概念仅仅是真概念的先兆。最终，真概念的完全形成，还有赖于与成人的言语交流互动活动。通过使用词语的指导，将自发概念整合在非自发的文化和历史发展概念系统中。

社会—文化因素在儿童概念形成过程中起重要作用。儿童的概念思维实践要早于他们对概念性质的认识，早在清楚地意识到概念操作的性质以前，儿童便获得了概念操作和概念思维的实践。这是儿童智力发展的规律并不是什么意外。在学龄前儿童的思维中，与成人进行言语交流，决定着其他一切复合思维活动，促进了儿童假概念向成人概念的发展。概念建构是通过抽象，以及由抽象促成的概括和系统过程来建立的。其过程如图 1－15 所示。③ 抽象是从对事物的合并（融合）开始，将其与原有模式的类型比较，通过复合思维，感知相似性、对比，最终挑选出有代表性和相关性的特征（概念的特征），形成学生头脑中的自发概念。

---

①康德. 答复这个问题："什么是启蒙运动"[M]//何兆武，江怡. 理性与启蒙：后现代经典文选. 北京：东方出版社，2004.

②兰本达，布莱克伍德，布兰德韦恩. 小学科学教育的"探究－研讨"教学法[M]. 陈德璋，张泰金，译. 北京：人民教育出版社，1983.

③Tuomi I. Vygotsky in a TeamRoom：an exploratory study on collective concept formation in electronic environments[C]// System Sciences，Proceedings of the Thirty－First Hawaii International Conference on. IEEE Computer Society Press，Los Alamitos，CA，January 1998，1：68－75.

当概念的特征变得越来越概念化和“理论化”，通过与成人的交流互动活动，把它们组织到复合思维的概括结构中，才能完全地形成概念。在某些情况下，这些概念变成了教学中“科学”的概念。可见，思维本质上是经验性的。

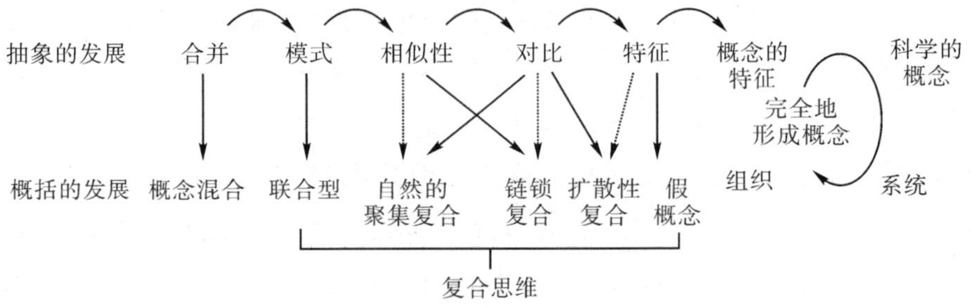

图 1－15　维果斯基概念思维发展模型

(三)通过基于“社会—文化”的调查作文教育实践帮助学生建构理性

从概念的形成过程可以看出，第一，社会—文化因素在儿童概念形成过程中起着重要的作用；第二，概念的形成是建立在经验的基础上；第三，儿童与成年人的交流互动活动，在概念形成过程中扮演着重要角色。传统教育中，强调标准答案和分数，儿童的理智与理性受到压抑或压制，儿童找不到释放自我理性，并自主地运用自我的理性和理智去探索世界奥妙的机会。理性不是知识、原理或真理，它是人类探求知识、原理和真理的一种能力，一种力量。

维果斯基深入研究了教学与儿童科学概念发展之间的复杂关系后，有了重大发现。这就是儿童发展水平的划分、儿童发展关键期和“最近发展区”(zone of proximal development)。维果斯基认为，儿童发展的第一种水平是现有发展水平，是由于一定的已经完成的发展系统的结果而形成的心理机能的发展水平。第二种是指通过教学所获得的潜力，是在有指导的情况下借别人的帮助所达到的水平。儿童独立活动和所要解决的问题之间可能有差异，而在别人的帮助下消除这种差异，就是“最近发展区”。在教学与发展的关系上，维果斯基毫不犹豫地指出，教学促进发展，而且教学应当走在发展的前面。维果斯基和他的合作者还发现，概念形成过程(该过程最终导致概念的形成)始于最初的儿童期，但是，作为概念形成过程的心理基础的智力功能(它们以特殊结合的方式成为概念形成过程的心理基础)，只有到青春期才得以成熟、形成，并发展起来。①

调查作文的教育实践，通过让儿童调查生活事实、社会事实和自然事实，促使儿童把握社会生活的真实，强化其对生活、社会和自然本质的认识，促进儿童概念的形成。通过让儿童亲临现实环境的调查研究，使儿童获取丰富的经验，促使其概念的形成和发展。

---

①维果斯基. 思维与语言[M]. 李维，译. 杭州：浙江教育出版社，1997.

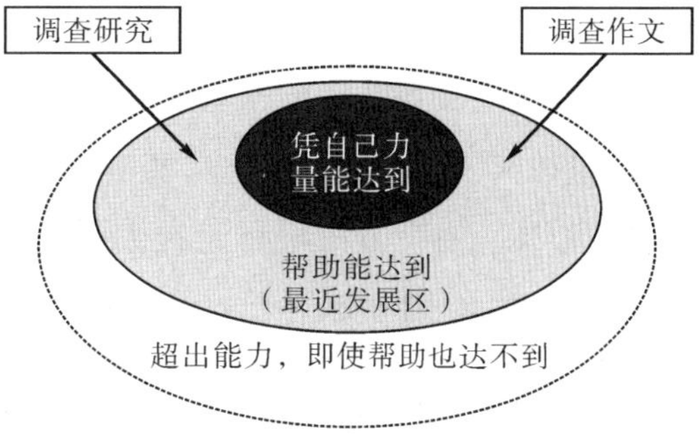

图 1－16 调查作文与最近发展区

思维最初是人脑借助于语言对事物的概括和间接的反应过程。思维以感知为基础又超越感知的界限。通常意义上的思维，涉及所有的认知或智力活动。它探索与发现事物的内部本质联系和规律性，是认识过程的高级阶段。[①] 思维对事物的间接反映，是指它通过其他媒介作用认识客观事物，以及借助已有的知识和经验、已知的条件，推测未知的事物。思维的概括性表现在它对一类事物非本质属性的摒弃和对其共同本质特征的反映。[②] 随着研究的深入，人们发现，除了逻辑思维之外，还有形象思维、顿悟思维等思维形式的存在。逻辑思维也叫抽象思维，形象思维也叫具象思维，顿悟思维也叫灵感思维。思维伴随着人类身体机能的自然成熟，人类的语言思维和心理也有了高度发展。

四、调查作文教育引导儿童的德性修炼

（一）德性的组成

道德属性是社会属性的核心，它对自然天性和思维理性具有节制作用。人性中情感和心理层面的部分。“德”通“得”，指人的品格和境界。[③] 孔子认为德性有三“仁、知、勇”：“君子道者三，我无能焉：仁者不忧；知者不惑；勇者不惧。”（《论语·宪问篇》）其中，勇，是符合道义的、在大事上敢于担当的行为。[④] 孟子将“仁知勇”扩充为“仁义礼智”四种德性，董仲舒将其发展为“仁义礼智信”，[⑤]宋朝时，朱熹将“仁义礼智信”总结为“五常之性”。自此，五常从个人品格和境界升华为中华民族的“固有的道德”和传统价值观。

有关德性的组成，体现出跨越国家和民族的相似性。比如，古希腊时，倡导公民应具有“智慧、勇敢、节制、正义”的“四大美德”。英国学者莱基将人的“德性价值”概括为“四大类型”：一是严肃的德性，如庄敬、虔诚、贞操、刚正等；二是壮烈的德性，如勇敢、牺牲、忠烈、义侠、坚毅等；三是温和的德性，如仁慈、谦虚、礼貌、宽和等；四是实用的德性，如勤劳、节俭、信用、坚韧、谦和等。[⑥] 法国哲学家安德烈·孔特·斯蓬维尔认为人应具有礼貌、正义、明智、节

①维果斯基. 思维与语言[M]. 李维，译. 杭州：浙江教育出版社，1997.
②陈坚. 比德、性德和道德：儒佛道三家“德”论比较[J]. 清华大学学报（哲学社会科学版），2011，26(1)：146－160.
③同上。
④宋震昊. 说“勇”：《论语》中的德性之一[J]. 江苏教育学院学报（社会科学），2013，29(5)：85－90.
⑤戴木才. 略论我国传统核心价值观“仁义礼智信”的发展轨迹[J]. 云梦学刊，2018，39(3)：1－7.
⑥戴木才. 中国传统核心价值观在新时代的价值定位[J]. 云梦学刊，2020，41(5)：87－94.

制、勇气、忠诚、慷慨、怜悯、仁慈、单纯、温和、感激、谦虚、真诚、幽默、爱情等18种美德。荀子认为入仕者应具备君子的德能素质："君子宽而不僈，廉而不刿，辩而不争，察而不激，直立而不胜，坚强而不暴，柔从而不流，恭敬谨慎而容"。[①] 习近平总书记曾在多个场合强调立德树人的重要性。有学者指出新时代人的德性包括：共产主义理想信念、社会主义核心价值观、中华传统美德、民族精神和时代精神、全球观念和生态意识。[②]

（二）德性的发展阶段

受皮亚杰儿童认知心理发展理论的启发，美国儿童发展心理学家劳伦斯·科尔伯格（Lawrence Kohlberg）通过对72个10～26岁男生对道德两难（moral dilemma）问题"海因茨难题"（heinz's dilemma）做出的道德判断和理由陈述的研究，于1969年提出了"三水平六阶段"儿童道德发展理论。[③]

第一水平：前习俗水平。大约出现在学前至小学低中年级阶段。此水平又分两个阶段。

第1阶段：惩罚和服从的取向。根据行动的有形的结果判定行动的好坏，凡不受惩罚和顺从权威的行动都被看作是对的。

第2阶段：工具性的相对注意取向。正确的行动就是能够满足本人需要的行为。虽然发生了互惠关系，但主要表现为实用主义方式。

第二水平：习俗水平。大约自小学高年级开始。此水平又分两个阶段。

第3阶段：好孩子的取向。好的行为是使人喜欢或被人赞扬的行为，十分重视顺从和做"好"孩子。

第4阶段：法律和秩序取向。注意中心是权威或规则。所谓正确即指完成个人职责、尊重权威和维护社会的秩序。

第三水平：后习俗水平。大约自青年末期接近人格成熟时开始。此水平又分两个阶段。

第5阶段：社会契约的取向。这个阶段有一种功利主义的、墨守法规的情调。正确的行为是按社会统一的标准来规定的。重要的是意识到个人主义的相对性，以及需要与舆论一致。

第6阶段：普遍的道德原则的取向。道德被解释为一种良心的决断。道德原

---

①荀子．不苟[M]//．王先谦．荀子集解．北京：中华书局，1988．

②冯建军．立德树人的时代内涵与实施路径[J]．人民教育，2019(18)：39－44．

③张宁娟．科尔伯格道德发展理论及其对预防留守儿童道德成长问题的启示[J]．外国教育研究，2008(9)：84－87．

则是自己选定的，根据抽象概念而不根据具体规则。

受弗洛伊德人格发展五阶段理论启发，著名发展心理学家爱利克·埃里克森(Erik H Erikson)于20世纪50年代末提出人格的社会心理发展理论。埃里克森认为人性本无好坏善恶之分，具有向任何一个方面发展的可能。人的一生可以划分为8个发展阶段，每个阶段都有其面临的主要矛盾或任务，只有解决了这一阶段的矛盾，完成了这一阶段的发展任务，形成一定的人格品质，才能顺利进入下一阶段，否则，便会产生心理危机和精神障碍。①

婴儿期(0～1.5岁)面临"基本信任—不信任"的心理冲突。当儿童建立信任感之后，在人格中形成"希望"品质，形成对自己愿望的可实现性的持久信念；反抗黑暗势力，是怒吼的生命诞生的标志。儿童期(1.5～3岁)面临"自主—害羞(或怀疑)"的冲突。当儿童学会自己做主，就是"有意志"地决定做什么或不做什么，具有不顾不可避免的害羞和怀疑心理而坚定地自由选择或自我抑制的决心，于是，在人格中逐渐形成"意志"这一品质。学龄初期(3～5岁)面临"主动对内疚"的冲突。当儿童的主动感超过内疚感时，他们的人格中就有了一种正视和追求有价值目标的勇气，这种勇气不为幼儿想象的失利、罪疚感和惩罚的恐惧所限制，即"目的"的品质。如果儿童的主动性受到鼓励，他们的想象力、创造力、自信心都会发展起来，将来可以成为一个有责任感的人。学龄期(5～12岁)的儿童都在接受学校教育，面临着"勤奋—自卑"的心理冲突。当勤奋感大于自卑感，儿童就会形成"能力"这一品质。所谓能力，是不受儿童自卑感削弱的，完成任务所需要的自由操作的熟练技能和智慧。青春期(12～18岁)面临"自我同一性和角色混乱"的冲突。随着自我同一性的形成而形成"忠诚"的品质——不顾价值系统的必然矛盾，而坚持自己确认的同一性的能力。18～25岁为成年早期，面临"亲密—孤独"冲突，在与家人、朋友相处过程中学会"爱"。25～50岁为成年中期，由于建立起家庭，他们必须考虑养育与关怀下一代的问题，面临"繁殖—停滞"的冲突，在关心下一代或帮助他们创造更美好的社会生活的过程中，形成"关心"的品质。在埃里克森看来，如果没有繁殖，人格发展将走向停滞和贫乏。50岁以后为成年晚期或老年期，面临"自我整合—绝望"的冲突，回顾一生。人在解决这个矛盾的过程中，形成"智慧"品质。

(三)通过不断完成具有挑战性的调查研究任务实践帮助学生修炼德性

小学阶段，根据调查作文教育的需求，可以将儿童从教室的"坐中听"中解放出来，让他们走进大自然，走进社区，走进超市，走进博物馆……通过开展丰富多彩的调查研究活动，发展儿童的多元智能。当儿童进行调查等相关探究活动时，不仅需要逻辑—数理智能，也需要

①吴文菊.艾里克森个性发展八阶段理论评述[J].辽宁教育学院学报(社会科学版)，1987(3)：22-26.

空间智力、身体运动智能等其他智能的参与。在调查研究中，当儿童对周围事物发生兴趣，触摸、观察各种物体时，他们会动用自己的空间智能和自我认知智能；在调查活动中，当儿童像社会学家、语言学家或科学家那样向同伴或教师讨论或表达自己的发现和新想法时，将会动用自己的语言智能、自我认知智能和交际智能；当儿童从调查数据中感受事物的数量关系并体验数学的有趣时，他们会动用自己的语言智能、逻辑数理智力、空间智能、自知—自省智力等。

与此同时，还可以使儿童的人格得到发展。根据埃里克森的理论，人格发展是连续进行的，每一阶段有每一阶段的主要矛盾和发展任务，前一阶段是以后各阶段发展的基础。如果这个基础打不好，就好比高楼大厦的地基出了问题，随时都会影响心理发展。人的心理发展受遗传、环境和主观三方面因素的综合影响。理论上，小学阶段的儿童在入学前，已经形成“希望”“意志”和“目的”这些品质，面临着“能力”的发展。但实际上，每个人在遗传、环境，尤其是家庭，以及主观因素上有很大的差异，因此，不是所有人都能够按照理论设想的那样，到哪个阶段就必然会形成哪一个品质。通过自主和主动对调查研究任务进行实践，学生在一个又一个问题解决的过程中，其人格中的“希望”“意志”“目的”等得到强化。当学生对自己能够独立解决问题的愿望的可实现性建立起持久信念时，他们便会产生美好而坚强的精神生活动力——希望。在希望的鼓舞下，形成自由选择此事可做和不可做的决心，以及抑制自我的决心和意志力，进而使学生对今后的独立生活和承担工作充满信心，以及获得一种正视和追求有价值目标的勇气，提升能力。学生时代的调查研究任务，与成年之后的工作相比，其内容有差异，但程序却是相似的。年龄越早接触到这些工作和任务，人就可以越早地得到锻炼和磨炼。所谓“穷人的孩子早当家”，说的也是这个道理。

中小学阶段是“能力”形成的重要阶段。一方面，学生对自然的好奇心得到增加；另一方面，新的社会要求、社会冲突不断增多，自然会加大学生的心理困惑和混乱。如果他们的独创行为、想象力和创造力等得不到鼓励，或者遭到讥笑，那么学生就会逐渐丧失自信心，丧失希望，将自我封闭起来或者满足于生活在别人为他们安排好的狭窄圈子里，失去自己开创幸福生活的主动性、积极性和创造性。因此，中小学阶段应多多开展自然探究、社会调查、人物访谈等研究活动实践，让学生在广阔的自然环境中学习如何与自然相处，在不同的社会集体中，感受自己在别人眼中的形象，体味自己的情感位置，变换自己的社会角色，在发生冲突——解决冲突——和谐相处的过程中，建立起新的同一感——自我感觉与一个人在他人心目中的感觉相称。当自我同一性建立起来以后，个人的存在感才建立起来，才能有力量去抵抗外界的环境和环境中的各类人与各种事情。

本章小结

本章探讨调查作文教育的基本理论，包括三节。第一节通过将调查作文分别与记叙文、议论文、说明文进行比较，阐明调查作文是一种独立的文体。第二节首先在对比分析“为表达而写作”和“为阐释而写作”两种写作观的基础上，通过分析文以明道的古代实践经验与现实必要性，提出调查作文“文以通穷世理”的写作观——“文”通世理、“文”以致知、“文”应致用。其次分析了四种文章类型，指出调查作文的学问文章属性。最后提出调查作文的活动—内化—表征写作模式。第三节从探讨人性的构成开始，论述调查作文教育促进儿童“天性、理性和德性”三性合一的均衡发展。本章为调查作文教育的普遍实施奠定坚实的理论基础。

思考题

1. 为什么说调查作文是一种独立文体？
2. 中小学调查作文属于哪一种文章类型？为什么？
3. 简述调查作文“活动—内化—表征”的写作模式。
4. 调查作文教育如何促进儿童的三性均衡发展？请结合三性的发展阶段予以阐释。

第三编

教材与课程标准中的调查作文

第二章 中小学语文教材中调查作文的中、日比较研究

章节提要

本章通过对中日小学、初中、高中三个阶段语文教材中调查作文的课题类型与设计、教材内容安排、任务呈现方式及结构特点三个方面进行比较，试图分析两国教材中调查作文教育的不同，为今后调查作文的教材建设提供可资借鉴的经验。

学习目标

1. 比较中、日两国中小学语文教材中调查作文类型与课题设计的异同。
2. 概述中、日两国中小学语文教材中调查作文在教材安排方面的优点与不足。
3. 分析中、日两国教材中关于调查作文的指导力度。
4. 阐述中、日两国教材中调查作文呈现结构的特点。

第一节 小学语文教材中调查作文的中、日比较研究

从调查作文的类型与课题设计、教材呈现(安排)等方面，对国内使用范围较广的三个版本的小学语文教材与日本教材进行了比较分析。中国教材的三个版本分别为：苏教版、[1]上

---

①张庆，朱家珑. 义务教育课程标准实验教科书·语文(1～6册)[M]. 南京：江苏教育出版社，2006.

海版①和人教版②。日本小学教材编写采用由民间出版社编写、文部省审定的方法。日本小学语文教科书的出版社有5家，分别为：光村图书、教育出版、日本书籍、东京书籍和学校图书。各个地区和学校在其中选择。本文对这5家出版社的教科书进行了综合考察。

一、调查作文的类型与课题设计比较

（一）调查作文的类型比较

日本小学国语教材中，调查作文的形式主要有：观察日记、参观记录、语言课题调查作文。观察日记，以三、四年级儿童感兴趣的动物、植物为对象，以观察为手段，以日记、观察记录的形式展开调查作文。参观记录，以参观的方式了解社会，体验现代生产方式，了解生产，并将见闻记录下来。语言课题的调查作文，是与语言学习和应用有关的调查。小学三、四年级以观察日记为主，五、六年级以参观记录为主，语言课题调查作文则贯穿小学三至六年级。据统计，三版中国的小学语文教材中，调查作文的形式主要有：观察日记、参观记录、语言课题调查报告、人物访谈记录与报告，以及社会调查五类。

（二）调查作文的课题设计比较

日本教科书中出现的观察日记有："燕子日记""大豆日记""蝉脱壳的观察""观察金小蜂""喇叭花日记""丝瓜的观察记录""我的蜗牛"等。参观日记有："造纸厂参观记""新港清扫工厂参观记""养牛场参观记"等。语言课题有"调查儿歌""调查方言""调查外来语使用情况"等。③ 中国三种版本调查作文课题如表2－1所示：

表2－1　中国三版小学语文教材中调查作文的类型及课题一览表

类型	苏教版	上海版	人教版
观察日记	观察秋天变化，写话或画画（二上）； 观察一种常见动物，写话（二下） 调查学校的落叶和常青树*（三上）； 我家门口的植物*（四上） 观察动物*（五上）； 秋天的树叶（五上） 自然现象观察记*（五下）	菊花（三上） 春天来了的观察日记（三下） 观察小动物或植物成长过程的连续观察日记（四上）	观察的事（三上） 观察日记×则（四上）Δ 喜欢的动物Δ

①陶本一．义务教育课程标准实验教科书·语文（1～6册）[M]．上海：上海教育出版社，2006．

②课程教材研究所，小学语文课程教材研究开发中心．义务教育课程标准实验教科书·语文（1～6册）[M]．北京：人民教育出版社，2003．

③方明生．日本生活作文教育研究[M]．上海：上海教育出版社．2002．

续表

类型	苏教版	上海版	人教版
参观记录		动物园参观记(三下)	记一次春游(四下)
语言课题			注 2
访谈记录与报告	先进人物采访记(四上) 访问家乡名人(六上)		采访身边爱读书的人 Δ(三选一,五上)
社会调查	介绍家乡的一种产品*(六上)		生活中的传统文化等(详见注 3)

注 1:*表示以学生的作文为示例范文;Δ 表示以课文为示例范文。

注 2:调查招牌广告、电视字幕和书籍报刊中用字不规范的情况(五上,“综合性学习”的“活动建议”)

注 3:生活中的传统文化(三上);调查周围环境(三下);网络给人们带来的方便(三下);我们家乡生活的变化、本班近视情况调查及原因分析、成语中的名人故事(三选一,五下)Δ;调查全家人一天的信息来源(五下,“活动建议”);调查地方风俗习惯(六下)。

两者比较,可以发现,日本调查作文的课题设计强调了学术研究性。课题设计突出了一个根本性的原则,那就是贴近儿童真实的社会生活,从儿童生活的现代社会的发展中设计值得调查和研究的问题。因此,课题既有研究儿童熟悉的身边事物,如燕子、丝瓜等;也有远离儿童视野,代表科技文明的现代化的工厂、农场等。调查课题的题目很小,很具体,有利于将问题聚焦。课题突出了科学性的研究内容和现代科技的内容,如观察生物、参观现代化工厂生产流程、农场等。而最有特色的是设计了语言课题的调查作文,这类课题是最贴近语言教学的调查作文,借调查作文的机会,将语言研究的基本方法传达给学生,使之学习并掌握予以应用。反过来,语言研究的过程与成果又会促进学生对语言的思考与学习。从语言文字使用的角度来设计调查问题和调查作文任务,联系了学生的实际生活经验。将调查、实证的方法应用在语言学研究上,反映了一种科学的社会学学术研究的态度。更重要的是,通过这一研究活动,引导学生反思语言的社会性、语言与日常生活的关系,进而在深入社会中学习语言、理解语言和应用语言。与其说是通过语言课题使学生学习调查研究的方法,倒不如说使学生学习和掌握了语言研究的学术传统。

总之,这些课题给人的总体印象是,具有社会性、科学性和学术性的研究色彩。充分反映了通过调查作文,促进学生根据事实进行社会化、科学化、经济化的思考的生活教育目的。同时也折射出调查作文教学理论研究的深厚基础。

(三)调查作文类型与课题设计中的问题

我国教材中的课题设计强调的是社会活动性而非学术研究性。与日本重视科学性调查研究不同的是,社会调查是我们的一大特色。课题的一个特点是,题目很大,很宏观。如“观察一种常见动物""我家门口的植物""春天来了""调查周围环境",不利于将研究问题聚焦。二是没有突出科学性的研究内容和现代科技的内容,现代化工厂在中国比比皆是,而身处中国最发达城市的三个版本的教材编写者,却没有设计一个与现代科技有关的调查课题。如果参观还停留在"动物园"的水平上,那么,语文教学用什么来反映我国的科技发展与成果呢?三是几乎没有语言课题调查。人教版的教材安排了语言课题,但只是一个"活动建议"。它属于选择的范围,而没有作为必须要做的习作。

随着中国经济和文化的发展,语言文字的使用范围得到了前所未有的扩展,如广告、股市、网络等领域。这些扩展派生了很多新词语,正在直接或者间接地影响着我们的生活和汉语语言的发展。以汉语中的成语为例,成语被广告设计者用于食品广告——"鸡不可失,食不再来""天尝地酒";用于服装广告——"百闻不如一件""穿流不息";用于汽车广告——"无与轮比";用于商业宣传——"骑乐无穷""默默无蚊""粤吃粤香"……,数不胜数。这些成语的变形,在语言学上有何功用,其弊端在哪里,很值得我们进一步探讨。在语言文字使用现状方面,还有很多类似的课题,可以作为我们调查作文的课题和问题来源。如繁体字的使用折射出汉字文化圈的文化相互理解问题;粤语和港台语言词汇的流行折射出经济发展与语言的关系;股市语言中产生的流行语折射出当代的经济生活等。这些课题都可以成为我们教材编写的很好的生活源泉,但是却很少被新课程的教材所关注。语言课题调查在语文言语教育中的缺位,使得语文教学"重记忆、轻研究"的实践现状凸显出来。

调查作文课题设计的种种问题,反映了教材编写者只顾埋头编教材,不研究小学生认知水平与语言学习规律,以及社会变革与小学语文教育之间的密切关系的现状。其深层的、根本性的原因却在于作文教学理论研究的薄弱。事实上,从清朝末年开始,我国历史上作文教学理论曾经有过三次突围。学者李乾明认为三次作文教学理性突围留下的最大问题是,目前尚未建立起富有理性的作文教学理论,包括指导作文教学的哲学思想、思维模式、研究方法和理性突围的内容体系。①

二、调查作文的教材呈现比较

(一)调查作文的方法或程序的教材安排

调查报告是研究者,有时就是作者本人,针对某一具体问题,采用调查研究的方法,通过对社会或自然现象的实地或者实际的考察和对所搜集的数据进行分析之后,形成的用于向他人或者社会交流研究成果的一种特殊文体。撰写调查报告不能够闭门造车,它的写作离不开研究者先期的研究活动。这些研究活动包括确定研究问题、制定调查计划、实施调查、搜集数据、对数据进行统计分析等。有时候,也把上述的活动称为调查的程序或者调查的方

---

①李乾明.作文教学理论三次突围的成败[J].辽宁师范大学学报,2003(4):82-84.

法。总之，掌握调查方法或者程序，是撰写调查报告的前提条件。与其他三大传统文体的教学不同，调查作文的教学，需要将调查方法融入教学中。对于小学阶段的学生而言，这一点尤其重要。在小学阶段实施调查作文，不仅仅是作文教学，更是一个对自然、社会的观察研究过程。涉及理科、社会科学等科目的问题，因此，它具有综合学习的特征。因而，日本的教材中将调查作文安排成单元学习，以课题研究的形式展现出来。从低年级至高年级，调查作文的学习包括自我定题，收集材料(观察、记录)，查阅资料，以作文形式总结，班、小组讨论等步骤，以及作笔记的项目、方面、查阅资料的方法，图、表的应用，内容归纳的条理化等方法和程序上的学习。这些方法和程序的学习在不同年级安排的重点是不同的。

中国的小学语文教材中，苏教版和上海版还是以习作形式开展调查作文教学；而人教版是把调查作文与综合性学习活动结合起来，充分强调了调查作文的综合学习的特点。在人教版的教材中，在三、四年级和六年级，调查作文也是以习作的形式来开展的。与苏教版和上海版不同的是，人教版教材在习作之前，大都安排了1～2次的“综合性学习”。意味着，调查作文与综合性活动的密切关系。而在五年级，则将相关内容放在了“综合性学习”单元中。如五年级(上)的第三组“综合性学习:遨游汉字王国”后的“活动建议”中，建议了一个语言课题调查作文；五年级(下)第六组“综合性学习:走进信息世界”后的“活动建议”中，建议了调查全家一家人的信息来源的活动。仔细分析可以发现，调查作文在这两个单元中，只是“综合性学习”的手段，而非学习内容。总体看来，教材缺少关于调查方法或程序的学习安排。

(二)关于调查作文呈现内容的比较

下面以两个课题为例，分析教材内容的呈现形态。

人教版三年级下册语文中，设计了一个“调查周围环境”的课题。第二组课文导语中提出了“留心周围环境”的导读语，然后在第5课《翠鸟》后的“综合性学习”栏目中，提出了“开展一次调查周围环境的活动”的倡议：

> 你了解家乡的环境吗？比如，空气和水是不是受到了污染？花草树木是增多了还是减少了？人们为保护环境做了些什么？让我们开展一次调查周围环境的活动。先自由结合，组成小组，共同商定一个活动计划，想想展示的方式和内容，然后大家分头行动。有的同学去观察，有的去访问，有的查找资料。
>
> 让我们赶快行动起来吧！
>
> (“综合性学习”·人教版三年级语文下第21页)

紧接着，在第7课《一个小村庄的故事》后的“综合性学习”栏目中，教材又倡议学生交流调查方法和了解到的情况，为交流综合性学习的成果做好准备：

> 通过这段时间的调查了解，同学们一定有不少的收获吧。让我们在小组里交流交流，都是用什么方法开展活动的，再把了解到的情况整理一下，并确定用什么方式反映这次综合性学习的成果，做好展示、交流的准备。

（“综合性学习”·人教版三年级语文下第27页）

在“语文学习园地二”中的“口语交际”之后是“习作”。习作的指示语如下：

通过本组的学习，你一定对保护环境有了进一步的认识。这次习作，就请你写一写这方面的内容。可以把调查了解到的情况写成一篇短文；可以展开想象，写一写几年后家乡的环境；也可以写发生在这次综合性学习中的有趣的事。

（“习作”·人教版三年级语文下第30页）

从以上的文字中，我们可以读出教材在布置调查作文时的用心良苦，以及教材在布置调查作文时的犹豫和徘徊。做了那么长时间的调查，教材却没有明确提出写调查报告的要求。而是委婉地提出了写“短文”的要求。以上三段文字关于如何进行调查活动的叙述也过于笼统和概念化，而对于指导调查作文，其实用性和操作性也很弱。因为教材主要是给小学生阅读的，他们阅读之后，对以下几个问题还是模糊的：①调查什么（内容）；②怎么调查（方法）；③为何要做调查（意义）；④如何撰写调查作文（报告）。

日本教材六年级（上）调查作文选例

语言和文化——就语言进行调查的作文

《调查外来语使用情况》是这样呈现的：①

我们每天在会话中、文章中随意地使用着外来语。但是，我们几乎不太认真思考外来语的使用方法及其文化上的意义。让我们收集身边的外来语，调查一下其由来和同我们生活的关系，并将这些内容写成文章。

1. 将自己碰到的，词典、辞书中查到的外来语整理出来。

2. 阐述自己对这些外来语使用情况的看法，自己的感受、意见。

3. 认真考虑一下文章的开篇、结尾、应举的事例等文章结构问题，然后再开始写。

把中国和日本教材中关于调查作文的引导语或者陈述做一比较，如表2-2所示。

表2-2　中日两国两版教材中关于调查作文呈现内容的比较

	人教版	日版
调查什么（内容）	调查周围环境	外来语
怎么调查（方法）	去观察，去访问，查找资料。自由组合成小组，先制订计划，然后按计划开展活动	将自己碰到的，词典、辞书中查到的外来语整理出来
为何要做调查（意义）	为了了解家乡的环境	身边的外来语越来越多，对我们的生活造成了影响
如何撰写调查作文（报告）	无	阐述自己的看法、感受、意见；认真考虑文章的结构问题，之后再开始写

①石森延男．国语·六上·创造[M]．东京：光村图书．1985.

从表 2-2 中，我们可以概括出两国教材在调查作文教学的指导力度方面的一些特点，如表 2-3 所示。

表 2-3　中日两国两版教材中关于调查作文的指导力度的比较

	人教版	日版
调查什么（内容）	内容不确定而笼统	内容确定而具体
怎么调查（方法）	笼统，可操作性不强	具体，可操作性强
为何要做调查（意义）	意义较不明确	意义不明确
对调查作文的指导	倡议多于建议	从学生的调查活动出发，相关建议明白、中肯、得当

（三）调查作文教材呈现结构的特点

日本教材调查作文呈现结构的最大的特点是设有学生习作作为范文与提纲，这正是中国教材所缺少的。在中国三种版本的教材中，虽然苏教版教材提供了学生作文作为教材示例，人教版提供了课文为范文示例，但共同的不足之处在于文学性要大于实证性和科学性。而且人教版的范文多以成年人的口吻写成，展示了成年人的思维特点，远离儿童真实生活，因此，其示范性就会打一些折扣。如人教版五年级语文（下）中提供了《关于李姓的历史和现状的研究报告》，可以算得上一篇较好的调查报告范文。但是这种报告以小学生的思维和生活经验，显然是做不出来的。而且出现的年级太高，令人不禁要问，为何不在低年级开始学习写作时设立范文呢？

日本教材中，一般都提供学生习作作为范文。低年级还会提供学生的调查笔记范文；高年级时，会提供调查报告的提纲。如"外来语的泛滥"的提纲：①

一、星期日早上看报，发现了 50 多个外来语，都记下来了。

二、一半以上的外来语出现在夹在报纸里的广告上。

1. 服装广告上的外来语；

2. 食品广告上的外来语。（意思都不太懂）

三、走在街上注意到的事。

四、感受：外来语用得太滥了。

五、思考：适当使用外来语应注意的问题。

如果仔细分析，这个提纲中其实包含了调查的诸多要素：

调查地点和范围（媒体——报纸、大街）；调查时间（星期日早上）；调查过程（看报、注意街上的事）；收集和记录数据（记下来 50 多个外来语）；整理调查数据（一半以上的外来语出现在夹在报纸里的广告上，并且举了服装、食品广告上的两个例子）；调查结论或者感受（外

①石森延男. 国语・六上・创造[M]. 东京：光村图书. 1985.

来语用得太滥了)；由调查引发的思考(适当使用外来语应注意的问题)。

由于提纲中包括了调查的诸多要素，尽管只是提纲，但是对学生理解调查、进行调查活动，以及写作却有很强的指导性。教材中并没有花很多篇幅去介绍调查的重要性、如何去做调查、如何搜集数据、如何整理数据、如何得出结论等抽象的概念讨论和解释。然而，通过展示一则示例，将教材设计者和教师的教学意图明白无误地传递给了学生。使学生在模仿和参照范文的基础上，提高撰写调查作文的技能和技巧。

三、总结与反思

研究显示，各种版本的中国教材都能够按照课程标准的要求，将调查作文作为作文教学的一个重要内容。表明中国教材已经在调查作文方面，迈出了历史性、关键性的一步。但研究结果也显示，中日教材在调查作文的类型、课题设计、教材安排和内容呈现及结构特点方面，还存在一些差异。从类型上看，社会调查是我们的特色。从课题设计上看，观察日记的题目大而广。参观记录远离现实生活；语文教材不涉及语言课题调查，却突出了社会性调查。中国教材中的范文要么文学性高于科学性，要么高于学生的思维水平。这不但不利于作文教学，反而会将学生引导到错误的方向上。相比而言，中国教材缺少关于调查方法或程序的学习安排。教材内容的呈现对于作文指导的力度明显弱于日本教材。日本教材提供的学生习作作为范文，范文符合学生的认知发展水平，有利于将教材设计者和教师的教学意图明白无误地传递给学生，也有利于学生在模仿和参照范文的基础上，提高调查作文的技能和技巧。更有利于实现在作文教学中培养儿童、青少年的科学研究能力的目标。

日本的经验启发我们，教材编写时，应重视教材的示范、示例作用，否则就失去了教材的真正价值；教材应该通俗易懂。这包含两个含义，一是学生能看得懂。不同年龄阶段的学生认知水平不同，教材编写要体现出学生认知水平的螺旋式发展。小学语文教材是写给小学生看的，那么教材的语言及展示的概念要以小学生能够理解为目标。所以用于小学教学的教材，要以小学生的理解水平去编写，不能以成年人的理解水平去编写。二是要让教师看得懂。小学教师看不懂怎么去教呢？如果编出来的教材，学生不知道如何学习，教师不知道如何教。最后又得请专家来解读课标，解读怎样教。教师培训时，他们都会问，为何当初在教材编写时不编得简单一些？好操作一些？

作文教材编写的重要原则在于，发展和构建作文教学的教育理论体系。日本小学作文类型从低年级至高年级可以分为儿童诗作文、调查作文、集体作文、认识自我与自我成长史作文四大板块。这四大板块支撑起了日本小学的作文教学体系，并且有着深刻的生活教育理论的支持。[①] 在理论研究方面，日本作文教育研究者走在了前面。作文教学的基本内容是什么？作

①方明生.日本生活作文教育研究.上海：上海教育出版社，2002.

文教学的基本途径是什么？作文能力的提高与作文训练途径是什么？这些基本问题值得我们进一步的深思。教材无疑是作文教学最好的载体之一，也是作文能力提高与训练的最得力的途径之一，如果缺少系统、深入的教育理论做指导和支持，再好的教材也难免脱离教育实践。

总之，作文教学是语文教育研究的一项重要内容。研究许多国家的作文教学，我们会发现写作属于所有学科。在我国，作文教学还是属于语文学科。人们对于作文教学的认识，还远远没有达到"国际水平"。但是在语文学科教学研究中，我们首先要借鉴别国经验，在理论和实践方面有所突破。这也是本研究的主要意图所在。

第二节　初中语文教材中调查作文的中、日比较研究

继对中日小学语文教材中的调查作文进行比较之后，研究者又对中日初中语文教材中的调查作文进行了比较。结果显示，在调查作文的类型、课题设计、教材安排和内容呈现及结构特点方面，中日初中语文教材存在明显差异。深层原因，依然在于我们缺乏长期的、扎实的作文教学理论研究。因初中教育的特殊性和复杂性，母语教育研究很有必要紧随时代发展，密切关注并且应对现代科技发展对母语教育提出的挑战。中国三种版本初中语文教材为苏教版、[①]上海版、[②]人教版，[③]与日本初中国语教材的比较结果如下。

一、调查作文的类型与课题设计比较

(一)调查作文的类型比较

日本初中国语教材中，调查作文的形式主要有三类：与自然科学相结合的调查作文、与社会科学相结合的调查作文，以及有关语言现象的调查作文。这是小学教材中观察日记、参观记录、语言课题三类调查作文的继续和延伸。三版中国的初中语文教材也延续了小学语文教材中的作文类型，而且出现了新的类型——自然科学研究课题的调查，我们称之为自然科学调查报告。据统计，调查作文的形式主要有：观察日记、参观记录、语言课题调查、人物访谈记录与报告、社会调查，以及自然科学调查等。

(二)调查作文的课题设计比较

日本初中语文教科书中与自然科学相结合的调查作文主要涉及环境污染问题的实地调查，如光村图书株式会社昭和50年(1975年)版《中等新国语》第一册设计的《牛朱别川的污

①洪宗礼.义务教育课程标准实验教科书(7～9册)[M].第五版.南京：江苏教育出版社，2006.

②陶本一.九年义务教育课本(试验)(7～9册)[M].第二版.上海：上海教育出版社，2005.

③课程教材研究所.中学语文课程教材研究开发中心.义务教育课程标准实验教科书(7～9册)[M].第一版.北京：人民教育出版社，2002.

染和鱼的生活调查》。与社会科学相结合的调查作文，一方面涉及从调查、记录周围环境的事实中认识社会和自己同社会的关系，如学校图书株式会社昭和 52 年(1977 年)版《中学国语》第一册设计的《我们的学校》；光村图书株式会社 50 年(1975 年)版《中等新国语》第二册设计的《关于课外阅读情况的调查》；三省堂图书公司 1992 年版《现代国语》(2)设计的《父亲与工作》，对身边亲人——产业社会中的工作者父亲的变化进行观察和调查，以此来认识和研究产业社会中产业现状、产业转换、产业动向等社会问题。另一方面涉及采用社会调查方法来撰写社会调查报告。如学校图书株式会社昭和 52 年(1977 年)版的《中学国语》第二册设计的《名字的变迁》。三省堂 1992 年版《现代国语》(2)设计的《M 伯伯与农业》，采用观察记录、询问录音等社会采访方法，利用学农活动采访农家，进而对日本现代社会的农业问题进行研究。有关语言现象的调查作文，主要有外来语的使用和特点、流行语的变迁、有关天气的谚语、家乡的方言、拟态语的使用、惯用语的文化背景等。如光村图书株式会社昭和 54 年版(1979 年)的《中等新国语》第三册设计的《请您卖给我——》，就是对宿田曾地区流行的这句方言或惯用语进行调查，来反映该地区文化变迁的历史。

中方教材中的课题设计见表 2－4 所示。三种版本从数量和类型上来讲，苏教版教材都要多于其他两版教材。从苏教版教材提供的课题来看，社会调查不再像小学一样“一枝独秀”。六种类型的课题数量均衡，研究范围触及现实的社会生活。其中，“语言课题”和“参观记录”的课题设计具有很强的社会性、学术性和科学性，前者贴近信息社会的生活现实，后者增加了对现代科学，尤其是技术运用的调查课题，突出了科学性的研究内容和现代科技的内容。有些课题题目很小，很具体，如“调查不规范使用汉字情况”，则有利于将研究问题聚焦。两相比较，可以发现，苏教版教材的课题设计并不亚于日方教材。

表 2－4　中国三版初中语文教材中调查作文的类型、课题及示例一览表

类型	苏教版	上海版	人教版
观察日记	观察天气(七上)	观察文化现象(九下)	
参观记录	参观养殖场或商场(八上) 参观作物、果木栽培，水产、禽畜养殖食品制作(八下) 农田种植、机器组装、房屋装修等工作流程的调查(九下)		
语言课题	调查不规范使用汉字情况(七下、八上) 广告用语调查(九上) 从成语等材料看对狼的认识的差异(七上)		搜集家庭、校园、社会运用语言文字情况(七上) 认识方言(八下)
人物访谈记录与报告	保尔类人物采访(八上) 访问家乡名人(六上) 调查用电脑写作的人(八上)	同龄人的访谈(七上) 访谈战胜不幸的人和事(七下)	

续表

类型	苏教版	上海版	人教版
社会调查	文化习俗调查（七上） 儿童对狼的认识的调查（七上） 市场新商品的调查（八下） 农贸市场“绿色食品”调查（八下）	寻根调查（籍贯、姓名、家乡特点）（七上） 寻访名胜古迹（九上）	人行天桥交通调查（选作八上） 自然和人文景观、名胜古迹调查（八上） 乡土发现（八下） 调查同学怎样消费（九上） 调查社区的人口状况（九下）
自然科学调查报告	关于保护野生动物的调查（七下）*	环境污染调查（七上）	调查社区的环保状况（九下）

*苏教版教材（九上）安排了“简单的调查报告”范文：关于龙津河污染情况的调查。

但是仔细比较，中日教材中调查作文的课题设计还是有一些差异。一是中方课题范围太广，调查对象的指向模糊而宏观。如“环境污染”调查，就不如“牛朱别川的污染”，“认识方言”就不如“请您卖给我——”具体明确。二是社会调查课题忽视对现代化进程中的社会问题的研究。人物访谈课题缺乏现实的社会性意义，如“保尔类人物采访”和“同龄人的访谈”更像是新闻采访，访问“家乡名人”，就不如“父亲与工作”更能透视社会经济发展的现状、历史和变化。“父亲与工作”对处于主体性人格形成重要时期（12 岁～15 岁）的初中生来说，是观察人生、观察社会、观察劳动与职业的重要课题，在日本的初中国语教材中，经常被作为作文表达的课题。① 产业和农业问题都是日本国语教材经常关注的题材，而我们的教材中并没有出现类似的课题，尤其是农业问题。中国是一个农业大国，目前中国现代化过程中所暴露出的农业问题，如农业收入问题、农村人口减少与年轻人流向城市的问题、农业机械和农药等的成本与使用问题、农业生产方式与农村生活方式的问题等，与日本现代化进程中暴露出的问题很相似，但我们的教材中却将这一社会问题束之高阁。三是语言课题没有凸显出中国民族语言的多元性、包容性、地域性与时代性。中国是一个多民族的国家，56 个民族形成了丰富的语言体系，这本身就是民族母语研究的一个重要方面。而汉语在发展过程中，曾借用过许多少数民族语言，关于两者之间的关系也值得深入研究。中国地域辽阔，不同地域有着不同的方言。在长期的历史过程中，形成了北方方言、吴方言、客家方言、闽方言、粤方言、湘方言、赣方言等不同的方言体系。这些体系不仅是汉语在不同地域不平衡发展的结果，同时也反映了古汉语的变迁历史和黄河文明由北向南传播的历程。但推广普通话以后，对方言的使用、传播、继承都带来了一定程度的影响。另外，互联网的普及，使得汉语网络语言迅

①钟启泉，邓晓丽. 研究性学习案例解析[M]. 上海：上海教育出版社，2003.

速发展起来，并且在青少年中广泛得到使用……，这些问题都具有相当的文化学、社会学的研究价值。遗憾的是，我们的教材却没有充分考虑到母语发展的这些特性。因此，语言课题的设计在一定程度上脱离、滞后于语言发展的现实。四是日方教材的课题设计体现了明确的研究目的与社会意义，彰显了“小中见大”的研究特点。如“牛朱别川的污染和鱼的生活调查”，将环境污染与生物种群调查联系在一起；“父亲与工作”“M伯伯与农业”等通过身边的人或者生活中的人透视某一种社会现象。这样的课题设计非常有利于在人生观、世界观形成的关键时期，引导青少年切实地、科学地、深刻地去认识社会、历史和自然的本质。相比之下，我们的课题设计在探讨社会、历史和自然本质方面显得力度不大、范围不广、深度不够。其深层的、根本性的原因依然在于我们的作文教学理论研究的薄弱。

二、调查作文的教材呈现比较

（一）调查作文的方法或程序的教材安排

延续小学调查作文方法或程序的教材安排特点，日本初中国语教材也是以单元学习、课题研究的形式展现出来的。一般初中的作文表达学习每一学年有4～5个单元，与调查作文相关的表达学习几乎每学年都会安排。由此反映了调查作文在日本作文表达体系中的重要地位，也凸显了日本现实主义的作文教育理念。每一个调查作文，就是一个综合性学习和课题研究活动的阶段性成果。如光村图书公司初中三年级的“表达3——调查报告”的学习目的是“清楚地归纳内容并说出来；正确地写出事实与意见”。学习要求是“使用清楚有根据的材料，把事实和意见写出来；养成写高质量文章的态度和习惯”。[①] 由于在小学阶段对于调查研究方法或程序的学习有着由浅入深的安排，因此初中阶段，这部分的学习不再在教材中给予每个程序以单独的安排，而转向基于事实的表达能力的综合培养方面。这些基本表达能力的培养贯穿于初中学习的三年中，如东京书籍1993年发行的《新国语》中对与调查作文相关的能力培养经历了“传达事实，正确地记录、说明观察到的内容”（初一）——“明确自己的意见，注意文章的结构”（初二）——“制定目标，集体合作、调查、归纳整理、报告”（初三）三个由基础到提高的过程。[②]

人教版初中教材，与小学一样也是以综合性实践学习的活动形式来安排调查作文的，6册教材中安排了36次活动，就有36次集中写作。[③] 苏教版教材是将写作训练分为不同的主题内容，安排在七、八年级，共23次，九年级的写作则进入11个“综合学习与探究”中。调查作文散见于这些活动和写作中，缺少相关方法或程序的学习安排，更没有形成一个由理论指导的训练体系。从小学到初中，我们的母语教材只管安排调查作文，却将调查的方法或程序

①北京外语学院附属中学，国外语文教学研究组.日本中学语文教学[M].福州：福建教育出版社，1982.

②同上。

③欧治华.从新旧版“语文”比较中看我国作文教材编排的改进[J].现代中小学教育，2006(7)：51-54.

的学习排在教材之外。不授之于“渔”焉能授人以“鱼”？反映出相关研究方法的匮乏。

(二)关于调查作文呈现内容的比较

下面以两个课题为例，分析教材内容的呈现形态。

1. 苏教版选例

七年级语文(下)册中，设计了一个《保护野生动物的一次活动》的实践活动，活动包括四项内容，其中第二项是“开展一次关于保护野生动物的调查”(P142，教材呈现略)。“野生动物调查”是一个意义广泛的研究问题，在短时间内仅凭一个人或者少数几个人的力量，很难对此问题有一个清晰的、明确的认识，但教材却要求个人行动。初学调查，最好能有一个明确的调查对象，围绕一个研究问题来进行。“野生动物”种类多样，它们的生存受多种因素的影响，人类的伤害只是其中的一个因素，如此设计，将会使学生感觉“老虎吃天，无处下手”。在阅读这段文字以后，学生头脑中对于调查什么(内容)、如何调查(方法)、去哪里调查(地点)、为何要做调查(意义)等问题依然很模糊。可见，教材中对于如何进行调查活动的叙述依然过于笼统和概念化。对于指导调查作文，其可操作性和实用性也很弱。

2. 日本教材调查作文选例①及其指导初中生调查作文力度(指导性)的简要分析

“怎样写研究报告”包括研究题目的选择方法、制订计划的方法、报告的写作方法三部分。教材呈现内容的开头指出学习撰写研究报告的重要性和必要性。第二段指出选题是进行调查研究的第一步，讨论选什么样的题目能使问题具体、明确。接下来用一个实例来明示如何制订计划。计划的各个步骤既规定了调查进程，又包含了调查的诸多要素：(一)实施调查过程；(二)对合作成员的任务进行分工的同时指出如何收集和记录数据；(三)汇总数据和集体讨论，得出结论的过程；(四)指明合作也意味着个体分担写作任务和结论需要经过集体讨论。在此基础上概括选题的方法和注意事项，最后又提出撰写研究报告的两种写法的要求、注意事项，以及合作文章的注意事项。

3. 中国和日本教材中关于调查作文的引导语或者陈述的比较

从上述分析中不难看出，日本教材展示了调查的诸多要素，其引导语或者陈述没有笼统的说教，取而代之以具体的案例和问题讨论。因此，在调查作文的呈现内容方面，要比我们的更加具体、明确，其对初中生作文的指导力度也要强于我方教材。

(三)调查作文教材呈现结构的特点

日版初中国语教材继续延续小学国语教材呈现结构的特点，在教材指导语后面设立了学生习作栏目。不仅如此，初中在每一个表达(作文)单元中，还增加了课后练习题。因此，调查作文的教材呈现结构包括指导语、学生习作和课后练习三部分。学生习作展示了同龄

①北京外语学院附属中学，国外语文教学研究组.日本中学语文教学[M].福州：福建教育出版社，1982.

人的思维特点和认识水平，可以将教材设计者和教师的教学意图明白无误地传递给学生，使学生在模仿和参照范文的基础上提高写作技能和技巧。课后练习题则先针对调查作文中的一些关键性问题进行提问，引导学生在阅读范文的基础上进行深入思考。然后再参考教材，布置相应的作文任务。如《怎样写研究报告》课后的练习题共有四个，说说在什么情况下有写研究报告的必要；五六人组成一组，从举出的例子中选择一个力所能及的题目写研究报告；以教材中的实例为参考，制订研究计划，明确集体和个人负责的工作；按照小组计划研究、整理并写出研究报告，向大家宣读。

我们的教材，只有苏教版（九上）在应用文示例中设立了学生范文，其他教材没有学生范文。而且调查作文在初一就出现了，直到初三学生临近毕业时，才出现调查作文的范文。

就这篇范文来讲，具有很强的文学欣赏性，但却缺乏调查研究的科学性。如文章主题是调查河水污染情况，水质污染不能仅仅从感官上来判断，而需要测量污染指标，由数据来说话。常用的水质污染指标有物理性指标、化学性和生物性指标，如颜色、温度、气味、pH、金属离子、溶解氧、高锰酸盐指数、化学需氧量、五日生化需氧量、氨氮、挥发酚、粪大肠菌群等多项指标。文章提到了造成水污染的有电厂等排出的工业污水，龙岩被单厂等排出的印染污水，城市污水以及医院污水，最终导致下游水变成了赤褐色。各个污染源对于龙津河水质污染的影响是不同的，范文中虽然提到了，但并没有从科学角度利用污染指标来予以揭示。实地调查是调查研究的重要方式，从文章可知，作者“实地调查”了龙津河沿途的污染厂矿和龙岩地区造纸厂。前一个调查只了解了污染龙津河的厂矿的名称，却没有绘制出它们在龙津河沿岸的分布图。分布图是一个能够证明龙津河污染严重的重要证据，作者却遗漏了；后一个调查只是从环保科长那里“拿”到了造纸厂的水质污染数据，却没有亲自动手去测量水质的污染指标。对于使用二手数据而不是第一手数据，文章也没有做出任何解释。搞调查研究，需要亲临调查现场，需要亲自动手获得调查数据。自然科学课题的调查，更需要使用科学仪器和科学方法，然而这些都没有在范文中有所体现。日本教材中同样是调查环境污染的学生范文《牛朱别川的污染和鱼的生活》，具有很强的科学性，文学欣赏性并不是很高（见 300 页）。我们担忧的是，使用经不起“推敲”和科学性检验的范文做示范，只能使学生在调查研究方面“误入歧途”。如果再不加以科学引导，长此以往，调查作文将会沦为打上语文特色的一种新“文体”，失去它“靠事实说话，以数据为依据，客观反映事物特征”的重要特征，无益于初中生的科学素养培养。

三、总结与反思

研究显示，中日初中教材，在调查作文的类型、课题设计、教材安排、内容呈现及结构特点方面，存在一些差异。从类型上看，中国教材要多于日本教材。从课题设计上看，我们的教材在探讨社会、历史和自然本质方面显得力度不大、范围不广、深度不够。与日本教材相比，我们依然缺乏调查方法或程序的学习安排，也没有建立一个目标明确、连续的三年训练体系。从教材呈现内容来看,日本教材比我们的更加具体、明确和可操作,其作文的指导力度更大。从教材呈现结构的特点来看,日本教材形成了"指导语+学生范文+练习"的呈现结构,而我们的教材中缺乏学生范文和必要的练习。苏教版教材虽然设计了范文,但是距离真正的调查报告尚有一段距离。

以上的种种差异,直接反映出教材编写者对于调查报告和调查作文的认识尚处于"似懂非懂"的阶段。教材是根据课标来编制的,因此,也间接地反映了课标研制者对于调查报告和调查作文的"似懂非懂"。课程标准提出了"独立或合作写出简单的研究报告"的写作目标,但却没有进一步建立实现这一目标的子目标。并且这样的表述本身是有问题的,研究问题有简单和复杂之分,但研究报告却没有简单和复杂之分。复杂问题在研究中可以被分解为多个简单问题,一个看似简单的问题,同样也需要运用系统和科学的调查方法去研究。遗憾的是,课标中这样的表述被"准确无误地"写进了三版教材中。凡布置调查作文的地方,几乎都写成了"写简单的调查报告"。很容易给人一种"调查报告"就是"简单"的错觉,而在一般人看来,"简单"的事情是不值得费脑筋、费精力、费时间去做的。在这种心理的支配下,进入母语教育领域中的调查研究极有可能会流于形式。

中等教育是整个教育体系中最重要,也最复杂的阶段。它既关系到高等学校新生的质量,又关系到劳动者的水平。[①] 初中属于中等教育的第一阶段,也是教育分流的开始。日本和中国都实行九年义务教育,因此,初中教育完成以后,只有一部分学生继续升入高中,一部分学生将进入职业学校,还有一部分学生将直接步入社会,走上工作岗位。据《中国教育年鉴》的统计,2004 年大约有 33.5%的初中毕业生未能升入高中学校,而 2005 年则有 27.8%、2006 年有 21.8%的初中毕业生未升入高中。[②] 三年下来,平均每年有 27.7%的初中毕业生,直接从学校流向了社会。由此可见,初中教育的重要作用。从年龄、人格和心智发展上讲,初中生都比小学生要成熟一些,初中毕业生可以算作"准劳动力",母语教育的目标和任务应该区别于小学,具有特殊性和复杂性。而且世界上很多国家初中课程标准要么与高中合起来,要么单独制订,很少像我们一样,与小学合起来一起制订。因此,很有必要对初中母语教育的目标与内容进行深入研究。

以上差异,究其深层原因,恐怕依然是我们缺乏长期的、扎实的作文教学理论研究。扎根于日本文化土壤的"生活教育"理论至今已经有一百多年的历史了,引导儿童采用自然科学、社会科学研究方法研究自然、社会、历史本质的生活教育真谛,俨然日本的本土文化已经深深地融入了日本人的精神世界和人格素养中。时至今日,日本已经有九位诺贝尔奖获得者,融合现代科学方法的母语教育也应有一份功劳。在一般人看来,自然科学方法只能在自

---

①顾明远. 论中等教育的任务和结构[J]. 北京师范大学学报:社会科学版,1982(5):1-11.

②高中:包括普通高中、职业高中、普通中等专业学校、技工学校、成人高中、成人中等专业学校。数据来自中国教育和科研计算机网:http://www.edu.cn/shu_zi_4941。

然科学课程中学习，日本的经验却揭示了母语教育在培养公民科学素养方面的巨大能量。这些都启示着我们，语文教育研究者不能再醉心于局限在语文学科领域，而忽视时代发展，忽视科学技术是第一生产力的现代社会背景，去研究母语教育问题。

第三节 高中语文教材中调查作文的中、日比较研究

对中日两国高中语文教材中的调查作文进行比较研究。目的旨在通过纵贯小学、初中、高中三个阶段的比较研究，了解新基础教育阶段母语教育中调查作文的教材安排体系，以便总结经验，促进调查作文教学的教材研究与教学实践理论研究，进而窥探我国汉语母语教育的发展状况。中国教材有三个版本：苏教版、[①]上海版[②]和人教版[③]。日本没有统编教材，教材由各图书公司依照《学校学习指导要领》编好后再由文部省审定，合格者才被准予出版发行。与我国教育行政部门拥有教材选用权限不同，日本高中教材的选用权在教师(日本初中教材的选用权也在各个地区的教育委员会)。在日本具有出版国语教科书资格的出版社有十多家，为了增加销售量，有的出版社会针对一个科目编出几种教科书供学校选择。[④] 因此，鉴于日本高中教材"百校百样"的实际情况，我们只能选择个别出版社的教材进行比较。

一、调查作文的类型与课题设计比较

(一)调查作文的类型

在日本，作文主要被安排在必修课的"国语表达"科目里。《学习指导要领》规定，国语表达Ⅰ的目标在于"培养恰当地表现国语的能力。在提高交流能力的同时，扩展思考能力、锻炼语言感受，培养学生自愿提高国语能力，并用以充实社会生活的态度"。为此《要领》规定须开展四个方面的语言活动，如演说、发表、讨论等活动；根据观察和调查结果，写成记录材料或归纳成书面报告；根据对象和目的，扮演向导、介绍联络等角色，进行会话或作文章；考察身边的各种现象，进行有价值的思考等。[⑤] 这些活动几乎都不同程度地涉及调查研究和调查作文，第二类活动就是名副其实的"调查"活动和调查作文，其他三类活动也与"调查"有关。如"考察身边的各种现象"就包含有调查的意味。概览日本"国语表达Ⅰ"科的教材，可以发现，高中国语中的调查作文主要有三种类型：一是学术性的调查·观察作文。这是初中调查作文的延续和深入，强调利用初中掌握的调查研究方法就某一问题从学术角度进行更

---

①丁帆，杨九俊. 普通高中课程标准实验教科书[M]. 4 版. 南京：江苏教育出版社，2007.

②王铁仙. 普通高中课程标准实验教科书[M]. 上海：华东师范大学出版社. 2007.

③袁行霈. 普通高中课程标准实验教科书·语文(必修)[M]. 第二版. 北京：人民教育出版社. 2007.

④青野英美. 日本高中国语课程设置情况和背景及教材情况[J]. 语文建设，2005(11)：41－42.

⑤赵亚夫. 日本高中最新国语学习指导要领[J]. 中学语文教学，2000(7)：61－62.

深层次的研究，并且形成调查报告。二是特殊作文。如采访、编报纸或专集活动，还有以报纸为媒介进行调查活动的写作等。这类特殊作文强调的是利用调查方式或调查结果来撰写文章，所撰写的文章不必一定是调查报告的形式。三是小论文。这类作文其实是大学入学考试的应试作文，[①]由各个大学自主命题，题目不统一。其评价要求倾向如何利用阅读材料，如何利用统计数据、图表，如何利用漫画等来表达（或论述）某一个论题。其中利用统计、图表等来论述论题的作文，就属于调查作文的范畴。小论文指的是就指定的课题，在限定的时间里，限定的字数内，逻辑而有条理地写出有自己观点的文章。因小论文是第二次高考的必考科目之一，因此志愿进入高等学校进行深造的高中毕业生就需要在高中阶段进行相应的训练和准备。小论文的写作有点类似大学英语四、六级考试中的图表作文，强调"非连续文本信息"的阅读、分析与表达，所依据的事实虽非本人调查所得，但需要利用调查报告的撰写技术报告研究结果，由此折射出大学对于高中毕业生国语运用能力的重视。我国 2009 年广东的语文高考试题中初次出现了类似的考题（见选考内容"实用类文本阅读"试题组），不过不是让学生根据图表撰写小论文，而是让学生补全研究结果中空缺的话语。[②] 以上三种类型的调查作文，学术性的调查·观察作文是初中类型的延续和深入；特殊作文拓宽了调查研究方法（方式）在作文中的运用渠道；小论文则将调查作文与高等教育的人才选拔机制联系起来，显示了调查作文在基础教育阶段的国语教育中已然形成一个由简单到复杂的完整的、成熟的教育体系。

三版中国高中语文教材中的调查作文的类型有语言课题、人物访谈记录与报告，以及社会调查（见表 2－5），此外还出现了类似于日本的"小论文"（见表 2－6）等。

（二）调查作文的课题设计比较

日本教材中的调查作文，学术性的调查·观察作文是以人、社会、自然的事物与现象为对象的。吉川泰雄主编的《国语表达》教材中设计了这些课题："挑选一样身边的动植物，对其进行观察、记录，整理出一份报告来""选择自己比较擅长的学科或比较喜欢的领域里的一个疑问或一个奇怪的现象，对此进行调查，整理出一份报告来"。小论文需要参考教材选文中的"统计数据/图表"，从以下选题"信息化社会中的人""现代人的自画像"或"未来的日本社会""真正的富裕是什么？"中选作。[③] 初看起来，学术性的调查·观察作文课题比小学和初中的课题都要笼统一些，只是指出了研究的范围而没有规定具体的写作题目。如此设计并

---

①日本的高考实行两次大学入学考试制度。第一次为全国统一考试，又称"全国共同第一次学力考试"，每年 1 月举行。第二次为各大学的自主招生考试，每年 2 月和 3 月举行。全国统一考试由大学入学考试中心根据日本文部省制定的《高中教学大纲》命题，考试不分文理科，一般没有作文。考试结束 10 天后，公布考试结果。然后考生再根据自己的考试情况决定第二次报考的学校和专业。第二次考试由各大学自行组织，考试形式一般有笔试、面试、小论文写作、实际操作等诸多形式。

②王爱娣．广东卷试题分析[J]．语文学习，2009（增刊）：152.

③吉川泰雄，等．高中国语学科用《国语表达》[M]．盐尻：筑摩书房，1996.

不是空穴来风。通过分析小学和初中的调查作文，我们知道小学、初中的国语教材已经建立起了一个逐步深入和复杂的调查作文写作体系。至初中毕业，学生已经接受过扎实而有效的调查作文写作训练。而且，高中生的语言能力，无论是思考能力、感受能力、想象能力、表达能力，还是对信息的处理和操作能力较初中生而言都有了较大的提高。因此，高中教材的课题设计得更加开放，更加接近社会现实状况，从而使得高中生能够以一个较为成熟的“研究者”的身份介入调查作文的学习中，用自己的眼睛和所掌握的调查研究方法去研究现实中的问题。小论文的课题设计研究的也是具有现实意义和学术价值的当代日本社会中的现实问题，凸显了课题在促进学生思考力、表达力等基础学力发展方面的价值。

我国各个版本高中必修课语文教材中的调查作文类型、课题及范文示例如表 2－5 和表 2－6 所示。

表 2－5　中国三版高中必修课语文教材中的调查作文类型、课题一览

类型	语言课题	人物访谈记录与报告	社会调查
苏教版			社会文化现象调查（三・写作）
上海版	汉语世界地位、现状和特点的调查与研究（一・一册・综合学习）；“楹联中的民族精神”研究（二・一册・综合学习） 方言调查（三・二册・综合学习）	采访种植花卉经验较多的人，写一篇 500 字左右的有关花草种植的文章（一・一册・5 单元学习活动）。 采访和调查人们对“品格和格调”的认识，做相关讨论（二・二册・3 单元学习活动）	对班级或学校的阅读情况做一次问卷调查（二・一册・1 单元学习活动） “高中生阅读经典篇目的情况”调查（二・二册・4 单元学习活动） 中学生今天阅读什么调查（二・二册・4 单元学习活动）；中学生的八小时之外调查（二・二册・4 单元学习活动）某著名品牌的成功模式调查（二・二册・4 单元学习活动） 上海市绿色食品的发展状况考察（一・二册・口语交流）
人教版	搜集资料，探讨一下新词语与流行文化之间的关系（第一册・梳理与探究）；为何四字成语占绝大多数？（第二册・梳理与探究）；写一篇短文，阐述逻辑在语文学习中无处不在的现象（第四册・梳理与探究－课外延伸）	采访身边的语文高分获得者，了解他们是如何学习语文的（第四册・梳理与探究——课外延伸）	当代工人的工作和生活状况调查（第一册・4 单元研讨与练习） 对本地民居进行实地调查（第一册・4 单元综合性学习） 考察当地独具特色的地方文化（第二册・梳理与探究） 幸福指数调查（第四册・表达交流）

注：三版教材中只有上海版的教材在高二第二学期第 4 单元选学课文中安排了“关于文学名著阅读的调查”范文；苏教版教材在必修 3 的积累与应用中安排了一个“问卷调查方法简介”的附录。

表 2-6　中国三版高中必修课语文教材中的小论文课题一览

苏教版	上海版	人教版
查找某些国家近几年的国民生产总值等数据，写一则简明的报告（必修 2·积累与应用） 撰写时事评论（在调查中国每年的国民生产总值、中国每年的外贸总额、世界环境状况、艾滋病和吸毒在全球蔓延的严峻现实，选择一个你最为关注的问题，搜集资料，写一篇时事评论）（必修 4·写作实践） 介绍家用电器的工作原理及使用时应注意的事项（必修 5·写作）	西方节日为年轻人所接受，分析其中的原因（一·二册·综合学习） 收集资料比较中西方节日存在的差异，分析差异背后的深层次的社会文化原因（一·二册·综合学习） 针对上海民俗文化保护中的一些问题，选择其中的一点，说说你的保护对策（一·二册·综合学习） 一个物理或化学实验的操作讲解（二·一册·口语交际） 高级经理的价值（二·二册·单元学习活动）	自己设计调查模块或者从以下几个参考题中选择一个，进行统计分析，写一篇调查报告（语文特长是如何形成的？语文高分成绩是如何获得的？语文学习障碍是如何造成的？语文素养是如何提高的？） 关于国民图书馆阅读率持续走低的调查数据，写一篇作文（第五册·表达交流）

我们高中教材中的课题类型比初中少了三种类型，即自然科学调查报告、观察日记和参观记录，而多了一个“小论文”。三版教材中所设计的课题依然延续了初中课题的特点，即课题范围广，调查对象的指向模糊而宏观，如“汉语世界地位、现状和特点的调查”“考察当地独具特色的地方文化”。我们的课题围绕的是高中生的语文学习生活来设计的，如“高中生阅读情况”的调查，“语文特长是如何形成的？”调查。其次是高中生的实际生活，如对“幸福指数”的调查，对“绿色食品”的调查。小论文题目的设计有些将研究视域扩展到了“经济、环境”等社会发展问题，如苏教版时事评论题目的设计。但这些课题研究的力度和深度都未能与高中生这一“准社会人”的思维发展水平和能力相适应。如绿色食品调查和文化调查在初中教材中就出现过，高中生的逻辑思维能力和批判性思维水平较初中生有了较大的提高。这些课题也未能触及时代发展的深层次的社会问题和青春时代高中生人生发展特殊阶段所遇到的成长问题。高中正是一个人的人生观和世界观初步形成阶段，“书生意气，挥斥方遒”的高中生们的视野和思想所关注的范围，要远远超出个人语文学习生活和实际生活这个小圈子。可想而知，这样的课题设计在促进学生“准社会人”人格、个性和能力的发展方面的作用多少有些捉襟见肘。

日本高中调查作文的课题还可以从国语表达教材中提示的题目中去选择。日本高中国语表达科目教材提示学生写作的题目，范围涉及思考自我、高中生活、放飞理想、青春无悔、自然畅想、文化与艺术，以及探究社会问题七类。其中文化与艺术包括：①如何接受外来文化？②传统文化的国际传播方式；③古典音乐与现代音乐之我见；④双语时代；⑤广告·传媒与我们的语言。探究社会问题包括：①世界中的日本；②资源与环境保护；③今后的日本农业；④关于垃圾问题；⑤城市化问题之我见；⑥让社区文化活跃起来；⑦大众传媒的责任；

⑧关于男女平等问题的评论;⑨谈谈女性与职业;⑩游戏的变迁。[①]

从教材选题的思路来说意图是很明确的,范围也比较确定,基本是围绕人生思考、核心价值观形成和社会发展问题探究等高中时代世界青年所面临的共同问题进行研究。这些课题深受自明治维新时期开始日本本土发展起来的“生活作文”教育理论的深刻影响,它们既非常贴切高中生的“生活”,又体现了现代经济和科技高速发展的时代,日本及世界各国所面临的各种社会发展问题,其研究视域的广阔和深入,以及研究问题的现实性、复杂性都要比我们教材中设计的作文题目略胜几筹。

二、调查作文的教材呈现比较

(一)调查作文的方法或程序的教材安排

日本教材安排了详细的调查作文的方法或程序。如吉川泰雄等编著的教材中,安排了以调查·观察为基础的报告的写作方法。[②]

(1)阐述经验过的事情和事实;

(2)提出与上述事情、事实关联的问题,确定自己的假说;

(3)根据提出的问题和假说进行调查·观察(实验),客观地阐述掌握的事实;

(4)整理、提出关于前面提出的问题、假说的考察、观点。如果产生了新的课题,也可以说明归纳出新的课题。

该教材还安排了小论文的注意事项:

1.写作的顺序

(1)准确把握出题的意图、主旨,正确理解所提供的文章、资料;

(2)要使文章写得有说服力,需要大量收集自己的体验、书本知识等材料;

(3)对材料进行适当的舍取,以明确实现主题;

(4)构想文章适当的结构,以有效地展现主题;

(5)参照本教材第 90 页,写出文章的提纲;

(6)写完以后认真重读,修改不适当的地方。

2.写作需要注意的地方

(1) 平时要关注报刊、电视、广播等媒体上传播的各种事件、问题,培养问题意识。这是写论文时观点明确、鲜明,问题探讨有深度的基础;

(2)可以自己寻找题材,决定题目,在字数、时间限制下,不断地尝试写作。写好的文章要让老师、家里人、朋友来阅读、评价。

---

①吉川泰雄,等.高中国语学科用《国语表达》[M].盐尻:筑摩书房,1996.

②同上。

3. 小论文评价的要点

(1)是否抓住了问题的本质;

(2)问题意识是否明确,表达是否新颖;

(3)阐述是否依据具体的事实,客观、有说服力;

(4)结构是否完整,阐述是否前后一贯;

(5)语句、文字书写是否正确,表达是否符合论文规范。

关于特殊作文的写作,尤其是以社会采访为起点的调查写作活动的基本方法,教材对此也有详细的介绍。如梅田卓夫等编写的《高中·国语学科用·表达》一书中详细地陈述了以社会采访为起点写作活动的基本方法,包括:采访活动的前期准备(向学生说明"倾听"的重要性、组织小组,进行共同作业、决定采访对象)、采访时的注意事项与记录、完成作品与展开表达交流(归纳谈话内容、进行作品编辑、发表与互相评论)等。决定采访对象是采访类调查作文中最重要的事项。该教材安排了这样的陈述。①

我们要获得从事某种职业的人的人生体验,一般来说,总会想到自己熟悉的人,例如经常去吃饭的餐馆的老板、学校的老师、父母的同事、朋友等,特别是一些健谈的人,采访起来就很方便。但要注意,不能只图方便,有时从不太会讲话的人那里,可能会发掘出隐藏着的宝贵的人生体验,因此,要确定自己的有个性的想法,要有探索、发现人生体验的"冒险"精神。

我们的高中教材延续了小学、初中教材缺少相关调查方法或程序的学习安排的特点。三版教材中只有苏教版教材在《语文·必修3》的【积累与应用】板块中安排了一个"问卷调查方法简介"的附录。这是对调查方法或程序的整块介绍,此外在相应的作文作业时,其他教材也有零星介绍。但这些方法或程序的介绍既不详细也不全面,未能形成一个由简单到复杂、由浅入深层层递进的系统的方法体系。"人物访谈记录与报告"这一课题类型,纵贯小学到高中的三个不同阶段,却很少类似日本教材那样详细、系统的方法介绍。而且方法或程序的介绍也停留于方法层面的介绍,未能与调查作文的写作联系起来,如果单纯依靠教材的指导,恐怕很难撰写出高水平的调查作文。

(二)调查作文任务呈现的比较

日本教材中是这样呈现调查作文任务的:②

本单元我们选了两篇调查报告性质的文章。"江户时代的男女比率"一文阐述了作者从调查江户时代的人口状况的工作出发,开始对男女比率的变化产生了兴趣,然后,利用了具体的资料客观地阐述了已经掌握的情况。即从采访当中得到了

① 梅田卓夫,等.高中国语学科用《表达》[M].盐尻:筑摩书房,1998.

② 同上。

新的认识，然后，从这个新的认识出发加深了对问题的考察。如果我们对一个不起眼的疑问很重视，通过调查把握了与问题相关的一些事实，我们就能很好地认识事物的一个真实的侧面，并加深对整个事实和问题的认识。

“从宇宙中看到的地球”一文向读者描述了最初乘坐宇宙飞船进入太空，从太空里所看到的景色。文章描述了从宇宙飞船的小窗里观察到的地球的景色，非常令人感动。这是一个我们平时很少能够体验到的太空里的视角，仅就这一点就提示了我们，现代人以地球规模的视野和观念思考问题的必要性。

上面两篇调查报告性质的文章都是以调查、观察的结果为基本材料，向读者正确、具体地传达了事实和体验。这样的调查性质的文章，不仅客观地阐述了调查、观察得到的内容，也在这当中寻求自己对问题的考察、思考和判断。

这里有一个问题要提醒大家注意的就是，同样的事实和体验，视角和立场不同，传递和表达后得到的感觉就会很不相同。因此，在写调查报告性质的文章时，需要注重对事实的客观表述，注意不要陷入某种特定的观念里去。

继初中教材强调调查的要素之后，日版高中教材强调了调查作文的关键特征：需要通过调查把握与问题相关的事实，需要依赖于事实认识事物的真实面目，以及在写作的过程中寻求自己对问题进行独立的、不拘泥于某种特定观念的考察、思考和判断。这段文字言简意赅地向高中生提示了调查作文区别于其他作文的核心要素——基于事实而又要超越事实。

而我们的高中教材则延续了初中教材调查方法或程序叙述的概念化和笼统化的特点，在指导调查作文的写作上，其可操作性和实用性相对薄弱。如人教版第四册【表达交流】板块中设计了一个调查作文性质的网络作文，教材提出以下的流程可供参考：

(1)小组分工合作，课前完成下列活动：在校园网上发布“幸福指数”调查问卷，面向同学和老师展开问卷调查；课外进行其他人群的调查，统计调查数据。(2)在校园网上发布调查结果，同时张贴有关短评，吸引同学参与讨论。(3)以小组为单位，写一篇调查报告；(4)针对调查结果，参考网上讨论，写一篇评论文章。(5)以小组为单位，编辑电子版的“‘幸福指数调查’汇总”。包括：调查说明、调查数据统计、调查报告、网上讨论、评论文章等。(6)通过电子信箱向有关媒体发送“‘幸福指数调查’汇总”。

这样的流程非常普遍地存在于我们三版教材中关于调查作文的任务呈现的引导语或文本陈述中，这种陈述隐藏着一种将调查活动视为“发问卷—统计数据—报告结果”的简单化认识，而至于研究的问题究竟是什么，调查作文区别于其他文体的表达特征是什么，如什么是“幸福指数”，调查“幸福指数”的问卷如何设计，统计结果如何呈现等“学术性”和“技术性”的事项在教材中均未能予以明确说明。两相比较可以发现日方的教材设计者唯恐学习者忘却了调查作文的要素，而借用范文在布置作文时不断地谆谆教导调查作文的核心要素和注意事项。语文教材需要加强调查作文的指导力度，增加撰写调查作文的“学术性”和“技术性”注意事项。

(三)调查作文教材呈现结构的特点

先前研究发现，日版初中教材的呈现结构是由指导语、学生习作和课后练习三部分组成，其中学生习作充当了作文教学和学习时的范文，范文具有很强的科学性和较弱的文学性。高中国语表达教材延续了这一特点，如“江户时代的男女比率”就是一篇从小处着眼，对日本社会变迁进行深入研究的调查作文佳作。为了满足高中毕业生升学要求，教材还安排了与小论文相关的范文(选文)：①

(1)Chimaira 的宿命。

(2)统计数据/图表的阅读。

①各国的 GDP 与人均 GDP；

②主要国家的社会保障费用；

③劳动时间、住宅、社会资本的国际比较；

④日本人口结构的变化(1990 年/2025 年/2090 年)。

这些选文起到了示范调查作文的目的。上海版的教材在高二第二学期第四单元选学课文中安排了“关于文学名著阅读的调查”范文，文中运用大量的柱状图、饼状图来报告调查结果，但该文由解放日报社会调查中心调查和撰写，其作者的学历背景至少应该是大学本科，因此，范文示范的并不是高中生应有的思维和认识水平。

三、总结与反思

研究显示，中日高中语文课程设置和教材编制存在明显差异。与日本教材相比，我们的教材在调查作文的类型、课题设计、教材安排、任务呈现及结构特点等方面都存在一些差距。如果说日本义务教育阶段的调查作文还是母语学习课程中的一个内容的话，到高中，调查及调查作文则成为一种常态的学习和实践国语，研究社会和自然现象，已经达到“发展思维能力、丰富心灵体验”等国语教育目标的教育手段和策略。通过“小论文”，调查作文又成功地渗入了高校人才选拔机制，彰显了调查作文教育极其重要的社会价值。而我们的语文课程，固守“积累、感受、思考、领悟、鉴赏”等传统的、基于内隐式学习的母语教育理念和课程开发指导思想，还需不断拓展通过“调查与研究”和“交际”(相互交流)等实践途径去学习母语。广东省高考的语文试题中曾率先出现了与日本高考类似的“小论文”，调查作文正在引起语文教育界的关注和重视，也预示着未来调查作文很有可能进入高考行列。但是现有考题设计的导向性却与调查作文的本来教育目标大相径庭。我们应高度注意，避免将“小论文”的

---

①吉川泰雄，等. 高中国语学科用《国语表达》[M]. 盐尻：筑摩书房，1996.

写作脱离调查研究和调查作文的应然轨道。

纵观国际高中母语教育改革状况，表现出三个倾向，一是密切高中母语课程与中小学语文教育的联系，将高中课程视为初中母语课程的延续和深入而广泛的拓展；二是突出高中教育的特殊性，力求课程设置能够满足不同类型学生的需要，既要满足准备升入大学继续接受高等教育的学生，即所谓的“精英教育”的需要，也要满足以就业为导向的学生的需要，还要满足以技术、职业教育为导向的学生的需要；三是加强母语教育对“公民”适应现代信息社会和高新科技大发展时代的人格、个性和能力的培养。

就调查作文而言，通过对小学、初中、高中三个阶段不同课程开发者所开发的将近七十册语文教材的比较研究，研究者还发现：

第一，高中与中小学语文课程存在“各自为政”的现象，彼此间尚未建立起一个系统的联系。高中调查作文虽然延续了中小学的很多特点，但是我们很难从三个阶段调查作文的设计上，找出一个类似于日本的“生活作文”教育理论那样一脉相承的课程开发的指导思想。

第二，我们的语文课程更适合“文科”学生学习，更强调人文素养的培养。日本教材中所形成的由小学经初中到高中的系统的调查作文教育体系，将需要在自然科学课程中学习的自然科学方法和基于事实的研究理念成功地融入母语教育中，弘扬了母语教育在培养国民科学素养方面的巨大功能。我国义务教育阶段的语文课程目标还倡导“在发展语言能力的同时，发展思维能力，激发想象力和创造潜能。逐步养成实事求是、崇尚真知的科学态度，初步掌握科学的思想方法”，高中阶段的课程目标却回避了语文课程对学生“科学素养”培养的问题而转向强调“语文素养”。至今，关于“语文素养是什么”的问题尚未进行充分的研究，国家课程标准也尚未予以详细说明。教材现有的关于调查作文的课程设计，并不能满足那些对社会和自然现象具有强烈的探究欲望和研究意识的学生们的需要，也不能满足那些以就业为导向的学生们的需要。试想如果一个高中毕业生进入某家公司就业，以他在学校所学的这些东西能否顺利完成公司交给他的市场调查任务呢？教材在调查作文设计方面存在的一些问题，如教材所设计的课题笼统而不具体，缺乏学习调查方法或程序的安排等特点，致使调查作文的教学与“科学的”抑或“正确的”调查研究相比，存在较大的差距。

第三，普通高中教育在整个国民教育体制中占有重要的地位，其成败关乎国家命运和民族兴衰。21世纪世界各国特别是发达国家都在寻求普通高中教育改革之道，着力瞄准“面向全球”的“全球性教育目标”(global education goals)和高素质的“公民”：培养“具有剔除民族劣根性的合格现代国民”(英国)、“具有世界公民的意识与形态”(韩国)、“现代社会警醒的公民”(法国)、“具有生存能力的国际人”(日本)。虽然对高素质“公民”的定义不尽相同，但世界各国都一致强调“公民”国际性和民族性的统一，现代性与基础性的统一，以及高中学习与个人未来发展的统一。日本高中母语课程中的调查作文，强调用国际视野和科学研究方法研究现代社会和自然中的问题，强调在应用母语研究现实问题的过程中发展思维，提高母语的应用能力，培养学生尊重母语的态度，最大程度地上彰显了母语教育对“公民”适应现代信息社会和高新科技大发展时代的人格、个性和能力的培养功能。那么我们的高中教育要培养什么样的“公民”和“中国人”呢？只有弄明白我们的培养目标抑或“理想课程”，才能够据此在母语课程中设计、构建和完善纵贯小学、初中和高中阶段的调查作文教育体系。

民族语言既是民族文化中最基础、最核心的部分，又是民族文化创新的基石和思维工具。王国维曾在《论新学语之输入》中指出：“我国人之特质，实际的也，通俗的也；西洋人之特质，思辨的也，科学的也”。[①] 多年来的汉语母语教育又继续弘扬着“感性”，有意或无意地忽略或者淡化母语与“理性”“科学”之间的相互影响。对于科学技术发展所引起的深刻的社会变革、汉语与多民族语言的变迁及技术进步，以及母语之于学生科学的、理性的思维的“塑形”功能等问题的研究应引起重视。众所周知，现代科技兴起于不同于东方文化的西语文化背景下的西欧文明，这一历史事实提醒我们反省东方语言和东方文化之于现代科技发展和国民科学素养培养的促进作用和教育功能。调查作文开辟了一条从民族文化最基础和最核心的民族语言教育，培养和发展学生科学素养的有效途径。在现代科技社会，科学教育要想有深入发展，不能忽视母语教育对学生科学思维的巨大影响。而汉语母语教育若要与高新技术的时代接轨，就再也不能漠视科学技术对社会发展所带来的巨大影响，继续固守汉语教育的传统模式和特点。因此，必须加强调查作文的理论与实践的研究。

注：以上三节内容均已发表。其中，第一节选自：《调查作文的比较、分析与反思——小学语文教材的中日比较》（《外国中小学教育》，2008 年第 5 期）。第二节选自：《调查作文的比较、分析与反思（二）——初中语文教材的中日比较》（《山西师大学报·社会科学版》2009 年第 2 期；人大复印资料《中学语文教与学》，2009 年第 7 期下半月初中读本全文复印）。第三节选自《调查作文的比较、分析与反思（三）——中日高中语文课程与教材比较》（《现代中小学教育》，2010 年第 6 期）。

本章小结

本章对中国和日本中小学语文教材中的调查作文进行比较。从调查作文的类型与课题设计、调查作文的教材呈现、调查作文教材呈现的结构特点等方面进行详细分析，并试图探究各学段中日语文教材的优点与不足。研究表明，在调查作文教育方面，两国教材存在明显差异。为推进调查作文教育的普及与实施，需要加大调查作文教育研究的力度，拓展调查作文教育研究的广度和深度。

---

①王国维. 论新学语之输入[M]//王国维，王国维文集. 北京：中国文史出版社，1997.

思考题

1. 中日小学语文教材调查作文的课题类型分别有哪些？试着举几个例子来说明。
2. 试分析日本初中语文教材中是如何安排调查作文的教学内容的？
3. 比较中日高中语文教材中的小论文写作，阐述各自的优点与不足。

第三章 中小学统编版语文教材与课程标准中的调查作文

章节提要

本章首先通过对统编版和人教版中小学语文教材中调查作文的比较与分析，试图概括统编版语文教材中调查作文教育的进步与不足。本章还对20世纪以来中小学各学科课程的课程标准进行剖析，企图探明调查作文教育的价值取向、要求层次与实施程序等，为调查作文教材的编写及调查作文教育的有效实施提供可资借鉴的经验。

学习目标

1. 归纳统编版中小学语文教材中调查作文类型与课题设计的优点与不足。
2. 概述统编版中小学语文教材中调查作文在研究方法呈现上的优点与不足。
3. 概述统编版中小学语文教材中调查作文在写作方法呈现上的优点与不足。
4. 阐述2017年版(2020年修订)普通高中课程标准和义务教育课程标准(2022年版)中调查作文教育的价值取向、要求层次与实施程序等。

2017年8月28日，教育部举行“教育金秋系列新闻发布会”首场发布会，发布了一条重磅新闻：新学期开始，教育部统一组织新编的义务教育三科教材——道德与法治、语文和历史，将在全国范围投入使用，三年实现全覆盖。[①] 三科教材实行国家统编、统审、统用，体现了中央的重大决策部署，是立德树人的重要举措，也是进一步提高教育质量的需要。本章我们对新编中小学语文教材中的调查作文进行对比研究，此外，本章还对课程标准中的调查作文进行分析。从分析结果来看，作为作文教育任务重要承担者的语文课程，在调查作文教育方面并没有独占鳌头。

①教育部.教育部教材局负责人就义务教育三科教材统编工作答记者问[EB/OL].(2017－08－28).[2021－10－15].http://www.moe.gov.cn/jyb_xwfb/s271/201708/t20170828_312487.html.

第一节 小学语文统编版教材中调查作文的进步与不足

继对中小学语文教材中的调查作文进行中日比较之后，我们又对统编版小学语文教材（简称统编版）中的调查作文进行了研究。本次分析涉及统编版教材 12 册。[①] 结果显示，在调查作文的类型、课题设计、教材安排和内容呈现及结构特点方面，统编教材都有了很大的改善，但也存在一些不足。

一、调查作文的类型与课题设计比较

（一）调查作文的类型比较

统编教材中共出现六种调查作文：观察日记、参观记录、语言课题调查报告、社会调查报告、自然科学调查报告和专题小论文类型。其中，观察日记类型中的课题数目最多。与人民教育出版社出版的义务教育课程标准实验教科书（简称人教版）相比，统编版教材未安排人物访谈记录与报告类型，但是增加了自然科学调查报告和专题小论文两种类型。人教版与统编版教材中调查作文的类型与课题设计如表 3－1 所示。

表 3－1 人教版与统编版小学语文教材中调查作文的类型与课题设计

类型	人教版	统编版
观察日记	习作：观察的事（三上） 习作：观察日记×则（四上）Δ 习作：喜欢的动物（四上）Δ	习作：写观察的事物或场景 Δ○（三上） 习作：我的植物朋友——为自己的植物朋友制作观察记录卡 Δ○●（三下） 小练笔：植物的变化观察记录 Δ○●（四上） 习作：写观察日记 Δ○●（四上）
参观记录	习作：记一次春游（四下）	习作：游览某一处地方 Δ○●（四下）
语言课题调查报告	综合性学习：调查招牌广告、电视字幕和书籍报刊中用字不规范的情况（五上，“活动建议”）	综合性学习：围绕汉字有关的内容或者生活中用字不规范的情况写一份简单的研究报告 Δ●（五下）
人物访谈记录与报告	习作：采访身边爱读书的人 Δ（3 选 1，五上）	
社会调查报告	习作：生活中的传统文化（三上）；调查周围环境（三下）○；网络给人们带来的方便（三下）；调查地方风俗习惯（六下）。 综合性学习：我们家乡生活的变化、本班近视情况调查及原因分析、成语中的名人故事（3 选 1，五下）Δ○；综合性学习：调查全家人一天的信息来源（五下，“活动建议”）	综合性学习：写一写过节的过程 Δ（三下） 习作：介绍家乡的风俗 Δ●（六下）

①教育部. 义务教育教科书·语文（1～6 年级）[M]. 北京：人民教育出版社，2018.

续表

类型	人教版	统编版
自然科学调查报告（实验报告）		习作：我做了一项小实验 Δ●（三下）
专题小论文		习作：国宝大熊猫 Δ○（三下） 习作：中国的世界文化遗产 Δ○●（五下）

注：Δ 表示以课文为示例范文；○表示呈现了调查研究方法；●表示呈现了调查作文的写作方法。

实验报告可并入自然科学调查报告。这样，表 3－1 中人教版、统编版总共呈现七种类型的调查作文：观察日记、参观记录、语言课题调查报告、人物访谈记录与报告、社会科学调查报告、自然科学调查报告与专题小论文。这一结果与高中调查作文类型的研究结果相吻合。[①] 在科学研究领域，实验是认识世界、探索宇宙奥妙的重要方法，是一种特殊的观察。它是在“人为”干预、控制所研究对象的条件下进行的观察。因此，实验报告可以看作一种特殊形式的观察日记。但是，实验报告又是将自然事物在非自然状态下所产生的现象传达给未直接见证者，并让他们知晓的一种书面技术。因此，实验报告也可以看作是一种特殊的自然调查报告。通常地，观察日记是语文课程培养学生写作能力、观察能力的重要手段（形式），而实验报告则是科学课程培养学生科学思维、科学方法等科学素养的重要途径（形式）。因此，也可以将实验报告归入自然调查报告。考虑到实验报告会更多地出现于科学课程中，可将实验报告归为自然科学调查报告一类。

可见，统编版教材中的调查作文涵盖面更广，调查作文形式更加丰富多样。

（二）调查作文的课题设计比较

统编版小学语文教材的课题设计指向语文核心素养中的汉语言建构与运用，夯实了语文学科核心素养或语文学科关键能力体系的根基。因为语文学科的“思维发展与提升”“审美鉴赏与创造”“文化传承与理解”是在“语言建构与运用”的过程中达成的。[②] 一般地，小学低年龄段的语言建构包括形象理解词语，感悟词语的搭配；关注组句方式，掌握基本的典型句式组合；学习句间组合，感悟简单的段落结构，[③]在此基础上，调查作文从三年级开始，这样的课题设计更加符合小学生的年龄、认知特点和语文学习需求。同人教版相比，统编版小学语文教材中的调查作文课题设计有了明显变化。从类型数量上来说“三增三减”：类型由五种增加为六种，但调查作文的总体数量减少了；增加了以实验报告为代表的自然科学调查报

①张荣华，方明生．调查作文的比较、分析与反思（三）——中日高中语文教材及课程比较[J]．现代中小学教育，2010(6)：69－75．

②徐林祥，郑昀．基于语文核心素养的“语用热”再认识[J]．全球教育展望，2016(8)：14－23．

③范国强．小学低段语言建构与运用的核心内容[J]．语文建设，2017(31)：29－32．

告和专题小论文，但减少了人物访谈记录与报告；观察日记的数量增多，但社会调查报告减少。种种迹象表明，调查作文是围绕、服务于学生的言语—语言发展，而不是为了实现综合性而让学生去做大量力所不能及的活动。统编版教材中调查作文的课题设计以学生为本，在连贯性、学术性、科学性等方面都有显著的进步。

1. 连贯性

课题设计的连贯性体现在教材对观察日记的设计上。《义务教育语文课程标准（2011年版）》从人与自然、人与社会两个维度要求学生观察自然，观察生活，并学会撰写观察日记。第二学段（三至四年级）习作部分提出“观察周围世界，能不拘形式地写下自己的见闻、感受和想象”[①]的课程目标。相应地，小学语文在习作中设计了观察日记系列任务。

观察日记的学习是一个循序渐进、由易到难的过程。统编版教材中的观察日记任务涵盖了三、四年级，这样的设计既考虑到学生年龄梯度和认知规律，又符合语文学习的连续性。其中，三年级（上）“写观察的事物或场景”是引导学生主动观察世界并记录定点观察所得，三年级（下）“我的植物朋友——为自己的植物朋友制作植物观察记录卡”、四年级（上）“植物的变化观察记录”是引导学生注意观察事物的连续变化。在完成前三项任务的基础上，学生在四年级（上）实现观察日记的写作。通过开放性观察——定点定性观察——连续性观察——融汇个人想法和心情的观察，学生的观察日记写作能力呈现逐步提升的趋势。这种系列化的设计说明编写者尊重学生的发展规律，注意按层级培养学生的科学素养和写作能力。

2. 学术性

统编版教材中调查作文的课题设计更加注重学术性。英语语境中，学术是指受过专业训练的人在具备专业条件的环境或学院中进行的非实用性的研究。[②] 中文语境中，“学术”是指“系统的、较专门的学问”，[③]综合来看，学术并非人人可为、处处可为的，而只有经过专门训练并在专门的环境中才能进行。其研究成果或学问作品常被称为“学术性文章”，是一种用系统的、专门的知识谈论或研究某个问题的学理性文章。[④] 本质上，调查作文属于学术性文章。

随着学段的递增，统编教材中调查作文课题的学术研究性逐步增强。统编教材通常选定某一自然类或文化类专题性课题，如“国宝大熊猫”“文化遗产”等，需要学生在调查、查阅与整理资料（数据）的基础上，采用专门性的术语进行论文或报告的撰写。因而，调查作文的课题常涉及一个学术专题，且具有跨学科研究的特点。出于对学情的考虑，小学阶段调查作

①中华人民共和国教育部. 义务教育语文课程标准（2011年版）[S]. 北京：北京师范大学出版社，2012.

②李伯重. 论学术与学术标准[J]. 社会科学管理与评论，2006(4)：48－53.

③中国社会科学院语言研究所词典室. 现代汉语词典[M]. 第6版. 北京：商务印书馆，2012.

④王亚婷. 高考语文学术性文章阅读研究[J]. 语文教学通讯，2021(3)：13－15.

文课题包含的学术研究内容较为简易。比如，三年级（下）习作“国宝大熊猫”要求学生对大熊猫的生活习性、地域分布、珍稀物种等方面进行考察研究，撰写小论文，涉及生物、地理、历史等学科知识。又如统编版语文教材中关于文化遗产的调查，五年级（下）“中国的世界文化遗产”，要求学生对国内的世界文化遗产进行调查，涉及地理、历史等学科知识。在专题小论文的写作中，学生实现了对学术专题的学习研究。如此，阅读、写作真正成为学生学习的过程或手段，促进学生的全面发展。因而，统编教材以调查作文设计为先导，在跨学科阅读、跨学科写作方面迈出了关键的一步。

3. 科学性

统编版教材涉及自然科学领域的调查作文主要有观察日记系列课题和实验报告类课题，课题设计更加科学。调查研究的过程也是学生科学知识积累和科学思维养成的过程，同人教版教材相比较，调查作文课题中的写作对象更加具体。如观察日记“我的植物朋友”和“植物的变化”聚焦植物，要求学生就一种植物进行调查研究。在这两个课题中，学生连续积累了观察经验与生物科学知识，这些都可以成为调查作文的素材。在此基础上进行观察日记的写作就比人教版要求学生直接写观察日记更有实际效果，不会流于空泛。

实验报告类型的出现更加令人振奋，这宣告着历年来我国语文教材中实验报告的写作实现了零的突破。实验报告类课题设计指向语文学科的工具性，在小学阶段指导学生学习使用语言文字对科学实验进行规范、恰当、准确地表述。“我做了一项小实验”课题要求学生就自己做过的实验进行介绍，写清楚实验过程。这是对学生观察能力和写作能力的双重要求。统编版教材从科学性的角度出发设计课题，调查研究自然科学的客观事实，更加注重学生在实践中获得知识经验，用语言文字进行科学表述。

统编小学教材在调查作文类型与课题设计上的进步，反映出当下调查作文教育在我国受到一定的重视。与此同时，我们也应看到调查作文教育的设计是一个长线工程，应秉承循序渐进、吐故纳新的理念，不宜操之过急。

二、调查作文的教材呈现比较

（一）调查作文的方法或程序的教材安排

作为一种独立文体，调查作文是作者（调查者）针对某一特定问题（主题），经过本人的实地或者实际的调研考察，在收集数据或证据的基础上，得出调查结果和结论，进而提出对于改善研究问题的意见和建议，并且采用一定的格式或写作规范要求将调查过程撰写成书面文章。① 因此，调查作文的过程是由确定研究（写作）题目、实施调查、写作报告组成。如何撰

①张荣华. 调查作文的文体性质、类型及教育价值[J]. 山西师大学报，2015，42(5)：144－149.

写调查作文就包括调查(作文)题目的选择、调查研究的方法，以及调查作文的写作方法三部分。

1.调查(作文)题目选择的教材呈现

与人教版类似，统编版教材中调查作文的题目常常包含在习作或综合性学习活动论述之中，需要学生阅读语段后提取。有时教材仅提供一个笼统的说法。比如，“借助记录卡，写一写你的植物朋友，让更多的人了解它。”(三下 P12)“我们也可以试着进行连续观察，用观察日记记录自己的收获。”(四上 P44)有时会给出一个提示，如“这次习作，就让我们围绕这些问题，介绍一下大熊猫。”(四上 P96)除了以上模糊处理以外，统编小学语文教材大多只列出活动的题目而不讨论调查报告的题目，难免使得调查流于形式。

题目是调查作文的重要组成部分，它既是调查作文写作的主题，又是调查研究的问题或问题指向。在调查研究中，题目不是空想而来的，而是研究者在问题解决之后，向公众或研究项目委托人提交的研究报告的题目。题目来源于要研究的问题，研究问题是明确的，题目就是清晰的。如将“环境污染调查”或“周围环境污染调查”直接作为调查作文的题目，题目是有了，但是研究的问题是什么？反而不明确。《研究的艺术》一书中指出，一个明确的题目可以是你的暂时性标题(working title)，一个别人问你正在做些什么事情时的简短回答。[①]如果将题目确定为“居民楼开设饭店的污染问题调查”，这个题目就比前边两个好很多。调查作文的题目选择工作简称选题，它是开展调查作文首要面临的问题。选题的工作量不但不小，对习惯了解题、练题、做题和接受式学习的中小学生而言，选题是一项既不熟悉又很繁重的工作。对习惯了发题、讲题和传授式教学的中小学教师而言，选题是一项充满挑战又超越个人以往经验的事情。在撰写调查作文时，选题是不能回避或忽略的一项重要工作。

2.调查研究方法的教材呈现

从表 3-1 可以看出，相较于人教版对调查研究方法的鲜有涉及，统编版小学教材中呈现的调查方法或程序的课题(见表 3-1 右列中带“○”的标注)数量较多。这些研究方法较为明确具体，学生易于理解，易于操作。比如，观察日记中有观察方法：“观察时要细致一些。观察时不仅用眼睛看，用耳朵听，还可以用手摸，用鼻子闻，有时还可以尝一尝。观察时要注意事物的变化”(三上)。“我的植物朋友——为自己的植物朋友制作观察记录卡”(三下)中，用观察记录卡提示学生遵照观察记录卡对植物从形状、颜色、气味和其他方面进行观察。难能可贵的是，其后小练笔中的“资料袋”，还提供了两种观察记录的方法——图文结合和做表格，并予以图文并茂的示例。三年级(下)第七单元习作“国宝大熊猫”中，教材还呈现了调查作文的研究程序：提出问题——搜集信息——整合信息——撰写专题小论文，同样提供表格

① 韦恩·C·布斯，格雷戈里·G·卡洛姆，约瑟夫·M·威廉姆斯.研究是一门艺术[M].陈美霞，徐华卿，许甘霖，译.北京：新华出版社，2009.

示范学生如何搜集信息。学生在制作、补充、完善表格内容的同时可以掌握整合信息的方法。此外，教材要求学生在完成作文之后，从准确性和丰富性两方面检查信息内容，并考虑问题是否能够准确解答。这其实是从评价角度使学生再次明确整合信息的方法。

统编版教材较人教版，在调查研究方法的呈现方面，有了很大的进步。但是仔细分析可以发现，因教材忽略了选题这一重要过程，因此，调查研究的问题并不十分明确，在呈现研究方法时就会在不同的问题之间进行摇摆，而影响了研究方法的精准表达。比如，五年级下册"关于'李'姓的历史和现状的研究报告"中，涉及的研究方法有"1. 查阅书籍和报刊；2. 询问身边的人；3. 其他方法"。根据题目提示，此研究涉及两个问题："李姓的历史"和"李姓的现状"。在每一步骤中都要对"历史"和"现状"进行调查？还是第一步调查"历史"，第二步调查"现状"？

3. 调查作文写作方法的教材呈现

人教版教材小学三年级至六年级的语文教材中，有关写作技法的提示和指导较少。[①] 相较于人教版，统编版教材安排了比较详细的调查作文写作方法，注重对作文的落实。这是统编版较人教版进步的地方。比如，"国宝大熊猫"不仅在提示语中提示学生在写作之前要调动多感官进行全方位观察。教材还呈现出观察记录卡的写作方法。以桃花观察记录卡为示例为学生提供了写作程序的支架，让学生明白写什么，如何写。在"中国的世界文化遗产"中还指出作文时可"使用图片、表格等辅助形式"，要注意学术规范，"用自己的话写下整理后的材料，引用要注明资料来源"。可见，统编版教材不仅注重对调查实际过程的指导，还强调撰写的学术规范。

统编版教材最大的进步在于，以课文示例旁批的形式详细介绍了研究报告的撰写步骤和写作要求。作为调查作文的示例，《关于"李姓"的历史和现状的研究报告》曾经在人教版五下第六单元活动二"利用信息，写简单的研究报告"的阅读材料 2 中出现，统编版将其学习时间提前到第三单元，而且在内容等方面对它做了较大的改动，以旁批形式增加了写作程序知识，使之更加有效地指导学生的调查作文写作。《关于"李姓"的历史和现状的研究报告》（五下 P51）的旁批如下：

- 研究型报告要有一个标题。
- 写出研究的目的。
- 写清楚研究的具体内容和研究方法。
- 要把研究结果整理出来。
- 要对研究结果进行简要的分析。

---

①张卫. 基于群文阅读的小学写景记叙文指导策略——以人教版小学三至六年级语文教材为例[J]. 教育视界，2019(2)：24－28.

• 研究性报告有多种形式，但研究的目的、方法、结果等内容是不可缺少的。

结合研究性报告的写作实例，教材对调查作文的撰写方法与步骤进行详细地介绍，这对于初次接触研究性报告的小学生来说，无疑是非常实用的。对文科背景出身而又未接受系统调查研究方法的教师而言，其帮助也是很大的。此举可以大大地推动调查作文的有效实施。此外，统编版教材在五年级下册教材的 91 页和 92 页，还呈现了叶圣陶先生为中学生修改作文的片段。该片段详细示范了改正、增补、删去、另起行、转移等多种符号，这对于提高调查作文质量有着重要的意义。

(二)调查作文任务的呈现

同人教版一样，统编版小学语文教材调查作文见于“习作”和“综合性学习”两个栏目，以“习作”居多。下面以“遨游汉字王国”中的调查作文为例，对教材呈现做以比较。

表 3-2　调查作文写作任务的教材呈现——“遨游汉字王国”

版本	人教版	统编版
位置	五册上 · 第五单元综合性学习(P84)	五册下 · 第三单元综合性学习(P47)
活动建议	…… 策划一次社会用字调查活动，如调查招牌广告、电视字幕和书籍报刊中用字不规范的情况。在调查的基础上，写成简单的调查报告，或者给有关部门写建议书，反映调查的情况，推动社会用字的规范化 ……	……从下面的内容中选择一项内容开展活动，尝试着写一份简单的研究性报告。“阅读材料”供参考 • …… • 调查同学的作业本、街头招牌、书籍报刊等，围绕生活中用字不规范的情况，开展简单的研究 ……
课文示例	阅读材料之四——街头错别字	阅读材料之五——关于“李”姓的历史和现状的研究报告

两版教材对“遨游汉字王国”中调查作文的呈现有四大不同。一是两版教材中“遨游汉字王国”学习的年级和单元不同。人教版是安排在五年级上册的第五单元，统编版则在五年级下册的第三单元。学习时间有所推后。二是有关调查作文的表述不同。人教版的“活动建议”中有“社会用字调查活动”和“写成简单的调查报告”的表述，而统编版则改成“开展活动”和“尝试着写一份简单的研究性报告”和“开展简单的研究”。“调查”被“研究”所替换。人教版写明了调查作文的意义“推动社会规范化用字”，统编版则未提及。三是课文示例不同。人教版阅读资料之四“街头错别字”只有一个“库存小商品”的图片，配有“我也要查查作业本中有没有用错汉字的情况”的旁白，再没有其他文字。而统编版则是在“我爱汉字”阅读材料 5 中提供了《关于“李姓”的历史和现状的研究报告》课文示例。四是对调查作文的写作程序的介绍不同。

对比两版教材在任务呈现时，对调查内容、方法、意义和撰写指导几个方面的表述，我们发现统编版教材的调查内容较为具体，调查方法较为具体，可操作性较强，调查意义非常明确，报告撰写方面还提出了“使用自己的话”“引用”“使用图片、表格”等具体指导，表述较为清楚。可见，统编教材显著加大了对调查作文实施的指导力度。但是，遗憾的是两版教材都将调查作文视为“简单的”报告，统编版虽然加上了“研究性”的字眼，可表达的意思依然是“简单的调查报告”。那么，何为“简单的调查报告”和“复杂的调查报告”？教材没有明确定义，且都没有呈现学生范文作为示例。

(三)调查作文教材呈现结构的特点

从日本调查作文的教材呈现来看，调查作文是以独立的“课”为呈现单位，其呈现结构一般包括指导语、学生习作和课后练习三部分，都是围绕调查、调查作文展开的。① 统编版教材并没有将调查作文作为一个学习单元独立地呈现出来，而是将其零碎地散布于课后的习作、写作、综合性学习中。相较于人教版少有示例范文的情况，统编版语文教材针对调查作文不仅每个课题都配有课文示例，而且还适时配套了资料夹、旁批、课后题等助读材料。如五年级(下)(P100)第20课中的《不可思议的金字塔》，适合作为第七单元习作“中国的世界文化遗产”的范文。《不可思议的金字塔》示范了整合资料的方法，对搜集到的资料进行整理归类，示范了如何采用小标题的方式区分各个部分，还示范了图文结合的撰写方式。使用图片能更加形象直观地表现出调查写作对象的特点，有利于读者理解文章。范文旁批则示范了调查研究中的质疑方法。针对资料提出问题的质疑是探究的起点。遗憾的是，在本次习作中并没有提及质疑和探究，相应地，学生实践也仅止步于调查、撰写，缺乏深入探究。

教材对观察日记任务的呈现是由单元导语、课文示例、小练笔和习作四部分构成，但课文示例不是以学生范文为例；小练笔和习作也是安排再次作文实践而不是针对调查作文的方法或技术来设置练习题。总体来看，统编小学语文教材在调查作文的呈现方面进行了大胆的探索和创新，为调查作文的高质量实施提供了依据和参照。

三、总结与反思

统编版语文教材中的调查作文在课题设计、教材安排、任务呈现及结构特点等方面较人教版旧版教材，有明显改善和进步。应该指出的是，统编版教材在调查作文的设计和呈现的系统性、针对性和指导性上还有些许不足。一是调查作文的体系不完整。虽然有部分课题设计形成了系列，但整体来看，小学调查作文未能形成一个完整有机的系统。二是调查作文的针对性不强。统编版语文教材没有独立的调查作文单元。调查作文总是安排在习作、综

① 王旭明，冯渊，龙祖胜，等.中小学语文教学存在的主要问题及对策研究[J].语文建设，2014(8)：4-18.

合性学习中，未能独立地自成体系。三是调查作文的指导性不强。由于调查作文未能独立成单元，体系也不完整，因而缺乏对调查作文题目选择、调查研究方法、调查作文写作方法的训练进行阶梯式的设计。这显然不利于学生的深度学习和全面发展。

从统编版教材的进步中，我们能看出编者在调查作文改革创新上的顾虑和犹豫。纵观国际母语教材中的调查作文，可以发现，各国都认为发展调查作文教育是提升学生关键能力的重要途径，而对其进行严谨的、系统的、有针对性的设计。在当今时代，学生只有真正地在实践中学习，在写作中学习，才能不断提升核心素养，适应多元世界的挑战。立足于立德树人的根本任务，我们要做的就是研制适合中国学生语言发展和学习规律的调查作文教育教学范式，让调查作文教育真正满足学生的需要。从宏观层面，我们需要着眼于学生的长远发展，对调查作文体系进行整体设计与建构，设计学生在小学乃至初中和高中学段分别应该学习哪些类型的调查作文。根据我们多年的研究经验，对小学生而言，调查作文涉及的年级越低题目中包含的问题元素应当越少。因而在初始年级安排调查作文，调查研究应当从单一元素开始，逐步过渡到高年级的多个元素。比如，关于对“李姓”的调查，可设计成多个系列的“姓氏”调查，每个人调查班级里的一个姓氏，先做班级调查，把全校所有班级的数据统计在一起就是学校调查。高年级可将调查范围和难度适当加大。如，“班级（学校）‘李’姓数量的调查”（三年级）、“小区‘李’姓数量的随机调查”（四年级）、“某市‘李’姓人口数量的现状调查”（五年级）。“《全唐诗》中‘李’姓诗人调查”（五年级）、“不同朝代‘李’姓历史名人调查”（六年级）。从微观层面，我们需要结合学情，加深对调查作文题目选择、调查研究方法、调查作文写作方法或程序的研究，提升自我的调查素养和指导调查作文的教学能力。

总之，统编版语文教材已经在调查作文教育教学方面做出了可贵的改进，但仍存在可探讨、可开发的空间。当今信息化时代，推进调查作文教育需要继续深化调查作文教育研究。

第二节　初中统编版语文教材中调查作文的进步与不足

继对统编版小学语文教材中调查作文的进步与不足进行分析之后，[①]我们又对统编版初中语文教材中的调查作文进行了研究。本次分析涉及统编版教材 6 册。[②] 结果显示，在调查作文的类型、课题设计、教材安排和内容呈现及结构特点方面，统编版教材都有了很大的改善，但也存在一些不足。

---

①张荣华，张悦悦. 调查作文的比较、分析与反思（四）——统编版小学语文教材的进步与不足[J]. 现代中小学教育，2022(3)：16－21.

②中华人民共和国教育部. 义务教育教科书·语文（7～9 年级）[M]. 北京：人民教育出版社，2018.

一、调查作文的类型与课题设计比较

(一)调查作文的类型比较

统编版教材初中有参观记录、语言课题调查、人物访谈记录与报告、社会调查报告和自然科学调查报告五种类型。其中,社会调查报告的数量最多。人教版与统编版初中语文教材中调查作文的类型与课题设计比较见表3-3。

表3-3 人教版与统编版初中语文教材中调查作文的类型与课题设计

类型	人教版	统编版
自然科学调查报告	调查社区的环保状况(九下)	实地考察自然环境遭到破坏的状况(八下)
参观记录		写作:参观记(纪念馆、博物馆、展览馆三选一)●(八下)
语言课题报告	搜集家庭、校园、社会运用语言文字情况(七上);认识方言(八下)	商店招牌调查访问○(七下) 网络词语调查○(八上)
人物访谈记录与报告		采访身边自强不息的人○(九上)
社会调查报告	人行天桥交通调查(八上选做);自然和人文景观、名胜古迹调查(八上)○ 乡土发现(八下);调查同学怎样消费(九上)○●;调查社区的人口状况(九下)○	文化遗产实地考察报告○(八上) 电子阅读问卷调查○(八上) 交友之道调查(八上)

注:○表示呈现了调查研究的方法;●表示呈现了调查作文的写作方法。

与统编版小学语文七种类型相比,初中语文教材中的类型少了两种——观察日记和小论文。而且,在自然科学调查报告中,也没有设计实验报告。初中阶段,学生要学习物理、化学、生物、地理等科学课程,正需要语文教育发挥其"工具性"作用,给予学生学习科学提供最强有力的支持。但是,统编版初中教材却没有安排观察日记、实验报告等写作。与人教版相比,统编版教材调查作文的类型增加了两种——参观记录和人物访谈记录与报告,总体数量不变。

(二)调查作文的课题设计比较

统编版初中语文教材的课题设计以"语言建构与运用"为核心,涉及语文学科核心素养的四个方面,不同的课题侧重不同的方面。"文化遗产实地考察""采访身边自强不息的人"等社会调查强调"文化传承与理解""审美鉴赏与创造",语言课题和自然科学课题的调查强调"思维发展与提升"。初中阶段,"语言建构与运用"的重点在于通过语言积累和自主语言建构实践，形成个性化的语言运用能力。[①] 在小学充分发展语感的基础上，初中应着重发展学生的个性化语言运用能力，促进其口头语言向书面语言的转化与建构。而口头语言向书面语言转化的过程中，关键在于"积极的语言实践活动"。统编版更加注重通过"积极的语言实践活动"，让学生在社会实践中获得知识、丰富情感与提升能力，发展学生的语文核心素养。统编版初中语文教材中调查作文的课题设计在实践性、情境性和时代性方面有很大的进步。

1. 实践性

就语文学习来说，实际上存在着三种语言学习环境，第一种是以语文课堂、考场为代表的语言学习环境，第二种是以家庭、公共场所为代表的语言运用环境，[②]第三种是以课题、项目的实地调查与研究为代表的语言运用环境。学生在这三种环境中都会参与听、说、读、写等语言活动，也都有发展语文素养的功能。但是，第三种语言运用环境对学生语文素养的培养作用最大。语文课标研制组专家指出，为了提高语言建构能力，语文课程应安排数量足够又能切实操作的语文实践活动，让学生通过自我实践来学习和积累。[③] 统编版教材的课题设计更加注重学生的亲身体验和实践过程，引导学生走出校门，走进自然、社会，使其关注大千世界，并运用语言文字调查记录社会现实。这种实践导向既极大地提升了学生对自然、社会和语言的关注度和参与度，同时又给学生提供了一定数量可切实操作的语言运用活动。

在实地调查活动中，学生需要主动与社会上的人接触交际，这对口语交际能力有着一定的要求。如商店招牌调查访问的对象是店主，学生需要在调查访问的过程中和店主沟通交流错别字等不规范情况，也需要注意人际交往的文明礼貌，如拍照前的询问等。在调查作文撰写中，可以对学生多进行一些科学系统的写作语言和写作素养的培养，少一些"排比、古诗、典故"类便捷获取高分的应试型语言训练，积累语言运用的经验。[④] 报告写出之后，学生还需要与老师、同学之间进行语言沟通、言语思维分享与交流。活动评价环节，学生需要从个性化的思维和语言能力两方面，进行深刻的自我反思。所有这些活动，如同游泳中学游泳一样，都会使学生在语言实践中提升语言能力。相比其他语言运用环境，调查作文营造的实地调查与研究的语言运用环境，对学生语文核心素养的培养作用更大。

2. 情境性

情境，汉语词典将其解释为："具体场合的情形、景象或境地。"社会心理学认为，情境是能引发人们身心积极反应的各种因素的总和。[⑤] 现代学习理论认为，学习是根植于情境之中，个体参与实践与文化适应的过程，以及社会协商和知识创新的过程。为提高学生的语文

①王慧敏. 初中生写作语言现状调查与改进建议[J]. 中学语文，2018(31)：37－39.

②郑桂华. 理解并开展"积极的语言实践活动"[J]. 语文建设，2018(1)：12－17.

③王宁. 谈谈语言建构与运用[J]. 语文建设，2018(1)：9－12.

④王慧敏. 初中生写作语言现状调查与改进建议[J]. 中学语文，2018(31)：37－39.

⑤黄金结，史欢乐. 高中思想政治课的情境教学[J]. 课程·教材·教法，2013，33(11)：61－65.

素养，统编版教材设计了“商店招牌调查访问”“网络词语调查”的调查作文，将学生带入日常经济生活和信息化的生活环境中。通过收集商店招牌、网络环境中规范用语和不规范用语的情况，学生能够参与到真实的语言运用环境中，感受语言的文化魅力，激发起他们的学习动机，并引发学生的深入思考。

3.时代性

统编版语文教材中的调查作文课题设计，还具备时代性的特征。“电子阅读问卷调查”“网络词语调查”等课题紧随社会潮流，关注当前社会，具有鲜明的时代色彩。时下，“低碳”不仅是一种自然科学概念，更是一种生活理念。它已经渗透到我们生活的方方面面，比如，垃圾分类、绿色交通等。“实地考察自然环境遭到破坏的状况”的调查作文，就安排在综合性学习“倡导低碳生活”主题大情境下进行。可以说，本次实地考察，学生首先需要弄懂什么是低碳生活，低碳生活与绿色生活方式之间的区别，然后以低碳生活标准，对周围环境遭到的破坏情况进行调查、评估。这对于培养学生爱护环境、保护环境和可持续发展的社会责任也是有极大帮助的。

值得探讨的是，从课题设计上看，统编版的调查作文在探讨社会、历史和自然本质方面依旧显得力度不大、范围不广、深度不够。在当今社会，科技产品更新迭代的速度远超我们的想象，大量新事物、新现象更是层出不穷，日新月异。如共享理念之下的共享单车、共享汽车遍地开花，人工智能在各领域的应用不胜枚举。公众号、微博、抖音、快手等平台使信息的传播更加迅速……调查作文的课题设计应当能捕捉时代脉搏，为语文课程注入新鲜血液，激发学生的兴趣，引领学生探寻表面现象之下的深层本质。因此，以上这些课题设计还是存在很大的优化和进步的空间。

二、调查作文的教材呈现比较

(一)调查作文的方法或程序的教材安排

调查作文的过程是由确定研究(写作)题目、实施调查、写作报告组成。如何撰写调查作文，包括调查(作文)题目的选择、调查研究的方法，以及调查作文的写作方法三部分。

1.调查(作文)题目选择的教材呈现

调查作文的题目是调查作文的重要组成部分，也是调查研究的问题或问题指向。在开展调查作文之前，首要的工作是选题。对此，统编版教材有两种做法——直接给出题目和给出笼统提示。前者如，七年级下册的“商店招牌调查访问”。这种题目指明了调查的对象和研究的问题，非常有利于实施调查。这是统编版教材较人教版教材进步的地方。后者如，“访谈结束后要及时整理访谈记录，整合访谈内容，为‘志’的写作准备好基础材料”(七下)。“组内研读搜集到的资料，联系自己的交友经历，讨论、交流各自对交友的看法”(七上)。人物访谈的题目，其实是有多种选择的。比如“×××访谈”“访问×××”“×××传记”，或者以人物的典型特征进行命题，如“学霸访谈记”等。值得注意的是，统编初中语文教材依旧缺乏对调查作文自命题目的指导。这比较符合初中作文以命题作文（全命题和半命题）为主的教学现实，也可能与中考作文命题重心由热极一时的话题作文向全命题作文转变与回归有关。①

统编语文教材虽然给定了题目，却没有将调查作文从综合实践活动中独立出来，致使调查的对象在活动过程中变来变去。如，“商店招牌调查访问”设计了调查访问和整理交流两个环节。在第一步“调查访问”时，要求学生针对不规范使用语言的现象进行调查。但在“整理交流”时节时，交流的内容就变成了两个——不规范使用语言的现象和各类商店招牌的语言特点。活动结束要求学生“选择一个你认为设计得最好的商店招牌，在全班交流，说说你对这个招牌的评价（七下）。”学生在阅读了所有流程、步骤后，必然会针对自己调查实践中的关注点产生困惑——到底要调查什么？尽管我们能理解教材编写者欲使学生在实践中体会语言特点的苦心，在活动之初也要求学生记录下所有商店招牌，但是为何不能针对招牌的语言特点设计安排调查实践？而仅仅安排在整理交流环节中呢？如此的设计是否会使得学生错过了获得第一手资料——店主设计招牌的意图，而仅凭主观臆断去解释店主的意图？整理交流阶段以评选最优招牌而告终，这是否与起始的设计意图背道而驰？

如果在活动中增加选题的讨论，那么，学生的困惑就会迎刃而解。如果题目确定为“商店招牌语言不规范使用问题的调查”，调查的焦点和结果的报告就会聚焦于不规范使用语言现象；如果题目确定为“商店招牌语言使用特点”，那么调查焦点和结果报告就会聚焦于对这些招牌语言特点的分析、概括上。如果题目确定为“设计最佳商店招牌调查”，那么调查焦点和结果的报告就会聚焦于最佳商店招牌的条件是什么，哪一家够得上最佳。

2. 调查研究方法的教材呈现

统编版语文教材安排了比较详细的调查方法或程序，提高了调查的实际可操作性。这是统编版较人教版进步的地方。从表 3－4 可以看出，两版教材对调查作文的呈现有四大不同。一是安排学习的年级不同。人教版安排在七年级上册，统编版安排在七年级下册，学习时间稍有推后。二是有关调查作文的表述不同。人教版教材的“活动步骤”中对于调查研究的表述笼统简单，对调查对象的举例较为详细。统编版教材将调查地点和范围、调查对象、调查形式、调查内容，以及调查意义全部都呈现出来了。相较于人教版，统编版教材中调查地点和范围缩小，调查对象更聚焦，调查内容更具体，并且教材倡导多样的调查形式，增加了调查意义。三是参考资料不同。人教版在综合性学习之后附有参考资料，其中有较为经典的告示牌语、广告语、流行语。而统编版则无。四是统编版教材还以小贴士的形式呈现了调查访问的注意事项，但缺少数据整理方法。

---

①李庆陆. 全命题作文五问五答[J]. 试题与研究，2019(1)：16－18.

表 3－4 统编版和人教版对调查作文方法的呈现比较

教材	人教版	统编版
课题	搜集家庭、校园、社会运用语言文字情况(七上)	商店招牌调查访问○(七下)
位置	七上·综合性学习	七下·综合性学习
活动步骤	…… 1. 搜集家庭、校园、社会运用语言文字情况…… 2. 将搜集到的资料加以筛选、梳理，编成各种小册子……给这些小册子各取一个恰当的名字，放在教室里展览	…… (一)调查访问 1. 同学们可分成若干个小组，每组各选择一条街道，记录下所有商店招牌……，采用不同的记录形式…… 2. 留意招牌中有无错别字……请记录下来。 3.【以小组为单位，个人设计一个统计表，整理数据，组内分享交流结果】【阐述自己对这些招牌错别字使用情况的看法和意见；认真考虑一下文章的开头结尾、应举的事例等文章结构问题，然后再开始写。】向店主反映。 (二)整理交流 1. 以小组为单位，设计一个统计表，整理、统计…… 2. 各小组将记录下来的招牌进行分类，……然后简要分析各类商店招牌的语言特点。 ……
参考资料	有	无
备注		以小贴士的形式呈现调查访问的注意事项
指导性	较弱	较强

调查对象
调查地点和范围
调查形式
调查内容
数据整理得出结果
写作方法
调查意义

注:【 】的内容为作者增加。

表 3－4 右边栏目调查访问中，可增加数据整理和写作方法。这样，调查访问环节就变成了一个独立的调查作文板块，更加完整和紧凑。所做变动及意图有二：一是将整理交流环节的部分内容提前，意在聚焦、解决一个问题。二是调查作文的主体是个人，意在训练每一个学生的调查作文写作能力。

表 3－4 显示，无论是人教版还是统编版，初中教材都没有独立设置调查研究和调查作文，而是将其整合在综合性学习活动中。统编版教材中，“综合性学习”这一板块不再和写作融合在一起，而是单独列出来，与阅读、写作呈并列态势。但较之于人教版，统编版教材更加重视调查作文，将其整合成综合性学习的有机组成部分，体现了教材的跨学科特征。例如，教材将“实地考察自然环境遭到破坏的状况”整合为主题大活动“倡导低碳生活”中的一个小活动。在调查前期，学生需要通过网站、书籍、专家、老师等渠道储备调查对象相关知识。这种先期的调查准备充分体现了调查作文跨学科的特点。

教材不独立设置调查作文，调查程序或方法被掺杂在综合性学习活动内容中。因每项综合性学习活动又包含很多活动，致使调查研究方法与活动步骤混杂在一起，难分伯仲。如“倡导低碳生活”综合性学习活动环节步骤：一是确定宣传主题；二是搜集资料，撰写宣传文稿；三是制作宣传材料，开展宣传。虽然每一项活动内容都包含有行为动词，但这三个活动内容预设过多，难免会影响对调查对象的聚焦，从而妨碍学生在一个既有调查点上的深入调查和探究。事实上，学生在三个问题的解决上会浅尝辄止，流于肤浅。再如，八年级上册综合性学习“我们的互联网时代”中的第一个活动是“网络词语小研讨”，活动程序为：

1. 搜集网络词语。将网络词语分为现在流行的和曾经流行的两种情况，分析其中的原因。

2. 搜集已经被收录进工具书的网络词语，分析其在表达方面的独到之处。

3. 讨论网络词语在写作中的使用。

教材编写者想让学生借此了解网络词语使用的历史、现状，以及网络词语在写作中的用法。但该活动的重点在“研讨”，“研讨”网络词语的表达和用法，而不是“调查”网络词语的使用情况。由于活动程序与调查程序混在一起，而且，调查程序既笼统又单薄，结果导致调查无法真正地实施和操作。另外七年级上册的调查程序和方法，也没有在这个活动中被反复利用。

3. 调查作文的写作方法或程序的教材呈现

统编版小学语文教材安排了比较详细的调查作文写作方法，强调撰写的学术规范，注重作文的落实。但统编版初中教材并未将这一传统延续下来，仅在参观记中明确地呈现了调查作文的写作方法或程序——八年级（下）第五单元是以游记为主题，参观记是本单元的写作实践之一。教材在写作提示中言简意赅地呈现了参观记的写作方法：

1. 参观时可以有意识地做一些记录，作为写作的素材。

2. 参观过程中看到的东西不可能全都写进作文中，要有重点、有选择地写，做到主次分明，详略得当，重点突出。

3. 参观的目的是开阔眼界，增长知识，接受教育。在适当的地方，要点出你所得到的教益或受到的启发。

第一步是搜集材料。参观记的写作在参观时就已经发生。学生需要在参观时做记录，积累写作素材。第二步是整理材料。学生需要对记录的材料进行归类整理，有所取舍，有选择地写，详略得当，突出重点。第三步是生成感受。知识性是参观记的显著特点。在这一步，学生可以通过书写收获，反省自身是否达到了参观目的。

就统编版初中教材而言，调查作文的写作方法是较为缺失的。人教版初中教材明确要求学生撰写调查报告，例如，调查同学怎样消费（九上）、调查社区的人口状况（九下）。教材在调查同学怎样消费（九上）中提供了撰写调查报告的方法。与统编版的写作提示相比，人教版更为充分具体。两相对比，我们发现统编版教材并未重视调查作文写作方法或程序。

(二)关于调查作文的呈现内容的比较

从日本调查作文的教材呈现来看,调查作文是以独立的“课”为单位呈现的,其呈现结构一般包括指导语、学生习作和课后练习三部分,都是围绕调查、调查作文展开的。统编版初中教材中的调查作文则是融合在综合性学习活动中,没有以“课”的形式呈现出来。如八年级上册的“网络词语调查”,教材比较强调“小组合作”“小组讨论”,而不是个人的独立调查,容易使调查流于形式;八年级上册综合性学习“身边的文化遗产”活动二中,将调查分两种情况,实地考察和间接考察。还建议学生如果有条件,最好实地考察,并以某古代建筑为例,以图表的形式呈现实地考察步骤。调查作文与综合性学习活动是混杂在一起表述的。活动成果《优秀文化遗产申请报告》本质上是优秀文化遗产调查报告,但由于考察内容过于庞杂,该考察活动在现实教学中的可操作性令人质疑。

教材没有设计学生习作,无形之中,降低了教材的示范导向功能。对初中生而言,网络用语的研究需要一定的语言功底。有学者把网络用语分为以下几类:[①]词汇缩略型(yyds)、图形符号型(:-)、数字谐音型(666)、故作童言型(“东西”说成“东东”)、文符并用型(//nod 表示点头同意)、英语汉说型(E-mail 译作“伊妹儿”)、旧词新说型(“妹妹”称作“美眉”)。近些年,又出现一些新类型。一是英语、汉语、数字混杂用语,如“饭已 ok,下来咪西”“老铁,666”。二是反映以暴力化、粗鄙化、庸俗化、无厘头为特征的语言异化现象的网络“黑话”,如“人艰不拆”。三是也不乏正能量的新造词,如“给力”“点赞”等。[②] 如果教材能够安排学生范文,引导学生对迭代翻新的网络用语进行调查,揭示出初中生眼里的网络用语类型并进行示范,不仅能正确引导学生对语言多元化现象进行深入研究,还能指导学生形成正确的网络正确用语规范,如合乎汉语传统语法,言辞清晰,积极向上,充满正能量等。

此外,统编版小学教材辅助材料包含小贴士、资料夹、范文、示例、附录等。与之相比,初中仅保留了小贴士、资料夹和附录。范文和示例的缺失比较可惜,显示出教材对调查作文的小初衔接上的考量不够充分。总之统编版初中教材以活动为导向,固然有可取之处,但缺失范文和示例,在实际可操作性的考量方面仍有待加强。

(三)调查作文的评价量表

统编语文教材注重学习评价,在调查作文的评价方面进行了有益的探索。统编版初中教材以附录的形式呈现了综合性学习评价量表。该评价表涉及调查研究的过程或方法的学习评价。《义务教育语文课程标准(2011 年版)》倡导教师以多元化的评价方式取代过去单一的评价方式,构建立体的评价模式,综合运用多种评价方法,实现对学生的全面评价。[③] 初

---

①林纲. 网络用语的类型及其特征[J]. 修辞学习,2002(1):26－27.

②吴敏. 网络用语,且“说人话”[N]. 江西日报,2021－09－16(8).

③中华人民共和国教育部. 义务教育语文课程标准(2011 年版)[S]. 北京:北京师范大学出版社,2012.

中阶段第一次综合性学习(七年级上册 有朋自远方来)就以附录的形式呈现了综合性学习评价表。该评价表对于初中阶段的调查作文具有普适性。教师和学生能够依据评价表科学合理地评估学生在调查作文中参与调查与研究的行为过程。

评价表表头填写学习主题、小组成员、被评价者等基本信息。评价项目全面,分为听、说、信息搜集、合作、综合评语五个方面。前四个项目评价主体多元,分别是自我、同学和教师。综合评语分为自评与互评两部分。评价表中,与调查作文最为相关的是信息搜集项目。该项目的评价指标为“能准确获取所需资料”“能对搜集到的资料进行归类整理”“能与同学分享资料”,其所对应的学生能力水平呈现出由低到高的态势。在一次调查作文结束后,学生能根据评价表梳理调查研究过程中自己及同伴展现出来的优势和问题,从而在下一次调查作文中借鉴和修正。当然,如果教师在开展调查作文教学伊始就将评价表呈现给学生,将更有利于学生规范调适自己的行为,提升自己的综合素质。

统编版教材率先开发设计评价量表折射出编者在实现教学评价一致性方面的尝试与努力,对于调查作文评价有着重大的进步意义和垂范作用。但是,该评价表是针对综合性学习活动进行评价,在对调查作文的评价方面不够细致全面,并未涉及对专门的、具体的调查活动及调查方法的评价,削弱了其应用的有效性。此外,统编版教材在对调查作文写作过程和方法的评价仍是空白。

三、总结与反思

调查作文之于写作教学,相当于子集合之于母集合。以调查作文研究为切入点,探索调查作文对于写作教育的支撑作用、思维品质养成作用、方法程序的规训作用,意在打破陈旧的写作教学模式,更新传统的写作教学理念。

初中调查作文教育教学要满足初中生写作最基础的需求。叶圣陶曾说:“至于写作,最好在实用方面下功夫。说清楚一点,就是适应生活上的需要而写作”“练习作文是为了一辈子学习的需要,工作的需要,生活的需要,并不是为了应付升学考试,也不是为了当专业作家”。[①] 在完成初中教育后,大多数学生考入高中继续学习深造,写作需求更偏向于学术研究;少数学生或者进入职业技术学校学习或者直接走入社会成为劳动者,写作需求更偏向于实际应用。推行调查作文教育教学势必冲击传统教学模式,刷新固有教学理念,这对教师提出了更高要求。

值得注意的是,《义务教育语文课程标准(2022 年版)》在 7～9 年级“学业质量”中有关“调查报告”的学业标准是“能有条理地列出提纲,用策划书、调查报告、小论文等形式发表研究成果,力求格式规范、内容完整、条例清晰”。研究统编版初中语文教材中的调查作文,需要结合时代背景和现实需求,以多学科、新兴元素的融合进行理论突破和实践创新,实现语

①叶圣陶.叶圣陶论语文教育[M].郑州:河南教育出版社,1986.

文教材研究的跨学科创新发展。[①] 如此，调查作文必将倒逼理论（理念）的革新。为此，我们有理由相信，调查作文教育不仅会影响我国写作教育教学的发展，而且会成为中小学教育教学改革的重要契机。

第三节 高中统编版语文教材中调查作文的进步与不足

继对统编版初中语文教材中调查作文的进步与不足进行分析之后[②]，我们又对统编版高中语文教材中的调查作文进行了研究。本次分析涉及统编版教材 5 册[③]、人教版教材 5 册。[④] 结果显示，在调查作文的类型、课题设计、教材安排和内容呈现及结构特点方面，统编版教材都有了很大的改善，但也存在一些不足。[⑤]

一、调查作文的类型与课题设计比较

（一）调查作文的类型

调查作文有参观记录、观察日记、语言课题调查报告、人物访谈记录与报告、社会调查报告、自然科学调查报告和小论文七种形式。与人教版相比，统编版增加了参观记录中的实地考察报告，但删除了语言课题调查报告。实地考察报告形式可以与参观记录形式合并。实地考察报告是一种特殊的参观记录。它是参观者在参观前后都要花费一定时间，通过查阅资料或访问权威人士，或实地考察等掌握第一手的调查资料和间接资料，完成一定的任务目标的一种调查作文形式。与参观相比，考察不是单纯的参观。从字面意思上看，“参观”，重在“观看、观察”。而“考察”重在“考究”，通过考察、考究、探察等追究、探究出事物的本质规律。与参观记录相比，实地考察报告花费的时间更长，参观内容更复杂，撰写难度更大。参观记录与实地考察报告都要求作者深入实地去观察、游览和调查，实地考察也需要做好参观记录，加之参观记录出现于小学和初中阶段，而实地考察仅在初高中阶段出现，因此，可将实地考察报告并入参观记录。

这样，表 3－5 中人教版、统编版高中语文教材总共呈现五种类型的调查作文：参观记

①欧阳芬，张蕾．新中国成立 70 周年语文教材研究的回顾与展望——基于文献计量学与科学知识图谱的可视化分析研究[J]．教育学术月刊，2019(9)：31－38.

②张荣华，张悦悦．统编初中语文教材中调查作文的进步与不足[J]．语文教学通讯，2022(26)：70－43.

③中华人民共和国教育部．普通高中教科书·语文[M]．北京：人民教育出版社，2018.

④人民教育出版社课程教材研究所．普通高中课程标准实验教科书·语文（必修 1～5 册）[M]．第 2 版．北京：人民教育出版社，2019.

⑤张荣华，张悦悦，邵晋英，等．统编版教材高中语文素材调查作文的比较分析与反思[J]．教学与管理，2022(24)：72－76.

录、语言课题调查报告、人物访谈记录与报告、社会调查报告、小论文。这一结果与高中调查作文类型的研究结果相吻合。①

(二)调查作文的课题设计比较

统编版在高中阶段共设计了9个调查作文,分别安排在单元学习活动和单元研习任务中。人教版共设计了10个调查作文,分别安排在梳理探究、表达交流和课后研讨与练习中。人教版对于调查作文的安排使得调查作文课题更像是课后思考题或是写作练习备选题,学生或是默认不重要,或是认为这是给学有余力的学生做的。因而,调查作文得不到应有的重视。统编版教材对于调查作文的安排则大大提升了调查作文的地位。统编版按照课标规定的学习任务群设置单元,即在学习任务群统领之下,调查作文被安排在单元学习活动、学习任务或单元研习任务中,都是学习者应完成的规定任务。

表3-5　高中语文教材中调查作文的形式与课题设计

类型	人教版	统编版
参观记录		考察家乡风物,撰写《家乡风物志》○●(必修上·第四单元·学习活动);参观访问家乡的爱国主义教育基地或革命历史遗迹,选择自己擅长的文体进行写作○(选修上·第一单元·单元研习任务)
语言课题调查报告	搜集资料,探讨一下新词语与流行文化之间的关系(第一册·梳理探究一课外延伸)○;为何四字成语占绝大多数?(第二册·梳理探究一课外延伸);写一篇短文,阐述逻辑在语文学习中无处不在的现象(第四册·梳理探究一课外延伸)	梳理、分类整理成语,以《成语中的文化》为题,写一则语言札记○(必修上·第八单元·学习活动);通过制作"词语档案",探究新词语体现了社会生活哪些领域的变化,反映了什么样的文化现象,等等○(必修上·第八单元·学习活动)
人物访谈记录与报告	采访身边的语文高分获得者,了解他们是如何学习语文的(第四册·梳理探究一课外延伸)	访谈家乡人物,撰写《家乡人物风物志》○●(必修上·第四单元·学习活动)
社会调查报告	可对现在工人的工作和生活状况做些调查,在班上交流调查信息。(第一册·第11课研讨与练习)对本地民居进行实地调查(第一册·第四单元综合性学习)考察当地独具特色的地方文化,写一篇短文。(第二册·梳理探究一课外延伸)小组分工合作,进行一次幸福指数问卷调查活动。然后就调查结果写一篇评论文章。(第四册·表达交流一写作练习)	家乡文化生活现状调查报告○(必修上·第四单元·学习活动);以"今日中国乡村的变迁"为话题,从居住环境、精神风貌等角度中任选一个,开展调查访问,写一篇不少于1000字的报告(必修上·第五单元·学习任务);调查身边人获取信息的习惯○(必修下·第四单元·学习活动)

①张荣华,方明生.调查作文的比较、分析与反思(三)——中日高中语文教材及课程比较[J].现代中小学教育,2010(6):69-75.

续表

类型	人教版	统编版
小论文	自己设计调查模块或者从以下几个参考题中选择一个，进行统计分析，写一篇调查报告(语文特长是如何形成的？语文高分成绩是如何获得的？语文学习障碍是如何造成的？语文素养是如何提高的？)阅读关于国民图书馆阅读率持续走低的调查数据，写一篇作文●(第五册・表达交流—写作练习)	对本单元关于秦和后唐灭亡的历史教训的两篇史论提出质疑或进行辩驳(选修中・第三单元・单元研习任务)；选择一个有兴趣的科学课题，做拓展阅读和研习，撰写一份读书报告(选修下・第四单元・单元研习任务)

注：○表示呈现了调查研究方法；●表示呈现了调查作文的方法。

相较于人教版，统编版的调查作文课题设计在语文性、跨学科性和指向性方面优势明显。

1. 语文性

在调查作文诸种类型中，语言课题报告类型最能体现语文学科的特性。较之人教版，统编版在该类型中删掉了逻辑与语言课题，保留并优化了新词语和成语相关课题。统编版必修上第八单元围绕词语积累与词语解释开展学习活动，统属于语言积累、梳理与探究学习任务群。统编版课题中的“语言札记”“词语档案”是倡导学生用语文的方式学习语文。这些活动方式的语文学科属性鲜明，令人耳目一新，容易激发学生的兴趣。这样的成果带有鲜明的个人思维特色，避免了以往语言学习成果的抽象和千篇一律。学生在参与活动的过程中也能产生个体成就感，打破了语文教学和研究局限于“文章写作”“过程写作”的局限性，突出在交际语境中对写作进行重构，①进而形成良性循环。其他类型的调查作文课题也一样坚持语文学科的本体地位，都是围绕非语言专业的主题进行语言实践活动。

2. 跨学科性

统编版调查作文的课题设计在确立语文学科本位的同时体现着跨学科的特征。“访谈家乡人物或考察家乡风物，撰写《家乡人物(风物)志》”“对本单元关于秦和后唐灭亡的历史教训的两篇史论提出质疑或进行辩驳”涉及地理、历史、民俗等社会科学。“选择一个有兴趣的科学课题，做拓展阅读和研习，撰写一份读书报告”涉及生物、天文、物理等自然科学。

在调查作文活动中，语文学科的工具性得以充分发挥。调查作文文体的语文学科属性要求学生掌握必要的文体知识。例如，对史论进行质疑或辩驳，学生需要利用课内外资源学习如何驳论等议论文知识，在做任务——撰写小论文的同时需运用这些语文知识，在运用语文的过程中又要根据个人需求不断地学习语文，循环往复，最终达成任务目标。在明确的调

---

①张金明. 交际语境观下高中议论文写作教学的重构[J]. 教学与管理，2019(4)：52-54.

查作文的任务驱动之下，学生在完成任务的过程中遇到困难或者障碍，产生学习的内在需求，再去学习，这种学习针对性极强，因而是有意义和有效果的，能够即时解决问题，学生在搜集、整合信息的过程中运用母语的能力也在不断增强。并且，语文学科为展示调查作文的成果提供了整体的结构思路。而调查作文的材料和内容则是不限于语文的，可以是社会科学和自然科学的。学生在做事中学习语文，从而提升语文素养。

3. 指向性

统编版教材调查作文课题设计指向性更加明确。其课题包含了具体的调查任务，如“体现了社会生活哪些领域的变化”“反映了什么样的文化现象”就比“流行文化”更具体更聚焦。人教版教材并不注重调查结果的呈现样式，明确提及成果的只有“作文”“短文”。统编版明确指示调查结果呈现样式，教材对文体或成果形式有着明确要求。一类是直接规定了文体或成果，文体有“志”“调查报告”“读书报告”，成果有“词语档案”“语言札记”；另一类是学生可以根据课题选择合适的文体来呈现结果。例如，“调查身边人获取信息的习惯”（必修下）“对本单元关于秦和后唐灭亡的历史教训的两篇史论提出质疑或进行辩驳”（选修中）分别适合撰写调查报告和小论文。学生在上述课题之前已经分别学习过调查报告（必修上）和驳论文（选修上）两种语篇样式的写作。虽然教材未明确规定这两种文体，但是学生很容易自主选择恰当的文体来呈现调查结果。调查结果呈现样式在活动伊始就应当是清楚明确的，这意味着学生知道自己要做什么，这才能够确保调查作文活动任务是足够明确的，学生在调查作文审题环节就能够明确具体调查什么（调查任务）、需要做什么（文体或成果）的要素。显然，统编版教材做到了这一点，并且其呈现出的调查作文成果类型也是多样的。

二、调查作文的教材呈现比较

（一）调查作文的方法或程序的教材安排

1. 调查（作文）题目选择的教材呈现

统编版教材中，调查（作文）题目选择通常是包含在活动表述语言中。如必修上的“家乡文化生活现状调查报告”。教材的相关表述为“以小组为单位，通过访谈、考察等方式了解家乡的文化生活现状。可以撰写调查报告，也可以制作成演示文稿”。提取关键信息之后，确定调查作文的题目为“家乡文化生活现状调查报告”。

教材呈现调查（作文）题目选择分为直接给出题目和给出笼统提示两种情况。前者如“访谈家乡人物或考察家乡风物，撰写《家乡人物（风物）志》”。这样的题目指明了调查的对象、方法、范围和成果目标等调查作文关键要素。学生能够清楚明白自己需要调查什么和撰写什么。后者如必修下的“调查身边人获取信息的习惯”。教材相关表述为“围绕近期发生的某个新闻事件，开展一次有关身边人获取信息的习惯的调查，并对调查结果展开分析，归纳不同媒介的传播特点……”教材要求学生开展调查、分析结果、归纳特点，但是并未明确要求撰写调查报告等书面写作。必修下第四单元是综合活动单元，单元主题是信息时代的语文生活。而“调查身边人获取信息的习惯”是本单元学习活动一“认识多媒介”中的第一项活动，其目的是“了解不同媒介的传播特点”。本单元总共有六个活动。作为其中一项活动，该调查作文不规定书面写作，这也许是教材出于对教学时间和任务量的考虑。其实，统编版在必修上“家乡文化生活现状调查报告”课题中已经安排过调查报告的写作，此课题是很好的复习、运用调查报告写作方法的机会。但是，教材并未提及调查报告的写作。如此，学生很难在该活动中重视调查作文的书写规范。

统编版调查作文话题存在着过于宏大的弊端，这增加了学生选题的难度，制约了调查作文实际开展的有效性。对于调查作文而言，题目越是具体而微，实际操作的可能性才越大。必修上第五单元是整本书阅读单元，要求学生在阅读学习费孝通的《乡土中国》的基础上完成调查作文：“以‘今日中国乡村的变迁’为话题，从居住环境、精神风貌等角度中任选一个，开展调查访问，写一篇不少于1000字的报告。”教材给的话题很大，虽然提供了若干角度，但是存在着一个很大的问题：乡村对于很多学生而言是陌生的。尽管学生可以通过阅读来了解乡村，但由于缺乏亲身经历与体验，城市学生和乡村之间依旧存在着重重隔膜。对于城市学生而言，需要以具体而微的调查作文题目为切入点消除与乡村的隔膜。例如：结合国家惠农政策，对农民的收入情况进行调查访问等。

2.调查研究方法的教材呈现

统编教材对调查方法或程序的呈现相对详细和完整，有三种情况。一是在附录（附表）或补白中呈现。在“访谈家乡人物或考察家乡风物，撰写《家乡人物（风物）志》”中，针对人物访谈，教材提供了访谈记录表，包含对象、性别、年龄、访谈成员、访谈时间、访谈提纲、访谈记录等项目。针对风物考察，教材提供了历史建筑登记表，包含建筑名称、建筑位置、建造历史、建筑现状、价值描述、信息来源、照片、建议等项目。万事开头难，调查准备阶段对于调查过程的构思至关重要，准备好访谈记录表再去访谈，设计好历史建筑登记表再去考察，学生对调查内容做到心中有数，调查才能有序开展。二是在活动提示中呈现。教材在“家乡文化生活现状调查”的活动提示中呈现了一般的社会调查程序，包括：选择调查主题——调查准备——调查记录——整理分析材料。三是在学习资源中呈现。教材针对“家乡文化生活现状调查报告”提供了三个学习资源：《调查的技术》《访谈法》《节日与文化》，前两者给予学生调查方法层面的依据和支持，后者给予学生调查内容层面的参考和范例。

3.调查作文的写作方法或程序的教材呈现

调查作文的写作方法或程序在统编教材中的呈现有三种情况。一是在附录（附表）中呈现。调查报告结构表是调查报告的书写规范。“家乡文化生活现状调查报告”附表三提供了调查报告结构表，包括标题、摘要、目录、调查背景与目标、调查步骤与方法、调查内容与分析、结论、建议、参考资料等项目，每一个项目都有对应的说明解释。二是在活动提示中出现。“访谈家乡人物或考察家乡风物，撰写《家乡人物(风物)志》”，学生初次撰写“志”这一文体，难免会觉得生疏。但是由于学生在小学有观察记录、初中有参观记录的写作经验，因而其难度是适合高一学生的。教材在活动提示中明确了“志”的含义，从对象、特点、内容、角度、表述方式、语言和情感等方面对“志”进一步补充说明。学生在写作时需要认真考量上述方面。三是在相关课文后的学习提示中呈现。教材将“选择一个有兴趣的科学课题，做拓展阅读和研习，撰写一份读书报告”安排为选修下第四单元的单元研习任务之三，并对写作方法提出要求：写作时要尽可能运用本单元所学的方法。这里所指的写作方法出现于本单元两组课文后的学习提示。要求学生在阅读科学论著文章之后，运用科学方法进行写作，这体现了读写融合思想。而课文在一定程度上提供了范例，包括书写格式、构思结构和语言风格等方面。

(二)调查作文任务呈现的比较

比较统编版必修上“家乡文化生活现状调查报告”与人教版必修2“幸福指数调查课题”的呈现内容(见表3-6)，我们发现以下三点变化。一是统编版对调查实际过程的指导更加详细具体。这体现在统编版调查内容更加具体，调查形式多样化且专业性更强，整理分析的方法和建议更有利于学生实际操作。二是统编版调查成果更加精简明确。人教版要求的调查成果庞大繁杂，难以实现，而统编版则对调查成果进行明确的规定，更加简洁明了。三是统编版提供了丰富的学习支架，其中的附表和学习资源都是良好的建议和参考。从两版高中语文教材中调查作文的呈现内容来看，统编版更加重视学生的主体地位，更有利于调查作文活动的开展与落实。

表3-6　两版高中语文教材中调查作文的呈现内容比较

教材	人教版	统编版
课题	幸福指数调查	家乡文化生活现状调查报告
位置	必修2·梳理探究	必修上·第四单元·学习活动
调查对象	幸福指数	家乡文化生活现状
调查地点(范围)	校园网、课外(同学和老师、其他人群)	家乡
调查内容	无	人际关系、道德风尚、文物古迹的保护、文化生活的方式等
调查形式(方法)	调查问卷	专题访谈、网上查阅、实地考察
整理分析	统计调查数据	图表的方式 对材料作深入挖掘分析，对家乡文化生活现状有自己的认识和思考

续表

教材	人教版	统编版
调查成果	幸福指数调查汇总。包括调查说明、调查数据统计、调查报告、网上讨论、评论文章等	可以撰写调查报告,也可以制作成演示文稿
辅助类学习资源	无	附三:调查报告结构表;学习资源:《调查的技术》《访谈法》《节日与文化》

(三)调查作文教材呈现的结构特点

调查作文是以独立的“课”为呈现单位,其呈现结构一般包括指导语、学生习作和课后练习三部分,都是围绕调查、调查作文展开的。① 高中的调查作文都是融合在单元中呈现。荣维东将统编版的单元分为两种:一种是以读写为主的单元,以课文或整本书的阅读为基础,精心设计学习任务;另一种是以语文综合实践为主的单元,以一体化设计的学习活动为核心,带动相关资源的学习及贴近生活情境的实践活动的开展。②

在以读写为主的单元中,以课文阅读为基础的单元的结构为:单元导语、课文、学习提示、单元研习任务、补白。调查作文主要呈现在单元研习任务中,调查作文的方法有时会呈现在学习提示、补白中。以整本书阅读为基础的单元的结构为:单元主题、单元导语、阅读导语、阅读指导、学习任务。调查作文呈现在学习任务中。语文综合实践单元的结构为:单元主题、单元导语、学习活动、活动导语、活动提示、附表、学习资源。调查作文呈现在活动提示、附表、学习资源中。

教材在上述相关结构中,直接针对调查作文,将调查任务,如何调查,如何撰写调查作文相对集中地呈现出来。

在学习任务群统领之下,统编版教材的编排体现了相关调查作文之间的有机联系。必修上第四单元的主题是“家乡文化生活”,属于当代文化参与学习任务群,教材安排了“访谈家乡人物或考察家乡风物,撰写《家乡人物(风物)志》”“家乡文化生活现状调查报告”两个调查作文。从调查及记录方法到志、调查报告的撰写方法或程序,教材都进行了全面细致的介绍,并形成一个由简单到复杂、由浅入深的系统的方法体系。目的是引导学生积极参与当代文化生活,把语文课往社会生活拓展,从而提高语文综合运用的能力。必修上第八单元的主题是“词语积累与词语解释”,属于语言积累、梳理学习任务群,教材安排了“探究成语中的文化”“新词语与社会、文化”两个调查作文。学生在这两个调查作文活动中,一是能有针对性、

①张荣华,万明生.调查作文的比较、分析与反思(二)——初中语文教材的中日比较[J].山西师大学报(社会科学版),2009,36(2):132-136.

②荣维东.重建写作课程的概念、类型与内容体系——基于《普通高中语文课程标准(2017年版)》写作内容的解读[J].语文教学通讯,2019(16):4-8.

有选择地积累语言材料——成语、新词语；二是能探究语理——成语、新词语的来源和用法；三是能进一步强化语用意识，在生活中规范使用成语和新词语。统编教材将若干调查作文整合到同一学习任务（群）中，这种成组的编排方式能够强化学生的调查作文学习效果。

三、总结与反思

语文核心素养贯彻在统编版所有调查作文中。在文化传承与理解方面，调查作文承担着引领学生热爱中华文化的责任。一是热爱家乡文化。从家乡这一学生熟悉的地域环境入手开展学习活动，如《家乡人物（风物）志》、“家乡文化生活现状调查报告”“今日中国乡村的变迁”调查报告。二是继承革命文化。如对家乡的爱国主义教育基地或革命历史遗迹的参观访问。三是热爱祖国语言文字。如语言课题类型中的调查作文。学生通过对上述文化现象的探寻能够触摸中华文化的肌理，感受中华文化的发展脉络。而这些文化反映着人民群众的审美追求，学生的审美鉴赏与创造素养在调查作文过程中也能得以涵养。在思维发展与提升方面，小论文类型的调查作文最能发展学生的逻辑思维和辩证思维，并进一步增强学生思维的深刻性、敏捷性和独创性。调查作文学习活动的过程也是学生个体言语经验发展的过程，在过程中实现语言的建构与运用。总之，学生能够在高中阶段调查作文的学习中切身体会到中华文化的悠久与丰富、历史的思辨与理性、科学的严谨与求实。这也符合立德树人的根本要求。

统编版的调查作文作为单元的应做任务更加独立和完整，但也存在一些不足。统编版最大的问题在于调查作文评价与反思环节的缺失。统编版在初中阶段以附录的形式呈现了综合性学习评价量表，涉及调查研究的过程或方法的学习评价。相比之下，统编版在高中阶段并没有继续坚持对调查作文学习评价的有益探索，未设计针对调查作文或者与之相关的学习评价量表。统编版在高中阶段只有在三个调查作文中明确要求学生与同学交流，其中只有一个调查作文要求学生回顾反思并修改文章。教材极少在调查作文中提及交流、修改，这显然是不能形成评价与反思的。这样的情况下，师生要么认为调查作文不需要评价与反思，要么由于不会针对性地评价调查作文，只能就此作罢，所谓的交流和修改只能是流于形式、应付了事。教材不加设置调查作文评价与反思环节，如何能确保活动的品质？学生又该如何在活动过程中和活动结束后进行自我认知与行为纠偏？该问题的出现与新课标有很大关系，《普通高中语文课程标准（2017 年版）》没有针对调查作文提出明确而具体的评价要求。针对学生在调查作文中的调查过程、写作成果等方面的表现，教材既没有提供现成的简明的评价标准，也没有提示教师和学生自主开发设计针对调查过程或成果的评价工具。这样，调查作文学习活动难免处在“暗胡同”中，难以明朗化、可视化。评价与反思环节的缺失使得学生无法及时监测、修正和调适自身的行为。

此外，调查作文设计的“身份意识”和“读者意识”是缺失的，这就会降低调查作文的真实性和实效性。如在“调查身边人获取信息的习惯”课题中，学生身份可以是记者等媒体从业人员，后期将调查报告发表在报刊、网站或公众号等平台上，供大众阅读；在“家乡文化生活现状调查报告”课题中，学生身份可以是当地文化部门工作人员，后期将调查报告制作成海报、视频等形式，在小区内进行展示、播放，供小区居民阅读观看。这样，学生就能够明确自己是以什么身份参与活动的，调查成果是给谁看的，以及本次调查作文到底有什么作用等基本问题。如此改造后的调查作文不仅情境真实，而且对解决实际问题是有用的、有效的。

总之，统编版高中语文教材在调查作文教育方面取得了很大的进步。在学习任务群统领下，统编高中语文教材在大任务、大单元、大情境中组织调查作文教学，在调查作文的情境、任务、过程、支架等要素的设计方面都做了一些可贵探索。[①] 调查作文的情境和任务更加明确且有新意，文体等成果意识得以强化，调查研究方法和调查写作方法更加详尽全面，还提供了丰富的学习支架。这折射出课程开发和教育理念的进步和教材编写者的努力。同时，统编版教材也存在题目过于宏大、缺少评价反思环节，以及真实性和有效性仍需提升等问题。这也是日后课程标准和教材修订时需要重点关注的问题。

第四节　中小学课程标准中的调查作文

课程标准是一定阶段学校教育的课程水准、课程结构与课程模式的教育教学的纲领性文件，[②]它既是教材编写、教学、评估和考试命题的依据，也是国家管理和评价课程的基础。自1902年以来的一百多年间，指导我国中小学课程实施的纲领性文件历经多次更名与修订，如“学堂章程”“大纲”“课程标准”“教学大纲”“课程纲要”等。但是，这些纲领性文件都担负和发挥了课程标准的功能与作用。从课程标准的角度去分析，可以帮助我们了解调查作文发展的历史概貌，窥探我国跨学科写作教育发展的症结，以便总结发展策略。

一、研究设计

(一)研究样本

为了更清晰、明确地分析课程标准中的调查作文，我们收集了《20世纪中国中小学课程标准·教学大纲汇编》八卷本中收录的课程文件、[③]2001年以后教育部新一轮课程改革中颁

①申宣成.语文综合性学习的课程价值与设计理路——兼论统编高中语文教材活动设计[J].课程·教材·教法，2021，41(5)：67－73.

②顾明远.教育大辞典[M].上海：上海教育出版社，1998.

③课程教材研究所.20世纪中国中小学课程标准·教学大纲汇编[M].北京：人民教育出版社，2001.

布的中小学各科课程标准的单行本,[①]包括2001年版的义务教育课程标准实验稿(其中,地理、品德与社会为2002年版,思想品德为2003年版,小学科学为2007年版)、2003年版的普通高中课程标准实验稿(思想政治为2004年版)、2011年版的义务教育各科课程标准,以及2017年制定的普通高中最新课程标准。[②] 最终确定小学、初中和高中的三个学段,语文、数学、物理、化学、生物、地理、历史、思政(包括思想政治、思想品德、思想品德与社会、思想品德与生活、道德与法治)、常识(包括自然、社会、卫生、常识,以及小学科学)9个科目488个课程文件(包括学堂章程、课程标准、教学大纲等)为研究样本,对课程标准中调查作文的价值取向、要求层次、类型、实施程序等展开分析。

(二)时间单位

本次分析对象涵盖20世纪以来全部学段、全部科目的课程标准,数量多,时间跨度大。故而在分析时,我们对时间脉络进行了梳理。在本研究中,选取一些关键的时间节点为分界点,将1902年至今的发展历史分为一个个便于分析的时间单位(时期)。[③] 即:旧民主主义革命时期(1902年—1918年)、新民主主义革命时期(1919年—1948年)、第一次课改时期(1949年—1952年)、第二次课改时期(1953年—1957年)、第三次课改时期(1958年—1963年)、第四次课改时期(1964年—1976年)、第五次课改时期(1977年—1980年)、第六次课改时期(1981年—1985年)、第七次课改时期(1986年—2000年)、第八次课改时期(2001年—2017年),共计10个主要时期。为行文方便,以上各时期统一简略表示为"某改",如第八次课改时期,简写为"八改"。

(三)分析框架

以调查作文和科学写作的基本特征为根据,考虑了课程标准的结构,并参考相关研究,经过多次充分讨论后,形成分析框架。经信度检验,各维度的Kappa系数值均大于0.8,说明其具有较好的信度。该分析框架涉及调查作文的"价值取向""要求层次""实施程序""类型"等6个主分析维度。在每一个主分析维度下,又确定了分析的次级分析维度。如,"调查作文教育的量"涉及三个次级维度:出现次数、字数、占课程标准字数的百分比例。为了准确获取相关信息,又进一步对次级维度进行了操作性定义。如,调查作文的出现次数,按相关内容在课程标准中出现"处"计数,同一位置对同一调查作文活动的描述,按一次计;不同位置对同一调查作文活动的描述分次计。表3-7展示了部分主分析维度和次级分析维度。

---

①中小学各科课程标准的单行本均由山西师范大学教育科学研究院资料室提供。

②中华人民共和国教育部.普通高中课程方案[M].北京:人民教育出版社,2020.

③乔建中.基础教育"八次课改"的历史轨迹与研究脉络[J].江苏教育研究,2012(9):18-22.

表 3-7 调查作文的文本分析框架(部分)

主维度	次级维度	操作性定义
价值取向	知识	以学会知识为目标
	能力	以掌握技能、提升能力、发展思维为目标
	情感态度价值观	以培养学生的情感、态度、价值观为目标
要求层次	结果中心范式	以语言学、文章学知识为指导,关注写作的文本结果,写作内容是对某一对象的描述、记述、描写、议论或说明
	过程中心范式	关注写作的过程,作者的思维活动和问题的解决,更注重科学概念和思维过程的文字性描述或表达
	交流中心范式	关注话题、读者、目的、文体、语言等交际语境,体现在应用图、表、符号等描述或表达,有一定规范的格式
实施程序	提出活动主题	对调查作文与科学写作活动主题提出的相关描述,可以是教师提出、学生提出或者师生共同提出。同一位置同一主题计一次,不同位置同一主题分次计
	研究方法的教授	对确定活动主题、选择调查(探究)对象、调查(探究)方法、资料(数据)收集及分析的教授过程,可以是其中的一个环节,也可以是多个环节。同一主题活动的相关方法教授,不论有几个环节,均按一次计
	活动过程	对活动过程的描述,既有学生调查或探究实施中的具体内容,还有教师指导或监控活动。同一位置对同一主题的描述,不论是教师还是学生的活动均按一次计,不同位置对同一活动的描述分次计
	实施写作	对调查作文写作过程的描述,包括教师的教授和学生的写作。同一位置同一主题的描述,不论是教师还是学生活动均按一次计,不同位置对同一活动的描述分次计
	汇报与交流	与调查作文或科学写作完成后的汇报和交流有关的活动,可以是师生交流、小组交流讨论、全班同学的交流或者学校举办的主题交流会等。同一活动主题的记一次,不同主题分次记

(四)数据收集与整理

1. 数据来源

通过精读每个课程标准,将文中出现的与调查作文有关的内容摘录出来,形成分析数据。数据来自以下几方面:

(1)对调查作文与科学写作的要求与规定。可以是对写作任务的总体描述,例如,开展生物小论文;也可以是写作过程的相关内容,如“拟定题目”“写作”“修改”和“讨论”等。

(2)对调查作文与科学写作过程中的监控。包括教师在学生写作过程中的指导、点评、批改等。例如，由教师提示纲要，使学生记录其细目，并绘其图像，交教师或由学生团体公共订正，或由教师分别指正。

(3)指向调查作文与科学写作的相关实践活动。凡是出现在调查作文写作前的调查活动，可以是对活动的详细描述，也可以是简单的说明。例如：要求学生拟定调查或考察提纲，搜集有关的数据或资料，并运用已学的化学知识来分析和解释某些现象，写出调查报告或小论文。

(4)调查实践过程中的指导。教师对调查实践活动中调查方法的教授及实施过程、结果记录、汇报交流等环节的指导。例如：在教师的具体指导下，对学生实验的方法、步骤、观察、记录、绘图等进行初步训练。

2. 数据收集

文本摘录时，一般以最近的一句话的句号为限。例如，设计和做生物实验，建立生物园，进行生物资源调查和生态调查，开展生物小论文、小制作、小发明等活动。在确定分析内容的时候，有三个原则。第一，内容同时涉及调查活动和报告写作。例如，以下表述可以作为一个样本：

> 考察范围，或为古物保存所博物馆等所搜集之古物，或为陵墓祠宇园林等古迹，皆可用于相当时间，作参观旅行。并于考察后，作成报告或考证。

第二，如果仅仅出现对调查内容或者调查过程的描述，却没有相关的写作环节，就不能算作是本研究中的分析样本：

> 旅行、实地调查研究，或利用电影、幻灯、戏剧，帮助观察验证。

第三，对于没有经过调查活动的写作任务，也不是本次研究的样本：

> 普通文、实用文等的习作。

3. 编码

对样本基本属性进行编码时坚持两个原则：

第一，不进行学段的编码。主要原因是大量内容无法区分明确的学段，1986 年以前的课程标准中，“中学”包含初中和高中两个学段；1986 年以后义务教育阶段的课程标准包含小学和初中两个学段。

第二，不同科目采取独立编码而非文理科分开编码。原因有两个：一是本次研究主要为探明不同科目中调查作文的情况，各科目分开比较更便于分析其具体情况，也更容易发现较为典型的例子并分析；二是常识这一科目无法明确说明其学科类型是文科还是理科。

4. 复查

得到编码结果后对其进行筛查，对不符合分析框架的数据，查找摘录原稿，进行核实，重新编码，保证数据的准确性。

（五）数据分析

依据“调查作文文本分析框架”，摘取课程文件中与调查作文相关的文字描述。将文字描述转化为相应数值，然后分维度进行统计和量化分析，分析方法主要涉及均值、百分比、卡方检验等。近百年来，共有 143 个课程标准涉及调查作文，占课标总数的 29.3%。对不同科目课程标准涉及调查作文的频率进行卡方检验，显示其中存在着显著的差异。不同科目课程标准中涉及调查作文的课程标准数量如表 3－8 所示。

表 3－8　20 **世纪以来中小学不同科目涉及调查作文的课程标准数量**（N＝488）

科目	常识和科学	语文	历史	思政	数学	物理	化学	地理	生物	合计
课程标准总数	36	63	54	72	71	44	43	47	58	488
涉及调查作文教育的数量	16	19	14	8	4	27	26	9	20	143
百分比（%）	44.4	30.2	25.9	11.1	5.6	61.4	60.5	19.1	34.5	29.3

从上表可知，自 20 世纪以来，各科目的课程标准中涉及比例最高的是物理，达 61.4%，最低的是数学，仅有 5.6%。语文课程标准中，仅有不到三分之一涉及调查作文。

二、调查作文的价值取向

课程标准中，调查作文的价值取向以“知识”取向为主，能力次之，情感态度价值观排第三。10 个时期中有 7 个时期实施了调查作文。除二改和五改这两个时期外的 5 个时期，均包含了全部三种价值取向。其中，“知识”取向贯穿七个时期，“能力”和“情感态度价值观”取向总体呈现增长趋势，但后者增长较为缓慢。2001 年以后，几乎所有科目的调查作文与科学写作均具备 3 种价值取向。如 2003《普通高中生物课程标准（实验）》中，以“观察并记录各种试剂与相关反应物产生的实验现象”“设计和制作生态瓶需要合理地配置生态系统的组分，将本组选定的生态系统各组分记录在下面的表格中”等为知识取向；“从多个侧面评价学生的探究能力，如以记录实验现象和数据、重复收集实验数据、处理实验数据、完成实验报告”为能力取向；“教师应向学生提供机会学习量的测定，实事求是地记录、整理和分析实验资料、定量表述实验结果等”中的“实事求是”体现对科学探究的严谨态度。对不同科目间的比较发现，除历史这一科目仅在“知识”和“能力”取向间徘徊外，其他科目均涵盖全部 3 种价值取向。相比而言，生物、物理、化学等科目比语文、思政更加注重情感态度价值观的培养。价值取向多样化程度最高的是三改时期的物理科目。

三、调查作文教学的要求层次

课程标准中，调查作文的要求层次以“结果中心范式”出现频率最高（如图 3－1 所示），

2001 年以后几乎每科的课程标准都涉及三个层次。随着时间的推移,“结果中心范式”呈现减少的趋势,“过程中心范式”和“交流中心范式”呈现增多的趋势,同一时期内,3 个要求层次趋于均衡。各科目中“结果中心范式”居多,其他两种相对较少。其中,七改时期地理的“结果中心范式”,八改期间的科学科目中的“过程中心范式”和物理科目中的“交流中心范式”最为频繁。

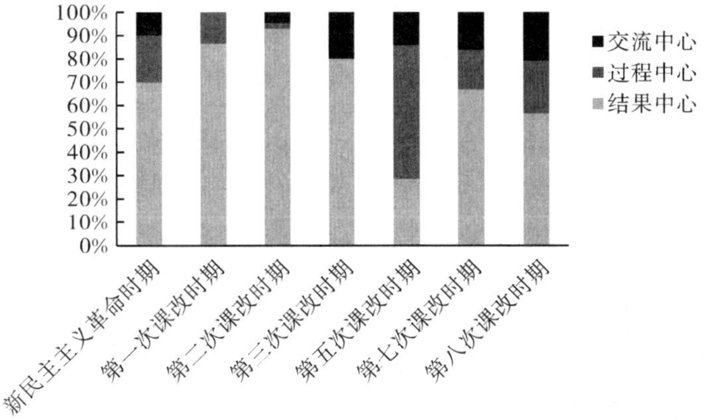

图 3-1　不同时期调查作文的要求层次

作为作文教授的基础科目,语文在 2001 年以前,其课程标准中对调查作文的要求一直停留在“结果中心范式”的水平,如撰写“读书报告”“耳闻目见的事实报告”“对照图片、实物等的口述”“描述观察或参观所见的自然景物或劳动场面”“把观察所得写在自然历上,把生物角、实验园地、乡土研究的工作作成记录”等。2003 年《普通高中语文课程标准(实验)》中提出“指导学生根据写作需要搜集素材,可采用走访、考察、座谈、问卷等方式进行社会调查,也可通过图书、报刊、文件、网络、音像等途径获得有用信息。在新闻与传记的写作中引导学生运用调查、访问、讨论、查找资料等多种方式获取素材,提高根据表达需要搜集和处理信息的能力。”这里,出现了过程中心范式的相关要求。2011 年《义务教育课程标准(语文)》在课程内容中提到了“结合语文学习,观察大自然,用口头或图文等方式表达自己的观察所得”“策划简单的校园和社会活动,对所策划的主题进行讨论和分析,学写活动计划和活动总结”“尝试简单的研究报告”等,这些内容中,可以看到交流中心范式的调查作文开始在语文课程标准中出现。《普通高中语文课程标准(2017 年版 2020 年修订)》中有“聚焦特定文化现象,自主梳理材料,确定调查问题,编制调查提纲,访问调查对象,记录调查内容,完成调查报告,就如何传播社会主义核心价值观,弘扬中华文化精神,反映中国人审美追求等专题展开交流研讨”,体现出三个层次的要求。但对写作的规范仍然没有具体的要求。

四、调查作文的类型

按照观察日记、参观记录、调查报告、人物访谈、实验报告的分类,对课标中调查作文的类型进行分类统计,从时间顺序上来看(图 3-2),有两个时间段类型十分丰富。20 世纪 50 年代为第一个小高峰,类型主要以观察日记、实验报告、参观记录为主;2001 年以后为第二个小高峰,类型主要以调查报告、实验报告、观察日记为主。

从科目来看(图 3-3),不同科目课程标准中的调查作文与科学写作的类型组成有以下特点:第一,各个科目中均存在"调查报告",且数学学科中数量最多,其次是地理和思政;第二,"人物"访谈仅出现于思政科;第三,以实验报告为代表的科学写作出现于物理、化学、生物等自然科学类科目;"观察日记"更多地出现于语文,地理其次。

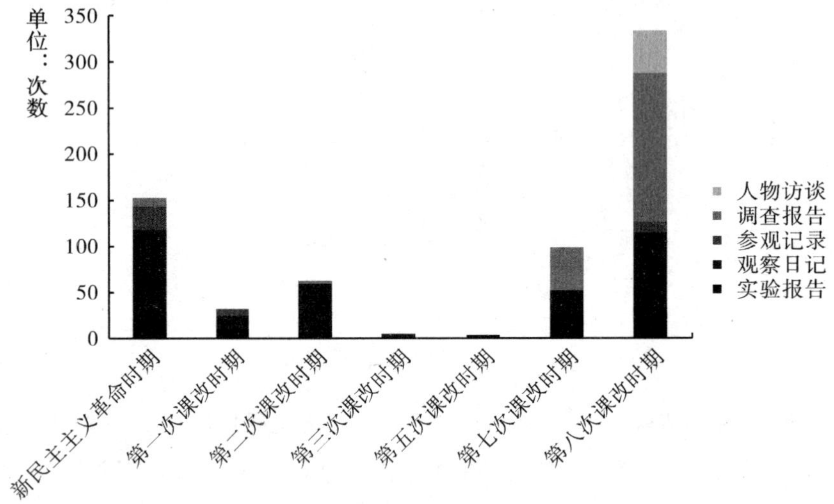

图 3-2 不同时期调查作文与科学写作的类型

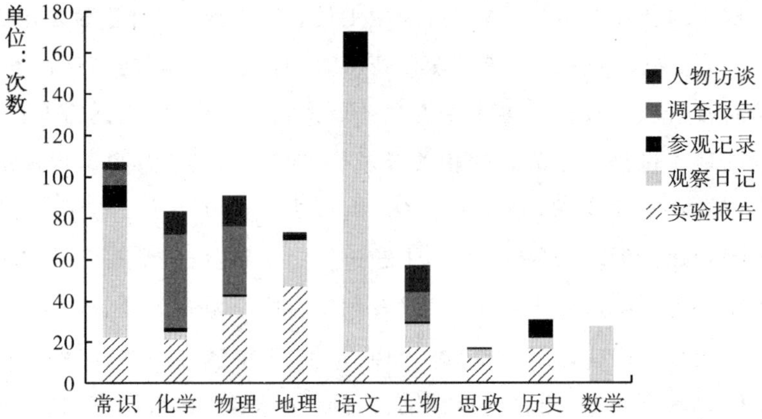

图 3-3 不同科目课程标准中的类型

五、调查作文的实施程序

按照实施程序各环节出现次数的平均值将各环节排序,实施写作>活动过程>研究方法的教授>提出活动主题>汇报与交流。如图 3-4 所示,从实施程序上来看,调查作文与科学写作总体上呈现出更注重“活动过程”和“写作的实施”，其他三个方面的欠缺应引起深思。交流与汇报是五个环节里均值最少的，也就是说历年来，大多数的调查作文实施到“写”这一环节就停止了，并没有对应的汇报与交流。然而，对于写作而言，交流是促进写作水平提高的有效方法之一，如果写完没有进行有效的交流，写作水平很难有所发展。课程标准中对“汇报与交流”这一环节的忽视，可能是导致调查作文发展水平滞后的原因之一。各科目不同时期中调查作文教育实施程序最为完善的是新民主主义革命时期的地理科目。

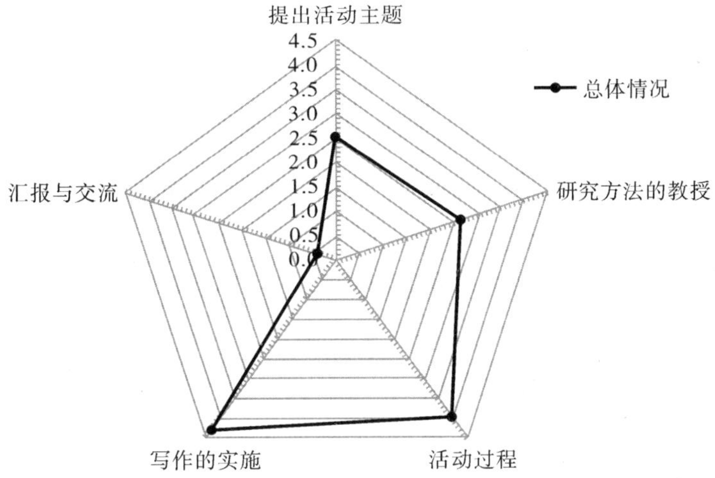

图 3-4　课程标准中的实施程序均值比较

活动主题的提出按提出者不同，可以分为：教师提出、学生提出、师生共同提出。研究发现，活动主题主要由教师提出，自 1986 年以后开始有学生提出的主题，但量极少。值得注意的是，2001 年以后，师生共同提出活动主题所占的比例有大幅度的提升。将活动的主题按照“自然科学类”和“人文社科类”进行分类统计，发现总体表现为自然科学类多于人文社科类。具体而言，从 1919 年至 1964 年，自然科学类所占比重逐渐增多，以至于在 1958 年至 1964 年这一段时间，课程标准中出现的调查作文主题均为自然科学类；1986 年以后，人文社科类主题有所增加，但自然科学类仍然占据主要地位。对调查作文与科学写作相关活动的描述可以分为两大类，即：活动与写作相结合、单纯的写作。研究发现，除了“1958 年—1964 年”“1977 年—1980 年”这两个时间单位里只有单纯的写作外，其他时间单位均表现为“活动与写作相结合”这一类型的比例越来越大。

调查作文教学中，方法的教授必不可少。我们从“如何定题目”“如何选择对象”“如何收集资料”，以及“如何整理资料”四个方面，对课程标准中有关方法教授的内容进行统计，结果如图 3-5 所示。20 世纪 60 年代到 80 年代中期只关注资料的收集，其他方法并无涉及。这一时期之前和之后的各个时期的四个方法都有涉及。2001 年《全日制义务教育化学课程标准（实验稿）》在教学的实施建议里有这样的案例：

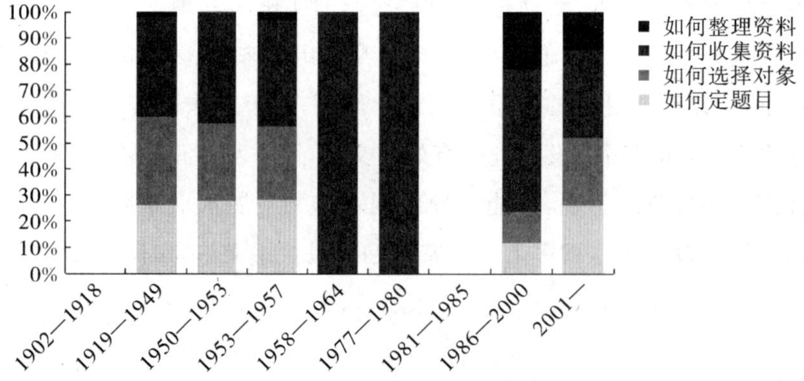

图 3－5　历年来研究方法教授的变化

> 在测定一段时间内本地雨水的 pH 值，绘制时间—pH 关系图，讨论本地区出现酸雨的情况，分析可能原因的活动中，学生要经历“提出问题（本地区可能有酸雨），取样和测定雨水的 pH 值，记录数据，处理数据，通过比较得出结论（作出是否存在酸雨的判断）；根据本地实际分析各种可能的原因”这样一个过程。考查和记录学生在这个过程中的具体表现，从学生参与探究活动的积极性、实验技能、记录和处理数据的能力、实验报告的合理性、学生交流讨论和发表见解的情况等作出综合的评价。

这一案例中对于调查作文的主题选定、方法教授、活动的实施、写作及交流都有了相应叙述。《普通高中历史课程标准（2017 年版 2020 年修订）》中也存类似规定。

具体到写作，课程标准中的相关内容可以分为：布置写作任务、学生写作，以及教师对写作的指导和监控三大方面。研究发现，历年来，写作任务的布置和学生写作的比例相当，而教师对写作的指导和监控所占比例则较少。换句话说，历年来，只要教师布置调查作文的写作任务，学生就会有相应的写作活动出现，但在学生写作的过程中，教师对写作过程的监控却不足。

此外，我们对课程标准中调查作文出现的位置和字数进行了统计。课程标准中调查作文主要出现在各部分的比例为：“内容标准”（60％）、“前言”（7％）、“教学建议”（14％）、“评价建议”（8％）、“附录”（7％），但在“课程目标”（2％）、“教科书编写建议”（1％）、“课程资源的开发与利用”（1％）中较少，“时间支配”（0％）则从未出现过。按时间顺序，调查作文字数占课程标准总字数的百分比越来越高，从最初的不足 1％到近几年最多可达 7.15％。每个时间单元里调查作文字数占课标总字数的百分比最多的科目也有所差异。总体来看，随着时间的变化，调查作文教育呈现上升趋势。

（本章第一节至第三节作者为张悦悦，北京市通州区运河中学初中语文教师；第三节作者还有邵晋英，山西师范大学教师教育学院副教授，硕士生导师；赵一新，运城学院中文系 2018 级学生。第四节作者为闫阅，陕西省西安市第 44 中学教师。）

本章小结

本章对统编版和人教版中小学语文教材中的调查作文进行比较，第一节至第三节从调查作文的类型与课题设计、教材呈现等方面进行比较与分析，概括各学段语文教材的进步与不足。第四节从调查作文的价值取向、要求层次、实施程序等方面探讨课程标准中的调查作文。从课标分析结果来看，作为作文教育任务重要承担者的语文课程，在调查作文教育方面并没有独占鳌头。研究表明，在信息时代，推进调查作文教育需要继续深化调查作文教育研究。

思考题

1. 统编版小学语文教材中的调查作文有哪些进步与不足？试举几个例子来说明。
2. 试分析统编版初中语文教材中是如何安排调查作文研究方法和写作方法的？
3. 试分析统编版高中语文教材中调查作文的进步与不足。
4. 对课程标准中的调查作文进行文本分析，应如何设计分析框架？

第四章　中小学其他教材中的调查作文

章节提要

本章对中学历史、义务教育道德与法治、高中思想政治、小学科学、中小学数学、中学物理、中学化学、中学生物学和中学地理等教材中的调查作文进行了分析。企图描绘调查作文教育的现实图景。

学习目标

1.分析中学历史教材中的调查作文,试分析课程实施困难。

2.分析义务教育道德与法治教材和高中思想政治教材中的调查作文,试分析其实施的困难之处。

3.分析小学科学教材中的调查作文。

4.分析中学物理、化学、生物学和地理教材中的调查作文,试分析其实施的困难之处。

5.体会调查作文开展的普遍性。

除语文课程以外,调查作文在中小学的其他课程中也得到广泛的开展。概览中小学其他课程的教材,我们不难发现,与语文教材相比,调查作文的类型不一定全面,但课题涉及的范围更广,研究的问题更专业,调查研究的方法也更具体。一些教材,如数学教材甚至还呈现出调查作文的写作结构。

第一节　统编版历史教材中的调查作文

从 2017 年秋季开始,历史统编版教材开始在全国小学和初中的起始年级使用,2019 年实现全覆盖。普通高中阶段,历史新教材将随着 2019 年秋季开学进入部分省市的校园。其他省市将根据新高考推进和各省实际情况陆续推进,2022 年前全部使用新教材。中学历史教材设计了大量的调查作文。

一、初中教材中的调查作文

统计发现，统编版初中历史教材中调查作文的类型涉及四种类型。[①] 分别为社会调查报告(3次)、参观记录(2次)、人物访谈与传记(2次)、小论文(6次)。统编版初中历史教材中调查作文的类型与课题设计见表4-1。

表4-1 统编初中历史教材中调查作文的类型与课题设计

类型	调查作文课题设计
社会调查报告	1.以“搜索中国传统节日”为题，搜集资料，展开研究，分小组以不同形式展示研究的成果。(七下P111活动课) 2.“生活环境的巨大变化”，请以小组为单位，选择一个有切身体会的专题，走访有关部门、单位或个人，设计调查问卷，分析调查结果，撰写调查报告，交流调查成果，可根据自己所处环境的资源情况和个人学习目标的要求，在两类话题中进行选择：一是社会类(社会保障、教育发展、环境变迁、医疗改善、体育设施)；二是家庭类(家庭收入、住房改善、饮食变化、服饰演进、交通方式)。(八下P98活动课) 3.通过查阅资料或采访长辈，调查你生活的地区在近几十年里人口和环境的变化，想想这些变化有何影响。(九下P106课后活动)
参观记录	1.“考察近代历史遗迹”，请选择近代留下的建筑，了解他们对本地乃至社会发展产生的影响，感悟近代中国历史。(八上P130活动课) 2.请你和同学组成探访小组，循着历史的足迹，进行一次世界古典文明的探寻，了解丰富多彩的古典文化成就，感受人类文化的多元性、共容性，写出一篇探访日记。(九上P30活动与探究)
人物访谈与传记	1.请你访问长辈，把他们在香港回归祖国那一激动人心时刻的感受记录下来，整理成文，办一期墙报。(八下P66课后活动) 2.你还知道哪些环保人物？与同学一起分享他们的环保故事。(九上P88拓展空间)
小论文	1.以“让我们共同来感受历史”为题，通过多种方式考察身边有哪些事物可以看出历史的发展变化。搜集各种资料，对身边的历史进行叙述和分析。(七上P104活动课) 2.1987年，万里长城和故宫都被联合国列为世界文化遗产，请分成两组，分别搜集有关长城和故宫的资料，撰写成文，具体介绍这两项古代建筑被列为世界文化遗产的理由。(七下P83活动课) 3.搜集我国历次阅兵所展示的军事装备图片，加上说明，在班里办一个展览，展现我国军事装备的进步。(八下P78课后活动) 4.查阅有关资料，写一篇关于伊斯坦布尔城市的介绍。(九上P50活动与探究) 5.起草一份环保倡议书，传播你的环保观念。(九上P88拓展空间) 6.“时事溯源”，根据最近发生的时事，在老师的帮助下，选择一个或几个适当的课题，了解时事的历史渊源，探索时事发生的历史背景，分析历史与现实的联系与异同。(九下P107活动课)

①现行统编初中历史教材共有六册，均由齐世荣总主编，人民教育出版社出版。其中，2016年版七年级上下共2册，由瞿林东、叶小兵主编；2017年版八年级上下册共2册，由郭双林、李伟科主编；2018年版九年级上下册共2册，由侯建新、许斌主编。

二、高中教材中的调查作文

统计发现，高中统编版历史教材中调查作文的类型涉及四种类型。[①] 分别为社会调查报告(7 次)、人物访谈与传记(2 次)、小论文(12 次)，以及自然科学调查报告(1 次)。统编版高中历史教材中调查作文的类型与课题设计见表 4－2 所示。

表 4－2　统编高中历史教材中调查作文的类型与课题设计

类型	调查作文的课题设计
社会调查报告	1.学习延伸：中国古代手工业中，除冶金、制瓷和丝织业外，还有许多行业领先于世界。试通过调查，搜集资料予以说明。(必修二 P11 探究学习总结) 2.学习延伸：对自己家庭在改革开放前后的物质生活变化情况(包括收入、住房、衣食、家用器皿等)进行调查和比较，再用表格形式展示出来。(必修二 P67 探究学习总结) 3.学习延伸：做一次社会调查，看哪种媒体对我国高中生的生活影响大。(必修二 P75 探究学习总结) 4."中国民生百年变迁"，请同学们选择一个领域或某个侧面，例如，传统农业生产方式的改变，城市人民生活的近代化，教育的普及与发展，通信电话的演进，新兴的行业，服饰与文化，家庭生活的变迁等，然后分别搜集相关文献资料、图片、统计图表、实物等，或进行访谈调查，多渠道了解中国民生百年的变迁，再整理出材料，举办一个"中国民生百年变迁"历史展览会。(必修二 P76 探究活动课) 5.学习延伸：开展社会调查活动，搜集经济全球化对当地发展影响的事例，谈谈你对经济全球化的发展。(必修二 P113 探究学习总结) 6.学习延伸：根据互联网提供的信息服务，比如新闻、娱乐和购物等，组成兴趣小组，分别追踪这些信息对社会和各类人群造成的影响，写出调查报告。(必修三 P65 探究学习总结) 7.学习延伸：分组调查、收集你所在学校的有关资料，举办一次班会，介绍学校发展的历史。(必修三 P105 探究学习总结)
人物访谈与传记	1.学习延伸：查阅辛弃疾的生平事迹，谈谈《破阵子·为陈同甫赋壮词以寄之》这首词反映了什么样的历史状况。(必修三 P45 探究学习总结) 2.学习延伸：毛泽东把古代兵书的精华与现代战争具体情况结合起来，创造了游击战、运动战等战略战术，在长征时期"用兵如神"；解放战争时期，运筹帷幄，决胜千里。读一两本相关书籍，探讨毛泽东的军事思想。(必修三 P85 探究学习总结)

①现行高中历史统编版教材共有五册，均由张海鹏，徐蓝总主编，人民教育出版社出版。其中必修 1《中外历史纲要(上)》，张帆，李帆主编；必修 2《中外历史纲要(下)》，晏绍祥，张顺洪主编；选择性必修 1《国家制度与社会治理》，卜宪群，李帆主编；选择性必修 2《经济与社会生活》，杨共乐，叶小兵主编；选择性必修 3《文化交流与传播》，余伟民，章清主编。

续表

类型	调查作文的课题设计
小论文	1.“黑暗的西欧中世纪”，要求在认真阅读背景资料后，进一步搜集相关资料，进行分组讨论，对材料进行归纳总结，各小组派代表在课堂上做阅读讨论报告，最后形成1000字的小组总结报告，归纳总结西欧封建社会的政治特点及其形成原因。（必修一 P30 探究活动课） 2.活动延伸：各组代表对所有报告进行综合归纳，写出有关西欧封建社会政治特点的小论文。（必修一 P30 探究活动课） 3.学习延伸：收集外国资产阶级革命成功后封建势力妄图复辟的资料，同辛亥革命后封建势力的复辟活动进行比较，认识辛亥革命使民主共和观念深入人心的历史作用。（必修一 P65 探究学习总结） 4.学习延伸：从互联网、报纸、杂志中收集当年侵华日军留下的化学武器伤害中国人民的事实，分析侵略战争带来的长期危害。（必修一 P77 探究学习总结） 5.学习延伸：调查一下，中共十一届三中全会以前中国有哪几种法律？改革开放至今中国又有哪些法律？前后比较一下，看有什么变化？说明了什么问题？（必修一 P101 探究学习总结） 6.学习延伸：实现祖国统一，是海峡两岸同胞的共同愿望，请收集有关历史和现实资料，分析实现祖国统一的有利和不利因素。（必修一 P105 探究学习总结） 7.学习延伸：请你查阅有关资料，简要介绍黑奴贸易的概况，谈谈为什么黑奴贸易会盛行于15—19世纪这近四百年间。（必修二 P29 探究学习总结） 8.学习延伸：查找并列举第一个五年计划的主要建设项目，这些建设项目在地理分布上有什么特点，分析其原因。（必修二 P53 探究学习总结） 9.学习延伸：对罗斯福新政的作用，多年来中外学者有着不同的评价：有学者指出，新政的意义远超经济领域，也超出一定意义上的改革，它造成了资本主义的一次深刻变革或是一种再生；另有学者指出，新政的目的只是保护和巩固资本主义制度，不应过分赞扬。有兴趣的同学们可进一步查阅有关资料，就这些观点进行讨论，并阐述自己的观点。（必修二 P87 探究学习总结） 10.学习延伸：近代戊戌变法的主将梁启超，以“天下兴亡，匹夫有责”这一警句自勉。他以忧国忧民的精神，参与了维新变法运动，结合史实，查找资料，谈谈顾炎武和梁启超为什么会有同样的感受。（必修三 P19 探究学习总结） 11.以“传统文化的过去、现在和未来”为主题，收集资料，展开研究，撰写历史小论文。（必修三 P50 探究活动课） 12.学习延伸：电视节目的丰富多彩和电视台的长时间播出，对学业负担重的高中生来说，是利大于弊，还是弊大于利？（必修三 P120 探究学习总结）
自然科学调查报告	学习延伸：爱因斯坦提出了著名的质量能量公式，这一理论为核能开发提供了依据。第二次世界大战期间和战后，核能研究得到迅速发展。请查找资料，了解20世纪核能研究发展的基本情况，谈谈这一研究的发展对人类社会产生了哪些影响。（必修三 P57 探究学习总结）

三、通过调查作文落实学科核心素养培养

初、高中历史教材关于调查作文类型的题目，都是让学生在一定的历史知识储备基础上，通过收集历史文献资料、考古发现、历史遗迹、口头传说等各种历史材料进行研究，再撰写成文。初中教材涉及的调查作文类型有：社会调查报告、参观记录、人物访谈与传记、小论文四种；高中历史教材未涉及参观访问类型，但除社会调查报告、人物访谈与传记、小论文外，还出现了自然科学调查报告。

社会调查报告：初中教材在七、八年级课本的活动课与九年级课本的课后活动题中，设计有“搜集中国传统节日”“生活环境的巨大变化”“人口和环境的变化”三个题目，高中教材在必修二、必修三探究学习总结和活动课中设计的题目有“中国古代手工业中领先世界的行业”“改革开放前后物质生活的变化”“对高中生影响大的媒体”“中国民生百年变迁”“谈谈经济全球化的发展”“高科技信息对社会和人群造成的影响”“介绍学校发展的历史”七个题目。相比初中的社会调查报告，高中阶段更强调让学生在一定的空间（如古代、改革开放前后、百年、全球化）里对事物（手工业、物质生活、民生、经济、高科技信息、学校）进行观察分析（时空观念），还要对搜集的大量史料进行辨析，运用可信的史料，重现历史真相（史料实证），并且以史料为依据，对历史事物进行理性的分析和客观的评判（历史解释）。通过收集大量的（史料实证）让学生对历史形成正确、客观的认识（历史解释），也让学生明白必须重视史料的搜集、整理、辨析、去伪存真、去粗取精。最后感悟中华民族的价值观，感受中国的民族精神，激发其责任心、爱国情感（家国情怀）。

参观记录：初中八、九年级上册教材的“活动课”和“活动探究”中设计了“考察近代历史遗迹”“世界古典文明的探寻”两个题目，让学生考察近代历史遗迹，参观各类纪念馆、博物院、故居、商业老字号、娱乐场所等近代留下的遗迹，了解它们对生活产生的影响，通过参观记录大量的资料，加深学生对中国近代百年历程的理解，也更有利于培养学生认识农耕文明向现代工业文明的转型，使其树立起唯物史观。再通过让学生参观世界文明古迹，了解丰富多彩的古典文化成就，感受人类文化的多元性、共容性。

人物访谈与传记：初中教材在八年级下册课后活动中设计有题目“访问长辈在港澳回归那一刻的感受”；高中教材在必修三的探究活动总结设计有题目“查阅辛弃疾的生平事迹”“探讨毛泽东的军事思想”。这三大题目都是针对人物进行访问或查询，将历史学科核心素养与人物相结合。以查询历史人物或访问现实人物为载体，通过他们的亲身感受或成就，感悟人民大众是历史的推动者、社会价值的传承者，以人物为载体的教学，无疑是核心素养培养的一个突破口。

小论文写作，初中教材除了八年级上册中未涉及，其他五本教科书在“活动课”“课后题”“探究题”中设计了“共同感受历史”“介绍万里长城和故宫列为世界文化遗产的理由”“展现

我国军事装备的进步”“伊斯坦布尔城市的介绍”“时事溯源”五个题目。初中教材设计的五个题目学生可以通过查阅资料，结合教材内容，理清事物的发展线索来完成，重在培养学生史料史证素养的提升。通过大量的资料，学生可以做出历史解释，利于学生发现问题、解决问题，培养学生收集资料、整理资料、处理信息的能力，也培养了学生科学严谨的态度和强烈的责任心与爱国情感。

高中教材设计了“归纳总结西欧封建社会的政治特点及原因”“辛亥革命的历史作用”“侵略战争带来的长期危害”“改革开放前后法律的不同”“祖国统一的有利和不利因素”“黑奴贸易的盛行”“一五计划的特点及原因”“罗斯福新政的意义”“顾炎武、梁启超忧国忧民的感受”“传统文化的过去、现在、未来”“电视节目对高中生的影响”十多个题目。分析这些题目，可以发现，小论文的写作水平要求更高，它要求学生将聚焦热点、搜集资料、互动交流等相结合起来才能完成。高中教材的 12 个题目，学生们除了需要搜集大量史料、资料外，还要对资料进行筛选，互相探讨，透过现象看本质，不仅要描绘出历史事物，更要揭示出表象背后的深层因果关系，这些活动与探究题，都是培养学生的实践能力，通过已掌握的知识与技能进而以新颖、独特的思维和方法来解决问题，这样不仅能激发学生的兴趣，开发学生的潜能，也能更好地培养学生多角度思考问题的意识，更有利于学生学科核心素养的培养与提升。此外，高中教材中还出现了“核能研究对人类社会的影响”的小论文写作。

总之，在社会调查和小论文写作方面，高中教材比初中教材要求更高，且高中教材更侧重于小论文写作。这说明初高中历史教育更需要教师们能深入理解和精准把握调查作文的写作方法，并能科学地运用到教学实践中，以更好地推动历史教育改革。但是，调查作文的写作也给历史教师带来了极大的挑战。历史学科培养学生以史为鉴、知古鉴今的素养，帮助学生形成观察社会、分析问题的价值观念，基于这种素养的要求，我们广大的教师在教学中务必重视调查作文方面的写作。

第二节 统编版道德与法治、思想政治教材中的调查作文

从 2017 年秋季开始，义务教育阶段所有入学的起始年级，德育课程品德与生活、品德与社会被道德与法治所替代。至 2022 年，九个年级全部使用教育部统一组织编写的新教材。与此同时，普通高中思想政治全套教材 7 册，其中 4 册必修教材《中国特色社会主义》《经济与社会》《政治与法治》《哲学与文化》和 3 册选择性必修教材《当代国际政治与经济》《法律与生活》《逻辑与思维》进入部分省市。至 2022 年，高中新教材实现全国全覆盖。这套新教材

就是统编教材,以区别于在此之前全国通行的"一纲多本"教材。通过对义务教育新教材①②和高中新教材③的统计与分析,可以发现,为落实"立德树人",培育社会主义核心价值观,帮助学生确立正确的政治方向,提高其思想政治学科核心素养、增强其社会理解和参与能力,从小学到高中的新教材都设计了许多调查作文。

一、小学道德与法治教材中的调查作文

小学生低年级阶段,学生刚刚走进校园,良好的道德行为对他们今后的成长有着很重要的影响。教材主要围绕儿童的生活,以身边例子为主线,进行思想品德的渗透,如:观察记录身边不讲公共卫生的现象、调查垃圾问题、观察附近公共设施的损坏、写小短文调查交通红绿灯的遵守情况。通过这些活动,让学生们知道对与错,且能在生活中做到知行合一,从而达到训练思辨能力的目的。小学高年级的学生,他们有了一定的认知能力,所以要鼓励学生学会思考,促进他们的自我认识,培养其合作能力、思辨能力、学习能力和生活适应能力,如:调查研究环境污染,调查自己家庭三代人的衣食住行变化,参观游览过的自然景观,调查家风中蕴含的民族美德,介绍各种抗灾技术或发明等。这些题目类型的设计,以问题为导向,围绕学生的生活实际,研究普遍存在的问题,在课外探究这些有益的活动中,简化现实生活复杂的情况,引导学生借助自己的经验,依据已有的知识进行调查研究,从中发现问题、分析问题,有利于培养学生的思辨能力、自主学习能力、合作交流能力,进而形成正确的价值观念、良好的道德品质和向善的道德行为。

小学道德与法治新教材中的调查作文涉及社会调查报告(15 个)、观察日记(5 个)、参观记录(1 个)、人物访谈与传记(8 个)、小论文(10 个)和自然科学调查报告(6 个)。具体课题见表 4-3。

表 4-3　小学道德与法治新教材中调查作文的类型与课题设计

类型	调查作文的课题设计
社会调查报告	1. 我来调查一下身边的人怎样建设我们的国家,准备怎样庆祝国庆节,可制作调查卡片。(二上 P13) 2. 小孩需要学习,那么大人是否需要呢?让我们去调查一下,看看大人们在学什么?(三上 P4) 3. 让我们开一个学校情况介绍会,各小组把了解到的情况向大家汇报一下,可设计三个步骤:(1)小组成员;(2)汇报内容;(3)通过什么方法了解到这些情况。(三上 P27) 4. 你知道家乡过去的交通是怎样的吗?让我们一起去调查了解一下家乡交通的发展,想想,这些发展给人们的生活带来了怎样的变化,请把你的发现和大家分享一下。(三下 P74 活动园) 5. 分小组调查一下,你生活周边有没有随意丢弃、堆放生活垃圾的情况,通过看新闻、翻阅报纸、网络搜索等途径,了解你居住的城市生活垃圾处理情况。(四上 P81)

①中华人民共和国教育部. 义务教育教科书·道德与法治[M]. 第 2 版. 北京:人民教育出版社,2021.

②中华人民共和国教育部. 义务教育教科书·道德与法治[M]. 第 1 版. 北京:人民教育出版社,2021.

③中华人民共和国教育部. 2018 年普通高中课程标准实验教科书·思想政治[M]. 第 2 版. 北京:人民教育出版社,2021.

续表

类型	调查作文的课题设计
社会调查报告	6.让我们组成“浪费现象调查小组”，深入了解一下浪费现象吧。挑选某一个方面的浪费行为进行调查研究。（四下 P50） 7.问一问家人，他们小时候用的物品，哪些现在已经不生产了，哪些物品是过去没有而现在有的，给我们生活带来哪些舒适和便利，写出调查结果来。（四下 P61） 8.请你结合自己的经历或看过的资料，向同学们介绍一个少数民族传统节日。可围绕下面的问题进行介绍：节日的名称；节日给你印象最深的习俗；节日习俗的寓意；参加节日注意事项。（五上 P59 活动园） 9.你还知道哪些中国古代的技术创造？分组搜集资料进行探究，并在班级交流和展示。（五上 P78 相关链接） 10.公共生活离不开公共设施，让我们以“身边的公共设施及使用现状”为题，运用多种方法开展一次调查研究，请展示和分享你的调查报告。（五下 P25 活动园） 11.针对生活中出现的问题，如：(1)路口红绿灯坏了，车辆行人乱成一团；(2)工厂向河流排放污水，导致河流受到污染；(3)占用公路晾晒谷物，影响交通安全。请你调查了解国家、社会和个人为解决问题所做的努力。（五下 P33 活动园） 12.请分组收集公益改变人、改变环境的事例，并制作事例卡，从事例中提炼出你的观点，表达你的感受，并与同学分享。（五下 P42 活动园） 13.朱德的扁担、井冈山的油灯、红军给老百姓留的便条……井冈山时期红军官兵艰苦奋斗的故事流传至今。请以小组为单位，查阅更多的革命故事，分享自己的感受。（五下 P62 活动园） 14.通过实地考察、访谈等方式，对祖辈、父辈，以及自己三代人衣食住行用等方面的情况做一个调查，看看有哪些变化，并用自己喜欢的方式记录下来。结合调查结果，在班里开一次交流会，一起分享这些巨变反映了祖国哪些方面的成就。（五下 P89 活动园） 15.请选择衣、食、住、行中的某个方面，查阅资料，和同学一起找找世界上不同于我们的文化表现，探寻它们与当地自然环境的关系。（六下 P54 活动园）
观察日记	1.制作一个观察记录卡片：时间、地点、我看到不讲公共卫生的现象、我的建议。（二上 P42） 2.下面有一个圈，你会把它想成什么呢？把你的想象画出来，并涂上颜色，然后互相介绍一下自己的创意。（三下 P11） 3.观察学校或家庭附近的公共设施，看他们有没有受到损坏。如果有些设施遭到损坏，你能体会他们的委屈吗？（三下 P55） 4.请在食品、服装、文具、家用电器、药品等商品中任选一类，收集它们的商品标签、外包装、说明书等。比较一下，同类产品有哪些共同的信息，完成观察记录表。（四下 P29） 5.利用节假日观察所见的山水树木，用自己喜欢的方式记录和描述自然风光，欣赏和感受祖国山水之美。（五上 P49 活动园）
参观记录	请选择你游览过或了解到的一处世界自然景观，用自己喜欢的方式介绍一下，让大家一起感受这一自然景观的奇特之处。（六下 P51 活动园）

续表

类型	调查作文的课题设计
人物访谈与传记	1. 采访长辈，可设计如下问题：(1)他童年喜欢玩的游戏；(2)这个游戏的玩法。（二下 P23） 2. 分小组分别采访一位老师，了解老师的故事，在班上开一个小故事会。（三上 P38） 3. 现代通信技术的发展日新月异，我们去采访一下长辈，看看通信方式在最近几十年发生了哪些变化。（三下 P86） 4. 如果不能跟着父母去上班，也有办法了解父母工作的情况，比如我们可以进行一次小记者访问，事先设计一个访问提纲，对父母进行访问后，别忘了整理访问实录，写下自己的感受。（四上 P27） 5. 请通过翻阅图书、上网或者采访长辈等途径，调查一下自己所在的地区哪些需要淘汰或加以变革的风俗。（四下 P79） 6. 对长辈做一次访谈，了解我们的家风，分析蕴含于其中的中华民族传统美德。（五下 P19 活动园） 7. 你知道哪些著名的航海家？收集相关资料，说说他们的故事。（六下 P59 活动园） 8. 你知道我国还参加了哪些国际组织吗？收集资料，对它们的概况及我国在其中的作用做一个介绍。（六下 P73 活动园）
小论文	1. 在生活中，我们常常对自己有特别的愿望，假如你有一种神奇魔法，可以将自己变成你想要成为的事物，你想变成什么呢？并详细说明。（三下 P4） 2. 中国人历来看重邻里关系，在民间流传很多有关邻里间谦让、体让的故事。请收集一个与大家分享。例如：六尺巷的故事。（三下 P40 活动园） 3. 搜集关于家乡风景名胜的传说或故事，举办一个交流会。（三下 P45 阅读角） 4. 我们来举办一个“新型公共设施设计大赛”，可以是对现有公共设施的改进和完善，也可以设计一种新型的公共设施。请展开想象的翅膀吧！（三下 P53） 5. 如果在一个有信号灯和斑马线的十字路口，行人通行的绿灯还没亮，马路上一辆车都没有，你会选择立即过马路，还是选择等一等？写下你的做法和理由。（三下 P63） 6. 请举行一次小型辩论会，辩论的题目是“好朋友是否一定要为对方保守秘密”。（四下 P8 交流园） 7. 选择一种方式了解一名人大代表的故事，和同学们说说他是如何履行职责的，然后将交流结果写下来。（六上 P58 活动园） 8. 根据自己收集的人类不当行为损害地球环境的资料，以地球的口吻，写一段文字或画一幅漫画，表达对这些行为的批评。（六下 P31 活动园） 9. 收集有关世界和平的雕塑、图标，说说他们的寓意。（六下 P78 活动园） 10. 收集近段时间的国际新闻，说一说中国在处理国际争端中的做法。（六下 P79 思考）
自然科学调查报告	1. 进行空气污染小调查，可设计问题：(1)我发现的污染源；(2)我的清新空气保护计划。（二下 P40） 2. 学校在开展“我为绿色校园出点力”活动，同学们发现学校总有扫不完的垃圾，他们决定调查校园垃圾问题。可以根据本校情况，把调查报告补充完整。（三上 P43） 3. 在我们的生活中，除了“白色污染”，还有哪些环境污染呢？请选择一项内容进行调查研究，完成调查表。（四上 P76） 4. 收集近年来我国主要自然灾害造成经济损失的相关数据，然后说一说自己的感受。（六下 P37 活动园） 5. 为了防御自然灾害，科技工作者正在不断研究，发明各种抗灾技术。去调查一下，将你了解的技术或发明记录下来，在全班开展一次交流活动。（六下 P41 活动园） 6. 近年来，我国大力实施创新驱动发展战略，取得了丰硕的成果，天宫、蛟龙、天眼、悟空、墨子、大飞机等重大科技成果相继问世。请选择其中一项，查阅相关资料，描述其成就，并说一说其背后的故事。（六下 P62 活动园）

二、初中道德与法治教材中的调查作文

初中道德与法治课程重点要培养初中生的道德品质、健康生活理念和法治观念。进入初中，学生的自尊心变强，对外界反应比较敏感，课业负担不断加重，可能有逆反心理。虽然初中生在身体、心理方面与小学时期明显不同，他们对事物的理解与分析上，开始有了自己独特的想法，对社会、对人类、对世界的认知原则逐渐形成。因此，初中教材重在增强学生的规则法律观念，树立思想道德意识。教材通过一系列与现实生活有关的探究活动，让学生撰写各种类型的调查作文，如，调查网上交友动机、影响等，调查班级网络使用情况、传播环保观念，了解旅游景点遵守的规则、“家”的意义，介绍“心系国家”的代表人物等。以此来引导学生对身边发生的事例进行分析，对事物进行判断与思考，将感性认识上升到理性认识。通过规范言行，培养学生的社会意识、责任担当，使他们感知责任感，为成为文明的公民打好基础。

这些调查作文围绕现实生活中正在发生的事情、事例或事件，引导学生在理性思维的指导下进行学习和生活。现实生活的实例，对学生最具教育意义，最能感染学生。通过调查、考察与研究，使学生从生活中获得启迪，构建正确的人生观、世界观、价值观，并逐渐形成正确的道德、法律意识，从而提高自身的核心素养。初中《道德与法治》新教材中的调查作文涉及社会调查报告(7 个)、参观记录(1 个)、人物访谈与传记(6 个)、语言课题调查报告(1 个)、小论文(8 个)和自然科学调查报告(1 个)，具体课题见表 4－4。

表 4－4　初中《道德与法治》新教材中调查作文的类型与课题设计

类型	调查作文的课题设计
社会调查报告	1. 做个小调查，了解中学生网上交友的普遍程度、网上交友的动机、网上交友的标准、网上交友的方式、网上交友的时间、网上交友的影响，并写出一份简单的调查报告。(七上 P58 拓展空间) 2. 查阅未成年人保护法，了解家庭保护、学校保护、社会保护和司法保护的主要内容，选择其中一个方面调查当地对未成年人实施保护的状况，并拟写一份调查报告。(七下 P100 拓展空间) 3. 就网龄、使用网络的目的和内容、每周使用网络时长等内容，设计一份调查问卷，开展调查，了解班级同学使用网络的情况，并就存在的问题提出改进建议。(八上 P20 拓展空间) 4. 开展国防意识调查：(1)查阅相关资料，设计调查问卷；(2)在社区和学校开展问卷调查；(3)对问卷进行统计，撰写调查报告；(4)小组展示交流。(八上 P95 拓展空间) 5. 国家为什么大力开展扶贫工作？你希望国家如何帮助贫困人群？(八下 P10 拓展空间) 6. 调查本地一家企业的发展现状。(1)实地调查。请围绕以下问题调查一家本地企业。①该企业的所有制性质是什么？②该企业有多少职工？生产经营的主要产品是什么？一年纳税多少？③你感兴趣的其他问题。(2)撰写调查报告。(3)班级讨论。(八下 P63 拓展空间) 7. 查找资料，深入了解妈祖文化。想一想：妈祖文化为什么会成为凝聚海内外华人的精神纽带？它为实现祖国统一提供了什么启示？小组合作，以“妈祖文化与祖国统一”为主题制作一份手抄报，与同学分享。(九上 P103 拓展空间)
参观记录	请选择一个你想去的旅游景点，查阅资料，了解到该景点旅游要遵守哪些规则，请与同学交流分享。(八上 P26 拓展空间)

续表

类型	调查作文的课题设计
人物访谈与传记	1. 在历史上,你知道哪些面对挫折而自强不息的感人故事,你从中收获了什么?请与同学一起分享。(七上 P110 拓展空间) 2. 请你寻找合适的时间,采访身边的老人,请他们讲讲他们 10 岁、20 岁、30 岁、40 岁、50 岁……一路走来的人生故事。通过采访,你对人生的感受有了哪些变化?请写下来。(七上 P120 拓展空间) 3. 访问家人或其他比较熟悉的人,了解他们从爱情到亲情的经历。访谈结束后,完成一份访谈小结,与同学分享自己的收获。(七下 P22 拓展空间) 4. 与人大代表面对面,增强对人民代表大会的了解。(八下 P80 拓展空间) 5. 南泥湾的变化见证了中国的发展。请你了解一下改革开放以来家乡的发展成就,以人物采访、摄影作品等形式与同学分析。(九上 P8 拓展空间) 6. 儒家(先秦):修身齐家治国平天下。诸葛亮(三国):鞠躬尽力,死而后已。陆游(宋):位卑未敢忘忧国,事定犹须待阖棺。顾炎武(明):保天下者,匹夫之贱,与有责焉耳矣。蔡锷(民国):吾人以一隅而抗全局,明知无望,然与其屈膝而生,毋宁断头而死?(当代):请找出一位具有这种情怀的当代代表人物,并作简要介绍与评价。(九下 P63 探究与分享)
语言课题调查报告	查一查"家"在中国古代文学中,有哪些写法,探讨文字背后的意义;选择自己熟悉的一门外语,从中找出与汉语的"家"相对应的一些词语,通过分析比较这些词语,探讨中华文化中的"家"有哪些含义?(七上 P75 拓展空间)
小论文	1. 在老师的帮助下,查阅有关资料,根据自己的情况有选择地学习,并整理至少一种应对挫折的有效方法;选择一个你所在的集体,根据集体的特点和愿景,尝试设计徽标,使之成为这个集体的标志。在与同学的分享中,准确、简洁地介绍你设计的徽标,了解他人的创意内涵,探讨大家对集体建设有哪些共同愿景。(七下 P78 探究与分享) 2. 镜头一:某社区居委会进行换届选举,社区工作人员在社区开展宣传活动,要求大家推荐候选人。镜头二:最近,某社区越来越多的居民把私家车停在社区健身场地上,引发健身居民与车主的矛盾,居委会组织双方代表协商解决办法。镜头三:某社区居委会主任向居民会议汇报过去一年的工作,接受居民监督。结合三个镜头,谈谈你对居民自治的认识。(八下 P74 探究与分享) 3. 请查阅我国对网络言论的相关法律规定,说一说网络世界自由的边界。(八下 P91 探究与分享) 4. 古时候,一位父亲临终前要把四锭等重的黄金分给三个儿子。三个儿子中,大儿子精明能干,为赚取这四锭黄金出力最多;二儿子能力一般,但很有孝心,父亲生病时端茶送药,最得父亲喜欢;三儿子身残体弱,为人善良,父亲最担心他以后的生计。①假如你是这位父亲,你会怎样分配这四锭黄金。②结合"分黄金"的故事,谈谈你对公平的看法。(八下 P101 探究与分享) 5. 假设你是一名政协委员,与同学合作调查所在地区存在的民生问题,试着写出你们的"提案"。(九上 P36 拓展空间) 6. 查找资料,说一说保障社会主义市场经济的法律还有哪些。制作一张"法治与市场经济"的手抄报,在学校或班级的"法治长廊"中展示。(九上 P50 拓展空间) 7. 收集并分享法治新闻,感受法治中国的脉搏。根据法制新闻事例,小组讨论分析中国法治建设取得了哪些进步。(九上 P49 探究与分享) 8. 请全班同学用三个词语描述自己心目中"自信的中国人"的形象,并根据出现频率较高的几个词语,撰写一段文字,与同学交流。(九上 P115 探究与分享)
自然科学调查报告	塞罕坝为什么会从"美丽高岭"变成"黄沙漫漫",又为什么会从"荒原沙地"变回"林海绿洲"?你从这两次生态变迁中得到哪些启发?(九上 P88 拓展空间)

三、高中思想政治教材中的调查作文

高中思想政治课程是落实立德树人根本任务的关键课程，以培育社会主义核心价值观为目的，是帮助学生确立正确的政治方向、提高思想政治学科核心素养、增强社会理解和参与能力的综合性、活动型学科课程。① 为此，教材设计了类型多样的调查作文。其目的旨在训练学生的理性思维，培养学生敏锐的观察能力，培养学生政治认同、科学精神、法治意识和公共参与核心素养。与小学和初中阶段的调查作文相比，高中阶段调查作文的范围从学生身边的生活事例、事件和事实扩展到社会经济、科学技术、对外贸易、生产力发展、创业就业、国际政治等多个领域。撰写调查作文，不仅使学生把马克思主义政治经济学的基本原理、基础知识运用于实践，引导高中生用理性思维分析问题和解决问题。更重要的是，它能让学生在收集数据、整理数据、分析数据中，运用批判性思维大胆质疑，形成自己独特的核心素养。高中思想政治新教材中的调查作文涉及社会调查报告（6 个）、人物访谈与传记（2 个）、小论文（6 个），具体课题见表 4 - 5。

表 4 - 5　高中思想政治新教材中调查作文的类型与课题设计

类型	调查作文的课题设计
社会调查报告	1. 收集有关我国就业形势、就业政策与自主创业政策等方面的信息，为择业应聘模拟活动提供材料。（必修一 P53 综合探究） 2. 收集跨国公司跨国兼并的案例，分析哪些行业的兼并比较活跃，结合国内或本地的产业结构调整，为应对全球性的产业大转移提出建议。（必修一 P100 综合探究） 3. 收集与“数字鸿沟”有关的材料，了解我国信息技术产业发展的现状。针对我国如何缩小与发达国家的“数字鸿沟”提出建议。（必修一 P101 综合探究） 4. 收集我国企业成功应诉反倾销的案例，总结它们的成功经验。如果与世贸组织成员发生贸易摩擦，怎样利用世贸组织的争端解决机制维护自己的权益？（必修一 P102 综合探究） 5. 走访居住地附近的老人，了解他们年轻时生活中都有哪些传统习俗；比较这些习俗现在是否还存在，是否发生了变化。根据走访的内容和比较的结果，撰写关于传统习俗的调查报告或关于保护传统文化的倡议书。（必修三 P59 活动建议） 6. 收集我国现阶段社会发展状况的各种资料，包括生产力的发展水平、就业情况和家庭收入、教育水平等。（必修四 P50 综合探究）
人物访谈与传记	1. 收集古今中外特别是周围人对金钱的看法，以及体现各种金钱观的具体事例，分组或全班研究、探讨、辩论不同的观点，用综合探究成果出一期壁报。（必修一 P23 综合探究） 2. 收集岗位成才先进典型的具体事例，讨论就业与自主创业应当具备的素质，演示模拟活动，总结收获体会。（必修一 P53 综合探究）

①中华人民共和国教育部. 普通高中思想政治课程标准[S]. 北京：人民教育出版社，2020.

续表

类型	调查作文的课题设计
小论文	1. 收集管理实践中常用的激励措施，与同学交流，并从兼顾效率与公平的角度，谈谈你对这些激励措施的看法。（必修一 P74 综合探究） 2. 班里要举行以“构建人类命运共同体”为主题的班会，表达我们的意见，共享我们的心得，总结我们的收获。请搜集有关资料，整理归纳有关问题，写成发言稿。（必修二 P115 综合探究） 3. 搜集有关科学文化修养与思想道德修养方面的资料，结合自己的成长经历，撰写一篇论述两者关系的小论文。（必修三 P116 活动建议） 4. ①收集科学发明的事例，思考世界观在其发明和创造过程中的作用；②收集整理蕴含哲理的典故、名言，在班上进行交流。（必修四 P24 综合探究） 5. ①调查身边的某项改革方案，用学过的哲学原理进行分析；②阅读毛泽东的《实践论》，写出读后感。（必修四 P50 综合探究） 6. 收集相关材料，组织一个小型交流会，就如何坚持唯物辩证法、反对形而上学，谈谈自己的看法。（必修四 P81 综合探究）

综上所述，义务教育阶段的道德与法治和高中阶段的思想政治课程中设置了大量调查作文。小学生思想不成熟，调查作文多围绕发生在小学生身边的事情展开。初中生虽然有了一定的知识储备，但性格正处于塑造期，容易感性处理事物，调查作文多围绕社区政治生活展开。高中生的理性思维逐步发展起来，他们不仅具有敏锐的洞察力，而且生活阅历也逐渐丰富，调查作文更突出其对社会热点问题的探究。

第三节　中小学数学教材中的调查作文

数学是研究现实世界的空间形式和数量关系的科学，数学不是简单的计算，它需要观察，需要思考，更需要表达。数学教育的最终目标，是让学习者会用数学的思想、数学的思维、数学的眼光、数学的方法，去观察、分析和研究现实世界，用数学的语言和符号系统，表达现实世界。数学是自然科学的重要基础，在社会科学研究中发挥的作用也越来越重要。随着现代科学技术，特别是计算机科学、人工智能的迅猛发展，尤其是大数据时代的到来，人们获取数据越来越便捷，这对数学素养和数学能力提出了更高的要求。中小学数学教材中的调查作文，正是培养学生的数学素养，提高学生数学能力的最好载体。

一、小学数学教材中的调查作文

小学阶段的数学教育要为学生今后的数学学习和未来的生活打下坚实的基础，使学生从小建立起数学是解决生活中相关问题的一门学科，而不是只有计算。北师大版教科书《义务教育教科书·数学》(1～6 年级)以“情境＋问题串”为基本呈现形式，在山西各地普遍采用。[①] 它力图向学生提供现实、有趣、富有挑战的学习素材，为学生提供探索、交流的时间与

①刘坚，孔企平，张丹. 义务教育教科书·数学(1～6 年级)[M]. 第 1 版. 北京：北京师范大学出版社，2012.

空间，展现数学知识的形成与应用过程，满足不同学生发展的需求，使学生体会数学与大自然及人类社会的密切联系，获得与学生年龄特点相适应的必要的基础知识、基本技能、基本思想和基本活动经验，教材在调查作文课题的设计上可谓用心良苦。

低年级阶段（小学一年级至三年级），数学课程的一个重要任务就是要在数学问题分析和解决的情境中，发展小学生的语言表达能力。受小学生识字数量的影响，小学阶段的小论文是建立在文献阅读或素材阅读的基础上，一方面拓展学生的知识面和提高学生的学习兴趣；另一方面，通过学生口头或书面的表达，使其学会数学运算技巧，并体会数学运算的魅力。如“周恩来答记者问：中国一共有多少钱?”对此问题，学生可用一句话或几句话，以口头或书面的方式来回答。随着年龄的增长，学生就可以进行一些与数学相关的问题进行观察和实验，撰写实验报告。

“数学实验”是一个新生概念，是指借助计算机、数学软件和其他一些实验器材，发现、分析和解决实际生活中遇到的问题，并将实验结论整理成具有实际价值的论文或报告，进而指导我们的生活。通过写作可以向学生渗透数学推理、数学思维和数学运用的思想。如小论文“闰年与平年的由来”，观察和实验报告“设计滴水实验，推算出一个没拧紧的水龙头一年大约浪费多少水？并写成报告。”要想完成这些写作任务，不仅要调动学生的数学思维，而且特别需要书面和口头语言表达技巧。写作内容的长短也不再局限于一句话，而是变成了小的段落。

此外，高学段（小学四年级至六年级）每学期均涉及写数学日记，如四年级上（P43）、四年级下（P49）、五年级上（P45）、五年级下（P51）、六年级上（P53）和六年级下（P59）都设计了“结合前面的数学学习写一篇数学日记”的写作任务。从要求来看，该日记并不是让学生记录当天的所闻所想，而是要求学生将近期学习过程中的收获与困惑进行梳理，了解自己哪些知识掌握了，哪些知识掌握得不够扎实，下一步该如何调整等。当然，数学日记也不能等同于记账本，不能拉列表，要以日记体的形式撰写，要有条有理，思路清晰，目标明确，中心思想突出。另外，表达方面也有要求，要体现出一定的文字功底，使文章出彩。北师大版小学数学教材中有观察与实验报告（3 个），小论文（3 个），具体课题见表 4－6。

表 4－6　小学数学教材（北师大版）中调查作文的类型与课题设计

类型	调查作文的课题设计
观察与实验报告	1. 记录自己一周内每天上学路上用的时间，看看每天用的时间一样吗？（二下 P82） 2. 设计滴水实验，推算出一个没拧紧的水龙头一年大约浪费多少水？并写成报告。（四上 P88） 3. 从同一高度将球落下，哪种球反弹得更高？设计实验方案，记录实验数据，并写成实验报告。（六上 P80）
小论文	1. 周恩来答记者问：中国一共有多少钱？（二上 P13） 2. 闰年与平年的由来。（三上 P69） 3. “小数”的由来。（三上 P81）

二、初中数学教材中的调查作文

初中阶段，学生的各方面素质得到提高，对周围的事物也有了一定的独立思考能力，因此人教版初中数学教材引入“课题学习”。① 人教版数学教材中设置了课题学习或数学建模的栏目，这些栏目都是编者提前设计好的，不需要学生撰写开题报告，但要求学生撰写相关报告。通过对课题的学习，引导学生对周围的现象进行一些思考、建模和表达。例如，“最短路径”“节约用水”“体质健康测试中的数据分析”等。这些都是选自贴近学生生活，并且与所学知识密切相关的课题，涉及最优解问题、最美设计问题、学生身心健康问题等，为培养学生的审美观、人生观和数学观都提供了交流平台和展示空间。教材在呈现调查作文任务时，充分体现了数学学科的特色。比如，要求学生在作文时，给文章“配上合适的统计图形”，完成“统计报告”。在“体质健康测试中的数据分析”课题中，教材提供了一个样例：

下面提供一个调查样例，供同学们活动时参考。某校七年级有 4 个班，共 180 人，其中男生 85 人，女生 95 人。

（一）收集数据。(1)确定样本：从全校七年级的各班分别抽取 5 名男生和 5 名女生，组成一个容量为 40 的样本。(2)确定抽取样本的方法：按照各班的学号，分别在每个班抽取学号排在最前面的 5 名男生和 5 名女生。

（二）整理数据。整理体质健康登记表中的各项数据。

（三）描述数据。根据整理的各种表格，画出条形图、扇形图、折线图、直方图等，使数据分布的信息更清楚地显现出来。

（四）分析数据。根据原始数据或上面的各种统计图表，计算各组数据的平均数、中位数、众数和方差等，通过分析图表和计算结果得出结论。

（五）撰写调查报告。

（六）交流。写出活动总结，向全班同学介绍本小组的调查过程，展示调查结果，交流通过数据处理寻找的规律与得出结论的感受。

该样例详细完整地介绍了如何展开调查研究的方法与过程：确定样本——抽取样本——整理数据——描述数据——分析数据——展示调查结果——得出结论——撰写调查报告——提出建议和感受。其中，“描述数据”是要根据整理的各种表格，画出条形图、扇形图、折线图、直方图等，使得数据分布的信息更清楚地显现出来。“分析数据”中还特别列举出要计算平均数、中位数、众数和方差等。但是，有关调查报告的写作，教材中几乎没有涉及。

在撰写小论文前，教材提供了范围广泛的数学阅读素材，古今中外的有关文献均有涉及。相比小学阶段，初中教材增加了思考与体会。同时，小论文的写作要求学生查询相关资

①林群. 义务教育教科书·数学(7～9 年级)[M]. 第 1 版. 北京：人民教育出版社，2012.

料，写出自己的见解，体现出数学建模思想。教材中的调查作文有数学建模报告（1 个）、社会调查报告（2 个）、小论文（2 个），具体课题见表 4－7。

表 4－7 初中数学教材中调查作文的类型与课题设计

类型	调查作文的课题设计
数学建模报告	课题学习：最短路径问题。问题一：如图，牧马人从 A 地出发，到一条笔直的河边 L 饮马，然后到 B 地，牧马人到河边的什么地方饮马，可使所走的路径最短。问题二：造桥选址问题。如图 A、B 两地，两地在一条河的两岸，现在要在河上造一座桥 MN，桥造在何处？可使 A 到 B 的路径 AMNB 最短。假定河的两岸是平行的直线，桥要与河垂直。（八上 P85～87）
社会调查报告	1. 课题学习：从数据谈节水。一、阅读下面资料，根据阅读材料完成下列问题：(1)请给短文配上合适的统计图形，直观地表示地球上水资源和淡水资源的分布情况。(2)根据国外的经验，一个国家的用水量超过其水资源总量的 20%，就有可能发生水危机。依据这个标准，2008 年我国是否属于可能发生水危机的行列？(3)由表中 2000 年至 2008 年全国生活用水量，可知全国生活用水量逐年上升，落在平面直角坐标系中，描出表中各值所对应的点，其中横坐标表示年份，纵坐标表示年用水量。可以发现，这些散点近似落在某条直线上。二、进行统计调查，完成统计报告。请以小组为单位，以家庭人均月生活用水量为题，在全校范围内开展一次统计调查活动，并完成一篇调查报告。(1)给出调查目的、调查对象、调查问卷、调查方法。(2)用表格整理收集到的数据，用直方图描述数据，并分析数据中蕴含的信息。(3)计算或估计全校同学家庭人均月生活用水量的平均数，并与全国人均月生活用水量比较。(4)结合我国水资源短缺的形势，谈谈节约用水的意义，以及节约用水如何从我做起。（七下 P153～155） 2. 课题学习：体质健康测试中的数据分析。请同学们分组合作完成下面的调查活动。……收集近两年你校七年级部分学生的体质健康标准登记表，分析登记表中的数据，对你校七年级学生的体质健康情况进行评定，提出增强学生体质健康的建议。（八下 P131～133）
小论文	1. 阅读与思考：黄金分割数。本章引言中有一个关于人体雕像的问题，要使雕像的上部（腰以上）与下部（腰以下）的高度比，等于下部与全身的高度比，这个高度比应是多少？长期以来，很多人认为黄金分割数是一个很特别的数。……，优选法中有一种 0.618 法应用了黄金分割数。请同学们查阅资料，了解 0.618 法的应用。（九上 P18） 2. 阅读与思考：生活中的反比例关系。如果细心观察一下，你会发现日常生活中的两个量之间，许多具有反比例关系。你还能举出生活中可以用反比例关系解释的例子吗？（九下 P17～18）

三、高中数学教材中的调查作文

高中课程标准指出，数学教育要帮助学生掌握现代生活和进一步学习所必需的数学知识、技能、思想和方法；提升学生的数学素养，引导学生会用数学眼光观察世界，会用数学思维思考世界，会用数学语言表达世界；促进学生思维能力、实践能力和创新意识的发展，探寻事物变化的规律，增强社会责任感；在学生形成正确的人生观、价值观、世界观等方面发挥独特作用。① 同时，课标还指出数学核心素养包括：数学抽象、逻辑推理、数学建模、直观想象、数学运算和数据分析。这些数学学科核心素养既相对独立又互相交融，是一个有机的整体。

① 中华人民共和国教育部. 普通高中数学课程标准[S]. 北京：人民教育出版社，2020.

人教版高中数学教材在章节安排上,[①]均以情境引入开始,为学生创设切合实际,贴近生活的实际问题。每章均涉及数学建模、数学探究、文献阅读与数学写作等知识能力拓展栏目。其中有些则对写作没有要求。如"探究函数的图像与性质""祖暅原理与柱体、锥体的体积"。有些章节则明确要求学生撰写报告、论文。比如,高一第一册的"建立函数模型解决实际问题"。教材明确提出让学生组建合作团队,确定课题负责人,给每位成员进行分工。拟定研究课题,确定研究方案,规划研究步骤,编制研究手册,然后在班里进行开题报告。之后开展研究活动。最后,以小组为单位,撰写一份研究报告,并对成果进行交流展示。教材运用一个茶水口感与茶叶类型和水的温度有关的实例,详细介绍了建模过程:

> 在"收集数据"阶段,教材做了重要提示:"我们可以利用秒表、温度计等工具(若用计算机、数据采集器、温度传感器等信息技术更好),收集茶水温度随时间变化的数据。例如,某研究人员每隔 1 分钟测量一次茶水温度,得到一组数据。"

在分析数据阶段,教材也提示"可以先画出散点图,利用图像直观分析这组数据的变化规律,从而帮助我们选择函数类型。"

关于小论文写作,高中数学教材详细地介绍了文献阅读与写作的实施建议,以及文献综述的结构,具体见表 4-8。

表 4-8　高中教材文献阅读与写作的实施建议及文献综述的结构

文献阅读与写作的实施建议	文献综述的结构
一、目标 1. 了解函数形成、发展的历史。 2. 体验文献综述的写作过程与方法。 二、实施建议 1. 确定选题:根据个人兴趣初步确定选题范围,明确阅读方向,拟定写作题目。 2. 搜集资料:针对写作题目,通过查阅书籍、上网等方式搜集素材,包括文字、图片、数据,以及音像资料等,并记录相关资料。 3. 素材整理:认真分析素材,按照一定的主题进行归纳概括,并用文献综述的方式形成读书报告。 4. 交流讨论:开展组内或全班交流、讨论和总结 (高中数学第一册 P97～98)	1. 标题。 2. 提要或前言:简要介绍研究意义;介绍搜集的资料范围及资料来源,包括查阅了哪些主要著作,查询了哪些网络资料库(如中国学术期刊全文数据库、中国学位论文金文数据库等),搜索到的相关论文的篇目数量等。 3. 正文:这是文献综述的核心部分。应在归类整理的基础上,对自己搜集到的有用资料进行系统介绍。 4. 参考文献:列出所有参考文献,并按论文中的参考文献的格式将作者名、文献名、文献页码、文献出处、时间等信息全部标示出来 (高中数学第一册 P97～98)

这些调查作文开发了学生的内在潜能,锻炼了学生的数学思维,培养了学生的数学素养,为培养社会需要的创新型人才提供了肥沃的土壤。数学教材中的调查作文包括数学建

①章建跃,李增沪. 普通高中课程标准实验教科书・数学・A 版(必修 1～2)[M]. 第 1 版. 北京:人民教育出版社,2019.

模与探究报告写作(2 个)、人物访谈与传记(1 个)和小论文(3 个)。详细内容见表 4－9。

表 4－9　高中数学教材中调查作文的类型与课题设计

类型	调查作文的课题设计
数学建模与探究报告	1. 数学建模:《建立函数模型解决实际问题》 请同学们仿照上述过程开展一次建立函数模型解决实际问题的活动,可以继续研究不同室温下泡制一杯最佳口感茶水所需的时间,也可以从下列选题中选择一个:(1)应在炒菜之前多长时间将冰箱里的肉拿出来解冻?(2)根据某同学的身高和体重,判断该同学是否超重。(3)用微波炉或电磁炉烧一壶开水,找到最省电的功率设定方法。(4)估计阅读一本书所需要的时间。也可以根据自己的兴趣,与老师协商后确定一个课题进行研究。(高一第一册 P162～165) 2. 数学探究:《用向量法研究三角形的性质》 对探究活动的要求:以独立探究和小组合作相结合的方式开展探究活动。建议按如下步骤完成:(1)小组集体讨论探究方案,确定研究思路;(2)小组成员各自开展独立探究,并以专题作业的形式撰写研究报告;(3)小组内进行交流讨论,完善研究成果,并形成一份小组研究报告;(4)全班进行成果交流、评价。 研究报告的参考形式用向量法研究三角形的性质: 研究报告的参考形式 ________年级________班　完成时间 • 本课题组的成员姓名 • 发现的数学结论及发现过程概述 • 证明思路及其形成过程描述 • 结论的证明或否定 (高中数学第二册 P63～66)
人物访谈与传记	众多数学家对函数的完善作出了贡献。例如,开普勒、伽利略、笛卡儿、牛顿、莱布尼茨和欧拉等。可以选取一位或多位数学家,说明他们对函数发展作出的贡献,感受数学家的精神。可以从以上选题中选择一个,也可以采用自己的题目(高中数学第一册 P97～98)
小论文	1. 函数的形成与发展 如果用心搜集、广泛阅读、仔细观察,那么就会在很多书籍、网页中发现有关函数的介绍,也能在生活中发现许多函数应用的实例。请同学们根据下面的建议和参考选题,通过自主活动,了解函数的发展历程及其广泛应用。 参考选题:(1)函数产生的社会背景。(2)函数概念发展的历史过程。(3)函数符号的故事。(4)数学家与函数。(高中数学第一册 P97～98) 2. 对数概念的形成与发展 对数的发明、解析几何的创始和微积分的建立被恩格斯并称为 17 世纪数学的三大成就……作为重要而简便的计算工具,对数是如何产生和发展的?在数学的发展、人类社会的发展历史中起了什么作用?请你按以下要求,查阅与对数有关的文献,自己选题,写一篇数学小论文。

续表

类型	调查作文的课题设计
小论文	参考选题:(1)对数产生的背景。(2)对数发明的过程。(3)对数的具体应用。(4)对数对简化运算的作用。(5)对数对人类文明进步的贡献。(高中数学第一册 P157) 3.几何学的发展 目的:了解欧氏几何的发展,以及其对数学和人类文明的贡献。要求:题目自拟,主题突出,论述清楚。 过程:阅读书籍,请教老师、专家或者上网收集欧氏几何发展的历史资料,如发展过程、重要结果、主要人物、关键事件,以及对数学和人类文明的贡献等。 交流:将论文发至班级 QQ 群或者微信群,或者制作板报等,供大家学习、交流,进一步了解欧氏几何对数学及人类文明的贡献。(高中数学第二册 P166)

第四节　中小学科学教材中的调查作文

中小学科学教材设计了大量的调查作文,由于调查的对象涉及客观世界存在的物质、物体,研究方法多以科学观察、实验为主,而且,随着年级的升高,科学教材中调查作文的"科学学术性"特色愈发鲜明。中小学科学教材中观察日记和参观记录不再局限于记录观察事实,而是要求学生在观察中要学会科学思维,得出科学结论,形成科学报告。观察日记变成观察报告,参观记录变成参观报告,成为学生向公众和社会报告自己的科学发现和科学创新的媒介。自然科学调查报告、社会科学调查报告及人物访谈记录与报告都强调科学概念、原理和方法的运用,以及科学与技术、社会、工程的结合。因此,初高中阶段的调查作文又可以被称为科学写作。实践中,作文几乎是中小学生写作训练的唯一途径,本节依然沿用调查作文这一概念,对教材中的科学写作展开分析。

一、小学科学教材中的调查作文

《义务教育科学课程标准(2022 年版)》中指出:[①]义务教育科学课程是一门体现科学本质的综合性基础课程,具有实践性。科学课程要从科学观念、科学思维、探究实践和科学态度四个方面培养学生的核心素养。其中,在科学探究实践方面,1～2 年级提出"要培养学生初步的收集信息和得出结论的意识";3～4 年级提出"能运用感官和选择恰当的工具、仪器,观察并描述对象的外部形态特征及现象,用较准确的科学词汇、统计图表等记录和整理信息,并运用分析、比较、推理、概括等方法,分析结果,得出结论。初步具有描述对象外部特征和现象,以及分析处理信息并得出结论的能力";5～6 年级提出"能利用相关仪器设备进行

①中华人民共和国教育部.义务教育科学课程标准(2022 年版)[S].北京:北京师范大学出版社,2022.

观察并记录；应用所学科学原理设计并制作简单的装置，能进行模拟演示并简要解释；能根据证据改进实物模型的设计和制作，具有初步的构思、设计、实施、验证与改进的能力。”这些目标的实现，离不开观察报告、参观报告、自然科学调查报告的写作。经统计，人教版小学科学教材①中的调查作文涉及三种类型，分别为自然科学调查报告52次（一至三年级16次，四至六年级36次）、社会科学调查报告5次（一至三年级5次）、观察报告18次（一至三年级8次，四至六年级10次），具体类型与课题设计见表4-10(1)和4-10(2)所示。

表4-10(1) 小学科学一至三年级教材中调查作文的类型与课题设计

类型	调查作文的课题设计
自然科学调查报告	1.认识更多家养动物：搜集家养动物图片。(1)比一比，它们有哪些不同？(2)比一比，它们有哪些相同？（一上 P22 科学实践） 2.制作动物小书：搜集更多动物的资料，说一说关于动物的趣事，并制作动物“小书”，用于交流。（一上 P23 扩展与应用） 3.向同学介绍自己收集的叶子。（一下 P4 科学实践） 4.校园里有哪些植物：认一认校园里的植物，把观察的植物记录下来，向同学介绍自己观察的植物。（一下 P9～10 科学实践） 5.认识更多周围的植物，了解它们的特征。（一下 P11 扩展与应用） 6.查找资料，了解天气对动植物的生活有哪些影响。（二下 P8 拓展与应用） 7.通过多种途径查找未来几天的天气预报。天气预报告诉了我们哪些信息？根据天气预报，在未来几天，我们出行前要做哪些准备？（二下 P9 科学实践） 8.调查我们周围的物品，它们是怎样制造出来的？（二下 P39 拓展与应用） 9.身边的物品是怎样发明出来的？观察一种物品。想一想，通过哪些改变能使它更便于使用或者具有更多的功能？（二下 P43 科学实践） 10.怎样科学地养护凤仙花？搜集相关资料，提出我们的设想。（三下 P16 科学实践） 11.凤仙花适合生长在哪种土壤中？把凤仙花的幼苗移栽到不同类型的土壤中，用同样的方法养护。一段时间后，观察这些凤仙花的生长情况。（三下 P17 科学实践） 12.养护凤仙花还需要注意什么？根据搜集的资料和同学进行交流。（三下 P17 科学实践） 13.根和茎还有什么作用？查阅资料并和同学交流。（三下 P19 科学实践） 14.观察凤仙花的花，它的外形、颜色、气味等方面有什么特点？解剖一朵凤仙花，观察它是由哪些部分组成的？（三下 P21 科学实践） 15.找一找，生活中哪些物体像弹簧一样具有弹性？（三下 P39 拓展与应用） 16.生活中的物体是怎样运动的？它们分别属于哪种运动形式？（三下 P51 科学实践）

①金准智，郑长龙.义务教育教科书·科学[M].北京：人民教育出版社，2017.

续表

类型	调查作文的设计
社会科学调查报告	1. 调查生活中的工具：生活中还有哪些常见工具？他们有什么用？（一上 P39 扩展与应用） 2. 通过查找资料、访问长辈等方式，我们可以收集很多民间流传的天气谚语。（二下 P11 拓展与应用） 3. 观察并使用不同的铅笔，体会铅笔的发展给人们书写带来的方便；用不同方法削铅笔，说一说我们的发现？从古至今，为了改善人类的生活，人类是怎样进行发明创造的？（二下 P40 科学实践） 4. 丰富的人工产品给人们的生活带来了哪些改变？还有哪些发明改变了人们的生活方式？（二下 P42 拓展与应用） 5. 自然界中有各种各样的岩石，我们可以用它们来建房修路、制作雕塑等。找一找，生活中哪些地方用到了岩石？（三下 P11 拓展与应用）
观察报告	1. 展示一周的天气记录。说一说这一周的天气情况对我们生活的影响。（二下 P6 科学实践） 2. 从早晨到傍晚，观察太阳在天空中的位置变化，做好观察记录。根据记录的现象，说一说有什么发现。（二下 P14 科学实践） 3. 观察几天的月相，并画下来。交流我们记录的月相，有什么发现？（二下 P17 科学实践） 4. 观察蚂蚁，看一看蚂蚁的身体；在蚂蚁窝周围放几种食物，观察它们吃什么？在蚂蚁行进的路上放几种物体，观察蚂蚁有什么反应？想一想，蚂蚁是怎样感知周围环境的？（二下 P25 科学实践） 5. 观察蜗牛：蜗牛的身体是什么样的？将几种食物放在蜗牛周围，蜗牛会爬向哪种食物？轻轻触碰蜗牛的身体，它有什么反应？想一想蜗牛是如何感知周围环境的？（二下 P28 科学实践） 6. 到周围环境进行观察。哪些属于自然世界？哪些属于人工世界？想一想，在自然界中为什么会出现人工世界？（二下 P38 科学实践） 7. 每天观察并记录凤仙花的生长变化和我们的发现。（三下 P15 拓展与应用） 8. 整理“种凤仙花日记”，说一说凤仙花一生中“身体”的各部分分别发生了哪些变化。（三下 P23 科学实践）

表 4-10(2)　小学科学四至六年级教材中调查作文的类型与课题设计

类型	调查作文的课题设计
自然科学调查报告	1. 查阅我国珍稀动物的资料，了解一些珍稀动物的分布和生活习性等特征。根据自己收集的资料，向同学详细介绍一种珍稀动物。交流讨论，人类的哪些行为会影响动物的生存？为保护珍稀动物我们能做什么？（四上 P21 科学实践） 2. 身边的热胀冷缩现象：找一找，我们身边的哪些现象与固体的热胀冷缩有关？（四上 P28 扩展与应用） 3. 认识噪声，保护听力。(1)调查噪声有哪些危害，人们为了控制噪声采取了哪些措施。(2)噪声和不正确用耳都会损害听力。说一说，我们应该怎样保护听力？（四上 P53 科学实践） 4. 想办法查找当地的气温资料，了解当地气温的月变化和年变化是怎样的。（四下 P5 扩展与应用）

续表

类型	调查作文的课题设计
自然科学调查报告	5.了解气候。(1)收集资料,了解我们所在的地方春、夏、秋、冬的天气特点。每年四季的天气变化有什么规律吗?(2)其他地方春、夏、秋、冬的天气有什么特点?它们的变化有什么规律吗?(四下 P11 科学实践) 6.怎样养好蚕?(1)通过调查、访问或查阅资料,了解人们是怎样养蚕的。(3)蚕喜欢吃什么食物?蚕是怎样吃食物的?把有趣的发现记录下来。(四下 P17 科学实践) 7.调查当地有哪些植物资源,了解它们的形态特点和生活的环境。(四下 P31 科学实践) 8.地球的形状是什么样的:查阅资料,与同学们交流关于地球的知识。(四下 P41 科学实践) 9.认识太阳。(1)想办法观察太阳,把观察到的现象记录下来。(2)查阅资料,与同学们交流关于太阳的知识。(四下 P42 科学实践) 10.认识月球。(1)观察月球表面有什么特征,把观察到的现象画下来。(2)查阅资料,与同学们交流关于月球的知识。(四下 P43 科学实践) 11.搜集更多关于地球、太阳、月球的资料,制作一份“地球、太阳和月球”科普小报吧!(四下 P44 扩展与应用) 12.比较一家人的相貌。(1)比较自己和父母的相貌。我们有哪些相貌特征像自己的父母?(2)列出自己和家人的性状,比较有哪些性状相似,有哪些性状存在差异。(五上 P18 科学实践) 13.可以预测身高吗?观察爸爸与爷爷奶奶或妈妈与外公外婆,他们的身高有关系吗?我们可以预测自己的身高吗?(五上 P20 科学实践) 14.调查与人类关系密切的微生物。(1)查阅资料,了解在生产、生活中应用了哪些微生物。(2)查找一些致病微生物的资料,初步了解致病微生物的基本知识。(五上 P38 科学实践) 15.认识传染病。(1)搜集并整理一种或几种传染病的资料。(2)根据搜集的资料,了解不同传染病的来源。(3)根据搜集的资料,了解不同传染病是怎样传播的?(五上 P41 科学实践) 16.自然资源的保护。(1)空气是我们赖以生存的自然资源。空气污染对我们的健康有哪些危害?它是怎样造成的?搜集有关的案例进行分析。(2)调查社区或学校周围有哪些破坏自然资源的问题。针对这些问题,制订一个可行的改善方案。(六上 P55 科学实践) 17.了解电灯的发明过程。查阅资料,了解照明器具的发展过程,说一说每种照明器具在使用过程中发生了怎样的能量转换,体会爱迪生发明电灯的重要意义。(五下 P13 科学实践) 18.了解其他用途的电灯:生活中还有哪些其他用途的电灯?它们工作时又会发生怎样的能量转换?(五下 P14 扩展与应用) 19.了解电磁铁的应用:生活中还有哪些装置用到了电磁铁?这些装置工作时会产生哪种能量?不同形式的能量之间是怎样转换的?(五下 P18 科学实践) 20.调查电动机在生活中的应用:哪些电器中装有电动机?这些电器工作时,会发生怎样的能量转换?课后做个小调查,并与同学进行交流。(五下 P22 科学实践) 21.认识轮轴的作用:调查、记录轮轴在生活中的应用,并分析每种轮轴的特点和用力情况。(五下 P51 科学实践) 22.调查斜面在生活中的应用:观察身边的工具和设施,哪些地方用到了斜面?它们是怎样使我们的生活更加方便和省力的?(五下 P54 扩展与应用) 23.设计并制作省力装置:把建筑材料运到高处,通常使用哪些机械?调查并了解这些机械的特点。(五下 P57 科学实践) 24.怎样给植物分类?(1)观察几种植物,将它们的主要特征记录下来。(2)选择植物的一种特征,将上述植物分成两类,说一说我们的分类结果。(3)选择其他的特征,对以上两类植物进一步分类,画出我们的分类图。(六上 P15 科学实践)

续表

类型	调查作文的课题设计
自然科学调查报告	25.给田野里的植物分类:制作植物分类卡片,用它们记录田野里植物的特征,并对植物进行分类。(六上 P17 扩展与应用) 26.了解自然资源。(1)调查我们的家庭每天在衣食住行等方面都消耗了哪些物资,每种物资消耗了多少。(2)说一说我们消耗的物资来自哪里,提供这些物资的资源有什么特点。(六上 P44 科学实践) 27.了解海洋中的自然资源:茫茫的大海中蕴藏着丰富的自然资源。海洋中有哪些自然资源?(六上 P45 科学实践) 28.查阅资料了解石油、天然气的形成过程。说一说这些能源矿产在形成上有什么共同特点,它们的形成与太阳能有什么关系。(六上 P48 科学实践) 29.栖息地与生物:栖息地为生物的生活提供了基本条件。地球上的栖息地类型多样,不同的栖息地上生活着的生物也各不相同。查阅资料,选择一种栖息地,向同学介绍它的环境特征和生活在其中的生物。(六下 P5 扩展与应用) 30.其他动物怎样适应环境的变化。(1)动物为了生存,会自然地适应环境的变化。我们知道哪些动物适应环境变化的例子?(2)查阅资料,了解更多动物适应环境变化的事例,并和同学们交流。(六下 P8 科学实践) 31.认识岩石的成因和分类。(1)查阅资料,了解组成地壳的岩石有哪些主要类型,每种类型的岩石是怎样形成的。(2)搜集身边的材料,模拟从沉积岩到变质岩的形成过程。(3)搜集一些岩石,辨别它们分别是哪种类型的岩石,并和同学们交流。(六下 P21 科学实践) 32.探究地震的形成原因。搜集并整理关于地震的资料,说一说大地震发生时地表形态会有哪些变化;根据这些变化,推测地震是什么原因造成的。(六下 P22 科学实践) 33.探究火山喷发的成因:火山喷发后,会给地表带来哪些变化?查找相关事例,并和同学们交流。(六下 P28 科学实践) 34.了解人类探索宇宙的历程:宇宙是无限的,人类对宇宙的探索也是无限的。搜集更多关于人类探索宇宙的资料,办一期"艰辛的探索"主题墙报吧!(六下 P46 科学实践) 35.了解飞行器中的仿生学:人类的许多创造灵感来自大自然。搜集资料,调查在制造飞行器的过程中,哪些发明受到了生物的启发。(六下 P51 科学实践) 36.火星定居计划。(1)查阅资料,了解火星的相关信息,比较火星和地球的环境有什么相近和不同之处。假如我们在那里生活,会是什么样的状况?(2)如果我们的"探测器"能够抵达火星,怎样才能让它安全"着陆"?(3)在火星上我们怎样生存下去?哪些方法可以让火星的环境变得像地球一样适合我们居住?制订一个"火星定居计划",并和同学们交流。(六下 P56 科学实践)
观察报告	1.探究种子萌发需要的条件。(1)根据我们的生活经验与观察推测种子萌发需要的条件。(2)设计对比实验研究种子萌发需要的条件。(3)观察并记录每组种子的发芽情况,说说我们得出的结论(将发芽的种子种下去,继续观察)。(四上 P16 科学实践) 2.根茎叶也能繁殖吗?(1)除了种子能够繁殖以外,植物的哪些部分也能繁殖?怎样用这些部分繁殖?(2)用甘薯、月季和落地生根的根、茎、叶繁殖,观察发生的变化。(3)根据这些实验,我们能得出什么结论?(四上 P19 科学实践) 3.测量气温。(1)在室外背阴和阳光照射的地方分别测一测气温有什么发现?(2)每隔一段时间测量一次气温,把测得的气温数据记录下来。(3)把气温数据绘制成折线统计图,并分析一天中气温变化的大致规律。(四下 P3 科学实践)

续表

类型	调查作文的课题设计
观察报告	4. 观测云。(1)到室外观察天空中的云，把观察到的现象记录下来。(2)我们观察到的天空中的云是多还是少？怎样描述和记录天空中的云量？(四下 P9 科学实践) 5. 观察蚕卵。(1)在蚕卵上喷洒少量水后放到孵化盒里，再把孵化盒放到 25℃左右的通风环境中。每天观察并记录蚕卵的变化，我们有什么发现？(2)用羽毛或毛笔将刚孵出的蚁蚕扫到养蚕盒里，观察蚁蚕的样子。(四下 P15 科学实践) 6. 养蚕日记。蚕出生后，持续观察它们的生长变化，将观察到的现象和有趣的发现记录下来。(四下 P16 扩展与应用) 7. 观察月相的变化。(1)持续观察一段时间的月相，并记录下来。(2)交流月相观察记录，按照时间顺序给月相排序，寻找月相变化的规律。(四下 P45 科学实践) 8. 观测阳光下物体的影子。(1)制订观测阳光下物体影子的计划。(2)观测并记录一天中阳光下物体的影子。(3)整理观测记录的信息。说一说一天中阳光下物体的影子是怎样变化的。(四下 P53 科学实践) 9. 了解我们的生长发育。(1)搜集自己从出生以来到现在的身高数据，绘制折线统计图。说一说我们从出生到现在身高变化的规律。(2)我们的体重是否正常？记录自己的身高(m)、体重(kg)，按照下面的体重指数计算公式，算出自己的体重指数，跟对应年级的男生/女生体重指数标准比一比，对自己的体重等级做出判断。体重指数＝体重÷(身高×身高)(五下 P36 科学实践) 10. 养成健康的生活习惯。(1)记录、交流一周的生活情况(包括睡眠、吃饭、运动、学习等)说一说哪些习惯对健康有益，哪些习惯对健康有害，我们应该怎样做。(2)制订一个作息时间表，说一说哪些活动是为保持身体健康所做的努力。(五下 P38 科学实践)

二、初中科学教材中的调查作文

(一)初中物理教材中的调查作文

义务教育阶段，物理课程作为科学教育的组成部分，是以提高全体学生科学素养为目标的自然科学基础课程。[①] 此阶段的物理课程不仅应注重科学知识的传授和技能的训练，而且应注重对学生学习兴趣、探究能力、创新意识，以及科学态度、科学精神等方面的培养。初中教材调查对象主要以身边的事物为主，锻炼学生将所学内容和实际生活联系起来的能力。例如，调查学校家庭使用水的情况，或者调查家庭所用电价的计费方式等。旨在提高学生对物理知识的兴趣以及使用物理知识的频率。真正做到将知识应用到生活中，而不是停留在纸面上。除了和生活的联系外，写作内容涉及飞机空投物资、宇宙历史资料，以及节能减排等内容，物理写作内容选择学生初中时代所感兴趣的事物，在练习的过程中，提高学生学习物理的

①中华人民共和国教育部. 义务教育物理课程标准(2022 年版)[S]. 北京：北京师范大学出版社，2022.

学习兴趣。经统计，人教版初中物理教材[1][2][3]中的调查作文涉及三种类型，分别为自然科学调查报告（8个）、社会科学调查报告（2个）、小论文（5个），具体类型与课题设计见表4-11。

表4-11　初中物理教材中的调查作文类型与课题设计

类型	调查作文课题设计
自然科学调查报告	1. 以"声的利用"为关键词，查询有关资料，写出有关声的利用的几个事例。（八上P41动手动脑学物理） 2. 根据眼睛的构造和成像原理，和同学讨论：为了保护我们的视力，应该注意哪些用眼卫生，为什么？（八上P102动手动脑学物理） 3. 如果上课时教室内的摩擦力突然消失10s，我们身边的情景将会发生哪些变化？描述两个可能出现的情景。（八下P26动手动脑学物理） 4. 有人猜想"浸没在液体中的固体所受的浮力可能跟固体的形状有关"。请你为检验这个猜想设计一个实验。说出实验所需的器材和实验步骤。（八下P52动手动脑学物理） 5. 人体摄入的能量（营养师常称之为热量）过多或过少，都有损于健康。对于正在长身体的初中学生，每天应该摄入多少能量？应该如何调整饮食？查阅资料，进行调查，写一篇科学报告，并与同学交流。（九年级全一册P30动手动脑学物理） 6. 请根据此节所学内容及生活中常见的实际情况，总结如何防止触电事故的发生。（九年级全一册P116动手动脑学物理） 7. 我们的生活已经离不开信息的传递。我们不知不觉地把各种通信方式融入自己的生活和工作之中。请想一想：自己哪些地方用到了微波通信、卫星通信、光纤通信和网络通信？各举一个例子。（九年级全一册P163动手动脑学物理） 8. 根据你的了解，说出你家庭近几十年能源使用的变化。要求说明能源形式的变迁情况和人均能源消耗数量的变化情况。（九年级全一册P169动手动脑学物理）
社会科学调查报告	1. 调查学校和家庭水的使用情况，提出在生活中节约用水的若干建议。（八上P67动手动脑学物理） 2. 随着信息技术的发展，出现了远程售电系统，方便用户交费。另外，阶梯电价、分时电价等计时方式的出现，改变了人们的用电方式。请你在课外查找相关信息，并与同学相互交流。（九年级全一册P89想想议议）
小论文	1. 学过"声现象"这一章后，请结合学过的知识，再加上你丰富的想象，写一篇《无声的世界》或类似题目的科学作文。（八上P45动手动脑学物理） 2. 收集人类探索宇宙历程的资料，自拟题目并就你喜欢的相关问题写一篇科学小短文。（八上P106动手动脑学物理） 3. 飞机投放的物资，会受到地球对他的重力作用，会落向地面。你能举出几个例子来证明重力的存在吗？如果没有重力，我们的生活将会是什么样子？（八下P9想想议议） 4. 电磁波的传播速度是不是看起来特别熟悉？你由此产生什么联想？（九年级全一册P151） 5. 我们经常听说"节能减排"，什么是"减排"？为什么要"减排"？"减排"为什么和"节能"连在一起？（九年级全一册P181动手动脑学物理）

①彭前程，杜敏. 义务教育教科书. 物理，八年级上册[M]. 北京：人民教育出版社，2012.
②彭前程，杜敏. 义务教育教科书. 物理，八年级下册[M]. 北京：人民教育出版社，2012.
③彭前程，杜敏. 义务教育教科书. 物理，九年级全一册[M]. 北京：人民教育出版社，2013.

(二)初中化学教材中的调查作文

义务教育化学课程作为一门自然科学课程,具有基础性和实践性,对落实立德树人根本任务、促进学生德智体美劳全面发展具有重要价值。义务教育化学课程有利于激发学生对物质世界的好奇心,形成物质及其变化等基本化学观念,发展科学思维、创新精神与实践能力,养成科学态度和社会责任,为学生的终身发展奠定基础。《义务教育化学课程标准》(2022 年版)对"撰写"提出了明确的要求。① 在"课程内容"的第一主题科学探究与化学实验的"内容要求"与"基本的化学实验技能"的第九条要求:初步学会观察实验现象,并如实记录、处理实验数据,撰写实验报告等技能。"学业要求"中要求能撰写简单的实验报告,并与他人交流和评价探究过程及结果。在"教学提示"中的"学习活动建议""调查与交流活动"中明确提出:调查我国化学家自力更生、艰苦奋斗、为国争光、服务人民的先进事迹,撰写我国化学家的"人物传记"。相应地,教材也设计了一系列与现实生活有关的探究活动,让学生撰写调查作文。统计发现,人教版初中化学教材中调查作文的类型涉及三种类型,②分别为自然科学调查报告(3 次)、社会调查报告(6 次)、小论文(3 次)。山西部分地方使用的是沪教版教材,它有自然科学调查报告(6 次)、社会调查报告(3 次)、参观记录(1 次)、小论文(4 次)。③ 两版初中化学教材中调查作文的类型与课题设计见表 4-12。

表 4-12 初中化学教材中调查作文的类型与课题设计

类型	调查作文的课题设计
自然科学调查报告	1.通过互联网调查了解水污染和治理的事例,思考以下问题。(1)水污染的主要途径和污染物有哪些?(2)举例说明水污染易,治理难。(九上 P73 调查与研究) 2.了解几种灭火器的使用方法,并调查学校、商场、住宅等配备了哪种灭火器,阅读使用说明,了解使用方法和适用范围。根据自家住宅的特点,设计预防火灾的方案(包括万一发生火灾需采取的措施)。(九上 P135 调查与研究) 3.通过互联网、相关书籍和报刊或咨询有关部门,就以下课题进行调查与研究,并与同学交流。(1)历史上发生过的由病虫害引发的农业灾荒。(2)历史上与化肥和农药有关的研究成果。例如,与合成氨有关的研究曾 3 次获得诺贝尔化学奖(1918 年,1931 年,2007 年);农药 DDT 杀虫效果的发现曾获得 1948 年诺贝尔生理学或医学奖(后来由于 DDT 的使用带来了许多环境问题而被禁用)。(3)化肥、农药的现状及发展趋势。(九下 P84 调查与研究) 4.你能试着对用阿尔法粒子轰击金箔产生的实验现象进行解释吗?请将你的看法与同学交流、讨论。(沪教版九上 P68 交流与讨论) 5.通过查阅资料、询问家人等方式,了解能够补充人体必需的微量元素的常见食物,列出有关的食物名称。(沪教版九上 P80 练习与实践)

①中华人民共和国教育部.义务教育化学课程标准(2022 年版)[S].北京:北京师范大学出版社,2022.
②王晶,郑长龙.义务教育教科书·化学(九年级上下两册)[M].第 1 版.北京:人民教育出版社出版,2019.
③王祖浩,王磊.义务教育教科书·化学(九年级上下两册)[M].第 2 版.上海:上海教育出版社出版,2021.

续表

类型	调查作文的课题设计
自然科学调查报告	6.请查阅资料或通过调查研究说明某些废金属对环境的污染,写一篇小论文。(沪教版九上P131练习与实践) 7.你知道衣物是用什么物质来干洗的?请查阅资料说明其原理。(沪教版九下P17交流与讨论) 8.观察"加热石灰石的实验",将观察到的结果记录下来,尝试用化学、物理知识做出解释,并与同学进行交流。(沪教版九下P56观察与思考) 9.请用自己的话总结酸雨的形成过程,并与同学讨论提出合理的酸雨防治措施。(沪教版九下P110活动与探究)
社会调查报告	1.了解家庭等使用的燃料的性能、价格,以及可能对环境的影响:从资源、环境、经济等方面综合考虑,这些燃料各有什么优缺点?写出调查报告或小论文。(九上P146调查与研究) 2.调查你家以及你生活的社区金属废弃物的主要品种、回收情况和回收价值等,对今后如何回收金属废弃物提出建议。(九下P20调查与研究) 3.围绕洗涤用品,选择自己感兴趣的课题进行调查与研究。(九下P31调查与研究) 4.调查学校食堂或自己家庭一段时间的食谱,查阅并参考食物营养表,研究这些食谱营养搭配是否合理,你有什么问题和建议。(九下P95调查与研究) 5.调查市场上有哪些补钙、补锌等的保健药剂出售,查看它们的标签或说明书,了解它们的主要成分。(九下P100调查与研究) 6.调查你周围的环境中"白色污染"的情1况及形成的原因。用照片、漫画或板报的形式来宣传"白色污染"的危害,并提出治理建议,呼吁大家都来为减少"白色污染"而共同努力。(九下P110调查与研究) 7.结合生活经验,查阅有关资料,说明你对氧气和二氧化碳在自然界中碳循环的认识。(沪教版九上P46练习与实践) 8.举例说明溶液在工农业生产和日常生活中的广泛应用,用你知道的事实说明溶液对于生命的重要意义。(沪教版九下P27整理与归纳) 9.依据你的兴趣,收集关于用不同金属材料制造的日用品、工艺品和各种兵器的史料,说说它们各是用什么金属材料制成的?有什么优异性能?并与同学交流。(沪教版九下P100交流与讨论)
参观记录	请通过现场调查或访谈等方式,了解学校所在地区与化学有关的生产活动,并将你的所见所闻记录下来。(沪教版九上P28练习与实践)
小论文	1.根据我国2016年开始实施的《环境空气质量标准》,空气污染物基本项目中增设了PM2.5浓度限值。请通过报纸、杂志、互联网等了解相关信息。把活动过程及你对改进大气质量的建议写成小论文,与同学交流。(九上P32调查与研究) 2.通过广播、电视、报纸、网络等新闻媒体收集有关资料,就温室效应增强的影响,以及防止温室效应进一步增强应采取的措施等议题,制作黑板报、宣传栏等,或写成小论文进行交流。(九上P122调查与研究)

续表

类型	调查作文的课题设计
小论文	3.了解家庭使用的燃料的性能、价格，以及可能对环境的影响；从资源、环境、经济等方面综合考虑，这些燃料各有什么优缺点？写出调查报告或小论文。（九上 P146 调查与研究） 4.请你通过查阅资料、浏览网页、与老师和同学交流讨论，收集相关资料，并以“化学与人类健康”为主题，写一篇小论文。（沪教版九上 P8 练习与实践） 5.以“我想象中的原子结构”为题，写一篇科普习作。（沪教版九上 P73 练习与实践） 6.请查阅有关资料，了解我国水资源使用的现状以及存在的主要问题，并提出解决问题的思路与方法。（沪教版九上 P53 活动与探究） 7.以“科学利用化石燃料为人类造福”为题，写一篇心得体会，并在班级进行交流。（沪教版九下 P98 练习与实践）

(三)初中生物教材中的调查作文

初中生物学课程是以培养学生生物学核心素养为主要目的学科课程，它以丰富的生物学知识为载体，通过多种教学活动展现人们认识自然现象和规律的思维方式及探究过程，反映自然科学的本质。学习生物学课程有利于学生养成科学思维的习惯，形成积极的科学态度，提升科学素养，对学生的健康生活、终身发展具有重要意义。[①] 为此，初中现行生物学教材设计了丰富多彩的实验探究活动、调查与交流活动、研究性学习和项目式学习活动等。而要将这些活动落实下来，最好的措施就是开展调查作文和科学写作。经统计，人教版初中生物学教材[②③④⑤]中的调查作文共涉及六种类型，分别为：自然科学调查报告（11 次）、社会科学调查报告（4 次）、观察报告（1 次）、参观报告（4 次）、人物访谈与传记（6 次）、小论文（8 次），具体类型与课题设计见表 4－13。

①中华人民共和国教育部．义务教育生物学课程标准（2022 年版）[S]．北京：北京师范大学出版社，2012．
②朱正威，赵占良．义务教育教科书七年级上册[M]．北京：人民教育出版社，2012．
③朱正威，赵占良．义务教育教科书七年级下册[M]．北京：人民教育出版社，2012．
④朱正威，赵占良．义务教育教科书八年级上册[M]．北京：人民教育出版社，2013．
⑤朱正威，赵占良．义务教育教科书八年级下册[M]．北京：人民教育出版社，2013．

表 4-13 初中生物学教材中调查作文的类型与课题设计

类型	调查作文课题设计
自然科学调查报告	1.完成一篇校园(或公园、农田)生物的调查报告。内容应包括时间、地点、天气、调查路线,所见生物的种类、数量和生活环境,调查后的体会等。(七上 P11) 2.光是绿色植物进行光合作用必不可少的条件。光对绿色植物的生活还有什么影响呢?你可以就“叶绿素的形成是否与光有关?”这个问题进行探究。请写出你的实验方法、实验步骤及预期结果。(七上 P120) 3.请你设计实验,检验二氧化碳是否真的是光合作用必需的原料。探究结束后,写出探究报告。(七上 P122) 4.甲状腺激素具有促进蝌蚪发育的作用。假如给你提供几只幼小的蝌蚪和甲状腺激素,你能设计一个对照实验来证明甲状腺激素的作用吗?写出你的探究计划,在班内交流。有条件的话,不妨亲自做一做这个实验。(七下 P100) 5.酸雨真的对生物有不利的影响吗?在实验室条件下,怎样模拟探究酸雨对生物的影响呢?根据下面的提示,你能设计一个探究方案吗?有了方案,再尝试完成它。(七下 P108) 6.进入鱼体和流出鱼体的水中,溶解的气体成分有什么变化?请根据以下提示设计实验进行证明。(八上 P24) 7.不少昆虫有趋向光源的习性。昆虫都有趋光性吗?根据你的生活经验作出假设,并任选 3～5 种昆虫,如家蝇、菜粉蝶、蟑螂、蟋蟀、瓢虫、蚂蚁等,设计检验这些昆虫是否有趋光性的实验。(八上 P58) 8.设计对照实验,探究温度或光照等条件对家蚕卵孵化率的影响。(八下 P12) 9.有人估算过,一个鸡卵的卵壳上约有 7000 个气孔。请你设计一个简单的实验,来证明卵壳上有许多气孔。(八下 P19) 10.结球甘蓝(圆白菜)的叶球大小是一种性状,是受基因控制的。同一品种的结球甘蓝,在北京栽培,长成的叶球重 1～3 千克;引种到西藏后,叶球的重量普遍增加,最大的竟达到 6.5 千克。你知道这是为什么吗?你能设计一个实验方案来验证你的解释吗?(八下 P28) 11.调查当地常见的几种传染病,完成调查报告。(八下 P77)
社会科学调查报告	1.绿化校园的设计活动:仔细调查校园内植物的品种和分布情况,以及假山、水池、亭子的分布。画一张草图,表明各自的位置。(七上 P135) 2.你所在的地区是否经常发生洪涝灾害、干旱或沙尘暴?请选择其中一个事件,收集与这个事件有关的资料,分析这些灾害的形成与植被的关系。(七上 P136) 3.你们班近视的同学多吗?调查一下本班同学的近视率。近视的人数占全班人数的百分比,跟同学一起分析患近视的原因,讨论保护视力的措施。(七下 P85) 4.结合当地近年来人口数量变化、资源开发利用情况和经济发展状况等,分析在生态环境方面出现问题的原因,指出有关部门和公民在保护当地生态环境方面应当如何做,并写出保护当地生态环境的计划。(七下 P113)
观察报告	菜豆种子和玉米种子的结构有哪些不同点和相同点?请你根据观察结果完成下表。(七上 P80)

续表

类型	调查作文课题设计
参观报告	1. 将你参加绿化活动的经历和感受写成短文，在班上展示和交流。（七上 P136） 2. 你的家乡有养殖专业户吗？如果有，建议你去他们的养殖场走访，问问他们在养殖过程中遇到过什么问题，他们是怎么解决这些问题的。从与他们的交谈中，你可能会得到一些启示。（八上 P18） 3. 带你参观养鸡场。（八下 P22） 4. 参观禁毒展览：在教师或家长的带领下，参观禁毒展览，或者观看有关的电影片段、录像资料等，将你参观或观看之后的感受与同学交流。（八下 P108）
人物访谈与传记	1. 施莱登、施旺与细胞学说：读完这个故事，想想科学发现怎样才能成功，这对你有什么启发？（七上 P49） 2. 你参加植树活动了吗？你的朋友和家人参加了吗？请你归纳出几条植树造林的重要意义，并告诉你的朋友和家人。（七上 P136） 3. 你有饲养观赏鱼的经验吗？你知道养鱼应注意哪些问题吗？如果你不太清楚的话，建议你查找一下相关资料或向有关人士咨询。动手饲养几条观赏鱼，欣赏它们在水中的优美姿态吧！（八上 P24） 4. 问一问父母，在最近二三十年里本地的生物多样性有什么变化。（八上 P109） 5. 请对照图 7－6，进一步观察，想一想有没有感到困惑的地方。提出问题与同学交流，并请教老师、家长，或者通过查阅资料寻找答案。（八下 P17） 6. 当你或身边亲友因患某种传染病或成为密切接触者而被隔离时，你应该怎样调节心情？与同学们进行交流，相互学习和借鉴。（八下 P101）
小论文	1. 请你查阅资料，并和老师、同学进行交流：除了化石证据外，研究人类的起源和发展，还有什么方法？科学家形成了哪些新的观点？（七下 P7） 2. 一位同学吃西瓜时，不小心将一粒西瓜子咽了下去。这粒西瓜子在他的体内会有什么样的经历呢？请你以“西瓜子历险记”为题，写一篇科普小文章。（七下 P31） 3. 除课文中介绍的动物外，你还知道哪些动物的通讯？请你搜集这方面的资料，与同学交流。（八上 P59） 4. 除课文中介绍的病毒外，还有哪些病毒使人或动植物患病？感兴趣的话，不妨去搜集这方面的资料，与同学们交流。（八上 P92） 5. 支持假说 A 和支持假说 B 的证据分别有哪些？你对各证据对假说支持的力度是怎样评价的？你更倾向于支持哪种假说？（八下 P61） 6. 有兴趣的话，通过互联网、报刊等媒体搜集有关生命起源的最新报道，并与同学交流。（八下 P55） 7. 如果有条件的话，请参观有关生物进化的展览，并将自己的参观感受，以“追寻生命的足迹”为题，为班级墙报写一篇小论文。（八下 P61） 8. 请你通过各种媒体收集有关艾滋病的资料，就“艾滋病离我们有多远”这个话题与同学展开讨论。（八下 P85）

(四)初中地理教材中的调查作文

义务教育阶段的地理课程是落实立德树人根本任务的基础性课程，引领学生认识人类的地球家园，培育学生的人地协调观、家园情怀、全球视野，以及批判性思维、创新谨慎和实践能力。[①] 由于初中地理与小学科学、小学道德与法治等课程有关内容相衔接，与初中其他课程部分内容相关联，教材设计了许多综合学习、研究性学习课题，通过类型多样的调查作文和科学写作，培养学生的地理核心素养。统计发现，人教版初中现行地理教材[②③④⑤]中的调查作文涉及四种类型，分别为自然科学调查报告(5 次)、社会科学调查报告(19 次)、观察报告(10 次)、参观报告(2 次)、人物访谈与传记(3 次)、小论文(23 次)，具体类型与课题设计见表 4 - 14。

表 4 - 14　初中地理人教版教材中调查作文的类型与课题设计

类型	调查作文课题设计
自然科学调查报告	1.制作简易的地球仪:按以下步骤制作地球仪(材料:乒乓球、铁丝、胶布、橡皮泥等)。(七上 P5 活动) 2.参照图 1.20，用地球仪演示地球的公转，说明地球公转产生的地理现象。(七上 P15 活动) 3.制作地形模型，认识不同地形部位的等高线特征。(七上 P26 活动) 4.绘制地形剖面图:按照所给方法，把图 1.44 中未完成的地形剖面图补充完整。描述沿直线 AB 地形的起伏状况。(七上 P28 活动) 5.你见过哪些自然灾害，它们造成了哪些危害?(八上 P56 活动)
社会科学调查报告	1.查阅近一个月来的报纸、杂志，看看世界或我国发生了哪些事件，利用经纬网找出这些事件发生的地点，读出大致的经纬度。(七上 P10 活动) 2.你还知道哪些有特色的民居?它们与当地自然环境有什么关系?(七上 P83 活动) 3.搜集有关衣、食、住、行等日常消费行为与野生动植物保护相关的故事，与同学们分享。(七下 P25 活动) 4.近些年来，许多中国人出境旅游选择了东南亚。搜集资料，从以下几个方面说说人们选择东南亚游的理由。(七下 P29 活动) 5.图 1.11 示意近百年来我国人口占世界人口比例的变化。读图 1.11，描述变化趋势，并谈谈你对此的看法。(八上 P12 活动)

①中华人民共和国教育部. 义务教育地理课程标准(2022 年版)[S]. 北京:北京大学出版社，2022.
②袁孝亭. 义务教育教科书・地理(七年级上册)[M]. 北京:人民教育出版社，2012.
③袁书琪，刘健. 义务教育教科书・地理(七年级下册)[M]. 北京:人民教育出版社，2012.
④袁书琪，丁尧清. 义务教育教科书・地理(八年级上册)[M]. 北京:人民教育出版社，2013.
⑤袁孝亭，覃燕飞. 义务教育教科书・地理(八年级下册)[M]. 北京:人民教育出版社，2013.

续表

类型	调查作文课题设计
社会科学调查报告	6. 读图 1.12，描述 15～59 岁和 60 岁以上人口所占比例的变化。据此，谈谈你对我国调整人口政策的理解。（八上 P12 活动） 7. 搜寻网络或者其他媒体，看看世界非物质文化遗产名录中，还有哪些是来自我国少数民族的项目，向大家介绍一两种。（八上 P18 活动） 8. 阅读下面的资料，再补充相关资料，说一说在不同的温度带，人们的生产和生活的差异。（八上 P33 活动） 9. 说说看，你周围有哪些避灾设施，你会利用吗？你是否参加了学校的安全应急演练？（八上 P60 活动） 10. 围绕“节约和保护自然资源，从我做起”，收集相关资料，设计板报或举办主题班会。（八上 P66 活动） 11. 假如你是一名“土地医生”，请你针对土地利用过程中存在的问题，开出切实有效的“处方”。（八上 P73 活动） 12. 假如你是一名“土地规划师”，请你针对沙漠、雪山等难以利用的土地，提出合理利用和保护的措施。（八上 P74 活动） 13. 每年的 6 月 25 日是我国的“全国土地日”。假如你是一名“土地日宣传志愿者”，请你查找本年土地日的主题，理解其含义并向周围的人宣传。（八上 P74 活动） 14. 根据表 3.2 所列项目，调查家乡的水资源利用状况，并对家乡的水资源利用提出节水的建议和措施(供农村同学选做)。（八上 P81 活动） 15. 按表 3.3 所列项目调查你的家庭用水情况，在全班讨论，交流各种可行、有效的家庭节水方法，并制定家庭节水计划(供城市同学选做)。（八上 P82 活动） 16. 张梦同学的家里还有哪些工业产品？任选其中一种，参照沙发的例子，对它“追根溯源”。（八上 P102 活动） 17. 走访你所在地区的超市或粮油商店，调查粮油日用品有哪些产自东北三省。（八下 P18 活动） 18. 假如你是一名游客，你到长江三角洲地区旅游，最想去的是哪个景点？收集资料向同学介绍这个景点的文化特色。（八下 P57 活动） 19. 选择你感兴趣的一个新名词或一件新事物，查阅相关资料，向同学介绍我国在这(改革开放)方面的发展成就。（八下 P100 活动）
观察报告	1. 从人们认识地球形状的历程中你感悟到了什么？（七上 P4 活动） 2. 观察地球仪，说说纬线有什么特点。想想纬线可以有多少条。（七上 P6 活动） 3. 在地球仪上找出赤道，并结合图 1.8，说明赤道是一条重要的纬线。（七上 P6 活动） 4. 观察地球仪，说说经线有什么特点。想想经线可以有多少条。（七上 P8 活动） 5. 在暗室里，用手电筒或蜡烛等作为光源，照射地球仪。自西向东缓缓拨动地球仪，演示地球的自转，并观察昼半球和夜半球的分布。（七上 P12 活动） 6. 结合自己的生活体验，说说一天中，人们的作息时间与地球自转的关系。（七上 P12 活动） 7. 结合自己的生活体验，回答下列问题。(1)一年中什么季节中午太阳升得高一些？什么季节比较低？(2)一年中什么季节白昼时间较长？什么季节较短？(3)一年中我国中午太阳升得高、白昼时间长的季节是什么季节？说说这个季节，地球在图 1.20 所示的哪个位置附近？此时，南半球的澳大利亚是什么季节？（七上 P15 活动） 8. 读图 9.5(美国种族歧视举例)中几个人的对话，说说你的感想。（七下 P76 活动） 9. 科学家一直警告，极地地区的气候变暖趋势比中纬度地区更明显。图 10.11 是两幅公益海报。作一个简短的演讲，谈谈我们在日常生活中能做些什么来阻止这种情况的发生。（七下 P99 活动） 10. 围绕坎儿井工程这一人类利用自然的创举，说说你的感想。（八下 P77 活动）

续表

类型	调查作文课题设计
参观	1. 参照图 1.27 和图 1.28，绘制一幅你所在学校的平面图。（七上 P19 活动） 2. 模拟一次暑期欧洲旅行，请你设计好旅游路线，说出经过的主要国家和城市。再查阅相关资料，描述可能见到的景观。（七下 P59 活动）
人物访谈与传记	1. 多元文化对巴西有哪些影响？受以下同学的启发，谈谈你的看法。（七下 P84 活动） 2. 班级中有哪些同学是少数民族？请他们介绍各自的祖籍地，以及那里的民俗风情和近年来生活的变化。（八上 P20 活动） 3. 你身边的人们有没有类似这样的生活方式呢？如果有，请给同学讲一讲。（八下 P55 活动）
小论文	1. 阅读图 8.9 中的对话（男：你看，在中东地区，水资源比石油资源更宝贵。女：可不是，有人说，20 世纪中东曾为石油而战，21 世纪，中东将为水而战！我爸爸说，中东一直在为水而战），谈谈你的感想。沙特阿拉伯该如何解决水资源问题？尝试提出你的建议。（七下 P49 活动） 2. 结合加纳的例子，为撒哈拉以南非洲发展经济提出建议。（七下 P65 活动） 3. 阅读下列资料，谈谈你对高新技术产品价值的认识。（七下 P81 活动） 4. 讨论：下面是三位学生的对话。请你加入他们的讨论，谈谈你对开发和保护热带雨林的看法，写下你的论点和依据。（七下 P90 活动） 5. 搜集有关资料，简要说明北极科学考察的重要意义。（七下 P98 活动） 6. 中国科学家秦大河院士是国际横穿南极大陆考察队的成员。他对南极地区考察的科学价值有一段形象的比喻。阅读之后，以小组的形式，讨论极地科考的价值。（七下 P98 活动） 7. 写一段小短文，介绍我国的地理位置，并说明其优越性。（八上 P3 活动） 8. 对于下面的不同观点（男：我国人口东多西少，为了促进西部大开发，应采取措施促使东部人口大量向西部迁移。女：西部大部分地区受自然条件限制，不适宜大量移民，应发展教育，提高人口素质），谈谈你的看法。（八上 P14 活动） 9. 请你参加关于黄土高原退耕的讨论，发表自己的看法。（八下 P31 活动） 10. 针对长江不同河段的问题，有的专家分析：长江江源区的青海以及上游流经的各个省级行政区域，生态环境保护和建设具有优先地位；中下游流经的各个省级行政区域是防灾减灾的最优先区域；入海口及沿海是污染的高风险区。对这些分析，谈谈你的看法。（八上 P49 活动） 11. 可再生资源是“取之不尽，用之不竭”的吗？结合下面的图文材料，谈谈你的看法。（八上 P64 活动） 12. “21 世纪谁来养活中国？”由于人多地少、人口增长以及耕地消耗等原因，上个世纪曾有国外经济学家如此向世界发问，并引起西方国家的极大关注。自 20 世纪 70 年代以来，杂交水稻等粮食作物品种相继育成并推广应用，其他农业技术也获得长足发展，中国众多人口的吃饭问题得以解决。中国用不足世界 10％的耕地，养活了地球上约 20％的人口。有人说：“这是一个奇迹！”阅读图 4.8 和图 4.9，寻找证据，证明这个说法。（八上 P92 活动） 13. 家住 A 地的小雨，向村里建议减少水稻种植面积，改种蔬菜、花卉，发展鱼、肉、乳、禽、蛋生产，你认为可行吗？请说明你的理由。（八上 P97 活动） 14. 收集相关资料，从生产和生活两个方面举例说明农业的重要性。（八上 P92 活动） 15. 阅读下面资料，并查找相关信息，谈谈你还知道哪些高新技术在生活中的应用。（八上 P107 活动） 16. 收集资料，议一议华北平原的人们是如何应对春旱的。（八下 P12 活动） 17. 北京古城在现代化进程中面临有效保护古城风貌的问题。阅读下面材料，针对“北京的四合院和胡同是拆除还是保护”这一议题，提出你的观点，并说明理由。（八下 P42 活动） 18. 议一议：长江下游和上游地区，河流对区域发展影响的差异。（八下 P52 活动）

续表

类型	调查作文课题设计
小论文	19. 请你收集资料，和同学交流家乡的文化特色及其对当地旅游业的影响。（八下 P57 活动） 20. 收集相关资料，说说这些美称与当地自然条件的关系。（八下 P69 活动） 21. 就上面的各项措施，选择你感兴趣的一项，查找相关资料举例说明。（八下 P104 活动） 22. 如何处理人口、资源、环境和发展之间的关系，是人类面临的一大课题，也是我国发展过程中必须妥善解决的问题。下面是两位同学对这个问题的看法（A：把资源全部保护起来吧，一点也不能再开发了。B：这可不行，这么多人要吃饭、穿衣，不开发资源、发展生产怎么行），你的观点是什么？请说明理由。（八下 P102 活动） 23. 就节能减排而言，我们中学生能做些什么呢？（八下 P104 活动）

三、高中科学教材中的调查作文

（一）高中物理教材中的调查作文

高中物理课程是普通高中自然科学领域的一门基础课程，旨在落实立德树人根本任务，进一步提升学生的物理学科核心素养，为学生的终身发展奠定基础，促进人类科学事业的传承与社会的发展。① 为此高中物理教材②③④⑤⑥⑦所选内容是基于训练学生的科学思维，转变其思考问题的角度，为高中生的终身发展奠定基础。高中教材的写作任务，旨在引导学生经历科学探究的过程，体会科学研究方法，养成科学思维习惯，增强创新意识和实践能力。写作任务涉及身边的电器、生活中的日常用品，也包括调查人物传记和宇宙太空，多样的写作任务可以促进学生物理思维的发展和进步。经统计，人教版高中物理新教材中的调查作文涉及自然科学调查报告（13 次）、社会科学调查报告（4 次）、人物访谈与传记（1 次）、小论文（14 次），具体类型与课题设计见表 4－15。

①中华人民共和国教育部．普通高中物理课程标准（2017 年版）[S]．北京：人民教育出版社，2020．
②彭前程，黄恕伯．普通高中教科书·物理·必修第一册[M]．北京：人民教育出版社，2019．
③彭前程，黄恕伯．普通高中教科书·物理·必修第二册[M]．北京：人民教育出版社，2019．
④彭前程，黄恕伯．普通高中教科书·物理·必修第三册[M]．北京：人民教育出版社，2019．
⑤彭前程，黄恕伯．普通高中教科书·物理·选择性必修第一册[M]．北京：人民教育出版社，2020．
⑥彭前程，黄恕伯．普通高中教科书·物理·选择性必修第二册[M]．北京：人民教育出版社，2020．
⑦彭前程，黄恕伯．普通高中教科书·物理·选择性必修第三册[M]．北京：人民教育出版社，2020．

表 4-15 高中物理教材中调查作文的类型与课题设计

类型	调查作文的课题设计
自然科学调查报告	1. 制作一把"人的反应时间测量尺。"(必修一 P53 练习与应用) 2. 小发明——设计一个自动冲水装置。(必修一 P62 练习与应用) 3. 大家知道,质量可以用天平来测量。但是在太空,物体完全失重,用天平无法测量质量,那么应该如何测量呢?你能设计出一种在太空中测量质量的方法吗?(必修一 P96 科学漫步) 4. 音箱中的扬声器、电话、磁盘、磁卡等生活中的许多器具都利用了磁体的磁性。请选择一个你最熟悉的器具,简述它是怎样利用磁体的磁性来工作的。(必修三 P108 练习与应用) 5. 日常生活中,磁的应用给我们带来方便。例如:在柜门上安装"门吸"能方便地把柜门关紧;把螺丝刀做成磁性刀头,可以像手一样抓住需要安装的铁螺钉,还能把掉在狭缝中的铁爆钉取出来。请你关注自己的生活,看看还有哪些地方如果应用磁性可以带来方便。写出你的创意,并画出你设计的示意图。(必修三 P108 练习与应用) 6. 两人合作,模拟振动曲线的记录装置。(选择性必修一 P35 练习与应用) 7. 把一个筛子用四根弹簧支撑起来,筛子上装一个电动偏心轮,它每转一周,给筛子一个驱动力,这就做成了一个共振筛。已知增大电压,可使偏心轮转速提高,增加筛子质量,可增大筛子的固有周期。现在,在某电压下偏心轮的转速是 54 r/min。为了使筛子的振幅增大,请提出两种方案。(选择性必修一 P60 复习与提高) 8. 蝙蝠是通过声波的反射来判断前方是否有障碍物的。科学家在蝙蝠飞行的空间里横跨了很多系有铜铃的绳索,蝙蝠黑暗中在此空间飞行时不会碰撞这些绳索而导致铜铃发声。据此,你认为蝙蝠发出的声波频率应该具有怎样的特征?尽可能用数量级来描述你的估算。(选择性必修一 P73 练习与应用) 9. 可见光的波长是微米数量级的,人眼的瞳孔直径是毫米数量级的。假想有一种眼睛的瞳孔直径是微米数量级的。视网膜非常灵敏,能感觉非常微弱的光线,这时所看到的外部世界将是一副什么景象?(选择性必修一 P107 练习与应用) 10. 在挡板上安装一个宽度可以调节的狭缝,缝后放一个光屏。用平行单色光照狭缝,当缝的宽度较小时,我们会从光屏上看到衍射条纹。对此,如果进一步调小狭缝的宽度,所看到的衍射条纹有什么变化?做这个实验,看你的判断是否正确。(选择性必修一 P107 练习与应用) 11. 人造卫星绕地球运行时,轨道各处的地磁场的强弱并不相同,因此,金属外壳的人造地球卫星运行时,外壳中总有感应电流。分析这一现象中的能量转化情形。它对卫星的运动可能产生怎样的影响?(选择性必修二 P39 练习与应用) 12. 移动电话经常使用 Wi-Fi 联网,也会用蓝牙传输数据。但是,由于 Wi-Fi 和蓝牙使用了相同频段的无线电波,两者可能相互干扰。请你利用移动电话中的应用程序检查一下,在连接蓝牙鼠标或蓝牙音响后,移动电话的上网速度会不会受到影响。再查一查 Wi-Fi 和蓝牙所使用的电磁波频率是多少。(选择性必修二 P84 做一做) 13. 若你和家人要外出度假一段时间,家里的盆栽又需要时常浇少量的水。你能否利用毛细现象设计一种自动浇水装置呢?请绘制一个设计图。(选择性必修三 P41 练习与应用)
社会科学调查报告	1. 生活中的许多用品都可以看作能量转化器,它们把能量从一种形式转化为另一种形式。请你观察家中的各种生活用品,分别指出它们工作时进行了哪些能量转化。(必修三 P99 练习与应用) 2. 三峡水利发电站是我国最大的水利发电站。三峡水库蓄水后,平均水位落差约为 100m,用于发电的水流量约为 $1\times10^4\ m^3/s$,如果通过水轮机以后水的动能忽略不计,水流减少的机械能有 90%转化为电能,g 取 $10\ m/s^2$,(1)按照以上数据估算,三峡发电站的发电功率最大是多少?(2)根据据你对家庭生活用电的调查来估算,如果三峡电站全部用于城市生活用电,它可以满足多少个百万人口城市的生活用电?(必修三 P99 练习与应用)

续表

类型	调查作文的课题设计
社会科学调查报告	3.假想人耳可听的声波波长在毫米数量级。从波的衍射角度思考，这对我们的生活会产生什么影响？（选择性必修一 P73 练习与应用） 4.调查你家里的用电器，填写下列各用电器中可能选用的传感器（用“√”表示选用），说明它们各自的作用。（选择性必修第二册 P109 复习与提高）
人物访谈与传记	查找华人科学家在粒子物理领域的成果和事迹，写一篇文章，并与同学交流。（选择性必修三 P130 练习与应用）
小论文	1.国际拔河比赛规定，每个队由 8 名运动员组成，按 8 名运动员体重的总和，分成若干重量级别，同等级别的两个队进行比赛。还规定，运动员必须穿“拔河鞋”或没有鞋跟等突出物的平底鞋，不能戴手套。(1)竞赛为什么要做出上述规定？试从物理学的角度进行说明。(2)专业的拔河运动员在拔河时身体向后倾倒，跟地面的夹角很小，为什么要这样做？请从物理原理上分析说明。（必修第一册 P81 复习与提高） 2.大家知道，质量可以用天平来测量。但是在太空，物体完全失重，用天平无法测量质量，那么应该如何测量呢？你能设计出一种在太空中测量质量的方法吗？（必修第一册 P96 科学漫步） 3.静电给人们带来很多方便，但有时也带来很多麻烦，甚至造成危害。例如：印刷厂里，纸张之间摩擦带电，会使纸张吸附在一起，给印刷带来麻烦；印染厂里染织物上带静电，会吸附空气中的尘埃，使印染质量下降；制药生产中，由于静电吸引尘埃，使药品达不到预定纯度。要采取措施防止以上事例中静电的影响，你会怎么做？（必修第三册 P22 练习与应用） 4.音箱中的扬声器、电话、磁盘、磁卡等生活中的许多器具都利用了磁体的磁性。请选择一个你最熟悉的器具，简述它是怎样利用磁体的磁性来工作的。（必修第三册 P108 练习与应用） 5.日常生活中，磁的应用给我们带来方便。例如：在柜门上安装“门吸”能方便地把柜门关紧；把螺丝刀做成磁性刀头，可以像手一样抓住需要安装的铁螺钉，还能把掉在狭缝中的铁钉取出来。请你关注自己的生活，看看还有哪些地方如果应用磁性可以带来方便。写出你的创意，并画出你设计的示意图。（必修第三册 P108 练习与应用） 6.把一个筛子用四根弹簧支撑起来，筛子上装一个电动偏心轮，它每转一周，给筛子一个驱动力，这就做成了一个共振筛。已知增大电压，可使偏心轮转速提高，增加筛子质量，可增大筛子的固有周期。现在，在某电压下偏心轮的转速是 54 r/min。为了使筛子的振幅增大，请提出两种方案。（选择性必修一 P56 复习与提高） 7.蝙蝠是通过声波的反射来判断前方是否有障碍物的。科学家在蝙蝠飞行的空间里横跨了很多系有铜铃的绳索，蝙蝠黑暗中在此空间飞行时不会碰撞这些绳索而导致铜铃发声。据此，你认为蝙蝠发出的声波频率应该具有怎样的特征？尽可能用数量级来描述你的估算。（选择性必修一 P68 复习与提高） 8.在网络搜索引擎上键入“多普勒效应”一词，查找多普勒效应的应用，并写出一篇介绍文章，全班同学进行交流。（选择性必修一 P76 复习与提高） 9.人造卫星绕地球运行时，轨道各处的地磁场的强弱并不相同，因此，金属外壳的人造地球卫星运行时，外壳中总有感应电流。分析这一现象中的能量转化情形。它对卫星的运动可能产生怎样的影响？（选择性必修二 P37 练习与应用）

续表

类型	调查作文的课题设计
小论文	10. 在网络搜索引擎上键入“多普勒效应”一词，查找多普勒效应的应用，并写出一篇介绍文章，全班同学进行交流。（选择性必修一 P81 练习与应用） 11. 请向你的同学描述：调幅波（经调幅后的电磁波）图像的形状是怎样的？描述时，要求用到“载波”“音频信号”这两个名词。（选择性必修二 P82 练习与应用） 12. 许多动物具有发达的红外感受器官，因此在夜间也可以“看到”物体。查一查哪些动物有这方面的功能。（选择性必修二 P85 做一做） 13. 能够引起人的视觉的电磁波波长范围是多少？在长长的电磁波谱中，能够引起人的视觉的只是很窄的一部分。有趣的是，这部分正处于太阳辐射最强的范围内。这是“巧合”吗？请说出你的猜想。（选择性必修二 P87 练习与应用） 14. 存在射线危险的地方，常能看到如图所示的标志。你在什么地方见过这个标志？为了保护人身安全，在有这样标志的场所，应该注意什么？（选择性必修三 P114 练习与应用）

（二）高中化学教材中的调查作文

普通高中化学课程是与义务教育化学或科学课程相衔接的基础课程，是落实立德树人根本任务、发展素质教育、弘扬科学精神、提升学生核心素养的重要载体，化学学科核心素养是学生必备的科学素养，是学生终身学习和发展的重要基础；化学课程对于科学文化的传承和高素质人才的培养具有不可替代的作用。① 为此，教材设计了类型多样的调查作文。《普通高中化学课程标准（2017 版）》，包含很多对调查作文的素材与要求，在“学生活动建议”栏设置固定的“调查与交流讨论”，“情境素材建议”中更是提供了生活、生产、科技、环境等素材。培养学生敏锐的观察能力，培养学生科学探究与创新意识、科学态度与社会责任的核心素养。通过调查作文的写作，落实“发展学生化学学科核心素养”这一化学教育宗旨。统计发现，人教版高中化学教材中②③④⑤的调查作文涉及四种类型，分别为自然调查报告（14 次）、社会调查报告（3 次）、参观报告（1 次）、小论文（14 次），具体类型与课题设计见表 4－16。

①中华人民共和国教育部. 普通高中化学课程标准（2017 年版）[S]. 北京：人民教育出版社，2018.
②王晶，毕华林. 普通高中教科书·化学（必修 1、必修 2）[M]. 北京：人民教育出版社，2019.
③范楼珍，吴海建. 普通高中教科书·化学（选择性必修 1）[M]. 北京：人民教育出版社，2020.
④吴国庆，李俊. 普通高中教科书·化学（选择性必修 2）[M]. 北京：人民教育出版社，2020.
⑤杜宝山. 普通高中教科书·化学（选择性必修 3）[M]. 北京：人民教育出版社，2020.

表 4－16　高中化学教材中调查作文的类型与课题设计

类型	调查作文的课题设计
自然科学调查报告	1. 查阅资料，从科学家对纯碱生产的研究中，你得到了什么启示？分析后一种制碱法与前一种制碱法相比所具有的优势。从生态文明建设的角度思考侯氏制碱法的意义，以纯碱的生产为线索，完成研究报告。（必修一 P42 研究与实践） 2. 检验你研究的食品中是否含有铁元素，撰写研究报告。（必修一 P76 研究与实践） 3. 查阅资料，说明暖贴的发热原理，写出有关的反应，分析影响其发热效果的因素，撰写研究报告。（选择性必修一 P112 研究与实践） 4. 查阅资料，了解工业生产中提高电镀质量的方法。（选择性必修一 P118 实验活动） 5. 通过查阅资料和调查研究，以“元素周期律的科学价值”为题写一份调查报告。（选择性必修二 P29 练习与应用） 6. 展示制作的分子空间结构模型，并与同学交流心得。（选择性必修二 P50 研究与实践） 7. 用黏土或橡皮泥和牙签等材料制作金刚石晶体模型。（选择性必修二 P85 练习与应用） 8. 请查阅资料，并制订快速制备明矾大晶体的实验方案。（选择性必修二 P93 研究与实践） 9. 请查阅资料回答问题：热袋里装的是什么？它为什么会放热？（选择性必修二 P94 练习与应用） 10. 查阅资料，了解豆腐制作的原理、过程及营养特点，以及所涉及的相关化学知识，撰写研究报告。（必修二 P115 研究与实践） 11. 通过对乙烯的工业生产和实际应用的调研，你如何理解化学工业发展过程中技术进行的重要性？提出你的观点。（选择性必修三 P39 研究与实践） 12. 查阅有关资料，了解酚类废水的危害和工业上处理酚类废水的常用方法，并把你收集的资料写成一份保护环境的宣传报道。（选择性必修三 P64 信息搜索） 13. 查阅资料，从化学角度对酱油、黄酱等生产原理和鲜味来源进行初步解释。（选择性必修三 P112 信息搜索） 14. 查阅资料，了解松花蛋生产原料的主要成分和制作过程，并应用化学原理，对松花蛋成品的形态和风味进行初步解释。（选择性必修三 P117 练习与应用）
社会调查报告	1. 通过实践活动测定本次降雨是否为酸雨，若为酸雨，请分析形成酸雨可能的原因，并提出减轻酸雨危害的建议。本次实践活动及结果对你有什么启发，撰写研究报告。（必修二 P17 研究与实践） 2. 有人认为“无蔗糖食品”就是“无糖食品”；还有人认为“无蔗糖食品”所使用的甜味剂虽然自身所提供的能量较少，但是甜味剂的使用仍会刺激食欲，导致能量摄入增多。请对市场上出售的这类食品进行调查，了解其配料和营养成分，对上述观点进行评价。（选择性必修三 P108 练习与应用） 3. 查阅资料，了解大豆的其他用途，以及大豆在加工过程中的副产物和由此引发的环境问题。（选择性必修三 P116 研究与实践）
参观报告	查阅资料或现场参观，了解硬水、工业锅炉水垢及污水处理中的有关化学方法及其原理，撰写研究报告。（选择性必修一 P84 研究与实践）

续表

类型	调查作文的课题设计
小论文	1. 查阅资料，了解元素周期表的发现和发展过程，你得到的启示是什么，以此为基础，撰写研究报告。（必修一 P105 研究与实践） 2. 查阅资料，了解门捷列夫除了“镓”以外还预言了哪些新元素，以及当时这些新元素是如何被确认的，撰写研究报告并与同学讨论。（必修一 P112 练习与应用） 3. 通过网络、书籍等渠道，调查了解不同类型电池的性能、构成、特点、应用范围及发展历史，选2～3类列表比较，并结合其发展的前景，谈谈你对研发新型电池意义的理解。（必修二 P38 信息搜索） 4. 查阅资料，了解火箭推进剂的发展历史、类型、成分、特点、现状及发展趋势，撰写研究报告。（选择性必修一 P11 研究与实践） 5. 查阅资料，了解氢能在利用过程中需要解决的技术难题，以及氢能利用的发展前景。（选择性必修一 P12 练习与应用） 6. 查阅资料，了解尾气的成分、其中有害物质的成因及危害，撰写研究报告。（选择性必修一 P39 研究与实践） 7. 查阅资料，了解氢氧燃料电池、生物燃料电池等的特点及应用前景。（选择性必修一 P100 练习与应用） 8. 阅读门捷列夫预测新元素的准确性资料，把你得到的启示写成一篇小论文。（必修一 P112 练习与应用） 9. 根据查阅的资料，请自拟题目写一篇有关“准晶”的小论文。（选择性必修二 P74 探究） 10. 甲醛是一种重要的化工原料，用途十分广泛。但是使用不当会对人体健康造成危害。请以“甲醛”为关键词，在网上搜索资料，写一篇如何安全使用甲醛的小论文，并与同学交流。（选择性必修三 P69 信息搜索） 11. 搜索资料，了解肥皂的去污性及其表面活性剂的种类和使用情况，根据收集的资料，写一篇介绍表面活性剂的短文，并与同学交流。（选择性必修三 P80 研究与实践） 12. 查阅资料，讨论为什么一些甜味剂可被用于“低糖”“无糖”“低热量”糕点、糖果和饮料等的生产。（选择性必修三 P105 信息搜索） 13. 查阅资料，与同学讨论为什么高吸水性树脂能吸水而又不溶于水。（选择性必修三 P143 探究） 14. 收集资料，了解世界和我国海水淡化工程的概况，并进行研究和思考，根据收集资料交流讨论的结果撰写研究报告。（选择性必修三 P144 练习与应用）

（三）高中生物学教材中的调查作文

《普通高中生物学课程标准（2017 年版 2020 年修订版）》[①]（以下简称新课标）指出：高中生物学课程是科学领域的重要学科课程之一，是义务教育阶段相关课程的延续和拓展，其精要是展示生物学的基本内容，反映自然科学的本质。它既要让学生获得基础的生物学知识，又要让学生领悟生物学家在研究过程中所持有的观点及解决问题的思路和方法。生物学课程是以提高学生生物学学科核心素养为宗旨的学科课程，是树立社会主义核心价值观、落实立德树人根

① 中华人民共和国教育部. 普通高中生物学课程标准[S]. 北京：人民教育出版社，2020.

本任务的重要载体。学科核心素养是学科育人价值的集中体现，是学生通过学科学习而逐步形成的正确价值观念、必备品格和关键能力。为此，教材设计了数量众多、类型多样的调查作文。这些调查作文，或旨在让学生在较好地理解生物学概念的基础上形成生命观念，进而能够用生命观念认识生物的多样性、统一性、独特性和复杂性，形成科学的自然观和世界观。如，"请查阅资料，说明病毒的生活为什么离不开细胞。"或旨在训练学生基于证据和逻辑的科学思维，如，"研究物种的生态位，为什么首先要调查它的生境和食性？研究生物圈的碳循环，为什么要做大量的野外调查？"这些问题的答案都反映出科学是基于证据的，这些工作都是为获取证据而展开的。从而让学生明白，基于有效的证据，做出符合逻辑的推理，得出的结论才是可靠的。有的调查作文对学生担当社会责任很有意义，如，"在用微生物发酵生产燃料乙醇时，会增加粮食短缺的风险吗？如果诱导 iPS 细胞定向分化为生殖细胞的技术发展成熟，可能带来哪些问题？假如你掌握了动物细胞融合技术，你想用这种技术来解决哪些问题？解决这些问题的大致思路是怎样的？这样做会有什么风险？'设计试管婴儿'，会带来哪些伦理问题？你愿意为救人一命而捐献一部分骨髓吗？"这些问题都可以使学生从个人与他人、个人与集体、个人与社会的各种利害关系等角度去权衡利用和改造生物的效益和风险。总之，这些调查作文在发展学生的核心素养方面具有独特的育人价值。经统计，2019 版人教版高中《生物学》教材①②③④⑤中的调查作文涉及自然科学调查报告(12 个)、社会调查报告(8 个)、参观报告(2 个)、人物访谈与传记(2 个)、小论文(25 个)四类，具体类型与课题设计见表 4－17。

表 4－17　高中生物学教材中调查作文的类型与课题设计

类型	调查作文的课题设计
自然科学调查报告	1. 生活和生产中还有哪些应用细胞呼吸原理的事例？请再举一两例加以说明。(必修一 P95 思考讨论) 2. 调查人群中的遗传病。(必修二 P93 探究实践) 3. 调查体温的日变化规律：请完成家庭成员一日内体温(腋窝温度，精确到小数点后一位)变化调查表。根据调查数据，在同一坐标系中绘制家庭成员一日内体温变化曲线图，并思考以下问题……(选择性必修一 P12 课外实践) 4. 调查草地中某双子叶植物的种群密度。(选择性必修二 P5 探究实践) 5. 分析当地自然群落中某种生物的生态位：选择当地某处森林、草原、湖泊、河流等，分析群落中常见物种所处的生态位。确定某种生物的生态位，一般要以调查为基础。如果条件允许，最好能开展调查研究。如果条件不足，可以查阅资料或利用下面资料中的生物群落进行分析。(选择性必修二 P28 思考讨论)

①温青，谭永平. 普通高中教科书·生物学·分子与细胞(必修 1)[M]. 北京：人民教育出版社，2019.
②曹保义，吴成军. 普通高中教科书·生物学·遗传与进化(必修 2)[M]. 北京：人民教育出版社，2019.
③曹保义，吴成军. 普通高中教科书·生物学·稳态与调节(选择性必修 1)[M]. 北京：人民教育出版社，2020.
④温青，谭永平. 普通高中教科书·生物学·生物与环境(选择性必修 2)[M]. 北京：人民教育出版社，2020.
⑤孙万儒，包春莹. 普通高中教科书·生物学·生物技术与工程(选择性必修 3)[M]. 北京：人民教育出版社，2020.

续表

类型	调查作文的课题设计
自然科学调查报告	6.研究土壤中小动物的丰富度:(1)在班级内交流各自的研究报告,比较研究结果,就发现的问题进行讨论。(2)如果要调查水中小动物类群的丰富度,应如何研究。(选择性必修二P31 探究实践) 7.外来物种入侵会对当地群落的演替产生严重的影响。凤眼蓝(俗称水葫芦)疯长是大家所熟知的实例。你还知道我国有哪些外来物种入侵的实例?请结合当地实际情况,进行调查,收集有关资料,以“警惕外来物种入侵”为题,写一篇科普文章。(选择性必修二 P44 练习与应用) 8.调查当地某生态系统中的能量流动情况:选择身边的一个生态系统,如森林、湿地、池塘、农田、校园等,对其中的能量流动情况进行调查。(选择性必修二 P59 探究实践) 9.分析发生在身边的生态系统中的信息传递。(选择性必修二 P70 思考讨论) 10.调查当地的环境状况,提出保护环境的建议或行动计划:你的家乡是否有环境问题?是否已经影响了人们的生活?请调查了解有关情况,并提出保护环境的建议或行动计划。(选择性必修二 P87 探究实践) 11.通过搜集和分析保护生物多样性的实例,调查当地生物多样性的现状,探究生物多样性丧失可能对人类产生的影响。(选择性必修二 P94 探究实践) 12.转基因技术自诞生以来,发展迅速,研发对象已涵盖至少 35 科、200 多种的植物,涉及大豆、玉米和棉花等重要作物,以及牧草、花卉和林木等。请调查:(1)目前我国批准发放了哪些转基因作物的生产应用安全证书和进口安全证书?(2)你或你的亲朋好友在日常生活中使用的生物产品,哪些在生产过程中用到了转基因技术?(选择性必修三 P92 到社会中去)
社会调查报告	1.结合家人的健康状况,从合理摄入糖类和脂肪的角度,对家人的饮食习惯能提出哪些改进建议?(必修一 P14 复习与提高) 2.请运用本章所学关于内环境稳态的有关知识,并通过查阅相关资料获得更多的证据,尝试对“酸碱体质理论”进行评判;现在有些生产厂家在售卖饮用水时,宣称碱性水为“健康水”。若你的亲朋好友为了健康而购买、饮用碱性水,你会怎样做?(选择性必修一 P14 复习与提高) 3.我国在修建青藏铁路时,不惜耗资修建了许多高架桥和涵洞。这对保护生物多样性有什么意义?这种做法适合在其他地区推广吗?请综合运用本章各节所学知识,从基因、物种和生态系统三个方面来论证。感兴趣的话,你还可以从经济和社会等角度提出自己的看法。(必修二 P124 练习与应用) 4.我国对艾滋病病人实行“四免一关怀”政策,请查阅资料,了解这项政策的具体内容,谈一谈这样做的原因和必要性。(选择性必修一 P88 复习与提高) 5.有些企业的生产造成严重的环境污染,但企业缺乏资金进行技术改造,停产又将影响职工的收入和产品的供应。这样的两难处境,是现实生活中常见的。请你查阅资料找一找摆脱这类困境的办法。(选择性必修二 P88 练习与应用) 6.市场上有一种叫“手指植物”的工艺品受到很多人的欢迎。这些“手指植物”通常培育在装有彩色固体培养基的小玻璃瓶中,只要保证充足的光照和适宜的温度,不需要额外补充水分或营养物质,它们就能在玻璃瓶中生长三四个月之久。学习了本节课之后。你也可以尝试制作“手指植物”。如果有商店正在出售这种植物,你还可以做个市场调查,了解它们的销售情况和经济效益,分析它们为什么受欢迎,并写出调查报告。(选择性必修三 P42 到社会中去) 7.随着生物技术的飞速发展,生产和销售“分子工具”的公司大量涌现。感兴趣的话,你可以登录这些公司的网站,查询和了解相关产品的特点、价格和使用说明等。有些这样的公司已成功上市,你还可以通过分析公司的股票价格走势,大致了解公司的经营状况,以及投资者目前对该行业的认可程度。(选择性必修三 P73 到社会中去)

续表

类型	调查作文的课题设计
社会调查报告	8.前面,你已经调查了你或你的亲朋好友在日常生活中使用转基因产品的情况,请继续围绕以下问题进行调查。(1)这些用转基因技术生产的产品,它们的标识符合国家的规定吗?(2)是否有商家利用公众对转基因食品"恐惧"的心理,把"非转基因"作为推销的噱头? 请根据两次调查的结果,并结合所学的知识,提出自己参与转基因知识科普服务的行动计划。(选择性必修三 P105 到社会中去)
参观报告	1.活菌计数技术广泛应用于食品卫生、水源污染度的检验和土壤含菌量的测定等方面。如果你感兴趣,可以从下列项目中选择一个,并走访相关部门或企业,了解它们是如何进行检测的。(1)空气中微生物总数的检测;(2)水中细菌总数的检测;(3)牛奶中细菌的分离与计数;(4)土壤中真菌或放线菌的分离与计数。(选择性必修三 P20 到社会中去) 2.第二次世界大战期间,日本侵略者在我国许多地方使用过细菌武器。至今,在我国的浙江等地还有一些健在的日本细菌战的受害者遭受着"烂脚病"等疾病的折磨。请你搜集相关资料,进一步了解细菌战给我国人民带来的苦难。有条件的学校,可组织学生参观军事博物馆或抗日战争纪念馆,了解更为具体的情况。(选择性必修三 P113 到社会中去)
人物访谈记录与传记	1.精子在雌性动物的生殖道内是如何获能的?除了教材中介绍的,防止多精入卵的机制还有哪些?感兴趣的话,请通过查阅相关资料或请教专家来进行了解。关于受精作用,你还能提出其他问题吗?(选择性必修三 P59 练习与应用) 2.荷斯坦奶牛的产奶量很高。某良种公司引进了纯种荷斯坦奶牛,并用胚胎分割技术繁育了良种荷斯坦奶牛群体。如果你是一名科技专栏的记者,现在需要写一篇关于用胚胎分割技术繁育良种奶牛的报道,请写出你准备向胚胎工程专家提出的三个问题,然后与其他同学交换问题,再以访谈录的形式回答他提出的问题(可通过查阅网络、书籍上的资料或向专家请教等方式解决自己回答不出的问题)。(选择性必修三 P64 到社会中去)
小论文	1.2002 年 7 月 12 日,美国《科学快报》报道了纽约州立大学几位病毒学家人工合成脊髓灰质炎(俗称小儿麻痹症)病毒的消息和简略的研究过程。用人工合成的病毒感染小鼠的实验证明,人工合成的病毒能够引发小鼠脊髓灰质炎,只是毒性比天然病毒小得多。回答下列问题:(1)人工合成脊髓灰质炎病毒,是否就是人工制造了生命?(2)人工合成病毒的研究,应该肯定还是应该否定?为什么?(必修一 P14 复习与提高) 2.收集你所在地区不同年代的地图,比较湖泊、沼泽或林地的今昔面积,试分析变化的原因。(选择性必修二 P44 练习与应用) 3.我国地域辽阔,古生物化石种类繁多,在生物进化的研究中起着非常重要的作用。下面是我国发现的一些著名的化石群:澄江生物化石群、热河生物化石群、山旺生物化石群、和政生物化石群、关岭生物化石群等。请任选一个化石群或当地已发现的化石群,查找相关资料,向全班同学介绍该化石群中主要的化石,以及该化石群的发现在研究生物进化中的重要意义。(必修二 P104 练习与应用) 4.仔细阅读本节的"思考·讨论",通过完成下面的图解,体会巴斯德、李比希、毕希纳、萨姆纳的观点之间的逻辑关系;写一篇短文,谈谈对科学发展过程的认识。(必修一 P80 练习与应用) 5.与传统的生产方式相比,植物工厂生产蔬菜等食物有哪些优势?又面临哪些困难?你对植物工厂的发展前景持什么观点?请搜集资料,结合自己的思考写一篇综述性短文。(必修一 P101 练习与应用)

续表

类型	调查作文的课题设计
小论文	6.回顾本章章首页的小诗,结合本学期生物课所学内容,写一篇文章谈谈你对生命历程的感悟,题目自拟,文体、字数不限。(必修一 P101 练习与应用) 7.学习完“遗传与进化”模块,你对基因、遗传、变异和进化乃至生命本质有哪些深入的体会和独到的理解?请你围绕上述关键词写一篇短文,题目自拟,文体和字数不限。(必修二 P126 复习与提高) 8.有性生殖使雌雄两性生殖细胞的细胞核融合为一个新的细胞核,从而使后代的遗传物质同亲代相比,既有继承,又有变化。从这个角度看,你能找出不支持克隆人的论据吗?你还能说出其他论据吗?(必修一 P58 练习与应用) 9.“人们现在都生活在各种人工环境中,因此,人类的进化不再受到自然选择的影响。”你同意这一观点吗?写一段文字阐明你支持或反对的理由。(必修二 P109 练习与应用) 10.有的同学经常熬夜学习,请查阅资料并结合自身经历,谈一谈这样做的危害。(选择性必修一 P40 练习与应用) 11.毒扁豆碱等物质能影响神经递质的分解,某种箭毒会影响突触后膜受体发挥作用,这些物质因而能影响神经系统的信息传递及肌肉的收缩,有时会严重危害人的健康。进一步查找资料回答:一旦出现类似物质引起的中毒,应该如何处置?(选择性必修一 P42 复习与提高) 12.糖尿病分为 1 型和 2 型。它们都可以用注射胰岛素的方式进行治疗吗?为什么?请你查阅资料回答问题。(选择性必修一 P49 练习与应用) 13.洄游鱼类在从海水环境中移动到淡水中时(俗称大麻哈鱼的鲑类产卵洄游)面临什么样的水盐平衡问题?请查找资料,看看它们是如何解决这一问题的。(选择性必修一 P62 练习与应用) 14.现在用的狂犬病疫苗与巴斯德制作的疫苗有区别吗?是怎么制作出来的?有兴趣的同学,请查阅资料并与同学分享。(选择性必修一 P85 练习与应用) 15.一本生态学专著上写道:“当能预报未来时,生态学就变成一门预测性科学;当能管理科学时,生态学就变成一门管理科学。”结合本章所学知识,谈谈你对本章知识的理解。有兴趣的话,还可以查阅更多资料及生态学的研究进展,以及其在实践中的应用。(选择性必修二 P17 练习与应用) 16.有人说,过度从土地索取导致土地退化,是有些古文明中断的一个重要原因。我国几千年的农业发展没有出现这一问题,这是中华文明数千年延续不断的条件之一。你认同这一观点吗?请查找资料,对这一观点进行评析。(选择性必修二 P100 旁栏思考) 17.你家乡附近的河流是否也出现 20 世纪莱茵河遇到的问题?能否借鉴莱茵河治理的经验和教训?提出你的想法。(选择性必修二 P109 练习与应用) 18.查阅关于果酒和果醋工业化生产的工艺流程,比较自己制作果酒和果醋的方法与流程有哪些异同。在此基础上,请思考:当把少量制作转化为大规模生产时,需要解决哪些实际问题?你能从中体会到技术与工程的区别和联系吗?(选择性必修三 P8 到社会中去) 19.通过微生物发酵,可以将粮食(如玉米、小麦等)及各种植物纤维加工成燃料乙醇;将燃料乙醇和普通汽油按一定比例混配,就形成了目前在我国多地广泛使用的乙醇汽油。乙醇汽油的环保性令人称道。调查显示,使用乙醇汽油与使用普通汽油相比,排放到空气中的 NO_2、CO 等均有不同程度下降。有人认为燃料乙醇可再生;但也有人认为,生产燃料乙醇需要消耗大量的粮食,会增加粮食短缺的风险。请你尝试通过查阅资料,评估这一风险,并说明在生产时应如何规避这一风险。(选择性必修三 P28 到社会中去) 20.现在关于 iPS 细胞的研究正在不断深入。请你从以下两个方面来查阅资料,进行思考。

续表

类型	调查作文的课题设计
小论文	(1)由于诱导产生 iPS 细胞、促使其分化都需要时间，因此用某人特异的 iPS 细胞进行医疗只限于时间比较充裕的情形。从实际事故、疾病发生的不可预测性方面考虑，如果要将这些细胞用于紧急情况，应该提前采取什么措施？(2)如果诱导 iPS 细胞定向分化为生殖细胞的技术发展成熟，该技术可能会有哪些应用？又可能带来哪些问题？(选择性必修三 P47 练习与应用) 21. 假如你掌握了动物细胞融合技术，你想用这种技术来解决哪些问题？解决这些问题的大致思路是怎样的？这样做会有什么风险？请查阅相关资料，完善自己的思路，形成文字报告，并与同学交流。(选择性必修三 P51 练习与应用) 22. 转基因抗虫棉在世界范围内被广泛种植，有效控制了棉铃虫的种群数量，显著减少了农药的用量。面对棉铃虫的危害，有了抗虫棉是否就可以一劳永逸、高枕无忧呢？根据棉铃虫对传统农药产生抗性的发展历史、科研人员推测棉铃虫存在对 Bt 抗虫蛋白产生抗性的可能。请你查阅资料，了解以下问题。(1)在实际种植过程中，棉铃虫是否对转 Bt 基因的抗虫棉产生了严重的抗性？证据是什么？(2)科研工作者在发现棉铃虫出现抗性之前，就应该想办法应对。他们想出的延缓棉铃虫对 Bt 抗虫蛋白产生抗性的措施有哪些？这些措施的原理是什么？有效吗？(选择性必修三 P83 到社会中去) 23. 请查找相关资料，了解科学家为什么要培育“黄金大米”，以及当前关于“是否要推广黄金大米”的各种争论。你还可以提出自己的看法，并与同学交流讨论。(选择性必修三 P83 练习与应用) 24. 转基因食品是否安全？辩论前的准备：辩论的正反方或者角色扮演者，分别搜集不同国家或地区转基因生物研发和安全评估、转基因食品销售等方面的资料，以及我国有关转基因生物研究和商品化的法规和政策。在搜集资料的过程中，一定要注意区分谣言与事实，区分事实与观点；要舍弃矛盾的、不充分的证据，寻找确凿的证据。(选择性必修三 P103 辩论会) 25. 你支持“设计试管婴儿”吗？讨论：提供骨髓中的造血干细胞并不会对婴儿的健康造成损伤，同样捐出部分骨髓救治他人，也不会给捐献者的身体健康造成损伤。请上网或通过其他途径查询：这是为什么？你愿意为救人一命而捐献一部分骨髓吗？(选择性必修三 P109 思考讨论)

(四)高中地理教材中的调查作文

高中地理课程是落实立德树人根本任务的重要课程，反映了地理学的本质，体现了地理学的基本思想和方法，旨在使学生具备人地协调观、综合思维、区域认知、地理实践力等地理学科核心素养，①懂得人与自然和谐共生的道理，为培养德智体美劳全面发展的社会主义建设者和接班人奠定基础。高中地理教材中的调查作文，目的旨在让学生在学习一定的地理基础知识和原理的基础上，通过收集相关资料进行研究，撰写成文，激发学生的兴趣，开发学生的潜能，也能更好地培养学生多角度思考问题的意识，更有利于地理学科核心素养的培养

① 中华人民共和国教育部. 普通高中地理课程标准[S]. 北京：人民教育出版社，2020.

与提升，更好地推动地理教育改革。统计发现，人教版高中地理教材①②③④⑤中的调查作文涉及五种类型，分别为自然科学调查报告(14 次)、社会科学调查报告(24 次)、观察报告(4 次)、人物访谈记录与报告(2 次)，以及小论文(7 次)，具体类型与课题设计见表 4－18。

表 4－18　高中地理教材中调查作文的类型与课题设计

类型	调查作文的课题设计
自然科学调查报告	1. 收集资料，分析火星基地应具备的基本生命保障条件和人类目前在生物圈研究领域的成就，分析火星基地的基本功能，绘制构想图。(必修一 P25 问题研究) 2. 开展校园树木调查，对不认识的树木通过网络查询、查阅资料或请教相关人员等解决。同时查阅每一种树木生长所需的环境条件，如气温、湿度、光照等和当地的气温、土壤等信息，以“因地制宜绿化校园”为题，对校园绿化提出合理化建议。(必修一 P83 活动) 3. 你所在地区多发生哪种自然灾害？这种自然灾害又会引起哪些灾害？你能画出其中的一条灾害链条吗？(必修一 P109 活动) 4. 利用电脑、手机等工具，在网络地图上查找身边最近的应急避难场所，以及从学校或居所前往应急避难场所的最佳路线。若没有，请选择附近你认为合适的应急避难场地，并说明理由。(必修一 P113 活动) 5. 收集资料，了解我国自然灾害的分布特征和灾区对救灾物资的基本要求，对比我国自然灾害与已建中央救灾物资储备库的空间布局，提出新建救灾物资储备库的选址建议。(必修一 P120 问题研究) 6. 收集学校所在城镇的土地利用现状图或土地利用规划图，分组调查离学校最近的一个商业区或工业区、居住区，调查该功能区的范围和形成过程，讨论其形成条件，并预测其未来发展。各组将自己的调查报告和分析结果在全班交流。(必修二 P30 活动) 7. 收集资料，了解人们选择不同住房位置的情况以及选择位置的主要因素，提出你选择住房位置的基本思路和具体方案。(必修二 P51 问题研究) 8. 查阅资料，了解食品从生产到消费各环节均会产生温室气体的排放；查阅资料，认识不同产地、应季与反季节的食品温室气体排放的差异；查阅资料，认识不同包装的食品温室气体排放的差异。结合实地调查，完成应季蔬果的调查表，制作低碳晚餐。(必修第二册 P120 问题研究) 9. 为什么国际日界线会有曲折？(选择性必修一 P8 思考) 10. 绘制学校所在地年内正午太阳高度变化及正午太阳方向简图。描述当地正午太阳高度及正午太阳方向的年内变化规律。(选择性必修一 P12 活动)

①李秀彬，丁尧清. 普通高中教科书·地理·必修第一册[M]. 北京：人民教育出版社，2019.

②袁书琪，刘健. 普通高中教科书·地理·必修第二册[M]. 北京：人民教育出版社，2019.

③袁孝亭，丁尧清. 普通高中教科书·地理·选择性必修 1——自然地理基础[M]. 北京：人民教育出版社，2020.

④葛岳静，覃燕飞. 普通高中教科书·地理·选择性必修 2——区域发展[M]. 北京：人民教育出版社，2020.

⑤方修琦，刘健. 普通高中教科书·地理·选择性必修 3——资源、环境与国家安全[M]. 北京：人民教育出版社，2020.

续表

类型	调查作文的课题设计
自然科学调查报告	11.收集资料，了解有关河口冲积岛的基本情况。根据长江河口冲积岛的变迁示意图，推测崇明岛的形成过程。收集资料，说明人类活动对崇明岛的影响，推测崇明岛的未来。（选择性必修一 P39 问题研究） 12.收集资料，了解南极冰山的基本状况和沙特阿拉伯淡水资源短缺现状，根据洋流和风向设计将冰山运往沙特阿拉伯的最佳路线，反思大规模利用南极冰山可能带来的环境问题。（选择性必修一 P77 问题研究） 13.收集资料，了解欧洲冷季型草坪在改善欧洲城市生态环境中的作用，以及其在西北地区城市铺设冷季型草坪可能出现的问题，对比欧洲西部和中国西北地区的气候差异，对西北地区城市从欧洲引进冷季型草坪的问题提出看法。（选择性必修一 P92 问题研究） 14.了解景德镇的地理环境特点及发展瓷业的有利与不利条件；查阅资料，说明瓷土资源逐渐枯竭对景德镇发展的影响以及景德镇产业转型选择的道路，为景德镇是否走“世界瓷都”之路献计献策。（选择性必修二 P37 问题研究）
社会科学调查报告	1.通过网络收集并整理我国政府为治理大气污染所采取的措施。结合我国近年来大气污染较为严重的原因和发达国家治理大气污染所用的时间，对“何时‘蓝天’常在”这一问题给出自己的观点，并在班级进行讨论。（必修一 P44 问题研究） 2.收集资料，了解阿联酋的水资源短缺状况和解决缺水的已有措施，从阿联酋的气候特点、山体高度、建设成本等方面，讨论阿联酋“造山引雨”是否可行。（选择性必修一 P61 问题研究） 3.收集资料，了解生态建设的主要措施和生态重建对经济发展的促进作用，针对喀斯特峰丛山地生态环境脆弱状况，提出提升经济发展水平的建议。（必修一 P79 问题研究） 4.收集有关我国人口政策的宣传图片，了解人口政策的调整情况。结合我国的现实情况，从环境、经济、社会三个方面，谈谈你对我国人口政策的理解。确定我国人口合理容量要考虑哪些因素？（必修二 P20 活动） 5.收集、阅读材料，了解农民工现状，分析农民工对我国经济发展的作用和面临的难题，探讨解决农民工难题的对策与途径。（必修二 P21 问题研究） 6.香港高级居住区和普通居住区为什么会这样分布？（必修二 P27 思考） 7.选择一处能反映家乡地域文化特点的景观，以小组为单位进行实地调查。查找资料，分析该景观如何反映当地的地域文化和受保护程度。每组根据调查结果制作一张海报。（必修二 P49 活动） 8.选择你所在城镇的主要商业中心，实地调查，了解该商业中心主要商铺的数量、类型、规模等概况；通过观察、访谈或问卷调查，了解各商铺的服务范围、服务人群和客流量等情况。结合调查情况及城镇相关地图，分析该商业中心的主要区位因素。（必修二 P73 活动） 9.收集资料，了解中关村电子城的发展历史，分析中关村电子城衰落的原因，探讨转型之路；调查所在城镇某家实体酒店的现状，并为其未来发展提出建议。（必修二 P77 问题研究） 10.收集资料，了解我国城市交通拥堵状况、产生原因及措施，借鉴国外城市疏堵所采取的措施，为所在城镇解决交通拥堵问题献计献策。（必修二 P93 问题研究） 11.你周围有哪些环境污染？造成污染的原因是什么？（必修二 P97 思考） 12.你还能列出日常生活中的可持续消费行为吗？（必修二 P106 思考） 13.查阅基于地方方言而形成的地方戏曲、地名等，说出它们在旅游开发、丰富地方文化生活中的作用。（选择性必修二 P4 活动）

续表

类型	调查作文的课题设计
社会科学调查报告	14.收集小岛国的资料，了解资源匮乏国家的发展困境；了解塞舌尔状况，分析其旅游业发展条件，归纳塞舌尔经济发展的成功经验，探讨资源匮乏地区的发展对策与措施。（选择性必修二P14问题研究） 15.了解汽车工业特点及其产业带动作用；了解汽车工业的全球生产体系；认识发展汽车工业需要关注的几个问题；查阅相关资料，讨论家乡以汽车工业为主导产业是否有利于区域发展。（选择性必修二P57问题研究） 16.认识生态足迹。了解全球生态足迹的大小及变化趋势，计算并分析个人生态足迹，提出减少个人生态足迹的行动方案。（选择性必修三P18问题研究） 17.我国进口大豆主要用于榨油和做饲料的原材料。在你的生活中，接触的大豆制品或者以大豆为原材料的产品有哪些？你认为我国是否需要改变大量进口大豆的现状？为什么？（选择性必修三P41思考） 18.综合考虑影响粮食安全和国家安全的各方面因素，并收集有关资料，讨论以下问题：(1)除“买得贵”和“买不到”风险外，利用国际粮食市场还可能存在哪些风险？(2)为了能够在保障国家安全的前提下充分利用国际粮食市场，你认为我国可采取怎样的措施？（选择性必修三P42活动） 19.收集本省区实施“藏粮于地”战略的现实案例，重点说明其提升耕地质量的方式，并剖析其与区域自然环境及耕地资源特点的关系。针对你家乡维持可持续粮食生产能力的主要需求，运用相关地理知识，提出“藏粮于地”的可行建议。与同学交流你收集的案例以及提出的“藏粮于地”可行性建议。（选择性必修三P56问题研究） 20.收集所在城市站点或最近城市站点当年或前一年1月和7月逐日的空气质量指数数据，统计各级别空气质量出现的天数，并绘制直方图。比较敏感人群（儿童、老人）、一般人群和健康人群在1月和7月出现明显症状天数的差别，并运用相关地理知识，解释天数差别的形成原因。当地是否出现过重度以上的污染情况？如果出现，对正常生产和生活有什么影响？（选择性必修三P60活动） 21.从法国、美国、日本、巴基斯坦四国中任选一国，通过自查该国能源禀赋、能源消费量、经济发展水平等方面的资料，分析影响该国当前核电发展的因素。（选择性必修三P92问题研究） 22.个人上网查阅资料，分小组讨论以下问题：(1)和主动屋相比，被动屋主要有哪些减少能耗的途径？(2)你还能举出其他体现生态文明的生产或生活方式的实例吗？（选择性必修三P96活动） 23.你身边生产方式的绿色化程度怎么样？你能想到什么改进措施？（选择性必修三P97思考） 24.设计和发放中学生资源、环境安全意识问卷调查，对回收的问卷做统计分析，并撰写调查报告，思考并提出关于增强中学生资源、环境安全意识的建议。（选择性必修三P113问题研究）
观察报告	1.连续两周同一时刻，每天傍晚日落后天空出现月牙时，观测并记录观测日期、月亮的位置和形状，总结观测结果。（必修一P5活动） 2.收集家乡所在地区的地形图，以及遥感影像、考察报告、论文等资料，开展实地考察，在观察路线上选择合适的观察点进行观察，整理地貌观察记录，撰写观察报告。（必修一P78活动） 3.在校园或校园附近的空地或荒地上，挖出土壤立方块，观察土壤块表层和底层的颜色、潮湿状况、疏松状况和矿物颗粒等，整理观察记录，描述家乡土壤的特点，并与同学交流。（必修一P90活动） 4.观察地图，分析藏水入疆的可能路线及沿线区域地理特征，阅读和查找相关资料，了解引水构想的可能利弊，开展讨论，阐述个人的观点及理由。（选择性必修二P89问题研究）

续表

类型	调查作文的课题设计
人物访谈记录与报告	1. 询问家庭中父母和祖辈每一个人的出生地和迁移经历，绘制家庭人口迁移路线图，比较两代人迁移的特点及原因，讨论迁移给家庭带来的影响。（必修二 P15 活动） 2. 请分别扮演主持人、各集团代表、记录员等角色，结合上述各方面观点和自查资料，在明确各方核心诉求和利益底线的基础上，模拟一次联合国气候变化谈判。谈判主题：(1)全球温室气体控制的目标是什么，即应将气温较工业化前水平升高控制在多少摄氏度以内？(2)在确定全球温室气体控制目标后，如何实现这一目标？各国在其中承担什么责任？（选择性必修三 P109 活动）
小论文	1. 讨论下列活动应怎样利用潮汐规律（赶海、游泳、观潮、船舶进出港口）。在上述活动中选择一项，思考除潮汐外，还需要了解有关海水的哪些信息。（必修一 P60 活动） 2. 综合开采技术、市场前景和生态环境影响等问题，对“能否淡化海冰解决环渤海地区淡水短缺问题”给出自己的观点，并阐述理由。（必修一 P64 问题研究） 3. 针对我国的大多数城市，解决“看海”问题存在哪些现实困难？如何应对？请与同学们一起探讨。（必修一 P98 问题研究） 4. 首钢搬迁后，原来的首钢厂址可以用来做什么呢？查阅资料，并谈谈你自己的看法。（必修二 P70 活动） 5. 运用网络等手段，获取学校所在省级行政区的主体功能区规划图及相关资料，找出各类主体功能区及分布，就某优化开发区域或重点开发区域，谈谈其经济开发的优势和潜力；就某限制开发区域或禁止开发区域，说明原因。综合上述活动的结果，谈谈你对“绿水青山就是金山银山”的理解。（必修二 P112 活动） 6. 了解月相的变化，思考月亮对人类活动的影响。了解人造月亮的试验，比较人造月亮与月亮的差异。了解人类对人造月亮的不同态度及理由。探讨人类是否需要人造月亮，提出自己的看法，给出充足的理由，并与同学讨论。（选择性必修一 P15 问题研究） 7. 环境“先污染，后治理”是不是一个区域社会经济发展必然经历的过程？查找相关资料，用事实说明你的观点。（选择性必修三 P16 活动）

此外，《中小学综合实践活动课程指导纲要》设计了大量课题，可以作为调查作文的选题来源，相关内容可参见该纲要。

[本章第一节和第二节作者为张芳芳，山西省临汾市洪洞县大槐树中学历史教师。第三节作者为张怀义，山西省吕梁市中阳县中阳一中数学教师。第四节有多位山西师范大学教师教育学院 2020 级教育硕士参与写作：文江玉，学科教学（生物），撰写第四节第一部分“小学科学教材中的调查作文”和第三部分的“高中生物学教材中的调查作文”；李家辉，学科教学（物理），撰写第四节第二部分的“初中物理教材中的调查作文”和第四节第三部分的“高中物理教材中的调查作文”；刘慧兰，学科教学（化学），撰写第四节第三部分的“高中化学教材中的调查作文”；徐艺瑄，学科教学（生物），撰写第四节第二部分的“初中生物学教材中的调查作文”；何雯，学科教学（地理），撰写第四节第二部分的“初中地理学教材中的调查作文”；秦怡，学科教学（地理），撰写第四节第三部分的“高中地理学教材中的调查作文”。此外，山

西省临汾市临汾三中化学教师何国柱，撰写第四节第二部分的“初中化学教材中的调查作文”。]

本章小结

本章对除语文教材以外，其他中小学教材中的调查作文进行了分析。第一节聚焦于中学历史教材，第二节聚焦于义务教育道德与法治教材和高中思想政治教材，第三节聚焦于中小学数学教材，第四节聚焦于中小学科学教材，企图描绘调查作文教育的现实图景。从各科目教材呈现的课题来看，一些课题仅在一个科目中出现，有的需要单一学科知识来完成，有的则需要多个学科知识来完成；另有一些课题在多个科目中出现，需要跨学科知识来完成。多个科目中设计相同的课题，完成时间却不在同一个年级，给调查作文的实施带来挑战：真正实施起来难免会加重学生的学习负担，但也会发生各科目相互推卸责任，最终谁也不去实施的情况。这就预示着开发一个致力于调查作文教育的系统的校本课程有极大的可行性。

思考题

1. 中小学各科目教材中调查作文的课题设计是如何体现其学科性的？

2. 试将小学语文教材与小学道德与法治、科学教材中的调查作文进行比较，尝试设计一门调查作文教育的校本课程。

3. 试将中小语文教材与其他教材中的调查作文进行比较，尝试为中学设计一门调查作文教育的校本课程。

4. 对目前中小学各学科调查作文教育的实施现状展开一次调查，对比教材和课标的要求，对其实施效果进行分析，并撰写调查报告。

第四编

调查作文的主题设计与实施计划

章节提要

本章探讨调查作文题目的确定与如何拟订调查计划，主要剖析问题与问题意识的本质，确定题目的原则、方法，调查计划的要素及其拟定技巧，重点解释问题体系和选题的一般步骤，阐明如何提出问题，并将问题转化为调查作文题目的原则、方法与技巧。本章企图从选题和计划上为调查作文教育的实施提供方法与技术上的支持。

第五章　调查作文题目的确定与计划拟订

学习目标

1. 说出问题意识的三种表现状态。
2. 列举问题体系的组成部分。
3. 举例说明确定题目的原则。
4. 学会使用确定题目的方法。
5. 尝试确定一个调查题目，并拟订一份调查计划。

无论调查研究还是科学探究，活动的第一步便是提出有价值的问题，选择或确定研究题目，这项工作被简称为选题。选题既是研究工作的起点，也是研究工作的实际开端。一个好的选题可以指明研究的方向和研究的重点，选题的好坏关系到样本的选择、材料的收集等一系列研究步骤或程序能否顺利进行。对初次接触研究工作的人来讲，选题是一项看起来非常困难的事情。一方面，研究的程序对于初学者而言还不甚明了；另一方面，确定研究主题、提出研究问题、确定写作题目等一系列工作是人脑积极思维的结果，即使有书籍或老师指导，由于大脑思维的内隐性，初学者也很难把握住问题的真正含义，并选出具有研究价值的"真"问题。因此，学会提问题，掌握选题的方法显得尤为重要。

第一节　问题与问题意识

一、问题意识

人为什么会产生问题呢？人们常说问题发于好奇。好奇是形容对自己所不了解的事物觉得新奇而感兴趣的心理倾向(状态)。[①] 当一个新鲜事物出现时，有的人会将精力全部放在搜集、囤积新奇和异样的东西身上，此时，好奇就会变成猎奇。可见，光有好奇还不足以令问题萌发。有的人头脑中会不断地产生疑问，并主动地进行思考以探明事情的真相。这种心理与"不愤不启，不悱不发"中的"愤"和"悱"有些类似，百思不得其解，越想越"愤"，越想越"悱"，这就是问题意识。问题意识是由好奇而引发，使问题萌发或产生的一种心理状态，它才是推动人们求知的动力和源泉。早在两千多年前，亚里士多德就指出："不论现在，还是最初，人都是由于好奇而开始哲学思考，开始对身边所不懂的东西感到惊异，继而逐步前进，并对更重大的事情产生疑问。例如，关于月相的变化，关于太阳和星辰的变化，以及关于万物的生成"。[②] 可见，问题的提出取决于是否具有问题意识。

一般地，问题意识有三种表现状态：无问题状态、问题隐藏状态和问题显露状态。无问题状态，是指无发问动机和欲望。问题隐藏状态，是指潜意识中虽然萌发了问题，但只将问题隐藏在内心，未将其表达出来。中国文化强调"敏而好学，不耻下问"，但是，在我国的教育实践中，经常会出现这样的场景：课堂教学内容结束后，教师会习惯性地问学生，有没有问题，学生总是摇头。其实摇头并不代表没有问题，而是学生已经习惯将问题隐藏起来，不进行表达。问题显露状态，是指呈现问题或提出问题的心理状态，它是提问者个人进行创造性思维的结果。爱因斯坦曾指出科学研究中提出问题需要有创造性的想象力："提出一个问题往往比解决一个问题更重要，因为解决一个问题也许仅是一个数学上的或是实验上的技能而已，而提出新的问题、新的可能性，从新的角度去看旧的问题，却需要有创造性的想象力，而且标志着科学的真正进步"。[③]

问题意识是提出问题的心理保障，解决的是"能不能"发现问题、研究问题和解决问题的能力问题。而要将问题呈现出来还需要人脑的思维。语言是思维的工具，因此，提出问题或呈现问题的过程就是使用语言将问题清晰地表征出来的一个过程。在问题被文字或语言陈

①中国社会科学院语言研究所词典室．现代汉语词典[M]．第6版．北京：商务印书馆，2012．

②亚里士多德．形而上学[M]．苗力田，译．北京：中国人民大学出版社，2003．

③A·爱因斯坦，L．英费尔德．物理学的进化[M]．上海：上海科学技术出版社，1962．

述出来之前，提出什么样的问题是一个内隐于人类大脑中，有无数神经元细胞参与的一个生物过程。虽然目前人类还无法破解思维的神秘过程，但对于问题的内涵与本质属性，相关的讨论还是比较丰富的。认清问题的内涵和本质属性，有利于清晰地提出问题。

二、问题的内涵

研究始于问题。那么什么是问题呢？甲骨文中，问题的问字是两扇门下面有一个口字：問它形象地反映了古人对“有不知道或不明白的事请人解答”的一种“讯”现象。根据“问”的本义，问题是指“不知道或不明白的事”或“要求回答或解释的题目”。[1] 但在汉语语境中，问题还有其他三个引申意义：①须要研究讨论并加以解决的矛盾、疑难；②关键，重要之点；③事故或麻烦。词典中对问题的解释又引入了“题目”“矛盾”“疑难”“关键”“麻烦”等词语，究竟哪一个是能够用来做研究的问题呢？譬如，环境污染是当前人民生活中急需解决的一个问题，把“环境污染”与汉语词典中“问题”的释义进行对应，可以发现：环境污染问题是当前环境保护中的一个“疑难”问题、“关键”问题，也是发展经济与保护环境所面临的一个“矛盾”问题和“麻烦”问题。这些语词都是对问题性质的形容，而没有涉及问题的本体性的描述，如问题的结构、问题的语言表达（形式）、类型等。有关环境污染我们不知道的或不明白的，或者要求回答或解释哪些东西呢？仅仅从“环境污染”这四个字上是无法得到答案的。

有心理学家指出，问题是指如果当前状态和目标之间存在障碍，同时还不清楚如何排除这个障碍，这时问题就产生了。[2] 现代心理学认为问题是指在信息和目标之间有某些障碍需要加以克服的情境，因此，提出问题的结构就是：任何一个问题都是由给定、目标和障碍这三个成分有机地结合在一起的。[3] “可见，问题是困难的，问题是需要解决方案的。”根据问题的解答答案数量，心理学家又把问题分为两类：界定良好问题和界定不良问题。前者通常指有一个正确答案，当正确应用某一程序时，就能够找到解决方案。比如，数学或物理方面遇到的问题。后者是指并不一定有一个正确答案，而且寻找解决方案的途径也是不清楚的。比如，大学毕业以后选择什么职业的问题。一般而言，涉及科学探究的问题，采用科学研究方法是能够找到唯一答案的。比如，新冠肺炎是由什么病原体引起的？科学家通过探究发现新冠病毒是引起新冠肺炎的病原体。涉及调查研究的问题，最终并不存在一个唯一且正确的答案。比如，大学生使用的手机大多是什么品牌的？调查可以发现，有些学生使用华为手机，有些使用小米手机，有些使用外星人手机……而且，不同年级大学生使用这些品牌的数量也各不相同。中小学的调查研究和科学探究活动常常涉及以上两种类型的问题，这也使

---

① 中国社会科学院语言研究所词典室．现代汉语词典［M］．6 版．北京：商务印书馆，2012．

② 戈尔茨坦．认知心理学：心智、研究与你的生活［M］．张明，等，译．北京：中国轻工业出版社，2015．

③ 王天蓉．问题化学习教师行动手册［M］．上海：华东师范大学出版社，2010．

得提出问题变得有些困难，导致中小学生在进行调查研究和科学探究时找不出问题、找不准问题或者找出一些假问题。

中文语境中，对问题的定义比较含糊，导致使用语言呈现问题时变得困难重重。现代认知心理学提出了问题的结构，然而，如何运用这个结构去提出问题呢？其关键或技术还没有得到彻底解决，也没有得到普遍应用。认知心理学给了我们一些重要的启示：问题是与困难/难题联系在一起的，问题是需要解决方案的。问题是与问题解决联系在一起的，不涉及问题解决的问题不能算是真正的研究问题；问题是可以采用某一程序或特定方法找到一个或多个答案的。

三、问题体系

为了继续澄清问题的确切含义，我们不妨将目光转向其他语言。根据朱旭东的考察，①在英语语境中，与“问题”这一概念对应的单词有三个：issue、problem 和 question，其英文释义可参见表 5－1。issue，中文译为“问题”“议题”，如环境污染议题；problem，中文译为“问题”“难题”“困难”，在实际表达中还有“不足”“缺乏”“没有”等含义来意指“问题”；question，中文译为“问题”，但还有主题（subject）、难题（problem），以及疑问（doubt）、询问、盘问、审问等含义。它们分别与特定的动词相联系，使得问题的解决处于不同的状态。实践中，除了这三个单词以外，project 和 topic 也与问题和问题解决有一定的联系。于是，我们可以得到一个“问题”体系。

课题。对应 project，表达的问题是处于规划或计划状态的问题系统，一般指重大问题的攻关研究，可以细化为相互之间有一定联系的多个研究问题。问题解决的意义重大，常常需要在特定时间内，有经费支持，由多人协商合作来完成，而且事先还必须提交周密的课题规划。课题规划涉及研究背景、研究目的与意义、国内外研究现状、创新性及难度、主要研究方法、研究团队、研究进度、经费预算、阶段成果及最终达到的目标等。常用“×××研究”的句子形式来描述，如“珠三角典型产业重镇大气挥发性有机物污染特征及来源研究”。另外，在项目式学习中，常常把在教师指导下，由学生独立研究的工作称为课题。比如，写一本短篇小说集、在家里画一幅国画、准备一场个人钢琴演奏会等。

议题或话题。对应 issue，所表达的问题由多方人员参与讨论的某一现象或事物，其问题解决是处于“朝堂论理”的议论状态而不是行动状态。根据讨论内容的抽象程度和涉及范围，所议论的议题可以分为一般议题和具体议题。一般议题的概括性大于具体议题，它包含若干个具体议题，具体议题是结合具体事物（事例）的议题。议题或话题常用表述一般概念或次级一般概念的词组来描述，如，移民问题/非法移民问题。

主题或难题。对应 problem，所表达的问题是议题或话题中能够给自然、社会或人自身

---

①朱旭东．论学位论文“问题”的内涵、类型和写作的关联性[J]．学位与研究生教育，2014(2)：18－22.

带来困扰或消极影响的困难之题。有学者提出难题的基本结构包括：[①]①一个处境或情景(situation or condition)；②该情景会导致令人不悦的后果(undesirable consequences)，而这样的损失是你不想承担的(costs)。比如，臭氧层的破洞正逐渐扩大(情境)。臭氧层中一个更大的破洞表示有更多的紫外线会侵袭地球。problem 所涉及的问题是客观存在的，是事物在发展变化中所引发的矛盾或冲突，还是当前人们不清楚、不明白的事实或现象，也是值得未来花费时间和精力去研究或探索的主题。主题或难题常用句子来表述，表明消极影响或困扰是什么样的真实存在状态。如大气挥发性有机污染物正在逐渐增多。

研究问题。对应 question，所表达的问题是针对难题及其问题解决而不断质疑的问题提出和问题探究状态，其问题提出需要发挥人的主观能动性和创造性思维。研究问题是基于无法解决的难题而提出的，这些无法解决的难题是"尚未被彻底回答"或"未被正确回答"，但是通过一番努力却是可以回答的。以"臭氧层的破洞正逐渐扩大"为例，臭氧层出现破洞会导致令人不悦的后果——"有更多的紫外线会侵袭地球"。这一后果还会引起其他令人不悦的后果，于是新的难题就会出现。如"过多的紫外线"会导致"人类罹患皮肤癌"，此时，前一个难题的后果就转变成新难题中的情境，并引发新的 后果。新难题"人类罹患皮肤癌"引发的后果是可怕的，它直接威胁人类的生命并导致人类的死亡，而这一难题是必须想办法解决的。于是，研究问题就诞生了：

人类皮肤细胞是如何发生癌变的？

皮肤癌细胞有什么特征？……

可见，难题的情境和后果是可以互相转化的。当难题的后果比较严重，为你或他人，或者公众不可知、不清楚时，难题就转化为研究问题了。

研究问题表达了人们认识上的疑惑和质疑，古希腊哲学家亚里士多德曾经以语词为对象，对人类的认识范畴进行过抽象的分类。他总结出十个认识范畴：本质、数量、性质、关系、何地、何时、所处、所有、动作、承受。[②] 英语里面发展出与此相对应的一些疑问词，如"5W＋H"或"六何"：who(何人)what(有何)where(何地)、when(何时)、why(为何)、how(如何)。有关"who""what""when"或"where"的问题十分重要，但这些问题问的可能只是关于已经定论的事实(虽然不全然如此)。而有关"how"及"why"的问题，就可能引至更深入的研究或导向更有趣的答案。[③] 比如："人类皮肤细胞是如何发生癌变的？""大气中为什么会有挥发性有机污染物？"

关于研究问题的表述，常用疑问句的形式来表示。如上面的两个例子。但也可以使用

---

①韦恩·C·布斯，格雷戈里·G·卡洛姆，约瑟夫·M·威廉姆斯. 研究是一门艺术[M]. 陈美霞，徐华卿，许甘霖，译. 北京：新华出版社，2009.

②亚里士多德. 工具论[M]. 余纪元，等，译. 北京：中国人民大学出版社，1984.

③亚里士多德. 工具论[M]. 余纪元，等，译. 北京：中国人民大学出版社，1984.

陈述句来表示。如“我想(要)探究(知道)大气挥发性有机污染物来源于哪里。”这句话虽然没有使用疑问词，但是却陈述了一个尚未得到解释的现象或疑惑。有人提出“问题是建立在某种假定之上的，以特定概念为构件的特定理论而提出的在某一现象范围内尚未得到适当解释的现象或疑惑”。[1] 可见，判断一个句子是不是研究问题的关键并不在于句子的形式，而在于句子在内容方面是否包含了使用动词或形容词表示的，你所不知道或不明白，但想探索的特定概念。

题目。对应 topic，表达的是问题解决方案的报告状态。题目由研究问题转化而来，常用一句话来表示。《研究是一门艺术》一书中指出，一个明确的题目也可以是你的暂时性标题(working title)，一个别人问你正在做些什么时的简短回答。[2] 如上面所举的例子。研究问题是“大气挥发性有机物污染的来源有哪些?”报告写作的题目就可以确定为“大气挥发性有机物污染来源的调查”。然而，研究问题不明确，写作题目也不可能明确。如将“环境污染调查”或“周围环境污染调查”直接作为调查研究或调查作文的题目就不合适，而“居民楼开设饭店的污染问题调查”就比前边两个题目好一些。一般情况下，可将疑问句形式的研究问题转化为陈述句形式，同时将问号改为句号即可。报告形式有多种类型，写作是最主要的报告形式。在调查作文中，一般使用“×××的调查”“×××的观察”“×××的参观”等作为作文题目。选题中的问题体系见表 5－1。

表 5－1　选题中的问题体系

问题内涵	问题解决状态	英语	英文释义	动词	示例	表述
课题	规划状态	Project	a plan of scheme or undertaking	design	环境污染研究	冠以“×××研究”的句子形式
议题/话题	议论状态	Issue	a problem or subject that people discuss	discuss	大气污染	用词语表述的一般概念
					大气挥发性有机物污染	用词语表述的具体概念
主题/难题	行动状态	Problem	a situation that causes difficulties	solve	大气挥发性污染物的来源不明	用词语表述的关键概念
问题	问题提出与探究(计划或实施)状态	Question	a sentence or phrase that asks for information	ask/answer	大气挥发性有机物污染的来源有哪些?	疑问词＋具体概念＋特定概念
题目	问题解决方案的报告状态	Topic	a title that talks what you are doing	write/report	大气挥发性有机物污染来源的调查	报告问题解决方案，句子

①张宇燕，李增刚. 国际经济政治学[M]. 上海：上海人民出版社，2008.

②韦恩・C・布斯，格雷戈里・G・卡洛姆，约瑟夫・M・威廉姆斯. 研究是一门艺术[M]. 陈美霞，徐华卿，许甘霖，译. 北京：新华出版社，2009.

四、选题的一般步骤

选题是开展调查作文首要面临的问题。选题的工作量不但不小，而且对习惯了解题、练题、做题和接受式学习的中小学生而言，选题是一项既不熟悉又很繁重的工作。对习惯了发题、讲题和传授式教学的中小学教师而言，选题既是一项充满挑战又超越个人以往经验的事情。但是，如果把选题分解成一些小步骤，就可以使选题变得轻松和容易。选题是提出研究问题、分析和选择研究问题、陈述研究问题，以及撰写题目的过程，因而，可以将选题分解成四个小步骤：一是提出研究问题；二是分析和选择研究问题；三是描述研究问题；四是撰写题目。

提出研究问题。大多情况下，中小学生不是提不出来问题，而是提出的问题五花八门。究其原因，主要是对问题的内涵缺乏正确的认识。从上面的分析可以看出，研究领域的问题，在中文语境中更多地表现为一个问题体系。要判断一个问题是否为研究问题，首先，必须站在问题体系的角度，运用系统性思维去分析。从形式上来说，研究问题是以句子形式来表述的，所以，那些用包括词语、词组等非句子形式表示的议题或话题即可排除。其次，可以从内容上判断。以句子形式表述的问题，如果陈述的问题能够回答，且不能令你的内心产生探究欲望，那么，此问题就仅仅是难题而不足以成为一个研究问题。一次问题提出活动中所提出的若干问题，哪一个更容易进入问题解决环节？这就需要进行分析和选择。

分析和选择研究问题。这是指将若干研究问题进行比较和分析，从中选择一个合适的问题作为研究问题。对问题进行比较和分析的过程，也称为“开题”。一些大型课题，常常需要申请者说明研究背景、研究目的与意义、国内外研究现状、创新性及难度、主要研究方法、研究团队、研究进度、经费预算、阶段成果及最终达到的目标等。对中小学生而言，要在这个步骤中主要回答清楚这几个问题：为什么做这个研究？（研究有什么意义）这个研究计划做什么？（研究内容有什么）预计花费多长时间和多少经费？（进度和经费预算）计划怎么做？（研究方法是什么）预期结果有什么？（结果去向）研究计划的详细内容参见本章第四节。

描述研究问题。描述研究问题是指使用文字和语言将问题记录下来，形成论文、报告或指导研究的具体题目。这一步骤是选题的最后一步。注意在初学阶段，最好使用包含“为什么/如何”（how/why）等基本认识类型的疑问句来描述问题。另外，句子中应包含需要解决问题的关键概念。常见的课题在名称中尽可能表明三点：研究对象、研究问题和研究方法。如在“水的酸碱性对热带鱼的生理影响实验研究”这个课题表述中，研究对象是热带鱼，研究问题是水的酸碱性的影响，研究方法是实验研究。但在实际的研究中，由于课题的研究方法不同，研究的对象不同，研究的要求不同，因此，课题的陈述对以上三点可以灵活运用。

撰写题目。题目不是空想而来的，而是来源于研究问题的解决。日常的研究通常不是从空想一个题目开始，而是从解决一个碰巧遇到的实际难题（practical problem）开始，而这个难题如果未解决则意味着麻烦。① 在日常生活中,我们经常会遇到一些实际难题,经过提出问题—问题解决—找出答案,就可以化解难题。比如:

实际难题:我的自行车轮胎被铁钉扎破了。

研究问题:哪个地方可以马上把车胎修好呢?

问题解决过程:问行人查询距离最近的自行车修车行。

研究答案:修车行位于十字路口左转弯处。

化解难题(应用):把自行车推到十字路口左转弯的修车行去补胎。

难题得到解决以后,当你的家人或别人问起你刚才做了一件什么事情时,你会解释说修理自行车轮胎去了。实践中,研究题目常常也可以作为论文写作题目。它是研究者在问题解决之后,向公众或研究项目委托人提交的研究报告的题目。问题是明确的,题目就是清晰的。

我国的中小学生比较擅长针对具体知识点去解题、做题,几乎没有接受过对研究相关技能或技术的训练,所以,选题大都不能形成合理的想法。通过上面的讨论,我们对"选题"和"研究问题"是什么,以及它们之间有什么关系有一个比较清晰的认识。可以确定的是,在调查作文实践中,选题有两种情形。当选题作为动词使用时,表示的是从提出问题—分析和比较问题—描述问题—撰写题目的整个过程。当选题作为名词使用时,表示的是你经过激烈的思想斗争和争论、辩解,最后撰写出来的题目。无论选题的过程有多长,思想斗争有多激烈,最终都是以能否写出一个合适的题目为终结,因此,选题也可以看作是确定题目的过程。

第二节　确定题目的原则

一、选择自己感兴趣的题目

选题的第一个原则,也是首要原则,是从自己的兴趣出发选择研究题目。英国著名剧作家莎士比亚曾经说过:学问必须合乎自己的兴趣,方可得益。这点明了兴趣与研究之间的直接关系。爱因斯坦也曾说过:对一切来说,只有热爱才是最好的教师,它远远超过责任感。心理学家认为兴趣是动机的一种形式,是内部动机中最活跃的因素,可以使人产生一种强烈的、积极的和持续的心理状态。可见,兴趣是我们做好研究的重要的心理保障和动机。

选择自己感兴趣的研究题目,意味着在选题时要听从自己内心的思考和想法,不追逐

①韦恩·C·布斯,格雷戈里·G·卡洛姆,约瑟夫·M·威廉姆斯.研究是一门艺术[M].陈美霞,徐华卿,许甘霖,译.北京:新华出版社,2009.

“热点”，也不随大流，从自己关注的事物或现象中选择。比如由西尾实编著的《中学国语·二》中有一篇关于语言现象调查的学生范文——《研究报告：片假名的使用情况》，小作者这样描述了自己的选题动机：①

我的研究报告题目是：片假名的使用情况。首先我想谈一下我是怎么会想到研究这个题目的，即我的研究动机。

以前我认为我已了解了片假名的使用方法，不太注意这一点。大致知道片假名主要用于固有名词（国外的人名、地名）、外来语、拟声词的书写。

不久前，在报纸上发现“集体感冒”一词，“感冒”虽然有日语汉字，但这里也用片假名来书写了。认真注意一下，在报纸、传单等上面发现了不少这种用法。这使我认识到以前的这种看法是不全面的，产生了调查片假名实际使用情况的想法。这就是我的研究动机。

有学者指出，一个研究题目抵得上一个严密界定的兴趣。可见，兴趣通过“严密的转化”可以转化为研究的题目。一个人对某一事物感兴趣，表现在行为上就是个体常常会自觉或不自觉地关注这些事物。比如，你喜欢天鹅，在看报纸或书籍时，你就会多看一眼与天鹅有关的内容；在与同学或朋友聊天时，一谈论到天鹅时就会特别兴奋；如果附近有天鹅，你可能会专门去看一眼真实的天鹅长什么样。这便是感兴趣的表现。持续保持的兴趣会在某一时刻转化为研究冲动。比如，看到天鹅，你的头脑中会涌现唐朝诗人骆宾王的那首《咏鹅》诗：“鹅，鹅，鹅，曲项向天歌。白毛浮绿水，红掌拨清波。”这样的心理反应是“回忆”，不是研究。如果此刻你的内心产生了想要知道和了解一下历史上有哪些诗人或词人写过与天鹅有关的诗词，这些诗词里天鹅的“意象”有什么特点，这样，你就找到了自己的研究题目。

某个冬日的周末，你和朋友一起去公园游玩，发现结冰的河里有一群天鹅。跟公园管理员交谈以后，你得知天鹅已经连续来了三四年，从最早的五六只，到现在的十五六只，天鹅的种群在不断扩大。伴随天鹅到来的还有城市那久违的蓝天，由于城市环境污染得到了有效遏制，生态环境发生了很大变化。你知道天鹅之所以会来到这座城市越冬与城市的生态环境变化有很大的关系。关于这座城市的天鹅，你想知道它们什么时候飞来，什么时候离开，明年会有多少只天鹅来越冬呢，你还想知道，天鹅的种群变化与城市生态变化有什么关系呢，一个又一个的问题在脑海中不断生成。你开始搜集资料，查阅图书，一一回答这些问题。这些问题中，其他问题的答案都好找，只有这一个“天鹅种群兴衰与城市生态变化有何关系？”问题不能马上找到答案。即使调动你现在所有的知识储备都不可能立即解答，对你而言，它不仅是个难题，而且能将你引至更深入的研究。不知不觉中，你就从一个天鹅爱好者悄然地转成了城市生态环境的研究者。

①方明生. 日本生活作文教育研究[M]. 上海：上海教育出版社，2002.

在调查作文实践中，常常会遇到老师指定题目，而学生对题目不感兴趣或兴趣不大。此时，作为学生的你是拒绝老师的题目，还是调整自己的心态又或者在不断地了解和学习中去培养自己的兴趣呢？答案当然是显而易见的。当你接受了老师布置的任务，可以尝试与老师、同学或父母等人讨论讨论。也许在讨论的过程中，你会找到自己感兴趣的点。除此之外，你也可以尝试着在“做中学”。在收集资料的过程中，你可能会发现随着自己对这一题目的了解越深，你对题目的兴趣也越大。你的兴趣越大，又会促进你对这个题目的研究更深入。

二、题目宜适中

选题的第二个原则是选题要适中，题目涉及的范围不宜太大也不宜太小。选题过大，涉及的范围就会很广，需要搜集和掌握的材料也要求更全面，因而不易把握。苏教版初中《语文》七年级上册有一个关于“文化习俗”的调查作文，题目就太大。习俗本身就是一种文化现象，是在长期发展的过程中积淀下来的，民间世代传承相习的一种模式化的行为准则和行为方式，包括衣食住行、婚丧嫁娶、节日庆典等多方面的内容。著名学者钟敬文先生和国内的一大批民俗学者都对我国的文化民俗做过深入的研究，并且撰写过许多著作。以民俗专家和学者的功力尚且不能说清中国习俗的所有问题，更何况我们的中小学生了。所以，直接用“文化习俗”作为调查作文的题目会把初中生给吓唬住。但是，如果我们把精力集中在一个范围较小的题目上，我们就有可能做调查研究了。比如，我们可以选择文化习俗中的“祭祀习俗”，或者“祭祖习俗”等，需要收集的资料就集中到了与祭祀有关的资料而不是全部的文化习俗资料。

题目范围过大会影响我们的研究，题目范围过小也会影响我们的研究和论文撰写。题目范围过小，涉及的面儿就会很窄，能够搜集到的材料也很少，很难写就一篇小论文。例如，端午节是我国民间的一个重要节日，每到端午节邻近，家家户户都要包粽子。如果你的兴趣在“粽子大小的比较”上，那么，这个题目可能用几句话就能说清楚，而不需要撰写小论文。因此，在选题时，挑选一个范围过小的题目不仅不好做，有时候还会给自己带来更大的工作量。

题目小到什么程度才是合适的呢？用一个成语来描述，那就是“小题大做”。在中文语境中，“小题大做”常被用作贬义，比喻不恰当地把小事当作大事来处理，讽刺人们做事情时的故意夸张。它的本义是用小题目做大文章。选题时，就要选择小一点的题目，把文章或者论文做大。小题大做的典范莫过于著名文化学者季羡林先生研究糖和撰写《糖史》。据史料介绍，早在 20 世纪 30 年代，季羡林在德国学习梵文的时候，就开始注意发生在“糖”这个字上的一个有趣的现象：“糖”在欧美许多国家的语言中有多种表达方式，如英文是 sugar，德文是 zucker，法文是 sucre，俄文是 caxap，其他语言也各有不同。但这些字都是外来语，根源就是梵文的 sarkara。为什么语言不同，但“糖”都是外来语？且其根源都是印度的梵文呢？季先生根据语言流变的规律分析后得出一个结论：说明欧洲原来没有糖，印度则有。语言流变有一个规律，指称东西的外来语常常是伴随本国没有而从外国输入的某一件东西一起输入的。比如，中国语言中的咖啡、可可、沙发、啤酒、苹果派等。实物同名字一起传进来，这就是文化交流。1981 年，一张有关制糖术的敦煌残卷被送往北大破解，季羡林发现其中“煞割令”一词最为关键。几番研判，昼思夜想后，季羡林忽然顿悟“煞割令”就是梵文的 sarkara。于是，季羡林立刻撰写了《一张有关印度制糖法传入中国的敦煌残卷》一文。此后，季羡林又陆续发表《蔗糖制造在中国始于何时》（1981 年）、《古代印度砂糖的制造和使用》（1983 年）、《欧、美、非三洲甘蔗种植和砂糖制造》（1987 年）、《cīnī 问题——中印文化交流的一个例证》（1987 年）、《唐太宗与摩揭陀——唐代印度制糖术传入中国的问题》（1987 年）、《再谈 cīnī》（1994 年）等。1998 年，季羡林先生将自 1981 年以来研究糖的研究成果汇总成一部有七十三万余字的《糖史》。通过对“糖”这种人们天天食用的食品在全世界传播过程的深入研究，季羡林写就了一部遍及五大洲几乎所有国家的文化交流史，这不是“小题大做”又是什么呢？

21 世纪初，当研究性学习在中国兴起时，很多老师不约而同地发现选题难，难选题成了制约研究性学习深入开展的瓶颈。而在选题上暴露最多的问题便是选题过大。中小学生在研究时提不出来小问题，这与他们在研究上的训练过少有关。但大学生也同样提不出来合适的问题。中国人民银行行长易纲，曾经在一次经济学研究方法论的主题演讲中提到，[①]他去各地大学讲课，发现中国学生提问题时，都愿意研究大问题，比如汇率利率问题、货币政策问题等，见大不见小。而很少关心一些真正的具体的问题，如债券、股票、衍生产品、利率、收益率局限等。这些问题看似小而具体，但却是只有真正接触过，或者在理论和实践上都有着造诣的人才能把它们说清楚。

选题过大，一方面与我们在教育教学上的相关训练过少有关；另一方面也与我们的整体综合思维方式有关，我们习惯从整体上把握事物，把相关事物的整体作为认识的前提和起点，对事物的认识缺乏从小处着眼，忽略对细节和成分的分析。比如，西医是“头痛医头，脚痛医脚”，哪里有病医治哪里。但在中医看来，却是“头痛医脚，脚痛医头”，头上的病痛可能是脚部出了问题，脚上的病痛可能是由于头部出了问题。因为人体各部分是一个相互联系的统一整体，不论哪一部分出现问题，都需要从整体上考虑问题，而不能仅仅从局部或部分去考虑。以综合为认识的起点，并以综合作为认识的归属，这是我们的思维基因。明确了我们认识上的特点以后，在选题时可以尽量地从具体事物、具体现象入手。

三、题目应量力而行

选题的第三个原则是量力而行。什么意思呢？就是不要选那些与自己现有的思维、能

---

①方烨. 真理并非投票决定，学者论述科学很可能不得人心[N]. 经济参考报，2009－10－21.

力或研究水平不相当，做起来感觉非常困难的课题。比如，你刚刚上二年级，还没有学多少数学知识，就去菜市场调查市场价格；或者刚上四年级，还没有学多少历史知识，就头脑一热去做“中西方文化交流史”的研究；或者刚上初中，还没有学习多少遗传与变异的知识，就去做 $C10orf67$[①] 与结直肠癌发病关系的调查研究。对中小学教师而言，在开展调查作文时特别要注意，不能将超出学生现有水平的任务或题目布置给学生。要知道，为了完成老师的任务，家长有可能就会出马帮助自己的孩子。如此一来，既加重了家长的负担，又没有达到教育教学的目的，这种做法着实不可取。

量力而行不仅要量一量研究者自己，考虑研究者个人的研究能力，还要量一量题目自身，考虑一下题目是否具有研究基础。假设你已经根据自己的研究兴趣和研究水平，选择了一个范围适中的题目，是否就意味着这个题目是一个好题目呢？先别急，题目是否与你的兴趣有关，是否与你的研究水平相当，是否看起来不大也不小，这些问题我们都可以通过自己的主观判断而获得，但有时候这些主观判断并不能帮助你确定一个好题目。所以在选题时，需要参考相关领域的一些学术研究，也就是前人曾经做过的那些与你的题目类似的“已有研究”，把“已有研究”作为一个题目能否进行研究的基础，这才更加有说服力。从研究者的角度来看，题目有研究基础是指有很多人研究，并且取得了很多研究成果和发现，可以找到足够的资料。从题目自身来看，有研究基础是指在该题目所涉及的诸多领域内，大多数领域已被探明，只有少数领域还未被人们所知晓。做研究就如同“摸着石子过河”。河里的石子就好比前人的研究成果或已经被探明的部分，循着这些已经透露出来的蛛丝马迹，后来者才有机会去揭示出那些未知的领域。因此，此条原则的关键就是指选题要选那些能够找到足够资料的题目。可能有人会问，研究不是要创新吗？我选一个从来没有人研究过的题目进行研究，得到的结果肯定是前无古人的。这样的做法有什么不好呢？我想说，如果你选择了一个除了你之外几乎没有人研究过的题目，这真是给自己出了一个大难题。试想一下，为什么这么好的题目没有一个人做过呢？是它没有研究价值吗？再者来讲，没有前人的研究基础，你就无法收集到足够多的资料，更不要说从前人的研究成果或已有知识中获得启示了。

如果搜集不到足够多的研究资料，再持家的“巧妇”也难做出“无米之炊”的。那么，到哪里收集研究资料呢？过去，最为便捷的方式是查找百科全书了解你的选题的背景资料。现在，随着科技的日益发展，互联网成为人们使用频率最高的资料搜集工具。我们可以从国内外比较著名的电子学术期刊网站，如清华同方数据库、万方数据库等，查询与自己题目相关的文章（文献）。我们还可以在因特网上通过一些搜索引擎，如在百度上搜索与题目相关的网站，然后试着访问这些网站，看看能否找到自己所需要的资料。当然，最传统的方式还是

---

①$C10orf67$ 是人类第 10 号染色体上的一个基因。

利用图书馆。我们可以去本地的图书馆或者学校的图书馆，通过一定的检索方式，查找与自己题目有关的图书。

除了考量自己的能力和题目的研究基础，量力而行还意味着要考虑客观条件能否满足问题解决的需要。比如，你身在一个小城市，却要研究“国际大都市北京的交通状况”，这显然是不切实际的，倒不如研究当地的交通情况更节约经费和精力。当然，如果在此之前你曾经在北京生活过一段时间，那就另当别论了！还有一种情况也可以例外，那就是从互联网上可以搜集到大量与北京交通状况相关的资料。但是，需要注意的是，网络上的资料有真有假，有实有虚，一方面，我们需要对网站是不是合法网站进行甄别；另一方面，我们还需要对网络上信息的真假进行识别。一些非官方发布的信息，或者个人发的帖子，都不能作为资料的来源。

选题要量力而行意味着选题要服从自己内心的思考和想法，不追逐“热点”，不滥随“潮流”。从自己长期的思考和学习中研究问题，最容易找到合适的课题。而经过长期的积累，就可以形成对某一领域的研究兴趣。这一兴趣或许还可以延续到你的大学或者研究生阶段，甚至成为你终身研究的一个课题。不管在哪一个研究领域，每年总会有一些问题成为所谓的研究“热点”。如果我们在选择题目时，总是围着这些“热点”转，那么，就像小猴掰棒子一样，最终很难使自己的研究能力和水平得到提高。研究“热点”很大程度上是媒体炒作出来的，在它们被炒成“热点”之前，也曾经被人们进行过深入、广泛的研究。如果我们对这些“热点”一点儿也不感兴趣，又不曾认真关注过，即使有很丰富的资料可选，最好还是放弃围绕“热点”选题的想法。

总之，选题要量力而行强调的是这个题目“我能够拿下来”。有同学一听说要搜集资料，就事事都去查字典、查图书馆、查百度，以为只有从这里查来的东西才能算得上资料。这是对搜集资料的一种误解。有些题目需要通过查阅别人的研究成果或已有的知识去解决，或者去调查或访谈，将这些资料或叙述作为作文素材的来源，来完成你的调查作文，如春节祭祀活动调查。有些题目则需要我们直接去搜集资料。比如，小区春联调查。大家知道，贴春联是全世界华人庆祝春节的传统习俗。每年临近春节的时候，家家户户都要在大门两边贴上崭新的春联，以表达自己对新一年的美好期望。虽然春联的形式都是红纸上题写黑字或金字，但是内容却很丰富。不同家庭的春联会反映不同行业、不同人群不同的幸福观、财富观和事业观。

四、题目尽量与课程学习相结合

中小学各学科课程标准和教材，以及综合实践活动的课程指南中都列举了大量研究课题。本书在第三章“中小学统编语文教材与课程标准中的调查作文”与第四章“中小学其他教材中的调查作文”中，对中小学现行教材中的调查作文的课题进行了统计，涉及语文、数学、历史、道德与法治、小学科学、物理、生物、化学、地理等多门课程。这些课题都是专家根据中小学生的认知特点和规律设计的，可以作为我们进行调查作文的选题来源。这些课题，有些可以直接作为调查作文的选题，有些则需要再分析和加工，提炼出合适的题目。

《中小学综合实践活动课程指导纲要》[①]为1～2年级学生推荐的考察探究活动“寻找生活中的标志”，要求学生通过访问、观察、实地考察并收集生活中的各种标志，如安全标志、交通标志、社会团体类标志、汽车标志等，理解其含义，提高收集、整理、分析和利用信息的能力，初步树立规则意识。此项活动聚焦于各类标志，对1～2年级学生而言，大多数人都有坐家用小汽车出行的经历，因此可将调查作文的题目确定为《家用小汽车标志的调查》。汽车在马路上行驶，要遵守交通规则。交通规则又是以图标的形式显示的，所以，还可以将题目确定为《交通标志的调查》。5～6年级有一个“我们的传统节日”的考察探究活动，要求学生结合时令，选择端午节、中秋节、重阳节、春节等一个或几个传统节日，利用收集资料、访问、实地考察等方法，了解节日的来历、习俗、故事等；参与体验该节日的1～2种习俗，并进行交流分享，增强对传统文化的探究意识和认同感。可将调查作文的题目确定为《小区春联的调查》《中秋时节咏月诗歌的调查》等。

《普通高中思想政治课程标准》“教学与评价建议”中的第四条建议“走出教室，迈入社会实践活动的大课堂”，[②]以“成功企业的经营理念与发展状况”议题为例，倡导学生进行社会调查。课标要求学生自主选择某个成功企业，针对企业的经营和发展状况展开调查。可以选择本地新兴的知名企业，也可以选择具有重要影响力的“百年老字号”企业。通过调查活动，可了解企业如何运用成本和收益分析作出合理的生产经营决策。因此，可以从自己所在居住地百年老字号或新兴知名企业中，选择一个企业，对它们的经营情况展开调查。比如，在山西省临汾市，有一种名为“牛肉丸子面”的小吃很火。牛肉丸子面的小吃店开了一家又一家，家家生意火爆，其经营之道非常值得研究，调查作文的题目就可以确定为《牛肉丸子面的成本和收益分析》。

《普通高中历史课程标准》中有一个课程目标为对于史料的搜集与整理，也提到了调查研究的相关内容：[③]要求学生知道史料是通向历史认识的桥梁，了解史料的多种类型，掌握搜集史料的途径与方法；能够通过对史料的辨析和对史料作者意图的认知，判断史料的真伪和价值，并在此过程中增强实证意识；能够从史料中提取有效信息，作为历史叙述的可靠证据，并据此提出自己的观点；能够以实证精神对待历史与现实问题。

教学资源中的课题，有的可以直接用来做题目，有的却需要进一步细化和修改。那么，如何确定题目呢？

---

①中华人民共和国教育部.教育部关于印发《中小学综合实践活动课程指导纲要》的通知[EB/OL].(2017－10－17)[2021－10－15].http://www.moe.gov.cn/srcsite/A26/s8001/201710/t20171017_316616.html.

②中华人民共和国教育部.普通高中思想政治课程标准(2017年版)[S].北京：人民教育出版社，2020.

③中华人民共和国教育部.普通高中历史课程标准(2017年版)[S].北京：人民教育出版社，2020.

第三节　确定题目的方法

一、直觉

直觉是人与生俱来的一种能力，与直觉同义的词语还有顿悟、灵感、洞察力、第六感等。在人类学会使用语言之前，人类就是依靠感官和非语言的直觉来趋利避害的。进入文明时代以来，有许多科学研究和发明创造都依赖人类直觉的贡献。英国剑桥大学的贝弗里奇认为，直觉是指对情况的一种突如其来的顿悟或理解，也就是人们在不自觉地想着某一题目时，虽不一定但常常跃入意识的一种使问题得到澄清的思想。[①] 如果把逻辑思维看作由 A →B→C →D……→Z 的一个过程，那么，A →Z 就意味着直觉。现代脑科学研究表明，突如其来的顿悟是由一连串强烈而复杂的脑部反应积累后的迸发，并且由更广泛的区域和更多的神经元参与的一种剧烈的神经活动。综上所述，我们可以发现，直觉有三个特点：一是发生在无意识中；二是得到正确认识；三是具有迸发性。

直觉看起来似乎是凭空而降的正确想法。初中上化学课时，老师都给我们讲过德国化学家凯库勒发现苯环的故事。凯库勒在去往伦敦的途中做了一个梦，梦见有好几种苯的分子结构式像蛇一样不断地在他的眼前舞动。忽然，其中一条蛇首尾相衔，变成了一个环。就在这时，凯库勒被马车夫的喊叫声惊醒了。在许多人的印象中，凯库勒就是用一个“梦”解决了有机化学上的一大难题。实际上，人们不知道的是，凯库勒研究苯环的结构已经有很长时间了。华罗庚曾经指出，科学的灵感，绝不是坐等可以等来的。如果说，科学上的发现有什么偶然的机遇的话，那么这种“偶然的机遇”只能给那些学有素养的人，给那些善于独立思考的人，给那些具有锲而不舍的精神的人，而不会给懒汉。[②] 在产生直觉之前，人脑的一些区域已经对相关问题进行过剧烈的神经活动，由于某种原因而得到了瞬间爆发。因此，直觉是建立在长期的、广泛的、深入的思考基础上的一种顿悟。

那么，如何辨认直觉呢？直觉开发专家萝珊娜芙提出一个“三定律”来教人辨认直觉，当一个想法出现的时候，让它走。当它再出现的时候，再让它走。假如它第三次再回来，就可以放心地听从这种感觉。[③] 将这个定律运用到选题中，就是如果有一个题目总是萦绕在你的脑海里，挥之不去。那请相信你的直觉，这个题目就是你想做的，也是极有可能做好的。苏轼是著名的唐宋八大家之一，清华大学附属小学 2012 级 4 班的小学生们在“遇见”苏轼以后，就再也放不下他。苏轼身上有太多谜团吸引着大家去探究。在老师的引导下，这个班级

---

①贝弗里奇.科学研究的艺术[M].北京：科学出版社，1979.

②栾传大，李娇.志趣[M].长春：吉林文史出版社，2014.

③龙夫.善用你的第六感觉[J].心理世界，2003(2)：29－31.

的 40 多名小学生利用十一假期，对苏轼的 3458 首词进行小课题研究。研究报告发表在该班的微信公众号上，如《大数据帮你进一步认识苏轼》《苏轼的朋友圈》《苏轼的心情曲线》《苏轼的旅游品牌价值》等。短短两天，这些报告的阅读量就超过百万。

二、头脑风暴法

头脑风暴(brain-storming)，又译脑激励法，简称 BS 法，是美国创造学家 A・F・奥斯本提出的一种激发个体创造性思维的方法。头脑风暴原是一个精神学上的术语，指精神病患者的头脑在短时间内会出现思维紊乱，从而引发其胡思乱想的现象。奥斯本从中受到启发，认为在集体讨论的过程中，不同个体大量自由的发言也可以看作创造性的“胡思乱想”。如果不加以抑制和任何限制，而允许这种“胡思乱想”在个体间得到传播和产生连锁反应，那么，完全可能从成堆的“胡思乱想”中发现有价值的、具有创造性的设想或想法。借用这个概念，奥斯本提出用头脑风暴法这个概念来比喻思维高度活跃而产生大量创造性想法的状况。

头脑风暴的实质是将产生创造性想法的活动与评价想法活动区分开来，常被用来进行学术主题和日常事务的探讨。头脑风暴法奉行“三个臭皮匠能顶一个诸葛亮”的原则，在对某一学术主题或日常事务进行探讨时，召集相关人员(一般为 8～12 人)参加，并充分发挥所有人员的聪明才智，让他们不受任何约束地自由畅谈。当与会人员提出与众不同甚至是异想天开的想法时，为了防止批评或批判意见出现而破坏自由思维的气氛，头脑风暴法坚持“禁止批评”和“延迟批判”的原则。从而促使与会者能够在集中的时间内产生大量的创造性设想，然后再对这些设想进行整理并对其设想的问题质量进行评价，以得到一个最佳的问题解决方案。

作为一种激发个体创造性思维的方法，头脑风暴法已经被广泛运用于企业管理、学术讨论、课程学习，甚至是日常生活中。采用头脑风暴法选题时，我们可以把最先出现在脑海里的题目写下来，然后写第二个、第三个……一个接着一个写下来。写之前，既不要怀疑自己能否通过这个方法获得一个好题目，也不要害怕别人看到以后会嘲笑自己。就像逛大街一样，一家店铺、一家店铺地进去看，总有那么一家店铺可以买到称心如意的东西。不要担心写这么多题目是在浪费时间，在一连串的题目中，相信总会找到一个适合你的研究题目。

三、查字典法

还有一种办法就是查阅字典或词典，从中明确抽象名词的释义，获取启示，并分解出具体的研究对象。比如，《现代汉语词典》中的“经济”有好几个意思：①

经济学上指社会物质生产和再生产的活动；

名词，指国民经济的总成，也指国民经济的各部门，如工业经济、农业经济等；

---

① 中国社会科学院语言研究所词典编辑室. 现代汉语词典(第 5 版)[M]. 北京：商务印书馆，2005.

形容词，属性词，对国民经济有价值或影响的。如经济作物；

名词，个人的生活用度，如他家经济比较宽裕；

形容词，用较少的人力、物力、时间获得较大的成果。作者用非常经济的笔墨写出了这一场复杂的斗争；

〈书〉动词，治理国家：经济之才。

从中我们得知，经济是与“物质生产”相关的一类人类活动，物质生产的结果是生产出产品，而这些产品又要以合适的价格卖给消费者，这样，就会产生一个由产品、消费者、物价等关联而形成的一种“金钱”关系，这种关系就是经济。采用同样的办法，可以将文化这一抽象概念分解成：语言、医疗、宗教、民间艺术、节日、笑话、礼仪、服饰与打扮等。

四、概念分解法

我们知道，选题意味着确定研究题目。研究题目不能太抽象，太抽象的题目，概括性或综合性都非常强，对于初学研究的人来说，可谓“老虎吃天，无从下手”。那么，如何从高度抽象的课题中选出合适的题目呢？这里再介绍一种概念分解法。

概念分解法是从一个高度抽象或概括的概念出发，分支形成相关的次概括概念，次概括概念再细分成具体概念的方法。概念分解法是一种非常有效的工具，可以帮助我们找到具体的研究题目。首先，在白纸上画出一个椭圆，在里面写上表示一个高度抽象的概念，如“环境污染”，然后在它的下面再画出若干个椭圆，写上比“环境污染”的抽象程度较低的几个次级概念，如全球环境污染、区域环境污染和局部环境污染。之后再在这些次级概念的下面画出若干个椭圆，写上范围更小的概念。如废气污染、废水污染、噪声污染等，如图 5－1。照此方法，我们便可以得到一个合适的研究题目，如“城市的噪声污染调查研究”。

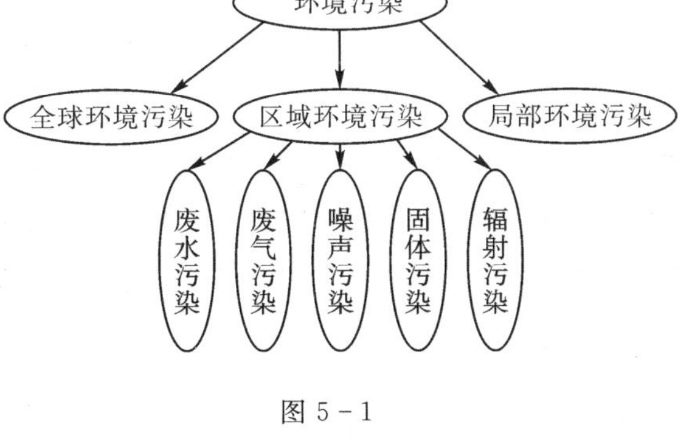

图 5－1

概念分解法最终的目的，是要揭示主题概念是由哪些对象或事物构成的。但是，很多主题概念经历一次分析还不足以揭示出构成它的具体对象或事物。因此，就需要对这些次级主题概念再进行分析，得到组成次级主题概念的若干次次级概念，然后再对这些次次级概念进行分解，直到分析出具体事物为止。比如，节日，从地域上来看，有中国传统节日与国外传统节日。从时间上来看，中国传统节日根据一年四季的变化，又有春节、元宵节、端午节、中秋节等众多节日。

五、分析与综合法

分析与综合法指在辩证主义指导下，利用分析与综合方法对主题进行层层分析，将复杂主题具体化，从而确定最本质、最有决定性的方面进行研究的方法。“综合”与“分析”相对立又统一，将综合与分析相结合，人类才能认识世界。有学者指出，作为认识的方法，有三个层次上的分析与综合。①

> 第一个层次上的分析与综合，是感性认识意义上的分析与综合。人们通过自己的感觉器官，把客观对象分解为各个方面，并输入大脑中，然后在大脑中综合成完整的知觉表象。第二层意义上的分析与综合，是指知性或悟性认识意义上的分析与综合。即分析就是把整体分解为各个部分，综合就是把各个部分又结合成整体。第三层次上的分析与综合，是指辩证思维过程中的分析与综合。它承认知性的分析与综合有一定意义，但又不停留在这个阶段。辩证的分析与综合是知性思维阶段的继承和发展，是现代科学思维发展的必然结果。

将主题看作我们要认识的对象，需要对主题进行进一步的分析，将主题转化为可操作的题目。那么，如何采用分析与综合的方法将主题层层分解呢？可以分以下几步走。我们以“我看家乡新变化”为例来介绍分析一种分解主题、确立研究题目的过程。

(一)分析

第一步要进行感性认识意义上的分析，即对《中小学综合实践活动课程指导纲要》(简称《纲要》)中的“简要说明”进行分析，看看这个说明中说了什么和没有说什么。“我看家乡新变化”，《纲要》给出了这样的简要说明：“通过调查、访问、参观等多种方式，了解和感受家乡在经济、文化、建筑、交通、生活方式等方面的变化与发展，用摄影、绘画、手抄报、作文、故事等多种形式，展示家乡新变化。增进知家乡、爱家乡的情感，增进建设家乡和祖国的责任感、使命感。”将这个说明按照课题实施的要素分析，可以发现，《纲要》说明了主题所涉及的范围、方式、聚焦点、成果形式，以及活动目的，但有两个要素没有说明白，那就是具体对象和活动时间，如表 5-2 所示。

---

①汪馥郁，姜成林．辩证的分析与综合：现代科学思维的重要方法[J]．社会科学辑刊，1983(6)：46-51.

表 5-2 “我看新变化”简要说明包含的各个要素

主题	范围	具体对象	时间	方式	聚焦点	成果形式	目的
我看家乡新变化	经济 文化 建筑 交通 生活方式等			调查 访问 参观	新变化	摄影 绘画 手抄报 作文故事等	增进知家乡、爱家乡的情感；增进建设家乡和祖国的责任感、使命感

“经济”“文化”“建筑”“交通”和“生活方式”这些名词，是大人们或教师们综合认识的结果，是“精致编码”的语言。它们是大人们对人类社会生活的各个方面或这些方面的各个对象认识以后，在大脑中综合和高度概括而成的一些抽象名词，不是中小学生们认识的结果。对少年儿童而言，他们正处于感性认识阶段，理性概括能力尚未形成。根据皮亚杰认识发生理论，中小学生，尤其是小学生，其认知发展正处于具体运算和形式运算阶段。在具体运算阶段，儿童的思维或运算还不能够脱离具体事物，不能利用语言、文字陈述的事物和过程为基础来运算，或进行判断，只能利用具体的事物、物体或过程来进行思维或运算。初中生的思维可以摆脱具体事物的束缚，利用语言文字在头脑中想象和思维，重建事物和过程来解决问题，还可以根据概念、假设等为前提，进行假设演绎推理，得出结论。也就是说，小学阶段的儿童对事物的认识还停留在具体事物上，不能对由具体事物概括而来的抽象概念进行认识。初中生可以摆脱具体事物的束缚而利用语言进行抽象思维和推理。中小学生们头脑中可能会有很多具体对象的认识，但并没有将这些具体对象与抽象名词建立起必然联系。比如，许多学生帮助父母买过东西，但他们并不关心物价的变化，也不会把鸡蛋价格的变化与经济的发展联系起来。所以，就需要教师组织学生讨论，把这些抽象名词分解开来，找出抽象名词中蕴含的具体对象，为学生提供思维或运算的“材料”。

(二)综合

找出主题概念不同方面所对应的具体概念后，就需要结合活动方式、时间等因素来确定一个可行的题目。比如，经济方面，可以让学生看看“物价”“菜市场”的变化。因为物价的变化涉及时间比较长，因此，可以将调查的时间确定为半年或一季度；文化方面，可以在“中国传统节日”中选择一个节日习俗进行调查或考察，或者可以让全班同学分成若干小组，每一个小组考察一个节日习俗。这样，同一个时间内，通过不同小组的合作，学生就可以同时获取全体小组的节日习俗考察结果。最后，将具体的对象或事物与研究方法一起，用一个动宾词组或主谓词组表述出来，就形成了一个综合实践活动的题目。比如：半年物价调查（调查半年物价）、春节（或其他节日）习俗考察，或考察春节（或其他节日）习俗等。

确定好题目以后，就可以安排学生去实施或实践。在实践或实施过程中，教师应指导学生做好记录，收集好数据（参见第五编）。在实践结束以后，就可以指导学生撰写调查报告（参见第六编）。

第四节 调查计划的拟订

一、拟订调查计划的意义

按照上述选题方法，我们就可以选出一个合适的调查研究题目或作文题目。题目选好以后，你是立刻着手收集资料展开调查吗？一般地，为了提高工作效率，在开展调查之前，研究者还需要对未来的工作做一个细致规划，形成一个正式或非正式的研究计划书，以便按照一定的时间进度来推进工作，如期完成并提交调查作文。题目虽然选好了，但有些问题我们心里还没有底，例如题目所涉及的研究内容有哪些？采用何种研究方法来研究？选择谁来作为研究对象？是否需要经费支持等。这一系列的问题都需要我们花些时间和功夫去考虑和计划，凡此种种就涉及研究计划的制订问题。比如下面的考试题中出现的第28问。

十九、（本题4分）上海市中学开展的研究性学习对中学生的创新精神和实践能力的发展起到了积极作用。在学习过程中，学生们兴趣盎然。下面列出了学生的三个研究课题名称。

课题一：小区居民用水问题的探讨。

课题二：近代文化名人云集多伦路原因考察。

课题三：上海市中学生自行车牌照税交纳现状调查。

在上面列举的课题中，请选择其中一个作为你的课题，并回答下列问题。

27. 写出所选课题名称，并简单陈述选题理由。

28. 简要列出你的研究计划与研究方法。

29. 该课题最终的成果形式是：

（《2001年高考文科综合能力测试·上海试卷》）

因研究性质的不同，研究计划也有书面和非书面之分。如果你正在从事的研究是为了获取更高一级的学位，你就需要撰写很正式的研究计划书，并报请导师组批准。又或者，你的研究需要从某一机构获得资助，你也需要撰写正式的研究计划书，并报请资助者批准。再比如，你的研究如果只是为了给学术杂志投稿或在学术交流会宣读，那么，大多数情况下你是不需要撰写正式的研究计划书的。在中小学校开展的调查活动，学生的研究一是为了报告研究成果；二也是为了通过研究性学习和你的学术研究活动，从中学习知识。绝大多数情况下也不需要撰写正式的研究计划书的。但是，在你的心里一定要对研究做一个谋划或规划，形成一个非正式的研究计划书。

研究计划是指，在开始研究之前，用书面或口头语言言简意赅地向自己或别人陈述自己选择此题目的背景，该研究在理论和实践上潜在的价值、研究假设、拟研究的具体问题或内容，或本研究旨在达到的目标，以及拟采用的研究方法等。从某种程度上讲，它只是一个关于研究什么和如何研究的想法，它隐藏于你的内心，但却随时指导和修正着你的研究进程。

研究计划被批准后，才能进入资料和数据收集的程序。在此之前，撰写一份翔实的研究计划对我们的研究帮助很大。它可以细化和深化题目，帮助找到和厘清研究思路，方便与他人就研究进行交流，指导研究进程，还可以引导我们在研究的同时构思论文的写作。中小学校开展调查作文时，在活动开展初期可以要求学生提交详细的研究计划，当学生掌握了研究方法后，可以让学生提交简略的研究计划。

在不同场合下，研究计划书往往会被冠以不同的名称。如申请学位时，研究计划书被称为开题报告书；申请课题时，研究计划书被称为课题论证书。在现实生活中，大到国家级课题，小到学校课题，都无一例外地强化和重视课题论证环节。但是，如果过度强化和重视课题论证的形式而非其实质内容，这样就会出现很多问题。有的课题管理者将课题申请书制成表格，表格中的内容繁杂，格式特殊。申请者申请项目或课题时，必须严格按照表格的要求来论证课题。申请书还规范了表格的格式、字数，有的甚至规定了每一个表格中填写的字数。为了达到字数要求，申请人不得不反复地修改申请书，真正达到"字斟句酌"的"推敲"境界。

二、调查计划各要素及其拟订技巧

(一)研究背景

研究背景即要阐明开展本项调查研究的背景，回答做此研究的原因和动机，对应调查作文中的引言。进行某项研究的动机或原因常常多种多样，只是你不太留意而没有对它们进行总结罢了。当你提笔准备向老师或者其他人陈述你为什么要进行该项研究时，你可能会想到它跟你的个人生活经验有关，可能是在讨论了某一个学术问题后受到的启发，也可能是一件引人注目的社会事件。

研究背景的介绍应该向读者传达该项研究值得一做的内容。在研究的最后成果——调查作文中，研究背景一般被写入前言(引言、导言)中。

(二)研究问题

研究问题是指关于本研究课题，你想要调查研究的具体问题，是未来论文中要呈现的研究内容，或者是你在本次问题解决过程中想要达到的目的或目标。有的同学可能有疑惑，前面在提出问题阶段，我们不是提出了研究问题吗？这里怎么还有问题要提？这位同学的疑惑点出了调查作文与传统作文的最大的不同。传统作文中,题目是老师给的,作文需要在规定的时间内完成。换言之,调查作文是与调查研究相关联的一种作文形式,也是作者围绕一个题目收集资料,利用资料展开学术研究的过程。

调查作文中,当题目确定以后,作者首先得对与这个题目相关的资料情况进行搜索和查阅。在查阅过程中你会逐渐知道什么是你不知道的,这就生成了对该问题的疑惑。“你不知道什么呢?”恰恰也可能是大家想知道的,也是你在调查作文中要告诉大家的,通过你的努力把这些不知道的东西最终弄明白了哪些。在给选修山西师范大学调查作文与科学写作课程的学生上课时,我布置了一道调查作文的题目。我要求学生以吟咏某一个季节,如夏天的古诗词为例,对古词诗展开研究,撰写一篇题为《古诗词中的夏天》的调查作文。题目中涉及两个关键词:“古诗词”和“夏天”,同学们围绕这两个关键词进行了资料搜索。除了描写夏天的古诗词,他们还搜集了许多有关古诗词鉴赏的文章。好几个同学都说从这些文献中得到了很多启发。有一位同学发现,夏天在不同诗人眼里有三种形象:夏天是招人喜爱的,夏天是酷暑难耐的,夏天雨多带来悲伤的感觉。还有一位同学,在分析自己所收集到的资料以后,发现在诗人眼里夏天是丰硕的,夏天是忙碌的,夏天还是美丽的。可不可以从这三个方面着手研究呢?为了厘清自己的思路,他将自己的注意力集中在某一个朝代的古诗,他绘制了一个“六何”表。使用“六何”表,可以将题目进一步细化,并聚焦到若干方面的研究上。中小学生的学习时间和精力是有限的,一次调查研究,不能解决太多的问题。如果问题太多,论文需要论述的内容也会成倍增加。因此,在开展调查作文的初始阶段,或者在小学阶段开展调查作文,可以将问题限定在 1 个问题之内,随着年级的增高再增加研究的问题。

在研究计划中提出研究问题,可以起到一个“定向”作用。第一,给你确定了研究内容和论文写作内容。通过你的调查研究要解决哪些问题呢?或者说,你想做哪些研究呢?研究问题给限定了内容。第二,给你查找资料确定了方向。为了回答或解决这些问题,需要“定向”地去查找资料,引导你开展研究。

(三)研究设计

研究设计是回答如何实施研究的问题。它涉及你向什么人(调查对象),采用何种方法(问卷法、访谈法、田野观察、实地考察等)去收集资料或数据,以及采用什么软件和如何分析数据的一个行动方案。有意义的课题论证需要陈述清楚自己的研究方法,有关研究方法详细内容可参见第六章和第七章。日本的教材里设有专门介绍以社会采访为起点的调查作文的实施方法。包括采访活动的前期准备(向学生说明“倾听”的重要性、组织小组、进行共同作业、决定采访对象)、采访时的注意事项与记录(采访时的注意事项、采访笔记)、完成作品与展开表达交流(归纳谈话内容、进行作品编辑、发表与互相评论)等。其中决定采访对象是

采访类调查作文中最重要的事项，该教材是这样陈述的：[1]

> 我们要获得从事某种职业的人的人生体验，一般来说，总会想到自己熟悉的人，例如经常去吃饭的餐馆的老板、学校的老师、父母的同事、朋友等，特别是一些健谈的人，采访起来就很方便。但要注意，不能只图方便，有时从不太会讲话的人那里，可能会发掘出隐藏的宝贵的人生体验。因此，要确定自己的有个性的想法，要有探索、发现人生体验的“冒险”精神。

(四)研究计划表[研究进度(时间)表]

研究计划表，又叫研究进度表或研究时间表。它是从时间上对研究进程做出合理、有效的规划，以便提高研究效率，按时完成研究任务。对研究工作或进程进行适当规划，可以使自己对研究进程做到心中有数，并且有条不紊地按照计划推进研究工作。规划研究进程，就是要把研究任务“化整为零”，把整个研究工作分解成若干阶段，然后再根据整体的时间要求及自己的实际情况，分配每一阶段需要的时间。由整体到部分，由大变小，逐个完成。在形容一个人的工作精神时，我们常用“废寝忘食”一词。这种精神值得提倡，但这种做法却不值得提倡。忘记吃饭，忘记睡觉，生物钟打乱了，工作也会受到严重影响。而且，“废寝忘食”本身就是不讲计划、缺乏规划的做法。制订研究计划，就可以避免此类情况的发生，可以帮助我们做到生活、工作、健康三不误。

另外，制订研究计划表可以确保按时完成研究任务。有人认为，没有计划，同样可以完成研究任务，为何非要订一个计划来约束自己呢？没错，制订研究计划可以在时间上约束和指导我们的研究行为。假设没有时间约束，到提交论文时，研究有可能还停留在收集资料和数据阶段，岂不大大误事。

一般来讲，研究进程可以分为选题和题目论证、收集资料和数据、整理和分析数据、撰写论文、提交论文等几个阶段。编制研究计划，就是结合自己的实际情况，计划出每个阶段的开始日期和完成日期。然后，把这些设想写在研究计划的表格里，如表 5-3 所示。

表 5-3　研究进度表示例

完成项目	时间							
	第 1 周	第 2 周	第 3 周	第 4 周	第 5 周	第 6 周	第 7 周	第 8 周
选题和题目论证								
制定研究计划								
初步调查								

[1] 梅田卓夫，等. 高中国语学科用《表达》[M]. 盐尻：筑摩书房，1998.

续表

<table>
<tr><th colspan="2" rowspan="2">完成项目</th><th colspan="8">时间</th></tr>
<tr><th>第 1 周</th><th>第 2 周</th><th>第 3 周</th><th>第 4 周</th><th>第 5 周</th><th>第 6 周</th><th>第 7 周</th><th>第 8 周</th></tr>
<tr><td colspan="2">收集资料(数据)</td><td></td><td></td><td></td><td></td><td></td><td></td><td></td><td></td></tr>
<tr><td colspan="2">整理和分析资料(数据)</td><td></td><td></td><td></td><td></td><td></td><td></td><td></td><td></td></tr>
<tr><td rowspan="4">撰写论文</td><td>拟定提纲或写作框架</td><td></td><td></td><td></td><td></td><td></td><td></td><td></td><td></td></tr>
<tr><td>起草初稿</td><td></td><td></td><td></td><td></td><td></td><td></td><td></td><td></td></tr>
<tr><td>论文的修改和校对</td><td></td><td></td><td></td><td></td><td></td><td></td><td></td><td></td></tr>
<tr><td>成果发表与展示</td><td></td><td></td><td></td><td></td><td></td><td></td><td></td><td></td></tr>
<tr><td colspan="2">提交论文</td><td></td><td></td><td></td><td></td><td></td><td></td><td></td><td></td></tr>
</table>

根据研究计划,合理规划自己的研究任务,按时完成调研,撰写论文,并予以提交。

本章小结

凡事预则立。实施调查作文之前,有两件事情不得不做,还得做好,那就是选题和做调研计划。本章探讨调查作文题目的确定与如何拟订调查计划,包括四节内容。第一节聚焦问题意识,在剖析问题本质的基础上,提出由“课题(project)——议题/话题(issue)——主题/难题(problem)——研究问题(question)——题目(topic)”组成的问题体系,之后讨论了选题的一般步骤,以澄清人们头脑中对“问题”“选题”“开题”等的模糊认识。第二节概括确定题目的四个原则:选择自己感兴趣的题目、题目宜适中、题目应量力而行、题目尽量与课程学习相结合。第三节阐述确定题目的若干方法,如直觉法、头脑风暴法、查字典法、概念分解法、分析与综合法等。第四节说明在展开调查之前,拟订调查计划的意义、调查计划的要素,以及拟订技巧。本章从选题和计划上为调查作文教育的实施提供方法与技术上的支持。

思考题

1. 什么是问题意识?问题意识有几种表现状态?
2. 问题体系包括什么?请举例说明。
3. 选题的一般过程有哪些?请简要说明。
4. 确定题目的原则和方法有哪些?各有什么特点?
5. 调查计划有哪几个要素?其拟订技巧有哪些?
6. 请结合自己的兴趣,从各学科教材中选择一个综合实践活动,为自己拟定一个调查作文的题目。

第五编

调查作文写作素材的收集与分析

第六章　定性调查的资料收集、整理与分析

章节提要

本章系统介绍定性研究中的数据处理相关知识与技术，主要叙述定性资料的类型、收集方法、研究数据的编码与分析等，重点阐述定性资料的分析过程。最后提到定性研究中的取样、信效度和道德伦理问题。本章企图为调查作文的写作提供收集质性素材的具体技术支持。

学习目标

1. 列出定性研究中资料的类型、收集方法。
2. 阐明定性资料分析的一般过程。
3. 学会运用定性研究中的取样方法。
4. 处理定性研究中的信效度问题。
5. 关注定性研究中的道德、伦理问题。

定性调查是一种注重性质探究的定性研究(qualitative research)。北京大学陈向明教授指出，①我国存在着两种形式的定性研究。一种是主要依赖于个人的直觉和哲学的思辨，根据个人的主观经验提出一些看法，然后用演绎的方法对自己的思考进行验证。这种定性研究在整个研究过程中仅有研究者个体参与，依据个人直觉提出观点，不收集被研究对象或社会现象的发生、发展过程中的客观变化事实，而是用演绎推理的方法来检验这些观点，观点

①陈向明.王小刚为什么不上学了——一位辍学生的个案调查[M].北京：教育科学出版社，2003.

的正确与否也不需要实地调查或科学研究的结果来佐证。比如，哲学家曾经对“针尖上有几个天使跳舞”“天堂里的玫瑰花有没有刺?”“鼹鼠有没有眼睛?”等脱离实际的问题进行演绎抽象论证。从观点的提出、论证到得出结论，整个过程脱离实际，好似纸上谈兵。英国哲学家培根(Francis Bacon)把这样的研究者形象地比喻为“蜘蛛”，因为他们“只用自身的东西编蜘蛛网”。

另一种是在自然环境下，使用实地体验、开放型访谈、参与型和非参与型观察、文献分析、个案调查等方法对社会现象进行深入、细致和长期地研究。这种定性研究通常以归纳法为主要分析手段，在当时当地收集第一手资料，从当事人的视角理解他们行为的意义和他们对事物的看法，然后在这一基础上建立假设和理论，并通过各种渠道对研究结果进行相关验证。千万别小看第一手资料的收集。研究者只有从“蜘蛛”变身为“蜜蜂”，才能从自然或社会生活中不断地采集材料，然后用自身的理性能力来处理这些材料。从而才有可能像蜜蜂酿造蜂蜜那样，由不带个人主观成见的、系统的观察或实验开始，发现带有一定普遍性的真理或者构建一定的理论。

第一节　定性资料的类型

定性研究中收集到的资料简称定性资料(qualitative data)。风笑天认为定性资料是研究者从实地研究(field research，field study)中所得到的各种以文字、符号表示的观察记录、访谈笔记，以及其他类似的记录材料。[①] 田野调查或实地调查中，要求研究人员深入研究对象的现场进行实地观察和记录，所形成的原始资料主要有以下几种类型：

一、观察和采访记录

观察和采访记录即由受访者的口述、操作表现或表演者的表演录制而形成的最直接的音、影(照片、视频等)记录，之后经由文字转录形成的文本记录。

二、拍摄记录

拍摄记录即针对现场实地的建筑聚落、生活场景或重要人物进行的拍摄记录。

三、翻制记录

翻制记录即对田野调查中发现的古籍、谱例、碑文或老照片等珍贵资料进行的翻印或翻拍。图 6－1 是全国重点文物保护单位汾阴后土祠(位于山西省万荣县荣河镇庙前村)的庙貌碑正面图的摹本。[②] 此庙貌碑始刻于金天会十五年(1137)，重刻于明嘉靖年间，为我们详

①风笑天．社会研究方法[M]．北京：中国人民大学出版社，2001．
②贾红艳．从后土祠庙貌碑看宋代后土祠在中国古代建筑史上的地位[J]．文物世界，2009(5)：43．

细了解后土祠的历史面貌提供了极为珍贵的资料。

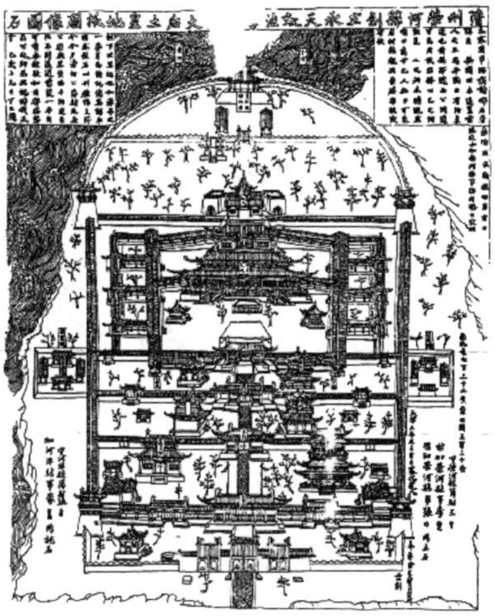

图 6-1 翻制记录示例

四、测绘记录

对空间现场中全部实物的大小、位置等进行实地测量以后形成的简图或描图。图 6-2 为我国著名社会学家费孝通先生所著《江村经济(中国农民生活)》一书中，有关江村(吴江县庙港乡开弦弓村)环境的几幅图。[①] 图 6-3 为山西民居的测绘简图。[②]

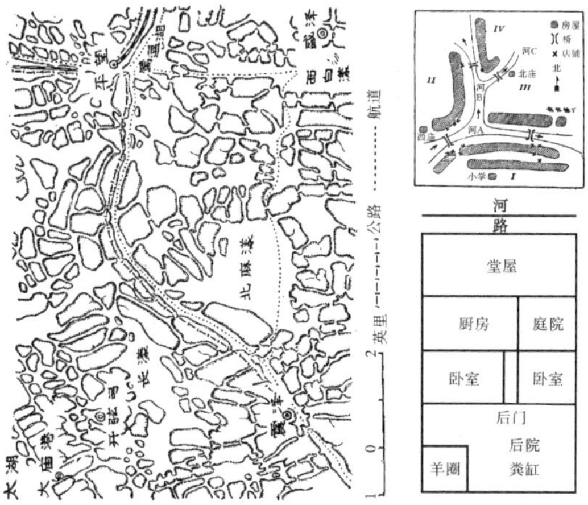

图 6-2 测绘记录示例 1

①费孝通. 江村经济——中国农民生活[M]. 戴可景，译. 南京：江苏人民出版社，1986.

②郭治明，赵强. 建筑形态 · 传统文化 · 建筑文化——浅谈山西传统民居的特征与风格[J]. 华中建筑，2000，18(1)：110-111.

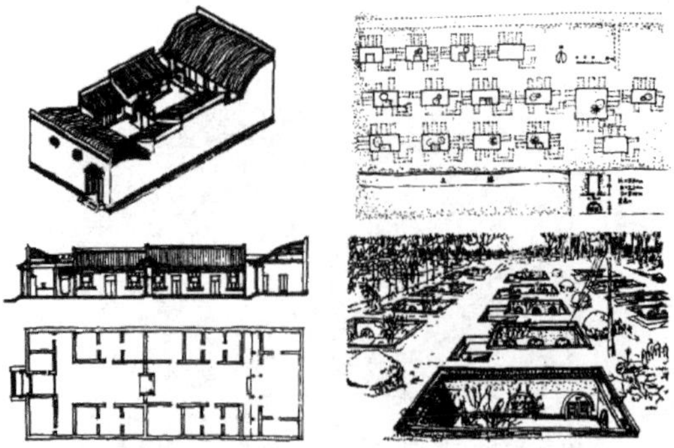

图 6-3　测绘记录示例 2

第二节　定性资料的收集

定性研究资料的收集主要有以下几种方法。

一、实地调查与观察法

实地调查研究，又称田野研究或田野调查，是源自文化人类学、考古学的一种基本研究方法。它是指深入研究对象的生活中，以参与观察和非结构访谈的方式收集资料，并通过对这些资料的定性分析来理解和解释现象的一种研究方式。① 实地调查是一种非常常用的研究方式，田野调查涉猎的范畴和领域相当广，凡人类学、考古学、民族学、行为学、语言学、社会学、艺术、民俗，甚至文学、哲学，等等，都可通过田野调查所获取的数据，构建出新的理论。

观察法是实地调查研究中一种重要的研究方法，是研究者深入或接触被观察场域，发现被观察事物如何发生和运作的一种研究方法。较之访谈法，观察法提供给研究者的是事物的实然面，而访谈法则呈现的是事物为何如此，以及应该如何，是实然与应然混杂在一起的信息。因此，观察法是我们识得事物或现象真实面目或本来面目的一种非常重要的手段。中国有许多与观察相联系的成语，如洞察一切、洞察秋毫、察言观色、洞见症结和察见渊鱼等。这些成语都很好地诠释了观察的实质。但是，实际上我们在运用这些成语时，更多地强调了它们的比喻义和引申义，并没有很好地挖掘它们在学术研究上的方法论价值。

(一)观察的原则与意义

洞察一切，指明了观察的原则，即全面和客观，不能以观察者自己的主观爱好来取舍研

①郭强，牛春霞，张生源. 定性调查手册[M]. 北京：中国时代经济出版社，2004.

究数据的搜集。从这个角度讲，观察法可以弥补访谈法的不足，因为在访谈法中可能会发生受研究者的主观性影响较大、过分依赖受访者的陈述等问题。那么，如何观察呢？洞察秋毫和察言观色就给出了答案。洞察秋毫，指当观察对象为客观事物时，要细心认真，不放过任何一点细微的变化，即使是秋天鸟兽身上新生的细毛，如此微小的变化也不能放过。亚里士多德认为在一切感觉中，人们更"喜爱视觉尤胜于其他"，因为在一切感觉中，只有视觉"最能使我们识知事物，并揭示各种各样的区别"。实际上，不仅视觉参与观察，听觉、触觉等其他感觉也在观察中起很大的作用。察言观色就有听觉的参与，察言观色原意是指观察说话者的言语、表情，是观察者为揣摩说话人的心理而进行的有目的的观察。观察者从言谈者的言语、表情之中，"读出"它们所蕴含的深层意义，从而为能做出合理判断提供一些"证据"或者"线索"。

那么观察的意义在哪儿呢？"洞见症结"对此问的答复是较为使人满意的。"洞见"，指清楚地看到；"症结"，指肚子里结块的病，常比喻问题的关键。运用观察法进行研究，就是要通过对所搜集的研究资料和数据进行分析，发现和揭示现象背后存在的问题，寻求解决的办法。当然，在整个观察过程中还需要借助工具，"察见渊鱼"就是指需要借助工具才能看到浊水中的鱼。自然科学研究中的观察工具，通常情况下是一些仪器或设备，如显微镜、望远镜等。定性研究中的观察工具，有观察表、编码量表，以及观察记录体系等。20 世纪 50 年代到 70 年代，北美、英国和美国的一些教育研究者，在课堂观察（classroom observation）研究领域，开发出了系统的观察表、编码量表，以及观察记录体系等观察工具。较著名的有贝尔思（R. A. Bales）针对社会小组活动研究的"交互作用分析"十二类编码的行为，美国弗兰德斯（N. A. Flanders）的互动分析分类体系（FIAC）等。除了以上工具以外，观察法经常使用的工具还有照相机、录音机、摄像机、录音笔、MP3，以及具有录音功能的笔记本等设备作为辅助工具。近年来，运用照片、影片或录音带等二手观察模式，也逐渐为研究者所重视。在了解了观察法的基本特点后，我们来看一下观察的类型与步骤。

（二）观察的类型

观察有多种类型，根据观察者是否参与到被观察者的活动中去，可以分为参与性观察与非参与性观察；根据事先有无严格的观察设计和规划，分为有结构观察和无结构观察；根据观察场景中的所有行为还是个别行为进行观察，分为全面观察与抽样观察；根据观察时间的连续性和非连续性，分为定期观察与追踪观察。据质性研究专家 Uwe Flick 研究，[①]依据不同的分类标准，可以把观察分为不同的类型：根据观察者的公开程度，观察可以分为隐藏式观察和公开式观察；根据观察者在观察场域中扮演主动参与角色的程度，观察可以分为非参与式观察和参与式观察；根据观察是否应用标准化的观察方案，观察可以分为系统性观察和

---

①Uwe Flick. 质性研究导论[M]. 李政贤，廖志恒，林静如，译. 台中：五南图书出版公司，2007.

非系统性观察;根据观察场域是自然情境还是人为情境,观察可以分为自然情境中的观察和人为情境中的观察;根据观察者对于观察现象的反思程度,观察可以分为自我观察和观察他者两类。实际上,根据研究对象或现象的不同,观察还可以分为科学现象观察和社会学现象观察两类。本文讨论的是社会学现象的观察法。

中小学调查作文中的观察,是发生在公开场合的观察,不需要观察者隐身。所观察的场域也以自然情境为主,也就是没有人为干预的自然场景。观察者进入现场以后,可以主动参与被观察场域的活动,进行参与式观察,如调查端午节的民俗,观察者可以动手包粽子、参加龙舟赛等活动;调查过年祭祀祖宗的年俗,观察者可以参与祭祀的全部活动。现阶段中小学调查作文中的观察课题,主要以文化习俗、景观民居为主。对景观民居的观察,可以采用非参与式观察,观察者以完全身份,对"他者"进行公开式的观察。而文化习俗的调查一般采用参与式观察,如我国著名社会学家费孝通先生于20世纪30年代采用参与式观察法对江苏省吴江县的一个小村庄进行了全面考察,写就了著名的《江村经济》一书;英国著名人类学家马林诺夫斯基调查特罗布里群岛的土著文化时,生活在土著人中,讲土著语,与土著居民打成一片,记录了许多土著文化,并由此提出了关于人类学的理论见解;美国著名社会学家威廉·福特·怀特想方设法融入一个名叫"科纳相威里"的意大利贫民区,通过观察这个社区的各种活动和人们之间的各种关系,发表了关于"街角社会"的研究成果。

采用参与式观察法,通常情况下不是要验证某种理论或假设,而是对现象发生的过程提供直接和详细的资料。对于初学调查作文的中小学生而言,参与式观察法是研究中国传统文化习俗的最佳方法。凭借参与式观察法,中小学生可以收集到关于中华文化传统的大量翔实而丰富的原始资料。但需要注意的是,这些资料难以用数量表示,而且又依赖于观察者的观察能力和研究能力,所以,参与式观察的结果不能重复。此外,参与式观察法的缺点也有很多,如得到的资料缺乏信度、研究程序不明确、观察无系统等,受研究者的主观因素影响甚多,很难有较客观的评价标准。①

(三)观察的步骤

确定观察目标:一般而言,质性研究工作开始时,都要先确定研究目标。研究目标来自研究者先前从文献或过去的研究成果中建立的理论知识,以此为基础,然后做出具有可操作性的研究假设,之后再依据各种实验条件进行收集资料、检验假设的工作。② 比如,第三次国际数学和科学成绩比较项目中,课堂教学录像研究设立了四个目标:③

①贾红艳.从后土祠庙貌碑看宋代后土祠在中国古代建筑史上的地位[J].文物世界,2009(5):41.

②贾红艳.从后土祠庙貌碑看宋代后土祠在中国古代建筑史上的地位[J].文物世界,2009(5):64.

③资料来源:上海教育科学研究院智力开发研究所[EB/OL].http://www.westspe-edu.net/study/keli/TIMSS/index.htm.

为人们提供丰富的信息资源，以便了解这三个国家的八年级的数学课是如何开展教学的；

发展客观观察课堂教学的测量手段，作为在国家层面上评价三个国家实践的有效的量化指标；

将三个国家实际的数学教学方法和当前的改革文件所推崇的方法以及教师对这些方法的看法做个比较；

评估利用录像方法进行大范围的国内和国际课堂教学实践调查的可行性。

但是，有时候没有目标或目的的观察也会有精彩的发现。按照费孝通先生自己的说法，江村经济——中国农民生活的调查研究，并不是他自己“有意栽培”，而是受到当时社会新事物的启迪而产生的自我行动。1935 年，费孝通由清华大学研究院毕业以后受该校的社会学及人类学系推荐，取得公费留学资格。他没有按照当时的出国惯例立刻在当年的暑假出国，而是听从了史禄国教授的主张，与妻子王同惠女士一同前往广西大瑶山地区进行少数民族的实地调查。不料当年冬天在瑶山迷路失事，妻子不幸身亡，费孝通也受了伤。经治疗后，费孝通于第二年暑假返乡休养准备出国。在等待出国的日子里，费孝通接受家姊费达生的建议，去参观访问她在吴江县庙港乡开弦弓村帮助当地农民建立的生丝精制运销合作社。没想到费孝通到达开弦弓村后，就被村里的合作社所吸引，于是在该村进行了一个多月的调查，直到出国前夕才离开。

确定和培训观察者：除了研究者本人进行观察以外，还需要一人或多人的观察时，就需要对观察者进行培训。培训的内容一是要熟悉观察的内容、记录的方式及方法；二是要进入观察场地实地实习观察。使观察者在被观察者的每一个行为发生时，都能够准确记录下来。

增加观察者可以控制单个观察者的偏见，但同时也带来了观察者的信度问题，即多位观察者如何保持意见一致的问题。特德·弗里克和梅尔文·塞姆(1978)认为观察者信度有三类：标准关联观察者的信度、观察者内部信度、观察者间的信度。标准关联观察者的信度是指受过训练的观察者的分数与专业观察者的分数达到一致的程度。可以通过让专家和受训观察者对包含观察变量的同一录像带或者磁带编码，检查他们数据一致性的方法来建立。观察者内部信度，是指观察者在观察编码的过程中保持一致的信度，使观察者对于同一事件的录像带或者磁带编码两次，间隔时间可以是一周或两周不等，以检查数据前后保持一致的程度。观察者间的信度是指几个观察者在实际的数据收集过程中的一致程度。在培训过程中，可以使几个观察者同时收集同一事件的数据，以检查他们收集数据的一致性程度。

核实这些信度，可以在数据收集之前或数据收集之中进行，如果数据全部收集回来，才意识到观察者信度的问题，必然会影响研究结果的可靠性。而且再重新进入观察现场已不大可能，重新召集观察者也颇费周折。因此，在设计观察计划和方案时，必须考虑观察者的信度问题。

设计观察的计划和方案：观察的计划和方案可以提高观察者的工作效率，使观察得以按照计划进行。观察计划与方案有诸多要素，如确定观察的时间、地点、次数；确定观察的中心，即需要记录的事件和行为；选择观察记录的方式或者工具；确定观察者的人数和进行观察者培训等。

进入观察场地：携带观察工具进入观察场地。

记录观察内容：叙兹曼和斯特劳斯提出现场观察记录包括实地笔记、个人笔记、方法笔记和理论笔记四部分。在观察记录中，对某些无法用语言表达的行为或者反复出现的行为，可以采用图形记录，用线条、箭头、简笔画等绘出行为图。孟庆茂提出使用数字、字母、符号等，可以表示一定的事件和行为单位。如在记录课堂教学过程时，可以使用一些代码或符号：1 表示听讲；2 表示笔记；3 表示提问；4 表示回答；5 表示练习；6 表示讨论、○表示表情丰富；◎表示有些表情；●表示无表情；△表示思维敏锐；◇表示主动思考；▽表示思维迟钝；☆表示做游戏；♀表示跳绳；□表示跳远；×表示错误行为。

观察中，除了做好笔录以外，也可以同时使用摄像机和录音机进行记录。使用这些设备的优点很多，如可以重复播放观察的场景，便于仔细研究；可以完整、如实地记录所有行为，便于在现场以外的场所进行分析，而丝毫不影响数据的收集；还可以记录在规划中尚未涉及的观察的行为。有条件的观察还可以使用计算机和其他电子设备，如将计算机与录音机相连，使用特殊统计分析软件，对声音进行数据分析。

下面为费孝通记录的关于观察到的江村农民的就餐情况，从中也可以窥见中国传统文化的影响。

> 家中每一个人在桌旁都有一定的位置。按家庭的亲缘顺序，家长面南，坐在"上首"，第二位面向西，在家长的左侧，第三位在右侧。主妇，特别是媳妇，坐在下首，或者不上桌，在厨房里吃饭。
>
> 同进晚餐，在家庭生活中是很重要的，父亲和孩子这时有机会互相见面。父亲整天外出，孩子直到晚饭时才能见到他。他们一起在桌旁吃饭。父亲常利用这机会对孩子进行管教。吃饭要讲吃饭的规矩。孩子不准抱怨食物不可口，也不准挑食。他如这样做，就立刻会受到父亲的责备，有时还要挨打。通常在吃饭时孩子都默不作声顺从长辈的意见。
>
> （费孝通《江村经济——中国农民生活》）

处理由于观察者效应引起的信度和效度问题：观察者进入现场，如同石子丢入水塘，必然引起水波涟漪。这种涟漪，观察法中称"观察者效应"，它专指观察者对其收集的数据的效度或信度产生负面影响的行为。采用观察法收集数据，虽然可以如实反映课堂教学或观察现场的真实情况，但观察者毕竟是有思想的，情感丰富，且有一定的判断能力，所以在观察中保持态度中立、评估公正、记录全面，尽可能不影响被观察者或者不被被观察者影响，就显得尤为重要。

一些研究者指出，对观察者自身而言，观察者的个人偏见、观察者遗漏、观察者倾向、观察者对被观察者的影响，以及观察者受被观察者的影响，都可能导致观察者效应，从而带来评估误差。这些误差有来自观察者自身知觉过程和自身理论水平和观察经验的，也有来源于观察体系设计上的缺陷的。常见的来自观察者自身知觉过程的误差有光环效应，即指观察者对被观察者的早期印象会影响他对该个体的行为进行客观评价的倾向或趋势；宽大误差，指较高层次的观察者对较低层次的被观察者评价较为宽松的倾向或趋势；中间倾向误差，也叫集中趋势误差，指观察者采用观察表的中心部位，如等级量表的中间类型评估所有观察个体或者大多数观察个体的倾向或趋势。当观察者进入现场时，总会使被观察者感到好奇和紧张，所以为了消除这一影响，观察者可以在正式观察之前多次进入现场。总之，在采用观察法进行研究时，要想办法消除这些误差，或使误差降到最低程度，提高观察的信度和效度。

分析观察数据：对观察数据的定量分析，需要运用统计分析方法，对变量求平均数、求百分比，进行差异检验等。定性分析则是研究者凭借自己的直觉和判断，对正在研究的现象进行描述或评价，也可以通过对所搜集到的资料进行分类、概括，提炼和建立新的概念和主题，说明和解释研究结果，然后在此基础上建构理论。

二、访谈法

访谈法是通过研究者与受访者直接的接触，围绕研究目的，展开一系列提问与回答的互动活动而获取研究资料和研究数据的一种研究方法。访问可以是面对面的个人访问，也可以通过电话进行访谈。面对面的个人访问，研究者需要奔波于各受访者的住所之间，如果受访者彼此居住得较为分散，那么研究费用将会相应增加。针对此类情况，电话访谈或电子邮件访谈就可以降低或避免花销，因此，研究者在挑选受访对象时，可以不受空间距离、时间和交通等因素的影响，获得更大范围的取样。一些研究还证明，电话访谈或电子邮件访谈常被用来收集一些敏感的研究数据。因为对于一些敏感问题，受访者通过电话或互联网回答未曾谋面的访谈者，可能更容易表达自己的内心世界，不受束缚，流露出真实想法。

访谈一般是访谈者与受访者一对一，面对面地进行，又称个别访谈。在访谈中，访谈者可以随意转化访谈话题，主动控制访谈的内容、节奏、速度等，从而收集到更多、更深入的研究信息。但是，在个别访谈中，如果受访者完全受控于访谈者，或者受访者对访谈者极力迎合，也会搜集到一些虚假的研究信息。访谈需要搜集的是受访者真实的观点和信息，那么，如何让受访者真实表达自己，不对访谈者曲意附和呢？近年来，人们逐渐认识到，如果有更多人参与访谈，可能会避免此类情形的发生。于是，一种集体访谈的访谈形式应运而生。集体访谈，又称小组访谈，是将受访者以一定的目的集中起来，分成若干小组，小组成员同时参与一次访谈的形式。在小组访谈中，问题起初由访谈者提出，小组中的个别成员进行回答。但是，参与访谈的每一个参与者在回答问题者的启发下，也都会有积极的思考与强烈的表达意愿。于是，在参与者的相互影响下，访谈者会获得在个别访谈中收集不到的信息，而且也可以避免受访者与访谈者独处而产生的一些负面影响。

在许多介绍访谈法的书籍中，都会谈到访谈法的三种方式，即结构式访谈、半结构式访谈和无结构式访谈。有人认为它们是定性研究中的访谈形式；也有人对此并未做区分，认为无论是定性研究还是定量研究，均可以依据研究目的而在三种形式中选择一种使用。通常，定性研究中的访谈方式以半结构式访谈和非结构式访谈为主，而结构式访谈多用于定量研究。

(一)结构式访谈

结构式访谈类似封闭式问题的问卷法。访谈者提出的一系列问题，均提供了事先拟定好的多个答案，由受访者按照一定的程序进行选择。虽然受访者的个人意识和思维受到忽视，但是从访谈者的角度来讲，所进行的访谈可以深入下去，而且由于访谈者与受访者是面对面的，还可以提高题目的应答率。

(二)半结构式访谈

半结构访谈的访谈提纲由一部分结构式问题和开放式问题组成。在提问完一系列的结构式问题之后，针对被访谈者的回答和研究目的的需要，访谈者会发起启发式的提问(有时也可以看作是针对某一问题的追问)，直至搜集到访谈者满意的资料或信息为止。例如梅雷迪斯在他的书中，提到了如何进行半结构访谈的技巧：①

> 一次访问中，访问者可能会问所有对象：“你们最喜欢的课程是什么？”，以引出有意义的学习经历。对象如回答：“我最喜欢化学课，因为老师上得有趣。”到此访问者可引出：“老师怎样使课上得有趣呢？”另一个对象可能说：“我喜欢上政治课，因为我们谈论了真实的问题。”访问者可引出诸如：“举例说几个此类问题好吗？”以及“你为什么认为这些问题有趣？”

→ What　→ How　→ Which　→ Why

在以上两个例子中，访问者开始时对所有研究对象均提出了同样的问题(是什么的“What”问题)，但在得到不同对象的不同回答以后，又以追究不放的态度提出了深层次的探索性问题(如何做的“How”问题、哪些例子的“Which”问题，以及为什么的“Why”问题)。这样就使研究者可以始终如一地使用同一份访谈提纲收集到具有可比性的资料。以“你们最

①梅雷迪斯·D·高尔，沃尔特·R·博格，乔伊斯·P·高尔. 教育研究方法导论(第六版)[M]. 许庆豫，等，译. 南京：江苏教育出版社，2002.

喜欢的课程是什么?”为例,访谈100个对象,100个对象的说法虽不完全相同,但总会出现一些相似的说法。而开放性问题的追问,则可以帮助研究者收集到受访者与众不同的想法。所以相比结构式访谈,半结构式访谈会更自由和开放一些。

(三)非结构式访谈

非结构式访谈又称无结构访谈,是指事先没有拟定问题的答案,也不一定按照访谈提纲的顺序提问题。而是就研究问题,访谈者与受访者进行的多角度、多层次、多方位地沟通与交流。在访谈中,访谈者可以不受采访提纲的局限,采用拉家常、看影像资料、谈天气等措施,营造舒适的采访情境和融洽的采访氛围,深入受访者的内心世界,获取深层次的、意义非凡的资料和信息,同时也极大地发挥了访问者与被访问者的积极性。

非结构式访谈中,访谈者和受访者双方都有很大的自由度。但是,如果希望访谈进行得深入而富有创意,事先还是需要做一些准备工作。第一,要拟定和测试访谈提纲,访谈提纲中应当列出我们需要了解的主要问题和内容范围,且所设立的访谈问题不宜太多,以免受访者反感。在拟定访谈提纲时,需要琢磨和考虑如何在短时间内收集到所需要的资料和信息。如果访谈提纲是以问题的形式呈现的,就要根据研究目的提出有意义的问题。如果你去采访一个爱读书的人,若提出“你喜欢读书吗?”这样的问题,显然是无意义的。如果你问“你喜欢看哪些书?”,这个问题也有些模糊,因为人的喜欢是有不同的层次的,有最喜欢、喜欢一些和喜欢。但如果问“最近一个月以来,你看过哪些书呢? 其中印象最深的是什么书?”这样的问题就比较具体和清晰了。提纲拟好后,应当尝试着去采访与受访者条件相似的人,进行先导性测试。在先导性测试中若发现问题,应及时修改和调整提纲。第二,需要了解受访者,生活中我们有这样的经验,如果在外地出差突然碰上一个熟人,那我们的见面就会很亲热,而且总会有聊不完的话题。所以在访谈前,也需要适当了解受访者的各方面情况,如性别、年龄、职业、个人经历等,这样便于快速拉近访谈者和受访者的心理距离,更好地理解受访者。第三,需要与受访者协商受访的相关事宜,如访谈时间、地点。同时为了使受访者有一个良好的心理准备,访谈者还需告知此次访谈的目的与内容、访谈的保密性、受访次数,以及受访时是否同意录音、录像等事宜进行协商。第四,访谈者需要充分练习访谈技巧,如录制清晰的录音技巧、记录完整笔记的技巧等。

按照访谈的进程,可以将访谈分为会面、营造访谈氛围、正式访谈和告别四个阶段。第一阶段是会面阶段,会面前,最好进行电话或微信预约。会面时,应该首先对受访者接受访谈的行为表示谢意,同时,用诚恳的语气简短地介绍自己。第二阶段是营造访谈氛围。在会面后访谈者不要立即提问,而应略施寒暄以后,慢慢说明来访的目的和意义,逐渐引入提问阶段。第三阶段,正式访谈阶段。访谈者要注意控制访谈话题,使其始终围绕话题中心,切勿随意打断受访者的陈述。若确实需要打断,要非常有礼貌地插入自己的问题。在访谈过程中,访谈者应该保持中立态度,避免用自己的倾向性、偏见或者情绪影响受访者。在倾听受访者的谈话时，可以多用鼓励的语句或者点头的动作，鼓励受访者诉说；也可以用简单的重复语句，如“是吗？”“嗯”“哦”等词语，或重复对方话语中的关键词来引导受访者将访谈深入下去。在访谈过程中，访谈者一定要注意语言通俗易懂，避免使用含混不清的语词进行提问。若受访者没有表述清楚或访谈者有不甚明了的地方，可以请求对方重复叙述。最后，告别阶段，访谈者会委婉地提出可能需要二次访谈的要求，并对受访者的合作再次表示诚挚的谢意。

除此之外，非结构式访谈的成败还取决于访谈者的研究素质和经验积累。在访谈中，访谈者需要及时与受访者建立良好的关系，尽快取得受访者的信任。同时，也需要做好受访者可能存在偏见的准备。有些研究需要不止一次地访谈，可能需要多次针对同一样本的访谈，或者连续几年的访谈，直到获取对研究有用的研究信息方可告一段落。当面对的受访者不是成人，而是儿童时，则需要访谈者具有更高的交流技巧，倾听儿童诉说还需要访谈者具备超乎寻常的耐心。无论面对哪种受访者，或者进行哪种类型的访谈，访谈者都需要在整个访谈过程中保持高度的敏感性。对受访者的声音大小、音调高低、措辞含义，甚至是身体姿势的变换，这些非语言信息都要及时注意与记录，因为有时候这些信息可能会带给我们意外之喜的启示。善于捕捉这些信息，也是积累访谈经验，提高访谈技巧的重要途径。

访谈结束后，要及时填写访谈档案记录表。访谈过程需要真实、完整地记录下来，同时要及时将访谈过程中的录音或录像等资料转录成文本资料，记录在访谈档案中。如表 6-1 所示。

表 6-1 访谈档案记录表

访谈档案记录表
编号：
访谈时间：
访谈地点：
访谈的开始和结束时间：
受访者个人信息：姓名______性别______年龄______职业______
访谈过程：
访谈者：
受访者：
访谈者：
受访者：

实施访谈法的步骤与问卷法相同，包括以下九个步骤：(1)确定访谈目标；(2)抽样选择；(3)设计访谈形式；(4)设计访谈问题；(5)挑选、训练访谈者；(6)就访谈程序进行先导性测试；(7)实施访谈；(8)分析数据；(9)形成访谈报告。有关访谈数据的分析和如何撰写访谈报告将在后面章节中予以介绍。在访谈时，有些研究需要多名访谈者，这就需要去挑选和训练访谈

者。如果研究者本人就是访谈者，这一步骤则可以省略，但前提是他本人已经受过相关训练。

三、个案研究法

个案研究，指通过对个别事物或现象的深入研究，把握事物或现象的特殊规律的一种研究方法。在中小学语文教材中，设立的个案研究的课题有：保尔类人物采访、访谈战胜不幸的人和事、采访身边的语文高分获得者、某成功品牌的成功模式调查等。进行这类调查研究，其基本步骤为阐述问题——确定个案——进入现场——收集资料——分析研究——经验概括。

阐述问题：个案研究的第一个步骤就是确定一个你感兴趣并值得研究的问题。研究问题确立以后，还要对其进行阐述，将其转化为清晰的问题或目的。比如，教材中让学生去采访身边的语文高分获得者，研究问题可以拟为：采访语文成绩在班级前三名的同学，目的是记录这三个同学在学习语文方面的经验、方法。如果做战胜不幸的人的采访，你的问题可以拟为：采访身边生活中有不幸经历但最终却没有被不幸打倒的一个人，目的是记录他（她）不幸的经历和自强不息的生活历程。

确定个案：根据调查目的及调查者的生活环境和学习条件选择和确定一个对象，进行深入的调查和研究。个案研究中个案的取样是通过目的性抽样（purposive sampling）的取样过程来选择的。目的性抽样方法，即根据研究目的来选择有可能为研究问题提供最大信息量的样本。[①] 比如，你想对某一品牌的成功模式进行调查，可以选择的品牌有多个，如区市级品牌、省级品牌、国家级品牌和世界级品牌。假设你所在地区有世界级的品牌，相比其他品牌，它就可以为你收集品牌的成功模式提供大量的信息，自然能确定为你的研究个案。

进入现场：选择合适的现场并得到实地参与者必要的许可是个案研究中的重要步骤。倘若无法获得实地参与者的同意，或是虽进入现场，但双方的关系较为紧张，都会导致收集资料的工作难以顺利进行，严重者甚至会使研究计划泡汤。因为进入现场的第一印象能够决定研究人员与实地参与者之间的关系。因此，如何获准进场就需要仔细策划。梅雷迪斯认为，获准进场的策略有：选择实地环境中与你最初接触的人；选择最佳交流方式（如，电话、通信或亲自拜访）来提出你的要求；决定怎样表达你的要求（如，突出场地为研究作出贡献的机会或者强调给实地参与者带来的个人利益）；准备好回答问题，并对得到许可前后所出现的有关事情进行表述。[②] 下面一段话节选自《教师文化的课堂透视——对教师口头言语行为的个案研究》的田野日记，这段话就描述了研究者进入现场的过程、心情，以及对即将开展的个案研究所持有的态度。[③]

---

①陈向明．王小刚为什么不上学了——一位辍学生的个案调查[M]．//陈向明．在行动中学作质的研究．北京：教育科学出版社，2003.

②Uwe Flick．质性研究导论[M]．李政贤，廖志恒，林静如，译．台中：五南图书出版公司，2007.

③唐芬芬．教师文化的课堂透视——对教师口头言语行为的个案研究[C]．北京：教育科学出版社，2003.

明天我和我的师妹就要正式进入研究现场了。刚刚与Y小学的潘副校长通了电话，和她商量了一下有关事宜。在这之前，对于我们所要进行的研究她本人表示欢迎。我们也已经与该校校长交换过意见了。我已经在心理演练了多次与老师们可能的对话。我想起了威廉·富特·怀特在《街角社会》里的一句话："当你还是一个局外人，总想知道人们是否会欢迎你的时候，心情最为紧张。虽然你喜欢你的工作，但只要你在从事观察和访谈，你就要扮演一种角色，你就无法完全放松。"我是一个研究者，但不应该是一个纯粹的研究者，我首先应该是老师们的真诚对话者，才能真正走进他们的课堂生活。我也担心我曾为"局内人"的从教经历会让我对课堂上的一些东西视而不见，影响我观察的敏锐性。	→进入过程 →表明自己的态度

收集资料：一般来说，个案研究收集的资料包括一切与研究对象相关的资料，如报刊、会议记录、档案、地方志、日记、信函、文章、著作、自传、回忆录等，只要是能够说明被调查者的个性特征和行为方式的资料都要收集。比如，在语文高分获得者的个案研究中，收集的资料应该包括高分获得者的语文课堂笔记、语文试卷、学习语文的方法与经验等材料。收集材料时，也可以把定性收集和定量收集的方法结合起来。总体来看，个案研究属于定性研究，但并不排除用定量收集资料的方法来收集资料。并且在使用多种方法收集资料时，要尽可能收集详细的、全面的和无相互矛盾的资料，使资料能够"三角式"相互证明所调查的问题，以提高个案研究的效度。

分析研究：个案研究中，因研究者个人参与资料收集的过程，所以研究者本人就是工具。当研究者作为研究工具进入现场与参与者接触时，无疑会透露或渗入研究者本人的观点或认识。这种表露会影响参与者原始的想法和固有的观念，而使所收集到的资料的客观性大打折扣。目前，对个案研究中研究者个人涉入或透露到何种程度，并无固定的规则。一般认为，研究者简略介绍个人的生活经历或研究背景有助于资料收集，但研究者不宜在研究过程中过度地将自己的主观认识或观点透露给参与者，以免影响研究成果的效度。

经验概括：个案研究中资料的分析及经验概括见下节内容。需要注意的是，个案研究强调的是个案，个案所具有的特征有些属于同类事物所特有，有些可能就只属于个案所特有。比如，你所调查的语文高分获得者，对古文有浓厚的兴趣，古汉语的造诣非常深。但并不是所有的语文高分获得者都对古汉语感兴趣，因此，从个案研究中得出的结论不能推广到全体上。而且个案研究往往不会单独存在，而是常常要与其他研究方法，如，与半结构访谈等结合起来一起使用。

第三节 定性资料的整理

与定量研究资料的整理相比，定性资料的整理比较耗时。定量研究中的资料分析过程较为直接，只要将研究中搜集到的数值和数据输入电脑，启动软件程序就会很快呈现出统计分析结果。定量研究中的数据来自定量的研究设计，假设有100人参与了某一项研究，每位参与者又有10个变量，那么，所产生的数据就有1000个。但定性研究中的资料整理和分析过程却没有如此快捷，即使是一个小小的个案研究，它所产生的资料数量也很庞大。你所收集的资料既有录音记录，又有现场观察记录，还有访谈记录。那么该如何整理这些资料呢？图6－4为实地研究中的资料及资料的转录和编码过程，很好地解决了这一问题。[①]

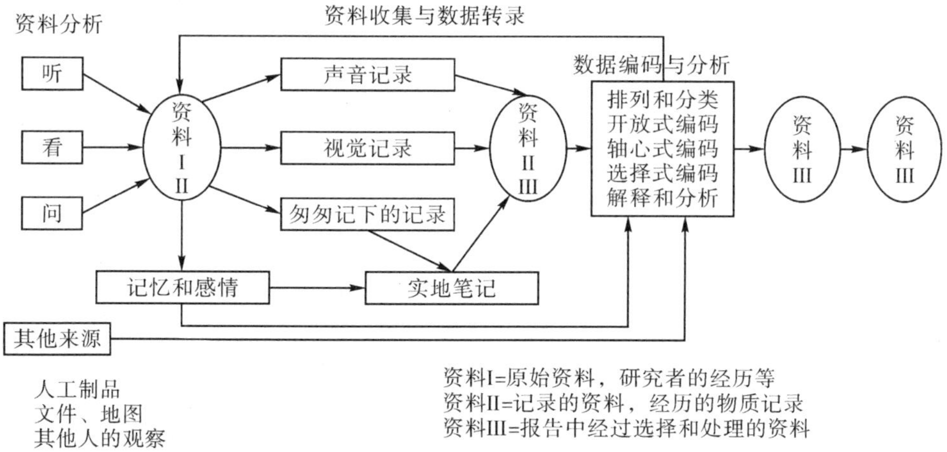

图6－4 实地研究中的资料及资料的转录和编码

一、资料的收集与数据转录

定性调查研究中，研究者进入现场即由感觉器官、访问或其他来源收集到的资料，属于原始资料（如图6－4中的资料Ⅰ）。以调查春联为例，调查者进入贴有春联的家户，由眼睛看和耳朵听，在调查者的脑海中可以形成对春联的印象，这种印象就是资料Ⅰ的内容。资料Ⅰ并不能直接用于数据的分析和得出研究结论，必须将其物质化。在调查春联时，当你将看到和听到的春联用笔记录下来，就可以获得物质化的资料Ⅱ。大多数情况下，在将资料Ⅰ转化为资料Ⅱ时，要结合田野调查时的记忆和感情，以及实地笔记，借用计算机，把访谈中获得的录音资料转录为文字资料，把拍摄中获得的视频资料转存或转录为文字资料，形成可以随时调用、不断复制、任意处理的计算机文件，也就是说输入计算机的资料信息就变成了下一步编码和分析的

①风笑天．社会学研究方法［M］．北京：中国人民大学出版社，2001．

依据——数据(图6-4中的资料Ⅱ)。这一过程称为资料的收集与数据的转录。

特别注意的是,将实地笔记或记录输入计算机时,一定要完完全全按照实地记录本上的内容和文字录入,不能做任何的修改、加工和遗漏。数据输入结束以后,要将计算机文本与原始实地记录进行反复核对和校对,以保证二者在顺序、内容、文字上的绝对吻合。文本资料的输入比较简单,录音资料或视频资料的输入相对较麻烦一些。相关技术在其他研究方法的书籍中有所介绍,这里不再赘述。最后,将计算机文本复制并打印出多份,以便进行下一步的数据编码与处理。

二、数据的编码与分析

相比资料Ⅰ,资料Ⅱ可供研究者随时调用,还可以不断复制和任意处理,但是资料Ⅱ与资料Ⅰ一样凌乱、无结构和无类别,对于研究结论的概括或理论的建构意义并不大。资料Ⅱ就如同懒婆娘的衣服柜子一样,像小山一样杂乱无章地堆满了各种各样的衣服。假如冷空气来袭,天气从夏天突变到秋天,在这样的衣柜中,任何人都很难在短时间内迅速找到他所需要的服装。而编码的意义就在于解决此类问题,通过创造主题或概念,对资料进行分类和分析。在质性研究中,编码(coding)是一项有难度的工作。它是将资料拆解(broken down)、概念化(conceptualized),并以新方式重组的运作活动。它是由资料迈向建立理论的重要过程。① 用在整理衣柜上,就是将内衣、秋衣、毛衣、外套等成套的服装拆分开来,利用"冬衣夏装分两柜""内衣外套放两旁"等概念,将小山一样的衣服归整为便于取放的小堆。经过编码处理,资料Ⅱ就成为研究报告中的资料Ⅲ。

用来编码的主题或概念可以由研究者根据自己的研究资料进行创造,也可以利用别人已经开发出来的编码系统。对文本的处理有三种编码方式:开放式编码(open coding)、轴心式编码(axial coding)和选择式编码(selective coding),研究者可以视研究需要在三种编码方式中来回游走,或结合数个方式进行分析。② 一般由开放式编码开始,而越到分析后期,选择性编码出现的频率会多于其他两种形式。在编码时,研究者需要不停地将资料有序排列和分类,慢慢阅读实地记录,寻找能够统率零散资料的主题或概念。从具体资料中寻找抽象的概念,这种开放式编码会花去研究者相当多的时间。而对于轴心式编码,研究者在开始编码时头脑中就具有了初步的编码主题,就像上面举到的整理衣柜的例子。在利用初步的编码主题编码资料时,研究者头脑中会不断产生新的观点、思路,甚至添加新的编码,同时还要思考各个主题、观点之间的关系,如因果关系、时间关系、语义关系等。在开放式编码和轴心式编码的基础上,研究者再次浏览资料,在更抽象的层次上处理轴心编码的资料,从中有选择地查找那些说明主题的个案。这样的过程称为选择式编码。经过以上三种类型或三个阶段

---

①Uwe Fick. 质性研究导论[M]. 李政贤,廖志恒,林静如,译. 台中:五南图书出版公司,2007.

②同上。

的编码，一堆起先零散的、无结构的、无意义的资料，逐渐披上了理论的外壳。编码的层次越高，产生的理论越复杂、细致。这些理论与资料相互印证，当资料不能够再提供新的理论或知识时，编码才算告一段落。

在中小学调查作文的研究中，还涉及不到这些复杂的编码方式，这里不做详细介绍。通常，中小学调查作文研究中收集的质性资料，经过排列和分类，可以用于解释和分析。在调查作文的教学实践中，我们发现大多数学生能够深入生活，进行实地调查研究，但因缺乏资料收集、整理和分析的方法，导致最终将调查作文写成颇具文学色彩的“调查故事”，而非调查报告。因此，掌握定性资料的分析技术显得尤为重要。

第四节　定性资料的分析

前面提到，定量研究中的资料分析过程较为直接。这意味着定量研究中的数据输入计算机以后，利用软件便可以得到统计分析结果。然而在定性研究中，要想直接从所收集到的资料中得出一个结论是很难的，因为我们面对的是成千上万的文字资料。下面为大家介绍几种分析定性资料的方法。

一、阅读资料

仔细阅读观察记录、访谈记录，以及即将分析的档案资料，这是做定性资料分析的第一步。如果你在访谈时做了录音或视频，那么反复播放访谈录音或阅读由录音转化成的文本资料，反复观看相关的视频资料或阅读由视频转化成的文本资料，都是进行分析的过程。阅读文本资料的时间会很长，贯穿研究的起始、进行和结束的整个阶段。也就是说，只要收集到定性资料，资料的分析工作就开始启动了。而不是像定量研究那样，资料的收集工作结束以后，资料的分析工作才能开始。

二、撰写研究笔记或分析型备忘录

阅读文本资料时，应该随时做些研究笔记或分析型备忘录。研究笔记或备忘录在质性研究中扮演着非常重要的角色。在研究过程中，随时将你想到的问题、想法、不成熟的理论、对关键概念和主题的思考等记录下来，是一个质性研究工作者应该养成的良好研究习惯。可别小看研究笔记，它可以捕捉到我们在分析过程中脑海里闪现的零星的、转瞬即逝的思维火花，如数据分析的想法、对研究目的和研究方法的思考、对研究结果的预测等。把这些零散的思维火花记录下来，然后再想办法用概念把它们之间彼此联系起来，就可以不断开拓你的研究思路。

对于分析型备忘录，有研究者提出了以下一些建议。[①]

在收集资料、整理资料或其他形式的编码的过程中，可随时停下来写分析型备忘录，以免那些转瞬即逝的思想火花和有创见的眼光消失掉。这就是要使分析型备忘录真正成为研究者“备忘的记录”。对写好的备忘录要反复比较，看看能否将那些相近的进行结合，或者看看能否将那些有差别的编码弄得更清楚。

为每个概念或主题做一份专门的分析备忘录。将与这一主题或概念有关的资料、事例、方法、问题，以及研究者的感想、认识等集中在一起，并用标签标明这一概念或主题。

在写某个概念或主题的备忘录时，要注意思考它与其他概念或主题之间的相似性、差异性或因果关系。

将分析备忘录与资料记录分开写，因为它们具有不同的目的。资料记录是证据，而分析备忘录则具有概念的和理论建构的目的。

三、选择分类技术

定性研究中常见的分类技术就是编码，编码的目的不在于计数，而在于“解构”数据，将它们重新安排在不同的类别里，以促进同一范畴里事物间的比较及理论概念的构想。[②] 那么如何解构数据呢？这里举一个笔者做过研究的例子。

在做博士论文时，笔者曾经对上海市小学科学教师头脑中的科学研究方法进行过一个调查，采用的资料收集方法为开放性问卷收集方法。设计一个这样的问题：“科学的基本过程，在某种程度上可以理解为科学方法。那么在您看来，科学的基本过程(方法)除了观察以外还有哪些？”为了更好地收集数据，特意在这个问题的下方，写出了“观察”两个字，并在观察后面画出了横线供老师们作答。问卷收回以后，仔细阅读老师们的答案，发现老师们的回答可谓“五花八门”，有实验、模拟、动手制作、动手操作、动手做、反思、画图、检索、考察、看录像、联系实际、实地应用、制定计划等 113 种之多。[③] 根据经验及先前对科学研究方法相关文献的了解，这 113 种所谓的科学研究方法可以分为两类：一类是科学研究方法，另一类是非科学研究方法。

在科学研究方法里，可以根据儿童科学教育家马丁的研究成果，把它们编码为“基本科学方法”和“综合科学方法”两类。马丁经过长期研究，认为科学研究方法包括 11 步：观察、分类、交流、测量、预测、推断、识别与控制变量、形成与验证假说、解释数据、界定变量的操作

①郭强，牛春霞，张生源. 定性调查手册[M]. 北京：中国时代经济出版社，2004.
②Joseph A. Maxwell. 质性研究设计[M]. 陈浪，译. 北京：中国轻工业出版社，2008.
③张荣华. 课程视野：小学科学教育的挑战及应对[M]. 北京：电子工业出版社，2010.

定义、实验与建立模型。[①] 其中，观察、分类、交流、测量、预测、推断属于基本科学方法，识别与控制变量、形成与验证假说、解释数据、界定变量的操作定义、实验和建立模型属于综合科学方法。运用“基本科学方法”“综合科学方法”以及“非科学方法”三个编码类目，就把原先的 113 种共计 511 个回答分别归类为：非科学方法（310）、科学方法（201），其中科学方法包括基本科学方法（90）和综合科学方法（111）。

定性研究中的分析还可以以更宽泛的主题或问题分类，在中小学实地研究中，运用较多的便是以主题或问题分类的技术。年级越低，越需要运用主题或问题分类的技术。比如，日本《中学国语・二》中有一篇关于语言现象调查的学生作文——《研究报告：片假名的使用情况》，小作者以他们家订的报纸上的社会版面的头条报道和专栏“窗口”为调查样本，调查了这两处使用片假名的情况。根据教材介绍，这位小作者是这么调查的。[②]

首先读报，边读报边将写有片假名的词汇记在卡片上。有时，仅单个单词无法充分理解时，将前后的词汇也记下来。这样就可以从句子中来理解了。记在卡片上是为了便于以后进行分类。

接着就是将卡片分类，并将每一类词汇的数量统计出来。

现在来谈谈研究的结果，请看一下发给大家的提纲资料。

片假名的使用情况提纲资料

Ⅰ　外来语		
（1）普通名词	例——（略）	147
（2）固有名词	例——（略）	20
（3）形容动词	例——（略）	3
（4）动词	例——（略）	3
（5）重量长度等单位	例——（略）	16
（6）外来语省略的形式	例——（略）	6
	共计	195
Ⅱ　拟声词	例——（略）共计	5
Ⅲ　Ⅰ、Ⅱ以外的用法		
（1）难写汉字，非当用汉字	例——（略）	29
（2）也可以用平假名，但用片假名后更加醒目	例——（略）	24
（3）带有幽默、讽刺等特殊的感情的词汇	例——（略）	15
	共计	68

---

①大卫・杰纳・马丁. 建构儿童的科学[M]. 杨彩霞，于开莲，洪秀敏，等，译. 北京：北京师范大学出版社，2006.

②西尾实. 中学国语・二[M]. 上海：上海教育出版社，2002.

四、文本诠释

如果认为呈现了调查资料以后就算完成了调查研究，这种看法是错误的。定性研究是通过资料来认识社会现象的真实，因此，很有必要对所获资料的深层含义进行诠释。我们来看刚才那个例子中的诠释。①

首先是片假名词汇的量，最多的还是外来语，使用次数共计 195 次，拟声词 5 次，其他 68 次。本来应估算一下片假名使用在报道全文中的百分比，这次暂不进行了。

关于Ⅲ类，目前还没有一个适当的命名。

(1)是非当用汉字的难写汉字，用片假名来代替。也可以用平假名来代替，但容易和前面的词汇混淆。

(2)是也可以用平假名，汉字来写，为了醒目，用片假名来书写。

(3)是为了幽默、讽刺等特殊的感情更加明显而改用片假名。另外，一些不是正式场合使用的俗语，可以用片假名以加重某种语气。

通过以上调查，知道了片假名的实际使用方法已经超出了一般所认定的范围。通过调查，也使我认识到片假名的使用方法不是由谁决定的，而是自然地变化所导致的。这里可以看到语言使用的实际情况。

通过小作者的诠释，我们才知道片假名的实际使用方法已经超出了一般所认定的范围。如果没有以上的诠释，只是呈现一些资料或数据，就会失去研究的意义。

与定量研究所获得的数据不同，定性研究中的资料实际上是以文本的形式表现出来的。如访谈研究中，由访谈录音转化成的文稿或文本、观察研究中的实地笔记、个案研究中所获得的个案相关资料等，这些文本既是资料收集的结果，也是诠释主题的工具。通过诠释资料以获得对社会真实的认识，抑或说发现社会现象运行的一般规律，此乃定性研究的意义所在。

第五节　定性研究中的取样、信效度及伦理问题

一、定性研究中的取样问题

在定性研究过程中，从选择研究对象开始，就有许多的环节或阶段可能出现与研究样本选择有关的问题。选择样本(sampling)，在定量研究中被称为“抽样”，在定性研究中被称为“取样”。那么为何要考虑取样的问题呢？这里举一个生活中的例子来帮助我们理解取样的

①方明生．日本生活作文教育研究[M]．上海：上海教育出版社，2002.

含义。假设我们到一个人生地不熟的城市去出差，在去之前已经定好旅馆，可是没有人来接你，手上也没有地图。那么，你要想在短时间内到达旅馆，最便捷的方式就是向路人询问。站在大街上，面对川流不息的人群，我们可以随机向对面走过来的任何一个人开口问路。但如果对面同时走过来好几个人，那我们要选择向哪一个问路呢？这其实就是一个取样的问题。问路的时候，我们总希望自己能够问到一个有经验的、态度好的、对周围环境很熟悉的本地（或在当地生活很久的）人。做研究也一样，无论是定性研究还是定量研究，我们虽无法在每一个地方对每一件事情都做研究，但我们总是希望自己能够从调查对象那里获得足够多的信息，能够从调查所获取的材料中有所发现或得出一个令人信服的结论。这就需要考虑调查什么样的对象、使用什么样的材料等问题。根据 Flick 的总结，质性研究过程中可能面对的一些取样决策问题如表 6－2 所示。

表 6－2　研究过程中各个阶段可能面临的各种取样决策问题

研究的阶段	取样决策的问题
资料收集阶段	个案取样 群体个案取样
资料诠释阶段	材料之间的取样 材料之内的取样
呈现或发表研究发现阶段	呈现或发表的取样

当研究问题与研究目标确定以后，选择什么样的对象作为研究样本来收集资料都涉及取样的问题。由于定性研究中的样本一般比较小，所以明智的选择是在取样时必须放弃一些不重要的或次要的标准，而选择最重要的标准，即与研究问题最相关的标准，同时要对其重要性进行详细说明。费孝通在《江村经济》一书中就详细介绍了自己选择村庄作为调查区域的依据。①

为了对人们的生活进行深入细致的研究，研究人员有必要把自己的调查限定在一个小的社会单位内进行。这是出于实际的考虑。调查者必须容易接近被调查者，以便能够亲自进行密切观察。另一方面，被研究的社会单位也不宜太小，它应能提供人们社会生活较完整的切片。

……

村庄是一个社区，其特征是农户聚集在一个紧凑的居住区内，与其他相似的单位隔开相当一段距离（在中国有些地区，农户散居，情况并非如此），它是一个由各种形式的社会组织活动组成的群体，具有其特定的名称，而且是一个为人们所公认的事实上的社会单位。

---

①费孝通．江村经济[M]．上海：上海出版社，2006．

这样一个村庄并没有正式进入保甲制。……因此,我们所研究的单位必须是实际存在的职能单位——村庄。我们研究的目的在于了解人民的生活。

在目前阶段的调查中,把村庄作为一个研究单位,这并不是说村庄就是一个自给自足的单位。在中国,地方群体之间的相互依存,是非常密切的,在经济生活中尤为如此。甚至可以说,在上半个世纪中,中国人民已经进入了世界的共同体中。西方的货物和思想已经达到了非常边远的村庄。西方列强的政治、经济压力是目前中国文化变迁的重要因素。在这一点上有人可能会问,既然如此,那么在这样一个小的地区,在一个村庄里搞实地调查,对于这种外来力量及其所引起的变迁会取得什么进一步的了解呢?

显然,身处村庄的调查者不可能用宏观的眼光来观察和分析外来势力的各种影响。例如,由于世界经济萧条及丝绸工业中广泛的技术改革引起了国际市场上土产丝价格的下跌,进而引起农村家庭收入不足、口粮短缺、婚期推迟,以及家庭工业的部分破产。在这种情况下,实地调查者必须尽可能全面地记录外来势力对村庄生活的影响,但他当然应该把对这些势力本身的进一步分析留给其他学科去完成。调查者应承认这些事实,并且尽力约束自己去跟踪那些可以从村庄生活中直接观察到的影响。

对于这样一个小的社会单位进行深入研究而得出的结论并不一定适用于其他单位。但是,这样的结论却可以用作假设,也可以作为在其他地方进行调查时的比较材料。这就是获得真正科学结论的最好方法。

为什么选择自己的家乡吴江县庙港乡开弦弓村作为实地调查样本的对象呢?费孝通在书中亦做了解释。①

这个村庄有下列值得注意和研究之处:

一、开弦弓是中国国内蚕丝业的重要中心之一。因此,可以把这个村子作为在中国工业变迁过程中有代表性的例子;主要变化是工厂代替了家庭手工业系统,并从而产生社会问题。工业化是一个普遍的过程,目前仍在我国进行着,世界各地也有这样的变迁。在中国,工业的发展问题更有其实际意义。但至今没有任何人在全面了解农村社会组织的同时,对这个问题进行深入的研究。此外,在过去10年中,开弦弓村曾经进行过蚕丝业改革的实验。社会改革活动对于中国的社会变迁是息息相关的;应该以客观的态度仔细分析各种社会变迁。通过这样的分析,有可能揭示或发现某些重要的但迄今未被注意到的问题。

二、开弦弓一带,由于自然资源极佳,农业发展到很高水平。有关土地占有制

---

①费孝通.江村经济[M].上海:上海出版社,2006.

度在这里也有特殊的细节。开弦弓将为研究中国土地问题提供一个很好的实地调查场地。

三、这个地区广泛使用水上交通，有着网状分布的水路，因而城乡之间有着特殊的关系，这与华北的情况截然不同。这样我们就能够通过典型来研究依靠水上运输的集镇系统。

除去这些考虑，我调查开弦弓村还具备特殊便利的条件。由于时间有限，我的调查必须在两个月之内完成。如果我在一个全然不熟悉的地方工作，要在这样短的时间内进行任何细致的研究是不可能的。开弦弓村属于吴江县，而我就是吴江人，我首先在语言上就有一定的有利条件。中国各地方言的差别是进行实地调查的实际困难之一。村里的人们除自己的方言外，一般不懂得任何其他方言。作为一个本地人，就不必再花费时间去学习当地方言。而且同乡的感情使我能够进一步深入人们的生活中去，不致引起怀疑。

尤其是在这个村里，我可以充分利用我姐姐个人的关系。我姐姐负责蚕丝业的改革，村里的人确实都很信任她。我能够毫无困难地得到全村居民的通力合作，特别是村长们的帮助。他们理解我的意图，不仅尽一切可能提供材料，而且还提出一些可行的办法和有价值的建议，使我的调查得以顺利进行。此外，我以前曾经多次访问过该村，姐姐也继续不断地向我提供该村的情况。因此，我一开始就能直接进入调查本身，无须浪费时间去做那些初步的准备工作。

我的调查历时两个月，是在1936年的7—8月进行的。在这有限的时间内，我自然不能对完整的一年为周期的社会活动进行调查，然而，这两个月在他们的经济生活中是有重要意义的，包括了一年中蚕丝业的最后阶段及农活的最初阶段。以我过去经历及人们口头提供的资料作为补充，截至目前，我所收集到的关于他们的经济生活及有关社会制度的材料，足以进行初步的分析。

质性研究方法专家Joseph A. Maxwell教授认为质性研究取样方法有目的性取样、方便取样和概率取样三种方法，①其中最常见的取样方法是目的性取样，即根据研究的目的选择有可能为研究问题提供最大信息量的样本。② Maxwell教授认为，目的性取样有四个优点：一是保证所选取的情境、个体，以及活动具有代表性或者典型性；二是能够充分捕捉总体的差别性；三是有目的地检验一些个案，它们可能是对你刚开始研究或你将要提出的理论有重要作用的个案；四是可以建立特定的比较，以说明个体或者情境之间具有差异的原因。③

①Joseph A. Maxwell. 质性研究设计[M]. 陈浪，译. 北京：中国轻工业出版社，2008.

②陈向明. 王小刚为什么不上学了——一位辍学生的个案调查[M]//陈向明. 在行动中学作质的研究. 北京：教育科学出版社，2003.

③Joseph A. Maxwell. 质性研究设计[M]. 陈浪，译. 北京：中国轻工业出版社，2008.

方便取样,则是指研究者根据研究目的选择简便易行的样本。① 通常情况下,许多研究都采取了方便取样的方法。研究的样本都设定在研究者工作或临近的地方,批准数据收集的人员往往是研究者的朋友。比如在教育研究中,教师一般会调查自己的学生,学生为教师收集数据提供了一个方便的样本。方便取样中要注意研究结果的可推广性,即方便取样中获得的研究成果能够推广到总体,这是采取方便取样需要考虑的一个重要问题。

概率取样的介绍参见第七章第一节。

二、定性研究中的信效度问题

但凡研究都会涉及信效度问题。一般认为,信度(Reliability)是指研究的可靠性程度,表现为研究数据和结果的一致性和稳定性。也就是说,相同的样本在相同的研究条件下应该得到相同或相近的研究结果。举个例子,在某项研究中我们收集资料以后,立刻对资料进行了分析,得到了一些结果。在隔了四周以后,我们对这些资料进行了二次分析,所得到的结果若与之前相一致,就可以说我们的研究具有一定的信度。或者说,我们在分析资料时不仅自己分析,同时还培训其他研究人员采取相似的分析方法对资料进行分析,所得到的结果若与我们的分析结果相一致,则可以说我们的研究具有一定的信度。可见,信度是指研究结果在跨时间上的一致性和不同研究者之间的一致性。效度(Validity)是指研究是否达到它预期的目的,以及是否研究了它要研究的内容。比如,我们要了解一个村庄儿童的失学情况,可是填写问卷的却是来学校上学的学生。其效度可想而知。假设我们调查了某村庄的部分失学儿童,也归纳出了儿童失学的各种原因。当我们呈现给他人自己的研究结果时,遇到的质疑可能最多的就是此类问题:"我们怎么知道你的(关于儿童失学原因的)研究结果是正确的(有根据的)?"

的确,在定性研究中,效度是我们在研究设计时需要考虑的一个重要问题。效度,是研究的一个目标。研究者总是希望能够从自己的研究中得出令人信服的结论,但最终是否能够得出一个令人信服的结论,却不能由研究者的结论自身决定。所以,效度是一个目标而不是一个产品,它永远也不会被证明或被认为是理所当然的。但是,效度又是相对的,它需要在研究的目的和研究环境中被检验,而不是一个和情境无关的方法或推论的特征。并且,效度的问题将通过证据解决,而不是方法,方法只是获得解决效度问题的证据的途径。② Maxwell还指出,定性研究者遇到的效度威胁(问题)来自偏向和反应性两方面。所谓偏向是指研究者故意选择那些符合研究者已有的理论或者预期的数据;或者选择那些"显著"的结果。反应性则指研究者对于所研究的情境和个体的影响。克服这两个效度问题的方法有:对研

---

①梅雷斯·D·高尔,沃尔特·R·博格,乔伊斯·P·高尔.教育研究方法导论(第六版)[M].许庆豫,等,译.南京:江苏教育出版社,2002.

②Maxwell.质性研究设计[M].陈浪,译.北京:中国轻工业出版社,2008.

究进行高度的、长期的投入;收集丰富的数据;寻找不一致的证据和反面的案例;准统计分析以及三角互证(校正)(Triangulation)。

三角互证正是指采取多种数据收集方法和多种来源的数据,比如访谈研究中,可以依赖访谈得来的资料,但不能只依赖这一种资料。登津指出存在四种类型的三角互证。[①] 资料的三角互证、调查人员的三角互证、理论的三角互证和方法论的三角互证。资料的三角互证(Data triangulation)是指不同来源的资料之间的三角互证,以纠正资料的偏向问题;调查人员的三角互证(Investigator triangulation)是指运用不同研究人员参与研究,以纠正研究人员的个人偏差;理论的三角互证(Theory triangulation)是指处理资料时采用多重观点以扩大新知识产生的可能性;方法论的三角互证(Methodological triangulation)包括单一方法内部(Within-method)和不同方法之间(Between-method)的三角互证。前者如采用调查问卷,设计不同的子量表来测量同一项目的问题;后者如混合使用问卷调查和访谈法两种方法。

三、定性研究中的道德伦理问题

定性研究中,研究者作为研究工具参与研究必然要带来一些道德和伦理问题。比如,当我们进入研究现场以后,如何对待现场中的样本?研究者作为一个个体在从事研究工作时,他的行为举止是否有道德意义直接决定了研究能否顺利进行。对于被研究群体而言,如何处理与研究者之间的道德关系?是诚信地参与研究还是假意附和?被研究群体的行为举止是否有道德意义同样也决定了研究质量的好坏。另外,在定性研究中,研究者与被研究者之间的关系也会对研究造成一定的影响,因此,在定性研究中应该处理与保持的道德原则有:自愿原则、保密原则、回报原则,以及保持关系原则,[②]即不能强迫被研究者参与研究,对涉及被研究者个人隐私的情况要保密,适当给予被研究者一定的报酬,并保持经常的联系等。

本章小结

本章主要讲述定性研究中资料的收集、整理与分析,共四节内容,分别阐述定性资料的类型、收集、整理与分析,以及定性研究中的取样、信效度与伦理道德问题。在第一节中,主要讲述定性资料的四种类型,分别是观察与采访记录、拍摄记录、翻制记录与测绘记录。第二节陈述定性资料的三种收集方法,即实地调查与观察法、访谈法与个案研究法,其中细致说明这三种方法的特点、类型与一般步骤。第三节叙述定性资料的整理,详细说明数据的转录、编码与分析的相关内容。第四节重点描述定性资料的一般分析过程,分为四步:阅读资料、撰写研究笔记或分析型备忘录、选择分类记述、文本诠释。最后一节概述定性研究中关于研究对象的取样问题及研究中的信效度问题,运用实例对内容进行解释与分析。此外还

---

①Uwe Fick. 质性研究导论[M]. 李政贤,廖志恒,林静如,译. 台中:五南图书出版公司,2007.

②郭强,牛春霞,张生源. 定性调查手册[M]. 北京:中国时代经济出版社,2004.

对定性研究中的道德、伦理问题也做了简要说明，呼吁大家奉行自愿、保密、回报及保持关系的道德原则，去进行更多定性研究。本章力图从定性研究的角度，为调查作文的写作提供尽可能客观、全面而翔实的写作素材的具体方法与技术。

思考题

1. 简述定性研究有几种类型，并举例说明。
2. 定性资料收集的方法有哪些？有何异同点？
3. 定性资料分析的一般过程是什么？请作简要说明。
4. 定性研究中有几种取样方法？各有什么特点？
5. 如何检验定性研究中的信效度？有哪些方法？

第七章　定量调查的数据收集、整理与分析

章节提要

本章系统介绍定量调查的数据处理相关知识与技术，分别从数据收集的对象，数据收集的工具，数据的登录与审核，数据的整理、统计与分析，数据的展示五个方面来阐述，重点阐述定量研究中数据的分析过程。企图为调查作文的写作提供收集数量性素材的具体技术支持。

学习目标

1. 概述抽样方法的类别及各方法的一般程序。
2. 举例说明问卷设计的一般步骤与注意点。
3. 比较定序、定类、定距与定比四种测量方法。
4. 运用统计分析方法对数据进行分析。
5. 尝试使用统计图或表格对数据进行展示。

定量调查属于定量研究(quantitative research)。定量研究指的是运用数值或数量来描述自然界可以测量的现象，它起源于16世纪末兴起的自然科学研究范式。在16世纪末，伽利略将实验和数学方法引入力学研究，利用数学推算和实验观察相结合的方法，成功地确定了重力和重心的数学表达式和一些重要的力学定律，如摆的等时性定律、自由落体定律等，为日后牛顿提出第一、第二运动定律奠定了坚实的基础，彻底宣告了先验主义、先知主义和亚里士多德主义形而上学思辨的失败。数学和科学实验法成为获取真理的一条正确途径。在19世纪30、40年代，哲学上将求知于经验材料，而将拒绝、排斥先验或形而上学的思辨方法都归于“实证主义”(positivism)或实际验证。在实证哲学的指引下，社会学、语言学等领域兴起了基于数值或数量来描述自然界可测量现象的研究方法——定量研究。定量研究脱胎于自然科学研究范式，具有可操作、可重复的特征，它探寻的核心是因果关系，通过数值数据推理和统计分析方法对研究对象进行研究。

第一节　数据收集的对象:总体、样本与抽样方法

一、总体、样本

假设我们想对初中二年级学生的课外阅读情况进行调查,理想的策略就是对所有中国境内的初中二年级学生发放调查问卷。但事实上,几乎没有时间和经费来进行一次这样的调查。而且根据统计学理论,我们也没有必要对所有的初中二年级学生进行调查,可以采用抽样技术随机抽取一部分学生进行调查,从而获得相关数据,再对整个初中二年级学生的课外阅读情况进行推断。在这个例子中,我们想要调查研究的"所有初二学生"就称为"总体",从中抽取的一小部分群体就可以称为"样本"(如图 7－1 所示)。

图 7－1　总体和样本的关系

"总体"存在两种类型:一种是目标总体,包括所有真实或假设的一群人员、事件、事物等。例如前面所提到的"所有初二学生"是指生活在北京、上海、海南、新疆等地的所有初中二年级学生,所以目标总体数量很大、地理分布很散,让调查者在短时间内调查到目标总体中的所有人是非常不现实的。因此研究人员总是会在现实地包含所有个体在内的、可抽样的总体中进行抽取样本。另一种是可抽样的总体,比如你所在城市中的初二学生,就是一个可抽样的总体。假如能够在可抽样的总体中获得一个随机样本,即所有可抽样总体中的成员都有同等可能的机会被抽取作为样本,且所抽样本恰当,这样我们就可以根据随机样本的研究结果推导出可抽样的总体。如果你有足够的证据证明可抽样的总体与目标总体之间在相关变量方面很相似,那么我们就可以将可抽样总体的研究结果推导到目标总体上。因此,可抽样总体在某种程度上可以代表目标总体。

二、抽样方法

从总体中抽取样本的过程就叫抽样。初学定量研究的人不太理解抽样的意义,常常会忽视抽样方法。如有些中学开展研究性学习时,经常会让学生做一些调查研究。他们的做

法是印制一些调查问卷，然后让学生去任意发放，而丝毫不考虑所研究的问题是否需要街头调查，或那些被调查的人值不值得调查。抽样，是一个统计学术语，好比我们初到一个陌生城市，向陌生人问路，其实就是一个抽样的过程，只不过这个抽样过程是在你的脑海里瞬间完成的。问路时，你并不会向所有人张口。那么应向何人发问最合适呢？你肯定是希望最好能碰到一个对你的目的地路况非常熟悉的人来问路，而非像你一样的陌生人。所以，当你站在大街上开始问路之前，你已经对所要询问的对象做了一些筛选，这个筛选用到研究上，就是所谓的抽样。

根据抽样是否依据概率理论，抽样方法可以分为概率抽样和非概率抽样两种。

(一)概率抽样

概率理论认为，总体中的每一个个体都有均等的机会成为样本，且抽取样本时必须遵循随机原则。概率抽样就是按照随机原则进行抽样，使总体中的每一个个体都有机会成为样本，从而保证样本的代表性。常用的概率抽样法有简单随机抽样、方便抽样、系统抽样和分层抽样法等，使用概率抽样可以提高样本的代表性，适用于大规模的调查研究。

1.简单随机抽样

简单随机抽样指完全按照随机原则，根据一定的程序抽取一组调查样本的方法。简单随机抽样方法能使总体中的所有个体都有平等的机会被选为样本成员，它是最常用的抽样方法，具有经济性、适应面广、准确性高等特点。

如何做到总体中的所有个体都有平等机会被选为样本成员呢？常用的抽样方式有抽签法和随机数字表法。运用这两种方式进行抽样，都需要先选定一个样本总体名单，所选定的样本总体又叫抽样框，然后给总体中的每一个个体编号。假设你要调查某市 862 名学生中的 120 名初二学生，在当地教育局拿到初二学生的名单以后，就需要给他们从 001 开始编上号码，编至 862 号。下面介绍这两种方法是如何运作的。

抽签法：另取足够多的卡片写上号码，将写有号码的卡片像洗扑克牌一样洗均匀，然后从中随机抽取一张，抽到的号码就对应一个样本，直到抽足需要调查的样本总数为止。当所抽取样本数量不大时，使用抽签法非常方便。但样本数量比较大时，抽签法就很麻烦。

随机数字表法：随机数字表通常是由计算机随机产生的，一系列由 0～9 组成的由 00001 到 99999 范围内的一系列五位数数字表。每一个数字号码在表中出现的概率是相同的，如表 7－1 所示。

表 7-1　随机数字表

行	列									
	1	2	3	4	5	6	7	8	9	10
1	32388	52390	16815	69298	82732	38480	73817	32523	41961	44437
2	05300	22164	24369	54224	35983	19687	11052	91491	60383	19746
3	66523	44133	00697	35552	35970	19124	63318	29686	03387	59846
4	44167	64486	64758	75366	76554	31601	12614	33072	60332	92325
5	47914	02584	37680	20801	72152	39339	34806	08930	85001	87820
6	63445	17361	62825	39908	05607	91284	68833	25570	38818	46920
7	89917	15665	52872	73823	73144	88662	88970	74492	51805	99378
8	92648	45454	09552	88815	16553	51125	79375	97596	16296	66092
9	20979	04508	64535	31355	86064	29472	47689	05974	52468	16834
10	81959	65642	74240	56302	00033	67107	77510	70625	28725	34191

使用随机数字表抽取 120 名样本，其程序为：

◇随机选择（或闭上双眼，用铅笔随意在随机数字表上点）一列作为起点，比如我们选择第 4 列第二行（见表中所圈数字“54224”）。

◇选择往下出现在第四列的所有数字中的后三位数字，因 862 为三位数字，所以需要三位数字才能够保证每个人都有机会被选中。这里选 54224 的后三位数“224”，也可以取前三位数字 542，或中间三位数字 422。但选定一种顺序之后，就要一直按照这个顺序取下去。取出的数字与抽样框中的样本一一对应；如 224、552、366、801、908、823、815、355、302 等。如果样本总人数为 12530 人，则需要选择五位数的随机数。选择数字的顺序可以随意地确定，可以依照纵列的方向往下选取，就像我们刚才所做的那样，也可以依照纵列的方向往上选取，还可以由左向右或从右向左选取，甚至还可以依照对角线选取数字。但要注意的是，确定好一种顺序之后，就一直依照此顺序选取下去，不能中途变更顺序。为方便起见，我们通常从某一个起点数字开始往下选取，一列选完之后，再开始下一列；一页选完之后，再开始下一页的第一个纵列开始选取。

◇舍去大于总体的数字，保留小于总体的数字。当选取的随机数超过总体范围时，就要将其跳过去，继续选择下一个数。

◇继续选择第五列、第六列……各列数字中的后三位数字，直到选满 120 个数字为止。这 120 个数字对应于样本框中的 120 个个体，这些个体就是要抽的样本。

使用随机数字表抽取样本，简单易行。但需要注意，随机数字表上的数字有可能被抽到两次，这时，可将第二次遇到的相同号码跳过，进行不放回抽样或不重复抽样，以减小误差；另外，总体中男女比例一般为1∶1，但使用随机数字表法可能会导致男女比例出现误差。

简单随机抽样法是其他随机抽样法的基础，由于其简单易行，所以是一种常用的抽样方法。但如果样本容量非常大时，编制抽样框就会有一些难度。此时，可以考虑用其他抽样方法。

2. 系统抽样法

系统抽样法是简单随机抽样法的变种，当样本容量非常大时，常常采用系统抽样法。假设总体有100000个人，你想抽取1000人，如果使用简单随机抽样，必须把成员编号，然后再利用随机数字表选出1000人，这个工作量很大。系统抽样则可以节约时间和精力。具体做法是：

◇先用总体数N除以样本数n，得到数值K，K即为抽样距离。如用100000除以1000，得到100。

◇随机选择一个比抽样距离K小得多的数字，如28。

◇从编号的样本名单上的第28个数开始，选择每隔100个数后的人作为样本。

◇选满1000人。

需要注意的是，成员名单应当是随机生成的，没有任何顺序。如果名单是按照成绩，或者姓名的顺序排序的，那么，使用系统抽样法，则只能使少数人被抽上，这就违背了随机原则。比如，现在中小学班级名单一般都是按照学习成绩来排序的，假设班级里有50人，若抽样距离是10，那么，样本要么是选中学习好的学生，要么选中学习不好的学生，而失去了样本的代表性。因此，在使用系统抽样时，一定要认真考虑总体的排列情况和抽样距离。

3. 分层抽样法

使用简单随机抽样和系统抽样，都可以保证样本具有一定的代表性，但是分层抽样则可以提高样本的代表性并且减少可能的误差。比如，我们计划选取某中学5000名初中学生中的1000名进行阅读情况调查，如果采用简单随机抽样和系统抽样，所抽样本是直接从总体中抽取，无法保证所抽样本在各个年级中的分布情况一样。但如果我们从某中学次级集合——每一年级中分别抽取适当数量的样本，则可保证所抽样本在三个年级的分布情况一样，以减少抽样误差，其抽样过程如图7－2所示。

具体做法是：

◇ 确定分层的特征，如年级、性别、年龄等；

◇ 将总体分成若干次级集合(层)；

◇ 根据一定方式(如以各个年级占总体的比例)确定各层应抽取的样本量；

◇ 分别采用简单随机抽样或系统抽样方法，从各个次级集合中抽取相应的子样本，组成总样本。

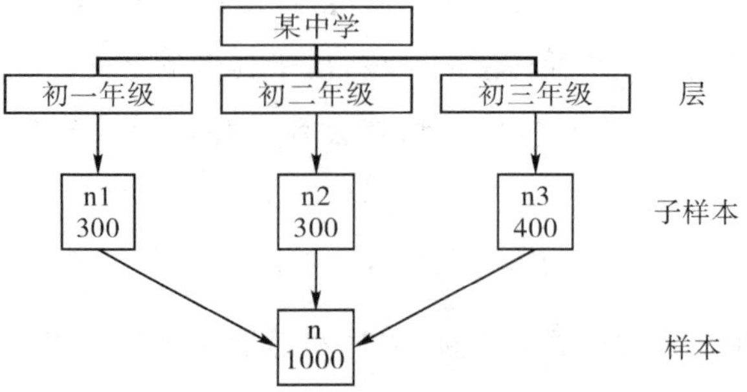

图 7－2　分层抽样

假设我们想对不同年龄学生的阅读情况进行比较，那么每一个年龄段——12 岁、13 岁、14 岁、15 岁、16 岁等都可以视为一个次级集合，再假设 16 岁的学生只占初中生的 3%(5000 名中有 150 名 16 岁初中生)，因此，我们可以从总体中的 16 岁学生中随机抽取 30 人(1000×3%＝30)。其他集合的样本数量可以以同样的方式确定下来。按照这些集合占总体的比例，在这些集合中分别随机抽取相同比例的样本数。这种方法就叫比例分层抽样。

需要注意的是，分层抽样在抽样之前需要将样本分成同质性的不同群或层，但同一群或层之间却具有异质性。然后再从异质层中抽取样本，使得每层都有样本被选中，以此提高样本的代表性。分层抽样方法适用于一个或多个变量影响的调查结果，比如，学生的性别、年龄、年级都可能影响其阅读的内容。由于性别与其他变量有关系，同时也很容易调查清楚，因此，性别是一个非常常用的分层变量。

在实际研究工作中，分层抽样常与随机抽样、系统抽样等结合起来使用。

4. 整群抽样

整群抽样，又称集群抽样，整群抽样顾名思义就是从总体中成群成组地抽取调查单位，而不是一个一个地抽取调查样本。所抽取的群组是根据地域、行政等自然形成的群体，如省市、街道、学校、班级等。假设我们要对某市三所学校初二(30 个班级 1500 名，平均每班 50 名学生)年级的 300 名学生实施一次阅读情况的调查，为了抽样方便和节约费用，就可以采取整群抽样的方法：随机抽取 6 个班级的样本，正好 300 名学生，满足了样本容量的需要。虽然 300 名学生之间的阅读情况差异很大，但抽中的 6 个班级与其他班级的信息都一样，他们都处于初二这个学习阶段，那么只要任意抽出一个群来观察就可以代表总体。这样做比随机抽样省事多了，我们只需要考虑 6 个班级中的 300 名学生的情况，若不如此，我们就得对 30 个班级中的 1500 名学生进行编号，然后再随机抽取 300 名学生，其工作量相对就很大了。

整群抽样过程可分为以下几个步骤：

◇ 确定分群的标准；

◇ 将总体划分成若干个互相不重叠、互不交叉的部分，每个部分为一大群；

◇ 根据样本量，确定应抽取的小群数；

◇ 采用简单随机抽样或系统抽样方法，从大群中抽取确定的小群数。

当总体分布的范围广、规模大时，一般采用整群抽样。整群抽样的优点在于方便和节约经费，缺点是如果不同群之间的差异较大，引起的抽样误差往往大于简单随机抽样。

在上述抽样过程中，如果抽出小群以后，又继续在小群内随机抽取较小的群，这种方法就被称为多阶段群集抽样。就比如刚才的那个例子，在我们抽取出 300 名学生之后，还想通过访谈获得一些更深层次的信息，假设对 300 名学生进行访谈，可想而知是一件耗时费工的事情。但若我们从中抽取 60 名学生进行访谈，既可以完成调查任务，同时又节约了大量精力。这种抽样方法就属于多阶段群集抽样。

使用多阶段群集抽样时，由于每级抽样都会产生误差，所以这种抽样方法所产生的误差比较大。而且用于统计计算研究数据的传统公式不能用于整群抽样的样本，[①]因此在无须对数据进行统计计算时，则可以使用整群抽样。

5. 方便抽样

在实际研究中，研究者通常会选择一个适合研究目的和简便易行的样本，这种方法又被称为方便抽样。比如，调查初二学生课外阅读情况，若采用方便抽样方法，就可以选择调查者（如果是一名初二学生）所在班级中的学生作为样本。但需要注意的是：第一，样本的选择必须适合研究目的，如果你想调查初二学生的课外阅读情况，就不能选择初三或初一的学生作为样本；第二，调查样本的获取应该很方便，比如你可以选择自己所在的班级或自己所在学校的初二学生作为调查样本。这样，在一个熟悉的环境进行调研，可以节约大量的时间和经费。

与简单随机抽样相比，方便抽样的随机性略低一些，因而可能导致样本的代表性差一些。但是，如果样本的相关特征与总体很相似，并达到了代表一个特殊总体的程度，那么使用方便抽样所收集的数据同样可以对总体做出推断。使用方便抽样时，为了将结果推广到总体，在报告中应当对抽样的原因、样本所持有的总体特征予以详细说明。

中小学阶段的调查研究，常常会选择方便抽样方法，以节省调查的时间和研究经费。

（二）非概率抽样

非概率抽样是指依据研究者的主观意愿和判断或依据客观条件来抽取样本。与概率抽样相比，非概率抽样的样本代表性要小一些。受调查人员的主观意愿或客观条件限制，总体中一些有代表性的样本无法获得机会成为样本，因此非概率抽样的误差有时会很大，而且这

---

①梅雷迪斯·D·高尔. 教育研究方法导论（第六版）[M]. 许庆豫，等，译. 南京：江苏教育出版社，2002.

种误差也没有概率抽样那么好估计。

在实际调查研究中，我们有时候会遇到一些规模较小，或者规模模糊的总体，比如城市里的流浪儿童或无家可归者。要想对这些群体进行调查，概率抽样显然无法派上用场，此时就需要使用非概率抽样。非概率抽样是概率抽样的一种补充，它可以运用于大规模概率抽样研究前的探索性研究，也可以适用于总体规模较小或规模模糊的一些调查研究。

常用的非概率抽样法有偶遇抽样、目标式(判断式)抽样、滚雪球抽样和配额抽样法。

1. 偶遇抽样

偶遇抽样，又称就近抽样，是指研究者根据自己的实际，抽取偶然遇到的人，或者容易找到的人，或者是以手边的报纸、杂志等为调查对象的一种抽样方法。比如街头拦人调查法、杂志内问卷调查等都属于偶遇抽样。

对中小学生而言，在初学调查研究阶段，可以使用偶遇抽样方法，对自然和社会做些小样本的调查研究，培养自己洞察世事的能力。比如前面提到的日本小学语文教材中的“外来语的泛滥”的调查提纲，小作者使用的就是偶遇抽样方法。为了调查生活中的外来语使用情况，一个三年级的小作者并未发放问卷，而是就星期日早晨最先遇见的报纸，以及用最容易见到的大街上的外来语做了调查，得到外来语泛滥使用的感受。偶遇抽样的方式常被记者用来做现场调查，虽然效率较高，但它却是一种冒险的工作方式。对中小学生而言，为安全起见，应当尽量减少去街头巷尾随机拦截行人的调查活动。

偶然遇到便被抽中，对抽中的个体来说好像是一个随机抽取的过程，但从研究总体的角度而言，并非所有的个体都会有被“偶遇”的经历。看起来是随机抽样，实际上并不能保证总体中的每个个体都有同等的机会被抽中。因此，样本的代表性就会受到质疑，当我们使用偶遇抽样的样本结果去推论总体时，就需要更慎重一些。

2. 目标式(判断式)抽样

我们在做小学调查作文实验时，曾经设计过这么一个语言类调查课题：调查爷爷奶奶的儿歌。选择什么样的样本呢？是所有的爷爷奶奶吗？这样显然不符合研究目标的要求。只能选择那些“脑子里面装儿歌”的爷爷奶奶才能符合我们的研究目标要求。像这样的抽样过程，即根据研究目标和对总体的认识所进行的抽样，就属于目标式或判断式抽样。

目标式或判断式抽样一般适用于总体中有多种类型，而样本数目不多的一类调查研究。有时对问卷进行前测时，也可以使用目标式抽样方法，抽取多元化的总体，以检测问卷的效度。但缺点是此抽样方法受调查人员的主观意识影响很大，若研究人员缺乏经验，将会造成很大的抽样误差。

3. 滚雪球抽样

所谓滚雪球抽样，就是根据目标群体中的少数成员以及他们的介绍，找出其他研究对象的一个渐进过程。在总体成员难以确定而又必须对总体进行调查时，滚雪球抽样法就非常适用。比如，对流动人口的计划生育情况进行调查时，最先开始我们只能获得极少数的流动人员资料。然后，取得这些人员的信任以后，再向这些人员询问其他流动人员的有关信息。样本数量会随着受访者的增多和调查时间的延长而不断增多，就像滚雪球一样，越滚越大。

在滚雪球抽样中，样本的来源依赖于先前的受访者。如果受访者因为某种原因故意漏掉或隐瞒某些个体，就会导致总体中的某些样本缺失。因此，这样产生的样本是否具有代表性，是值得怀疑的。在定量调查中，滚雪球抽样常被用于探索性研究。而在定性的实地研究中，滚雪球抽样是一种常用的抽样方法。

4.配额抽样

配额抽样又称定额抽样。它是根据预先了解的总体特征来选择样本的抽样方法。配额抽样最成功的调查案例，要数乔治·盖洛普利用此法在1936年、1940年和1944年成功地预测了当年的总统当选者。

使用配额抽样时，首先得从建立描述目标总体特征或属性（如男性比例和女性比例、不同的年龄层次、不同的教育层次、不同的民族、不同的年收入层次等）的矩阵或表格开始。总体特征的矩阵建立得越精确，越能包容所有个体，也会使抽出的样本越具有代表性。矩阵一旦建好，就预示着每一个格子的比例也确定下来了，此时研究者就可以根据这些比例从不同的格子中抽取样本了。为了使样本能够合理地代表总体，从格子中抽出的每一个个体都要根据它在总体中的比例被加权。

配额抽样有点类似概率抽样中的分层抽样，但同时又有很大区别。配额抽样是一个“事先规定条件，然后再有目的地寻找样本”的过程。配额抽样的分层，在于寻找出与总体特征相似的一个样本群。配额抽样抽出的样本与总体之间的关系，就好比是模拟物和实物的关系，而模拟物通常都是由实物按比例缩小制成的，里面蕴涵了研究者的主观意愿和主观分析。分层抽样时，则要运用随机抽样原则，样本的抽取更随机客观，使得研究者的主观意愿影响不到最后的样本选择。

三、样本容量的确定

抽样调查研究中，无论采取哪种抽样方法，都会遇到一个问题，即抽取多少样本就能够收集到足够的信息呢？这就涉及样本容量的问题。样本容量太大，会造成一定的人力、物力的浪费；样本容量太小，样本的代表性就会受到制约，从而导致产生不精准的调查结果。

样本容量的确定受到各方面因素的影响。从调查研究的经费来看，样本容量增加，其调查精度就能够得到提高，但费用相应也会上升。从调查本身的性质来看，一般探索性调查只需要较小的样本容量，而一些描述性的调查则需要的样本容量较大。从变量的个数来看，调查所涉及的变量较多，样本的容量就大一些。再有，调查问卷发放以后，总会遇到问卷收不回来的情况，因此，实际调查时的样本数量就要大于所要求的样本容量。

样本小时，调查所需经费充足，但调查的精确度会受到影响。样本大时，又会受到经费的制约。究竟样本容量该如何确定呢？有经验表明，为保证精确，市场调查的样本至少应该是总体的 5％，①但实际上，许多调查研究的样本容量不足总体的 1％。这种依靠经验获取直观的样本容量，简便易行，但不适合大型调查。当我们进行一项与别人曾经做过的调查相类似的调查时，就可以采用这些类似研究中样本容量的平均值作为样本容量。比如，美国预测总统选举的民意调查中，样本容量一般不超过 2000 人。因此，2000 人可以作为民意测验样本容量的上限。当调查对象是一些目标单一的调查者时，调查的样本量往往可以很少，比如 100 个，甚至 50 个就足够了。② 实际上，有些工业调查、市场经济调查或社会学调查往往较为复杂，需要精确的样本容量，此时，就需要按照统计方法来确定样本大小。利用统计方法来确定样本容量，需要事先规定好精度水平，然后再依据相应的公式来计算。不同抽样方法所依据的统计公式不同，可以参见相关统计书籍，因篇幅所限这里不再一一列举。一般地，我们选择 95％的置信水平和 5％的置信区间，③也就是说，我们希望有 95％的信心让研究结果与总体参数值的差异在正负 5％的范围内，那么，样本容量至少要有 400 人。中小学生的调查研究，一般目标单一，所以样本的容量常常不超过 100 个。

四、抽样误差及其控制

抽样是统计推断的基础，没有精确的抽样设计，将不会获得精确的调查结果。推断的目的在于用样本提供的信息依照归纳推理的逻辑来认识总体。我们能否准确地、客观地认识总体要受到很多因素的影响，就抽样而言，抽样的目的是用抽样样本指标去估计或推断总体的“真实”情况，而这两者之间必然存在一定的差别，这种差别我们称为误差。产生误差的原因很多，概括起来有两类。一类是登记性误差，还有一类是代表性误差。

登记性误差，又称调查误差，是指在调查过程中，由于问卷或调查人员的测量、登记、计算和抄录错误，或被调查者无回答、所报不实或者调查者有意多报少报等原因，而产生的误差。④ 登记性误差在其他调查方法中也同样存在而非抽样调查所特有。要控制这类误差，可以采取事先推敲问卷的措辞并进行先导性测试、培训调查人员、严格调查程序、提高数据登

①郭强．抽样调查手册[M]．北京：中国时代经济出版社，2004．

②黄赛男．市场调查中样本容量的研究[J]．武汉：中南民族大学学报（人文社会科学版），2004，24：122．

③置信区间和置信水平：置信区间是指估测总体参数值的范围；置信水平是指总体参数落在某一既定置信区间的估测概率。比如，我们可以有 95％的信心说 55％～65％的学生喜欢阅读童话故事。

④刘坚武．抽样误差的控制统计与预测[J]．统计与预测，1994(5)：60－64．

录的准确性、使用计算机计算等措施。

代表性误差是指所抽样本的结构情况不足以代表总体特征而产生的误差。其产生于两种情况，一种是没有遵循随机原则，比如调查课外书阅读情况时，故意选择那些读书多的个体进行调查，由此获得的指标必然出现偏差，从而造成系统性误差。另一种是纯粹由于抽样的随机性而产生的一种样本对总体的代表性误差，即抽样误差。抽样误差是抽样调查所固有的，是无法完全消除的。从抽样误差公式中可以看出，抽样误差受总体各单位之间的标志变异程度、样本单位数、抽样的方式方法，以及估计方式四个因素影响(具体公式略)。总体各单位之间的标志变异程度越小，抽样误差越小；反之，则越大。抽样的样本数越大，抽样误差小；反之，则越大。抽样方式也会影响抽样误差，如不重复抽样的误差小于重复抽样，分层抽样的误差小于简单随机抽样。另外，选择合适的估计方式也会降低抽样误差。

总之，在调查研究中，我们应当建立抽样设计思想。在进行一项调查时，应当选择合适的抽样方法、确定样本容量，以及控制抽样误差，以保证调查结果的可推广性。新课改后，中小学的数学课程都增加了统计学知识，如果能够在调查作文的写作中将数学中所学的统计学知识运用起来，那么，无论是数学还是语文课程的学习，其过程都将会变得生动而有趣。需要指出的是，中小学阶段的调查应当尽量做一些不需要复杂抽样理论的抽样调查，如方便抽样和整群抽样。高中阶段的调查研究，可以结合数学课程中的抽样理论的学习，做一些复杂的抽样调查实践，如分层抽样等。

第二节　数据收集的工具:问卷及其设计

问卷，指对调查对象提出若干同样问题以收集关于研究问题信息的书面调查材料。因为问卷自身具有标准化和高度结构化设计的特点，所以常常被运用于定量研究。问卷和访谈大多数情况下是搜集被调查者的真实看法，或者获取一些客观的信息资料，如调查对象的工龄、年龄等，信度较低是允许的。所以，实际应用中对问卷、访谈的效度和信度要求并不像标准化测试那样严格。虽然如此，我们依旧要精心设计问卷和访谈提纲，以便客观、全面、真实地获取我们需要的信息。设计问卷的步骤如下。

一、确定研究目标和目的

调查问卷的研究目标，其实就是我们期望从问卷的结果中获得的内容。有些人认为设计好问卷之后，才应该考虑研究目标，而更多的人认为应该在设计问卷之前就明确研究目标，并且将研究问题尽量具体化为若干个研究目的。因为研究目标能够指引我们确定目标人群，设计调查的问题，还可以帮助我们选择统计分析方法，所以制定得越具体，越有利于调

查的顺利进行。比如一项关于初二年级开展课外阅读情况的调查，其目的旨在：[①]

◇ 了解初二年级五月份一个月的读书数量。

◇ 从这个月读书的内容中找出读书倾向。

◇ 了解初二学生的读书动机。

◇ 比较男生和女生的读书情况。

再比如，日本初中《国语》教材中，有一篇学生范文《名字的变迁》，它的调查目的是[②]：

◇ 调查班内所有同学以及他们的父母和祖父母的名字。

◇ 从字数方面找出这些名字的变化规律。

◇ 从用字方面找出这些名字的变化规律。

◇ 总结命名的依据。

◇ 找出名字用词的特点。

二、列举调查应收集的信息

调查目标确定以后，就可以根据调查目的来列举调查需要的信息资料。比如，关于对课外书阅读情况的调查，需要搜集的信息有：

◇ 读书的数量；

◇ 书籍的名称；

◇ 年龄；

◇ 性别；

◇ 读书内容的倾向性；

◇ 读书动机。

三、澄清并定义术语

在准备调查之前，需要对所有可能在具体调查问题中出现的不精确或含糊的术语进行详细解释或界定。我们的研究团队在苏州工业园区娄封第一中心小学做调查作文实验时，就曾经遇到过界定术语的难题。我们为小学一年级学生设计了一个调查家用电器的数量和价格的课题，当时任课老师就问了许多问题：什么是电器呢？如果有小朋友问电话算不算电器？或问用蓄电池的电瓶车算不算电器？飞机是电器吗？怎么回答他们？经过充分讨论，最后我们认为本次调查任务因由一年级的儿童来承担，且只能调查居室内的电器。因此，将家用电器界定为在家庭居室内使用的且用电才能工作的东西(器具)。

---

①根据日本初中国语教材中的学生范文《关于课外阅读情况的调查》修改。

②根据日本初中国语教材中的学生范文《名字的变迁》修改。

四、设计调查问题

调查是收集信息的一种系统方法，通过调查可以获得人们对任何事情的看法。调查问题是指调查过程中用来搜集信息的问题，它们可以被编写成问卷，作为调查的访问工具。不管采用何种调查方法，调查问题始终是调查的关键所在。同样的调查题目，由于问题设计不同，就会得到完全不同的答案或解释。表 7－2 显示了三位专家基于不同的调查问题而对相同题目获得了不同的调查结果。①

表 7－2　三位专家关于“美国人对纳税的看法”的调查结果及其调查问题

专家	调查结果	调查问题
专家 A	大多数美国人支持增税来用于有价值的计划	你会支持增税以支付极贫困儿童的教育计划吗？
专家 B	部分美国人支持增税来用于有价值的计划	你会支持增加你自己的纳税额以支付极贫困儿童的教育计划吗？
专家 C	少数美国人支持增税来用于有价值的计划	你会支持把你自己的纳税额增加 10％以支付极贫困儿童的教育计划吗？

因此，我们必须精心设计调查问题，以便搜集到我们想要的调查信息。设计调查问题需要注意以下几点：

（1）提问要有目的性。即所提问题在逻辑上应与研究题目、调查目的相关。例如，在有关课外书阅读的调查中，最好不要问一些与阅读无关的问题（比如，关于一周洗几次澡）。

（2）提问越具体越好。阿琳博士指出：在没有任何提示的情况下，如果有两个以上的潜在受访者对问题中的词语理解一致，就可以认为这个问题是精确的和不含糊的。含糊不清的问题将会搞晕和迷惑受访者，宏观的问题将使受访者局促不安。而具体的问题，才会得到可靠的回答。例如，“请问你通常每周阅读几本课外书？”就不如“请问你在过去一周之内阅读了几本课外书呢？”具体。

（3）使用适当的时间期限。如上述例子所示。

（4）使用完整的句子。完整的句子意味着一句话起码应包含主语、谓语和宾语。比如“你的故乡是？”就是一个差的提问，应换成“请问你出生的地方的名称是什么？”或“请问你出生于中国的哪一个省市？”

（5）陈述问题的语言应通俗易懂。这里有四层含义：一是尽量避免使用术语和行话，除非受访者对此非常熟悉；二是尽量避免使用修饰词，勿将调查者的态度或情绪带入调查问题；三是避免使用语义含糊的词汇，如大多、大概等意思不明确的词汇；四是避免有偏见或者

① 阿琳·芬克. 如何设计调查问题（第二版）[M]. 北京：中国劳动社会保障出版社，2004.

引导性问题,避免消极语句,避免使用歧义词汇。另外,问题字数应适宜。

(6)问题勿超出受访者的理解水平。尤其是以中小学生为调查对象的问卷,更要注意这一点。

(7)问题尽量不涉及社会禁忌、风俗禁忌、民族禁忌等。

(8)避免双重意义或多重意义的问题,否则会出现有两个或多个不同的答案。例如“你喜欢阅读文学作品和推理小说吗?”就是一个含有双重意义的例子。如果受访者回答“喜欢”,那么这个“喜欢”指的是什么?是喜欢文学作品?还是喜欢推理小说?还是二者都喜欢?我们根本无法弄清楚受访者的真实想法。因此,带有“和”的问题,应当尽量避免使用。

(9)按照重要性来排列问题顺序,把难以回答的问题放在问卷末尾。这样可以给受访者一个思考的时间。

(10)依据问题特点,合理选用封闭型或开放型问题。封闭型(closed form)问题是指提前定好答案,答卷人在其中选择与自己意愿相符合的一个或多个答案。开放型(open form)问题是指答案未给定,需要受访者自己组织语言予以自由回答的问题。对中小学生而言,应少设计开放型的问题,多设计一些封闭型问题。开放式问卷只包含问题,优点在于答卷人可以表达自己的独到见解,问题答案多种多样。但缺点也显而易见,不易量化分析,对研究者的研究能力要求较高。越是低年级的学生,他们用自己的语言提供答案的能力越低。而且,分析这些答案的技能也越少。所以通常认为,从收集信息角度讲,封闭型问题比开放型问题更有效、更可靠。

(11)区分名义(分类)类型、顺序类型和数字类型的答案格式。封闭型问题的调查问卷包含问题和备选答案。按照备选答案的特点,可以将其划分为分类型(名义型)、顺序型、数值型答案。分类型或名义型的答案涉及分类,如男女、对错、真假、是否、适合不适合等;顺序型答案涉及等级的评价信息;数值型答案涉及具体的数字。三类常用的选择答案举例如下所示。

①分类型(名义型):你读过下面哪些杂志?对每一个问题选择“是”或“否”。(单选,1=是;2=否)

你读过吗?	是	否
《儿童文学》	1	2
《百科知识》	1	2
《读者》	1	2
《格言》	1	2
《青年文摘》	1	2
《少年报》	1	2
《少年文艺》	1	2

②顺序型：下面的每一本杂志对中学生的教育有多重要？用下面的分级标准予以评价（在相应的评价等级上打上“√”）。

1＝非常不重要；2＝不重要；3＝不知道或没意见；4＝重要；5 非常重要。

杂志	为每本杂志给出一个评价				
《儿童文学》	1	2	3	4	5
《百科知识》	1	2	3	4	5
《读者》	1	2	3	4	5
《格言》	1	2	3	4	5
《青年文摘》	1	2	3	4	5
《少年报》	1	2	3	4	5
《少年文艺》	1	2	3	4	5

③数值型：你的生日是：

2010 年______月______日

分类型数据是一类没有自然的数字价值的数据，分类型的数据可以通过计算每类出现的频数或占总数的百分比来表示。

顺序型问题在调查与测量中经常被使用到，要求受访者对问卷上的项目进行分级或者排序。最常见的顺序型数据包含如下几类。

非常同意、同意、既非同意也非不同意（无所谓）、不同意、强烈地反对；

优秀、非常好、好、一般、差；

总是、非常频繁、相当频繁、有时、几乎从不、从不；

绝对满意、非常满意、有些满意、有些不满意、非常不满意、绝对不满意。

调查人们的倾向性等级时，如兴趣、态度、情感等的程度，常采用顺序型问卷。在设计问题时，需要考虑选项的内容、数量，答案中两个端点的倾向性要相反，大多数情况下应该包含“中点”和“不知道”的中立选项。如果趋中反应倾向不明显，也可以不设中立选项。答案之间的间距相等时，分级就是平衡的。关于分级标准，有的认为 5～7 级对大多数的调查已经够用，一个问题，究竟用奇数等级还是偶数等级，要视具体情况而定。著名的态度量表利氏量表（Likert scales），又译作李克特量表，是态度量表的一般类型，采用的是 5 等级。利氏量表中问题答案给出呈等级的系列选项，一个选项对应一个数字点，给这些点指派 1～5 的数值。如“非常同意、同意、既非同意也非不同意、不同意、强烈地反对”分别对应于“5、4、3、2、1”五个数字。统计分析时，可以计算某一等级的概率，可以把同一问题或同一主题的所有题目的得分总计起来，求其平均值或者标准差。顺序问卷的数据非常便于统计分析，因此，也成为调查与测量中经常被使用的问卷类型。

数值型问卷要求受访者填写数值，如年龄、身高、分数等。这些数值是连续性的，例如，分数可以从 0 一直数到 100。还有些问题，需要填写的数值是不连续的，如读过几本课外书。

(12)问卷的长度要适当。问卷的长度取决于问题的数量，一般问题的数量少，则问卷的长度也不会有多长。那么，一张问卷设计多少个问题呢？对中小学生而言，年级越低，一次调查所涉及的问题数量就越少。一般地，一年级可以调查一个问题，二年级可以调查两个问题，三、四年级可以调查三个问题，五、六年级至初中可以调查三个以上的问题。

五、形成问卷

(一)问卷的形式

对于初学调查的人来说，表格形式的调查问卷要好于文字形式的调查问卷。表格形式可以清楚地罗列出调查的项目和问题，非常适合低年级的学生来使用。比如，小学一、二年级调查家用电器的问卷可以设计成这样。

__________家用电器调查表　　　　学校一年级(　)班

家电名称	数量	总价(元)
家电总数量	合计(元)	
我的想法：		

五、六年级“家人手机调查”问卷，其调查表格可以设计成这样：

家人手机调查

调查者信息	姓名	班级	时间	
家人手机调查表				
手机拥有者姓名	与调查者的关系	手机品牌	购买时的价格	使用时间
我的发现				

填表说明：

a. 家人：指自己的家人或亲戚。调查数量为 3 到 5 人（包括爸爸、妈妈、爷爷、奶奶、叔叔、舅舅等）

b. 手机：包括以前使用过的和现在正在使用的；价格：以购买时的价格为准。

c. 与调查者的关系：如爸爸、姑姑等。

d. 手机品牌：如华为、小米、苹果等。

e. 如实记录家人拥有的手机数量和购买历史。

关于文化风俗的考察表可以设计成这样。

关于祭祀祖先的调查

<table>
<tr><td>调查者</td><td></td><td>合作伙伴</td><td></td></tr>
<tr><td>调查时间</td><td></td><td>调查地点</td><td></td></tr>
<tr><td>访谈对象</td><td colspan="3">姓名：　　　　性别：　　　　年龄：</td></tr>
<tr><td colspan="2">一、“祭祀祖先”摆放供品及数量</td><td colspan="2">摆放示意图</td></tr>
<tr><td colspan="4"></td></tr>
<tr><td colspan="2">二、祭祀祖先的过程</td><td colspan="2">含义</td></tr>
<tr><td colspan="2"></td><td colspan="2"></td></tr>
<tr><td colspan="4">三、我的发现与感想</td></tr>
<tr><td colspan="4"></td></tr>
</table>

文字形式的调查表，使用的调查问题是由文字来陈述的。一般包括三部分：导语、问题、致谢三部分。邮寄调查还包括附言。

导语是引导答卷人进行答卷的礼貌用语，可以是一句话，如“请按照您的判断，对以下各题的重要性进行评估，每一题的重要程度，给予 1～5 点的评估”。但在大多数情况下，导语比较长，内容也很丰富，有点像两人初次见面时的开场白。有时会简单介绍一下调查者，有时会将答卷的注意事项予以说明。例如：

尊敬的同学，您好！发给您的是一份调查问卷。这个问卷中的项目，您可能会感兴趣。请您仔细阅读问卷中的每一个项目及有关选项，根据您自己的实际情况，在您所同意的选项一栏中画“√ ”，您回答时请注意：

- 对每一个问题都要回答，不要遗漏。
- 如有不同看法，请写在问卷的空白之处。
- 请将您的基本状况填在问卷开始处。
- 有些选项可以多选。

期待您的支持，谢谢合作！

上例所示的导语包括对答卷者的感谢。但有时候,致谢语也可以放于问卷的所有问题之后。如果是研究机构进行的调查,在问卷结束时还要署名,以示对答卷人的尊敬。

(二)问卷的测试

正式使用问卷之前,应该选择一部分样本,对问卷进行全面测试。测试可以搜集到很多信息,如关于问卷的格式和题目是否适合受访者?问卷有哪些需要改进的题目?受访者是否能够理解每一个问题的含义,等等,这些信息可以帮助我们重新审视所设计的问题是否合适,还可以根据反馈回来的信息修改问卷。此外,测试还可以使我们在真正实施调查之前,熟悉调查工作和流程,掌握调查的一些其他非知识性的技巧。例如,如何联系调查对象,如何指导受访者填写问卷,如何回收问卷等。如果是编制量表,在测试阶段要根据所收回的数据,对量表的信度和效度进行测试。

(三)修改问卷

根据测试反馈回的信息修改问卷、调整题目等。

(四)正式施测

调整和修改后的问卷,就可以用来作为电话调查、邮寄调查、面访调查、自填式调查,以及网络调查的工具。选择适宜的时间、地点,将印制的问卷以不同方式发送到被调查者手中。邮寄调查时问卷的回收需要一段时间,电话调查和面访调查需要调查者和被调查者一对一进行,耗时也很长。但自填式调查,有时需要在被调查者集中的地方进行,有时也需要与被调查者面对面进行,但相对于其他方式经济又快速,所以成为我们调查研究经常选用的方式。近年来,网上出现很多调查软件,如问卷星。在软件平台上注册账号后就可以根据提示将问卷制作成电子问卷。然后将系统生成的二维码发给受调查者,便可以展开便捷的调查。

有关调查实施计划的示例参见第五章相关内容。

第三节 数据的登录与审核

一、数据的审核

数据是进行统计分析的基础,对原始数据而言,应当具有完整性和准确性。所谓完整性,指将问卷中的所有项目或指标填写齐全,无遗漏或缺失;所谓准确性,指数据能够真实反映客观实际情况,没有错误。对二手数据而言应当具有适用性和时效性。所谓适用性是指要弄清楚数据的来源与产生背景,以及这些数据是否符合自己的研究需要;而时效性则是指应使用最新的统计数据。

数据的审核包括完整性审核、准确性审核、适用性审核和时效性审核。数据的适用性和时效性审核起来比较简单，因为我们在引用二手数据时，一般情况下都会主动地寻找最新和最适合自己研究需要的数据。数据的准确性审核有两种方法，一种是对数值型数据的审核，可以通过计算调查表中的各项数据在计算过程上有无错误进行审核；另一种是对定类数据和定序数据的审核，需要从逻辑角度来审核各项目有无自相矛盾之处。比较复杂的是对数据完整性的审核。

以往调查研究中，我们经常会遇到发放出去的问卷不能全部收回，或者收回的问卷没有全部作答，又或者收回的问卷总有个别回答与其他人的回答相背离。比如，我们发出去100份问卷，结果只收回70份问卷，无应答率达到了30%。这时，我们就需要对无应答者和应答者做比较，或采用加权的统计方法来弥补拒答问题。或者也可以采用逻辑斯蒂回归(logistic regression)用性别和年龄的信息估计和预测受访者数据缺失的可能性大小。如果无应答是由问卷遗漏造成的，调查样本容量不大，且补充调查也很方便，那么就有必要重新再收集一回相应的信息。调查研究人员常常使用统计归因处理缺失数据，即对那些没有回答特定问题的被访者的回答做出估计。假设有一项调查是想了解家长对孩子学习各种乐器的态度，问题之一是关注被访者每周送孩子学习各种乐器的花费。在检查收回的问卷表后，发现有13人没有回答此问题。进一步检查发现，是由于印刷问题使某些问卷漏掉此题。那么，依靠什么来估计这13人的回答呢？我们只能依据样本中学习相似乐器的其他人的答案，计算出平均花费，然后把平均值赋予这13名无应答者。关于这种归因方法，研究人员的看法不尽一致。如果选择归因法，应该考虑缺失数据被替代以及没有被替代的情况下研究结果的差异，以确定替代的方法不会导致人们对数据的不同解读。有时候我们回收的问卷会出现一些“异常值”，即与其他数据集中表现情况不一致的数据，通常的处理方式是删除这些“异常值”。此外，在审核数据时，还需要注意定距数据反向回答的情况。比如，某一个调查，要求用五分制评价，10个问题中有2项题目是反向回答题。其他题目回答“非常感兴趣”可以得“5”分，“非常不感兴趣”可以得“1”分，而这两个题目回答“非常感兴趣”却只能得“1”分。为了得到“非常感兴趣”的总分，就需要重新编码2个反向回答题，将“1”转换成“5”，“2”转换成“4”，等等。

中小学阶段的调查研究，一般情况下样本的数量很小，问卷中涉及的问题数量也很少，如果调查对象是学生，问卷的回收率会很高。有缺失值的问卷数量也不多，常常在剔除这些问卷以后，还有很高的回收率。因此，数据的审核工作就变得简单多了。而且，中小学阶段的调查研究，重在对调查研究过程的体验。因此，在开展活动前，教师应当考虑降低无应答率。比如，设计一些有意义的调查，问卷中设计的问题不要太多，语言措辞不要产生歧义，格式正确，等等。

二、数据的筛选

数据的筛选即将符合条件的数据筛选出来，并剔除不符合条件的数据。数据的筛选可以同数据的审核同时进行。

三、数据的登录

数据登录是指把调查问卷中的回答输入计算机的过程。在录入数据之前，首先要选择分析数据的软件。对中小学生而言，不需要选择复杂的分析软件，Excel 表格就足够了。假设我们对中小学学生学习乐器的情况进行了调查，在数据审核、筛选工作做完以后，就可以录入数据了。在 Excel 表格中建立一个如下的文档，在第一行中输入编码名称和变量名称，如性别、年龄、学习乐器的名称、时间和费用（以月或年为单位），每一行录入一个被访者的信息，直到最后一名被访者的信息被录入，如图 7－3 所示。

图 7－3　Excel 数据录入示意图

如果数据量不大，则可进行手工计算和统计。一般情况下使用计算机，可以减少数据录入的错误，方便统计分析。

第四节　数据的整理、统计与分析

一、四类数据的整理

（一）定类测量和定序测量数据的整理

定类测量是对事物分类进行的一种测量活动，所获得的数据为定类数据。前面我们提到过关于变量和属性的概念，要想对变量进行研究，就必须对其属性进行测量并将测量数据运用到变量特征的详细描述中。比如，我们想了解初二学生的阅读情况，就可以对男生和女生的阅读情况进行调查，而“男”和“女”组成了学生的性别属性。对性别属性的测量就属于定类测量。在定类测量中，只能把数据分成类别，没有表示数字的值，如性别和出生地。但有时为了统计，我们也会赋值“男性”为1，“女性”为2，这种数字是人为的一个界定而不是变量内在固有的值，因此，“1”和“2”只是编码符号。当定类数据只取两个值时，称为二分变量，如男性和女性。

定序测量是对事物排序进行的一种测量活动，所获得的数据为定序数据。除了测量不同性别的阅读情况，我们还可以对读书数量的多少进行测量，比如“一本也没有读”“读了1～3册”“读了4～6册”“读了7～9册”“读了10册以上”，这些属性代表了读书数量这一变量的相对程度，对这些属性的测量属于定序测量。定序测量本质上也是一种定类测量，只是定序测量中的各个类别之间存在内在的顺序，例如，对幸福的满意程度（非常满意、满意、不满意、非常不满意）、对学习的态度和兴趣（非常感兴趣、感兴趣、不感兴趣、非常不感兴趣）、对职业的热爱程度（非常热爱、热爱、不热爱、非常不热爱）等都属于定序变量。

定类测量和定序测量中数据的整理一般都运用分类整理的方法。它们计算的指标有频数、比例、百分比和比率等。关于频数、百分比等计算公式，中小学数学课程中都有详细介绍，这里不再赘述。表7－3显示出定序测量数据整理的过程（表格中加号前后的两个数据分别来自它下方或上方表格的数据）。

表7－3　累计频数分布表

阅读册数（册）	阅读数量（人）	人数百分比（%）	向上累加		向下累加	
			人数（人）	百分比（%）	人数（人）	百分比（%）
0	38	7	38	7	567	100
1～3	382	67	38＋382	67＋7	147＋382	26＋67
4～6	100	18	420＋100	74＋18	47＋100	8＋18
7～9	39	7	520＋39	92＋7	8＋39	1＋7
10以上	8	1	567	100	8	1
合计	567	100	—	—	—	—

（二）定距测量和定比测量数据的整理

在定距和定比测量中，所获得的数据是用数值来表示的，为数值型数据。数值型数据具有精确性、连续型（如成绩、年龄、身高、体重等）和离散型（如上图书馆的次数、收入等）之分。比如对年龄的测量，我们可以获得25、26、27、28岁等数据，这些数据的特点是都有一个人为界定的零点（胎儿），且数值之间的差距是相等的（25岁和26岁之间的差别与27岁和28岁之间的差别一样）。再有中小学生每年都要参加几次考试，考试实际上就是一种定距测量，因为考试分数的实际间距可以表达属性间的逻辑差距。100分的考试成绩与90分之间的差距跟50分和60分之间的差距差别不是很大。但是不能说考100分的学生就比考50分的学生聪明两倍。人的身高、体重、温度等属于定距变量，对定距变量属性之间实际意义的测量就是定距测量。定距数据的整理可以使用加法和减法,但不能使用乘法和除法。适用的统计方法有平均数、标准差、积差相关、t 检验、F 检验等。如在对年龄的调查中,我们可以求得年龄的平均值和标准差来描述初二学生的年龄状况。

一般地,符合定距测量基本要求的变量,也符合定比测量的基本要求。在定比测量中,其变量的属性除了具有定类、定序和定距变量的特征以外,还有一个区别于其他变量的特征,即定比变量是建立在真实的基础上,如温度、年龄、在一定时期内上图书馆的次数、收入,等等。以年龄为例,如果我们把 11 岁的学生分成一组,12 岁的学生分成一组,13 岁的学生分成一组,依此类推,每一组个体都有相同年龄,但不同组别年龄又不同,这样就符合定类测量的基本要求。而将各组从年轻到年长进行排列就符合定序测量的要求。假如我们将各组以相差半年的间距隔开,则符合定距测量的要求,我们能说出一个人比另外一个人究竟年轻或年长"多少"。最后,由于年龄的属性包含一个真正的基础,即每个人都是由母体中的胎儿发育而来的,因此,这些组也符合定比测量的要求。我们可以说一个人的年龄是另一个人的多少倍。

假设用一个定比变量来比较两个人,我们可以得出:(1)他们是否相同;(2)其中一个是否比另一个更……;(3)他们的差异有多大;(4)其中一个是另一个的多少倍,分别涉及定类、定序、定距和定比四种测量层次。因此,定比测量综合了其他类型的测量,属于最高等级的测量。定比数据的整理方式可以参见定类和定序整理方式,需要指出的是,定比数据既可以作加减运算,又能作乘除运算。上述各种类型数据的统计方法都适用于定比数据,此外,还可以求几何平均数、相对差异量等。不同类型数据的整理和计算如表 7-4 所示。

表 7-4　数据的整理和计算

测量类型	举例	整理过程	可计算的指标	可进行的统计检验
定类测量	如性别、出生地、民族、学校中的年级(4、5、6 年级)等	1. 列出各类别 2. 计算出各类别的频数 3. 用条形图、圆形图等图形显示数据	1. 频数:落在各类别中的数据个数 2. 比例:某一类别数据占全部数据的比值 3. 百分比:将对比的基数作为 100 而计算的比值 4. 比率:不同类别数值的比值	t 检验、χ^2 检验等
定序测量	质量评价(非常好、好、一般、不好)或满意程度(非常满意、满意、不满意、非常不满意)	1. 列出各类别 2. 计算各类别的频数 3. 将各类别的频数和频率逐级累加 4. 用累计频数分布图、环形图等图形显示数据	1. 中位数、百分位数 2. 累计频数:将各类别的频数逐级累加 3. 累计频率:将各类别的频率(百分比)逐级累加	等级相关检验、秩次检验等

续表

测量类型	举例	整理过程	可计算的指标	可进行的统计检验
定距测量	连续型数值:成绩、年龄、身高等 离散型数值:上图书馆的次数	1. 列出数据 2. 计算平均值、标准差等表示数据集中和离散特征的统计量	1. 平均数;2. 标准差; 3. 积差相关;4. 几何平均数等	t检验、 F检验等
定比测量				

数据整理工作可以在计算机上利用Excel或SPSS等统计软件完成。整理好的数据可以用表格或统计图的形式显示出来。用数字来认识世界,可谓是人类的一大重要发现。古希腊有毕达哥拉斯提出世界是由数组成的,近代有伽利略将数学引入力学研究,总结出自由落体定律。19世纪60年代,奥地利神父孟德尔用豌豆进行了一系列的杂交实验,并对杂交子一代表现出的性状分离现象进行了大量的统计学分析,终于揭示出遗传的分离规律和自由组合规律。科学发现的历史表明,数据对科学理论的建构起着重要的支撑作用。没有数据的支撑,可能我们只能做一个持有意见的普通人。但是,如果模仿自然科学,采用统计学的工具对自然或社会进行观察和研究,那么,我们也有可能发现客观世界中的因果规律,从而建构理论大厦。数据是随机的,同一件事情如果做多次调查,可能每次收集到的数据是不同的。但只要有足够的数据,我们就可能从中发现规律。同样的数据可以使用多种分析方法,但究竟采用哪种方法较为合适,就需要我们根据目标和问题来选择了。

二、描述性统计分析与推断性统计分析

在调查研究中,常用的数据统计分析有描述性统计分析和推断性统计分析。其中描述性统计分析是最基础的统计分析。描述性统计分析是对统计数据的结构和总的情况进行描述,旨在描述数据的特征,找出数据的规律。好比写作文时对一个人外貌特征的描写,我们看到一个人,要形成对这个人身高、相貌等特征的印象,描述性统计分析做的就是这样的事。只是写作文的对象是人,而统计分析的对象是数据。比如,我们想知道全国初二学生的年龄、男女性别比例等特征,我们可以抽取一些样本,对样本的年龄、男女性别比例等进行描述性分析,进而推断出总体的特征,如图7-4所示。统计学上,用来度量样本特征的数值称为统计量(Statistics),用来度量总体的数值称为参数(Parameters)。

描述性分析包括的项目很多,常用的有平均数、标准差、中位数、频数分布、正态或偏态程度等。一般地,(平)均值(Mean,算术平均值)、众数(Model,出现最多的值)和中位数(Median,位于中间位置的值)等测量的是数据的集中趋势,而极差(Range)、标准差(Standard Deviation)、百分位数、四分位数间距等测量的是数据的离散趋势,即测量值围绕中心值

(如均值)的分布。关于均值、众数和中位数的含义,在中小学数学教材中都有介绍,也比较容易理解。在离散趋势的测量中,极差是最简单的离散测量,表示的是最大值到最小值之间的差距。例如,我们可以报告调查对象的平均年龄为 11.56 岁,范围为 8～15 岁;标准差是对围绕平均值的离散趋势的测量。如在一项调查中,我们测得某群体的平均年龄是 11 岁,而标准差为 5,那么,可以说 68%的人的年龄在 6～16 岁之间。[①] 均值不同,标准差之间也可以进行比较,标准差越小,则意味着数值围绕平均值越聚集;但如若标准差很大,数值就会越分散。集中趋势和离散趋势两者相互补充,共同反映数据的全貌。集中趋势和离散趋势的分析可以通过 SPSS 统计软件中的"Descriptive Statistics"菜单来完成。

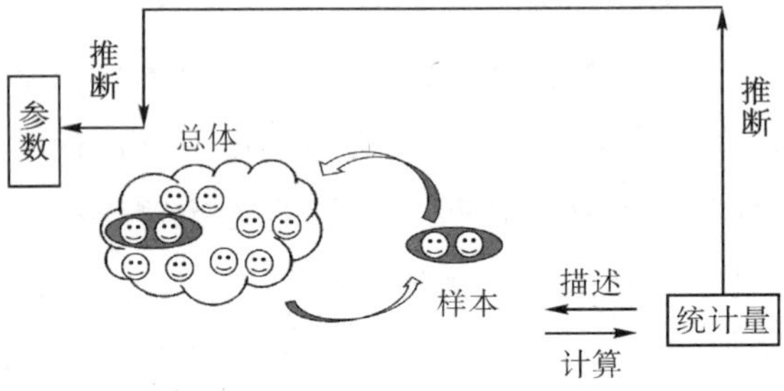

图 7-4　统计量与参数关系示意图

上述的描述性分析适用于连续变量,如定距或定比变量的分析。对离散变量,比如,定类或定序变量的分析,则原始数值或百分比才是恰当和有用的分析。比如经过调查,我们知道五月份课外阅读了 1～3 册书籍的学生有 382 人,若已知总人数为 567 人,则阅读 1～3 册书籍的学生约占调查总人数的 67%。

描述性统计只对统计数据的结构和总的情况进行描述,并不能深入地了解统计数据的内部规律。推断性统计分析是利用样本信息和概率论对总体的数量特征进行估计和检验,推断性统计分析的内容一般包括参数估计和假设检验,旨在对总体特征进行推断。需要注意的是,在进行推断性统计计算之前,应该核查一下你所采用的分析方法是否符合假定前提。比如,假设你使用的是相关或回归,那数据是否符合线性假设呢？如果使用独立 t 检验,方差是否相等呢？若发现调查数据不符合假定前提,就应该寻找其他统计方法。在中小学调查研究中,最常用的假设检验有:卡方检验和 t 检验。这些推断性统计分析常常会涉及两个以上的变量,下面将结合变量分析的类型来介绍几种常见的推断性统计分析方法。

① 概率理论认为,任何随机抽样,只要样本容量足够大,总是会有大约 2/3(68%的样本统计值会集中在与参数值或真实值相差正负一个标准误差的范围内,大约 95%的样本会落在与真实值相距正负两个标准差的范围内,有 99.9%的样本会落在与之相距正负三个标准差的范围内。

三、单变量分析、双变量分析和多变量分析

(一)单变量分析

单变量分析是指集中在一个变量上的分析，通常情况下，这种分析纯粹属于描述性分析。使用SPSS统计软件中的“Descriptive Statistics”菜单就可以完成。

(二)双变量分析

双变量分析是指对两个变量的分析，双变量分析是分别对两个变量进行描述性分析，并在此基础上对两个变量进行比较分析，或者对两个变量之间的相互关系，如因果关系或相关关系进行分析。

比较分析及t检验。表7-5描述了2020年某次调查中初二男生和女生的课外阅读情况。表中同时比较和描述了女生比男生阅读更频繁。

表7-5 初二学生2020年阅读情况

性别 / 阅读情况 / 阅读频率	男生		女生	
	人数(人)	占男生总数的百分比(%)	人数(人)	占女生总数的百分比(%)
每周阅读	80	31	94	42
不经常阅读	69	27	58	26
总数	257		223	

那么，女生比男生阅读更频繁是否具有统计学上的意义呢？也就是在阅读方面，男女生之间是否存在性别差异呢？这就需要使用t检验进行差异显著性的检验。

在介绍t检验之前，我们先来了解一下统计假设检验的基本原理。首先，我们要根据研究目的，对研究总体提出无效假设。即原假设或零假设(Null hypothesis)，通常记为H_0。如样本和总体之间的均值不存在差异，实验组和对照组的均值之间没有差异。H_0是被统计检验的假设，通过检验可能被接受，也可能被否定。研究假设或备择假设(Alternative hypothesis)，通常记为H_1，与H_0对应，是只有当无效假设被否定后才可接受的假设，如样本和总体之间的均值存在差异，实验组和对照组的均值之间有差异。当无效假设被拒绝时，表明差异确实存在，这就意味着产生了统计显著性。根据什么来判断拒绝或接受无效假设呢？这就涉及“小概率事件实际不可能性原理”。根据这一原理，当一次统计结果随机发生的概率小于0.05时，可以认为这种情况实际上是不可能的，因而否定无效假设H_0，接受备择假设H_1；反之，则接受无效假设。

t检验是一种最常用的统计分析方法，判定两个平均数的差异是否显著。它由戈斯特发

明，主要用于小样本(n<30)，总体标准差 σ 未知且呈正态分布的数据分析。t 检验有三种类型，其计算公式如表 7－6 所示。

表 7－6　三种类型的 t 检验

<table>
<tr><th colspan="2">类型</th><th>比较内容</th><th>例子</th><th>计算公式</th></tr>
<tr><td colspan="2">单样本
t 检验</td><td>组均值与标准值之间的检验比较</td><td>比较某小学儿童的身高均值与全国儿童的身高均值</td><td>$T=\frac{\overline{X}-\mu_0}{\frac{S}{n-1}}$</td></tr>
<tr><td colspan="2">独立组
t 检验</td><td>两个独立组均值的比较</td><td>比较男、女儿童身高的均值</td><td rowspan="3">$T=\frac{\overline{X}_1-\overline{X}_2}{\sqrt{\frac{\sum x_1^2+\sum x_2^2}{n_1+n_2-2}\times\frac{n_1+n_2}{n_1\times n_2}}}$</td></tr>
<tr><td rowspan="2">配对
t 检验</td><td>自身
配对</td><td>同一对象处理前后的均值比较</td><td>比较课外阅读有或无对学生学习成绩的影响</td></tr>
<tr><td>同源
配对</td><td>两种同质对象分别接受两种不同的处理</td><td></td></tr>
</table>

t 检验的程序为：(1)建立假设，提出无效假设与备择假设。(2)确定显著水平，用来确定否定或接受无效假设的概率标准叫显著水平(significance level)，记作 α。研究中常取 α＝0.05或 α＝0.01。(3)计算 t 值。(4)查临界 t 值，作出统计推断。临界值是一个绝对值，在统计表中就可以找到，检验统计量必须超过临界值才能拒绝无效假设。t 值与差异显著性的关系如表 7－7 所示。

表 7－7　T 值与差异显著性关系表

T 值	P 值	差异显著程度	标记方法
$\lvert t\rvert \geqslant t_{0.01}$	$P\leqslant 0.01$	差异非常显著	在计算所得的 P 值的右上方标记“* *”；
$t_{0.05}\leqslant \lvert t\rvert < t_{0.01}$	$0.01<P\leqslant 0.05$	差异显著	在计算所得的 P 值的右上方标记“*”；
$\lvert t\rvert < t_{0.05}$	$P>0.05$	差异不显著	在计算所得的 P 值的右上方标记“ns”或不做任何标记

以上简略介绍了 t 检验的原理、程序，t 检验是对两组均值差异性进行比较，如果有三组或更多组的均值进行比较，则一般采用方差分析。方差分析比较复杂，详细内容请参见统计学书籍。

因果分析。表 7－5 还可以进行性别和阅读情况之间的关系的一个双变量分析。该表显示，性别变量对“阅读”变量有影响。“阅读行为”在此是因变量，它部分地被自变量“性别”所决定。可能有人会对上述结果表示异议，女生中有 58%的人不经常阅读，由此得出女生并不经常阅读的结论，为何还会得出女生比男生阅读更频繁呢？这就涉及双变量分析中一个如何解读百分比表格的问题。当确定性别影响阅读时，我们应当依据男生和女生的比较结果来下结论。特别是，我们应当拿 31%和 42%比较。这时便会注意到女生比男生更可能每周阅读。

表 7－5 中，我们确定的是性别作为“列”，阅读频率作为“行”，也可以把性别作为“行”，阅读

频率作为“列”。但要注意的是，应当顺着数据之和为 100%的方向阅读数据。如本表的各列累加为 100%，属于纵向百分比；如果各行累加为 100%，则属于横向百分比。

相关分析，是指对两个变量之间相关关系的分析。有这么两个调查问题：经常阅读的学生学习成绩也好吗？经常受批评的孩子自我观念低吗？问题 1 关注的是阅读频率与学习成绩之间的关系，问题 2 关注的是受批评频率与自我观念之间的关系。两个问题中的变量都属于数值型变量，而数值型数据的相关分析，可以使用 Pearson 相关系数（−1，+1）。当自变量 X 和因变量 Y 之间的相关系数为 +1 时，两者之间的关系为完全相关，意味着 X 的值每增加一个单位，Y 的值也增加一个单位。相关系数为 −1 时，表明两个变量之间为完全负相关，意味着 X 的值每增加一个单位，Y 的值也减少一个单位。相关性越强（即相关系数越接近 +1 或 −1），变量关系图形就越接近于一条直线，此时，二者之间的关系可以称之为线性关系。若相关系数为 0，表明两个变量之间无关系。两个变量关系图形表现为到处分散的散点图。如图 7－5 所示：

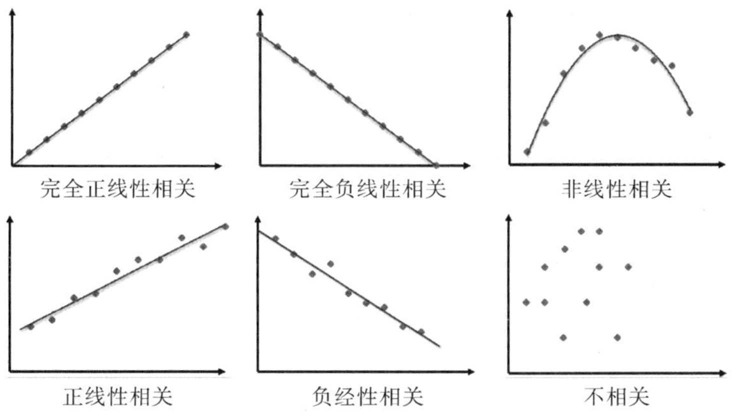

图 7－5　两变量散点关系图

相关系数用 r 来表示，常常保留两位小数。计算公式如下：

$$r=\frac{\sum(x-\overline{x})(y-\overline{y})}{\sqrt{\sum(x-\overline{x})^2\cdot\sum(y-\overline{y})^2}}$$

r 的取值范围为（−1，+1），一般地，r 在 0～+0.25（或 −0.25）范围内，被认为没有或极少相关，+0.26～+0.50（或 −0.26～−0.50）为低度相关，+0.51～+0.75（或 −0.51～−0.75）为中度到较高相关，+0.75 以上（−0.75 以下）为很好到高度相关。当然，$|r|$ 越接近于 1，相关程度越高。有时候，除了相关系数以外，做相关推断时还必须利用一个决定系数——r^2，来推断因变量的变化比例。

当调查问题中涉及的两个变量都为定序数据，或其中一个变量为数值型数据时，就需要使用另外一个相关系数——斯皮尔曼等级相关系数来描述两个变量之间的关系。如调查学生对教师的满意度评分与学习兴趣水平之间是否存在关系，这里的“满意度评分”和“兴趣水平”就属于定序变量，具体计算公式略。

列联分析及卡方检验。现在我们来举一个比较女生是否比男生经常阅读的例子。假设我们调查了 480 名学生，每周阅读的人数为 174，不经常阅读的人数为 306，有 177 名男生不经常阅读，根据这些数据我们可以创建表 7－8(1)和表 7－8(2)：

表 7－8(1)　男女生阅读情况真实观测值

频率＼性别	男生	女生	总数
每周阅读	80	94	174
不经常阅读	177	129	306
总数	257	223	480

表 7－8(2)　男女生阅读情况的边际频数

频率＼性别	边际频数		
	男生	女生	总数
每周阅读			174
不经常阅读			306
总数	257	223	480

表 7－8(1)显示的是调查的真实观测值，表 7－8(2)显示的是由行边际频数(行分布观察值的合计数)和列边际频数(列分布观察值的合计数)组成的边际频数。边际频数代表了男生和女生的数量或比例，这些频数是我们实际调查获得的数据，又被称为“观测值”。

表 7－9 显示的是期望频数，代表每个单元中假设性别与阅读频率之间不存在关系的数量或比例。期望频率是假设被比较的两组相似的情况下的分布。所以，如果有 174 人每周阅读，那么，男生的期望频数是 87，女生的也是 87。

表 7－9　男女生阅读情况的期望频数

频率＼性别	期望频数		
	男生	女生	总数
每周阅读	87	87	174
不经常阅读	153	153	306
总数	240	240	480

我们可以看出每一个单元格中的预期频率和期望频率之间存在差异，但是，我们也无

法对男生和女生究竟在阅读上是否存在差异做出判断。此时就需要借助统计检验。统计学上，用来检验组间差异的统计量是卡方统计量(χ^2)，我们可以用男生组和女生组来表示两个不同的组，用肯定回答和否定回答来表示回答的层次，构建一个 2×2 列联表如表 7－10所示。

表 7－10 性别与是否阅读的频数分布表

性别 / 频率	男生组	女生组	总数
肯定回答	a	b	a＋b
否定回答	c	d	c＋d
总数	a＋c	b＋d	a＋b＋c＋d＝n

根据 2×2 列联表χ^2计算公式：

$\chi^2(1)=n(ad-bc)^2/(a+c)(b+d)(a+b)(c+d)$[“(1)”为自由度]

$\chi^2(1)=480\times(80\times129-177\times94)^2/257\times223\times174\times306=6.28$[“(1)”为自由度]

查表得知$\alpha=0.01$ 的临界值是 6.635，即分布的 99％在 6.635，而计算得到的卡方值小于这个临界值，接受在男女生之间不存在差异的无效假设。在此例中，计算得出的统计量小于临界值，所以无效假设被接受。结论是组间无差异，阅读与性别无关。如果计算出的卡方值大于临界值，也就是观测频数和期望频数的相差大于我们可以用偶然性预测的量，则拒绝无效假设，此时的结论是组间有差异，阅读与性别有关，女生比男生更经常阅读。

卡方检验还适用于多行多列的情况。有时候，当 2×2 列联表中所有期望频数均大于 1，只有 1/5 单元格的期望频数大于 1 小于 5 时，就需要校正卡方值。当预期的频数小于 5 时，可以使用 Fisher 精确概率检验法。需要注意的是，统计显著性分析的结果可能是显著的，但是其结果是否可以应用于实际生活，也就是说结果的实际适用性如何，还应该使用置信区间来分析。具体分析方法参见相关统计书籍。

(三)多变量分析

多变量分析是指同时对两个以上的变量进行分析，可以看作是双变量分析的扩展。比如，在调查学生花多长时间进行课外阅读时，我们发现不同年龄的学生会表现出不同的阅读行为，我们可以假设年龄大的学生比年龄小的学生阅读更频繁。我们可以建立如下表格，用统计数字来支持我们的假设。按照两个自变量的属性，将所有样本分为小于 15 岁的男生、15 岁以上(包括 15 岁)的男生、小于 15 岁的女生、15 岁以上(包括 15 岁)的女生。然后，再按照因变量来描述这些子群的阅读情况，如表 7－11 所示。

表 7－11 “你们多长时间阅读课外书籍”一题的回答情况

年龄/性别 频率	小于 15 岁		15 岁及以上	
	男生(%)	女生(%)	男生(%)	女生(%)
大约每周*	25	36	33	48
不经常阅读	75	64	67	52
100%	(328)	(384)	(323)	(452)

注：大约每周包含“一周超过一次”“每周”“几乎每周”几种情况。

从表 7－11 我们可以看出小于 15 岁的男生中有 25%的人每周阅读，而大于 15 岁的男生中，这个比例增加到了 33%。我们还可以将表格转换成另外一种形式，如表 7－12 所示。转化后的表格阅读起来更方便。

表 7－12 “你们多长时间阅读课外书籍”不同年龄男女生“每周阅读”的回答情况

年龄	每周阅读的百分比	
	男生(%)	女生(%)
小于 15 岁	25	36
	(328)	(384)
15 岁及以上	33	48
	(323)	(452)

另外，除了描述分析以外，还可以对多变量进行统计分析，其方法有回归分析、主成分分析、因素分析、判别分析法、聚类分析法等。受篇幅所限，这里不再介绍。

第五节　数据的展示

一、表格

表格是最常用的数据展示工具，在调查报告中非常有用。表格由表序、表题、表头、列标题、行标题，以及数字资料组成。必要时可在表的下方加上注释。表中的数据一般是右对齐，也可以居中对齐；有小数点时应以小数点对齐，而且小数点的位数应统一。没有数字的表格单元，一般用“—”表示。

表格的绘制可以手工进行，也可以使用计算机中的各种软件绘制。打开 Word 文档，可以利用点击工具栏的表格——插入，在“插入表格”的对话框中选择插入的列数和行数，即可得到一个由横竖两种线段组成的表格。下面方框内示例中的“表 1”属于带斜线的表格，把鼠标放在表格的左上角位置，点击表格——绘制斜线表头，在打开的“插入斜线表头”对话框中选择“表头样式”和“字体大小”，并在“行标题”和“列标题”的空白处输入相应的名称，点击“确定”即可。

数据的计量单位可在表的右上角表明，如果数据的计量单位不同时，可放在每个指标后用“()”括起来，如下面例子中的“(人)”，或者单列出一列标明。以下例子中的标题和序号为后加，有改动。

序号 → 表1 五月份初二全体同学读书数量 ← 表标题

性别 / 册数	男（人）	女（人）	合计（人）	百分比（%）
0册	22	16	38	7
1~3册	221	161	328	67
4~6册	49	51	100	18
7~9册	23	16	39	7
10册以上	7	1	8	1
合计	322	245	513	100

列标题 → 合计（人）

行标题 ｛0册～10册以上｝

数字资料 ｛0册～10册以上各行数字｝

制作表格时应注意：

◇ 可以将已经选定要比较的最重要的内容做表头。比如，我们想比较男生和女生在五月份的课外阅读情况，则表中两列的表头应为男生和女生。合理设计列和行，可以直观、清晰地展示出数据。

◇ 如果合适，可以将表格中的统计数字按照降序排列。

二、各种统计图

(一)柱形图①

柱形图是定量调查报告中一种常用的图形。该图形制作方法简单，便于阅读和解释。柱形图 X 轴上的数据表示自变量，Y 轴上的数据代表因变量。将上述例子中“表 1”的数据在 Excel 中转化成柱形图，数据区域选择第 1～3 列。图 7-6 展示了对初二学生五月份课外阅读情况的调查结果，请注意图 7-6 的横坐标是性别。它告诉我们，五月份男生阅读 1～3 册的人数比女生略多一点。

①以下各种图均由 Excel 绘制，具体操作步骤略。

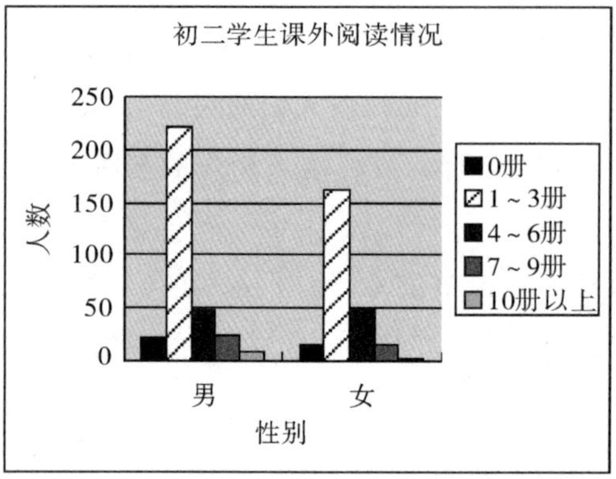

图 7-6　初二学生课外阅读情况的柱形图

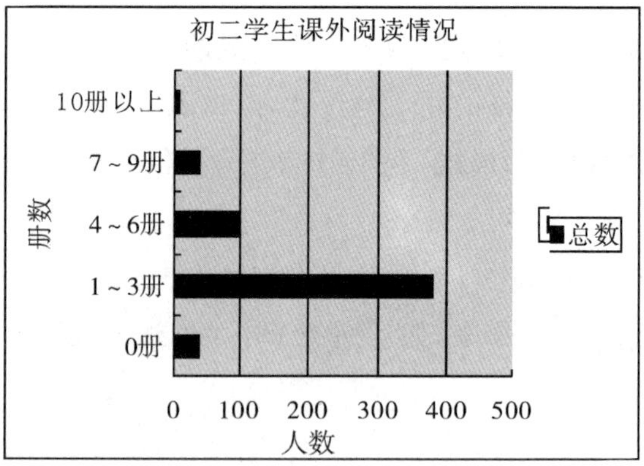

图 7-7　初二学生课外阅读情况的条形图

(二)条形图

超过六七组柱形,可以将图横过来制成条形图。条形图也是调查报告中常用的图形,常用于表示不同组别的比较和其随时间的变化情况。将方框中"表 1"的数据在 Excel 中转化成条形图,数据区域为第 1 列和第 4 列,如图 7-7 所示。图 7-7 的横坐标是总人数,它告诉我们,五月份阅读 1～3 册的学生人数最多。

制作柱形图和条形图时应注意:

◇柱形图和条形图一般用来表示不同组之间的比较。

◇每张图都要有标题,注明横轴和纵轴的含义。

◇同一张图上尽量放四五组柱形,超过六组柱形,可以将图横过来。

(三)圆形图

圆形图又叫饼图,是定量调查中常用的一种图形。常常被用来表示数据的比例,如百分比或组成一个整体的各部分情况。将方框中"表 1"的数据在 Excel 中转化成圆形(饼)图,数据区域选择第 1 列和第 5 列,得到图 7-8。圆形图中被不同颜色填充的部分,分别代表整体中的各个部分。各部分占整体的百分比或比例,可以在图中标注也可以不标注。在圆形图中,如果想强调其中的某一块,可以用最深或最浅的颜色标注,也可以将这一块与其他部分分割开,如图 7-9 所示。

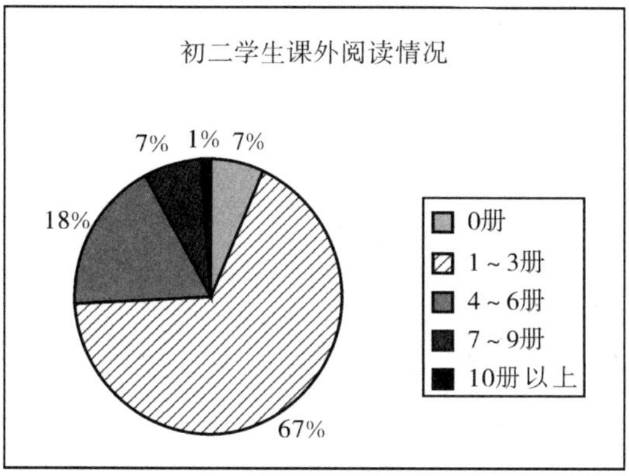

图 7－8 初二学生课外阅读情况的饼形图

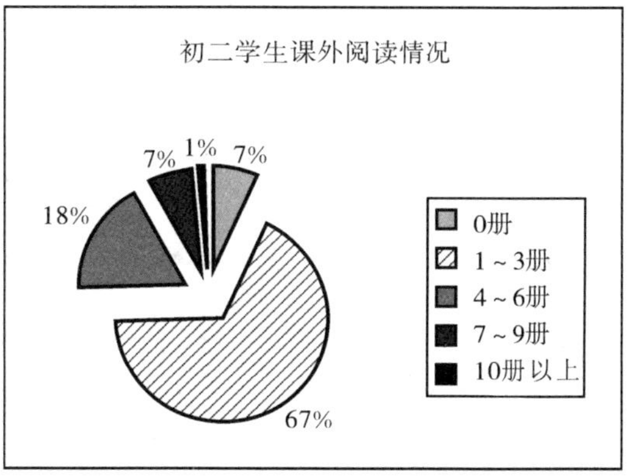

图 7－9 初二学生课外阅读情况的圆形图

圆形图的制作要点：

◇用来显示比例或百分数。

◇数据总和为 100%时才可以使用圆形图。

◇注明圆形图的标题。

◇一幅圆形图不要分成 8 块以上。

◇根据需要，可以将一些小部分合并在一起，以减少图中的块数。

◇如果想强调某一块，可以将其颜色加深或放浅，或将其与其他部分隔离开。

◇圆形图中的各块颜色一般选用系统默认颜色即可，如果想自己定义颜色，注意相邻两块的颜色不应选择相近的颜色，以避免造成视觉错觉。

（四）环形图

环形图即中间有孔的“圆形图”，与圆形图类似，都显示的是部分占总体的比例，但区别在于圆形图只能显示一个总体的情况，而环形图则可以同时显示多个总体的数据情况，每一个总体的数据构成了一个环，环中的每一段表示总体中的每一部分。环形图可用于进行比较研究，可用于展示定类数据和定序数据。

表 7－13 是初二学生五月份和六月份读书情况，将表 7－13 中的数据在 Excel 中转化成环形图，数据区域为第 1 列、第 3 列和第 5 列（方框所示），如图 7－10 所示。

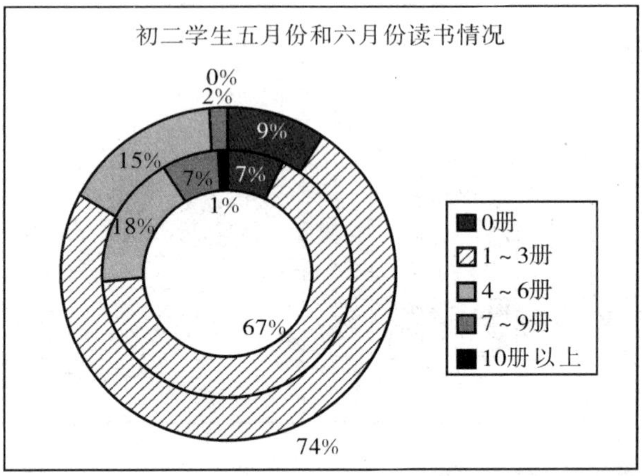

图 7-10　初二学生五月份和六月份读书情况(环形图)

表 7-13　初二学生五月份和六月份读书情况

时间 / 册数	五月份读书		六月份读书	
	人数（人）	百分比（%）	人数（人）	百分比（%）
0 册	38	7	47	9
1～3 册	382	67	391	74
4～6 册	100	18	79	15
7～9 册	39	7	11	2
10 册以上	8	1	0	0
合计	567	100	528	100

(五)累计频数分布图(cumulative frequency polygon)

将表 7-13 的数据在 Excel 中转化成累计频数分布图，数据区域向上累计图为第 1 列、第 4～5 列，如图 7-11 所示；向下累计图为第 1 列、第 6～7 列，如图 7-12 所示。

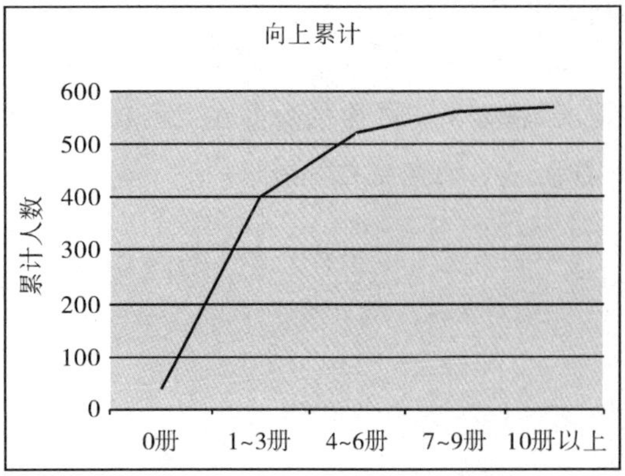

图 7-11　向上累计频数分布图

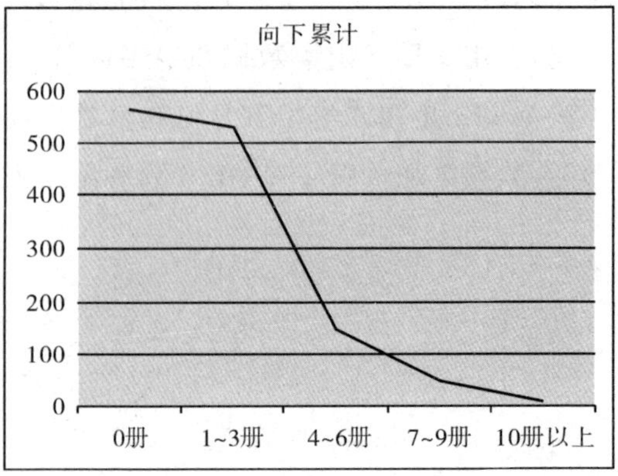

图 7-12　向上累计频数分布图

这里列举了几种常用的数据显示图表。展示数据的图形还有很多，如茎叶图、箱线图、折线图等。茎叶图一般用于显示原始数据，它类似于横置的直方图，但又有区别。茎叶图不仅能给出数据的分布情况，还能给出每一个原始数值，可以保留原始数据的信息。在报告结果或数据显示时，究竟何时使用表格、何时使用图形并无定论。不过要说引人注目，还是图形给人造成的视觉冲击力大，但是表格却可以展示数字的力量。所以通常在一个调查报告中最好既使用表格，又使用图形，要根据数据的实际情况予以选择。

本章小结

本章内容为定量调查的数据收集、整理与分析，分别介绍数据收集的对象、工具、登录与审核，数据的整理、统计与分析，以及展示，共五节。第一节阐述数据收集的对象，介绍总体、样本两个概念，详细介绍抽样方法，其中概率抽样共五种：简单随机抽样、系统抽样、方便抽样、分层抽样，以及整群抽样。非概率抽样有四种：偶遇抽样、目标式抽样、滚雪球抽样、配额抽样。另外描述样本容量的确定及取样误差与控制方法。第二节中对于问卷设计的一般程序做了详细说明。第三节对数据的审核、筛选、登录的步骤做了梳理。第四节关于数据的整理，涉及定序测量、定类测量、定距测量与定比测量四种数据，有关数据的分析为本章难点。分析方法涉及描述性统计分析与推断性统计分析，单变量、双变量与多变量分析。最后一节是关于数据的展示，主要介绍表格与统计图两种，统计图中重点说明柱形图、条形图、圆形图与环形图四种类型。本章力图从定量研究角度，为调查作文的写作提供客观、全面和准确地收集写作素材的具体方法与技术。

思考题

1. 概率抽样有哪几种类型？分别有哪些特点？

2. 调查开始前样本容量如何确定？

3. 问卷设计的一般步骤是什么？请简要说明。

4. 比较与对比四种数据（定类、定比、定序、定距）的整理方法。

5. 比较与对比四种数据展示的统计图（柱形、条形、圆形、环形）有何不同。

6. 尝试编制一个有 10 道题目的问卷，任选一种抽样方法，实施调查，收集数据并对其予以处理。

第六编

调查作文的写作

章节提要

观察日记、参观记录、人物访谈记录与报告、语言类调查报告是调查作文最常见的类型，本章着重介绍它们的写作要素，适当提供记录表，并提供中小学生的写作范文，从理论到案例分析，力图阐明这些类型调查作文的写作密码。

第八章　观察、参观、访谈和语言类调查作文的写作

学习目标

1. 描述观察日记的要素，明确观察日记是最基础、最基本的调查作文。
2. 明确参观记录的“6W1H”要素。
3. 概述人物访谈记录与报告的写作要素。
4. 说明实施语言课题调查的关键。
5. 选择合适的题目，尝试进行以上调查，并撰写调查作文。

第一节　观察日记的写作

观察日记是采用日记体的形式，凭借感觉器官或依赖其他工具收集调查信息，并对调查信息进行整理，撰写而成的一种调查作文。观察日记是作者对一日生活中所观察到的事物或现象的真实记载，常用于小学低年级阶段的写话、作文，或者观察能力的训练。那么，什么是观察呢？观察是人类认识的来源之一。观察是科学研究最基本的方法，是从客观世界中

获得原始的、第一手材料的方法。如果我们想研究苹果的生长,就去图书馆或者网上查找有关资料。如此获得的信息并不是观察所得,因为从书籍或者网络上获取的信息是第二手、第三手的资料。观察必须借助人的感官,如听觉、嗅觉、视觉、味觉、触觉等多种感觉器官。在收集客体相关资料和数据时,需要用眼睛去看,看物体的大小、颜色、形状;要看物态变化的过程;要看实验过程中发生的一切现象……,我们要看的东西很多。视觉是观察最主要的感觉来源。除了用眼观察,我们还要用耳朵去听,用触觉器官去触摸感知,甚至有时候,还要动用我们的味觉和嗅觉,作为视觉的补充。当感觉器官不足以完成观察任务时,就需要借助各种观察工具,如显微镜、望远镜、直尺等。观察者的感官要与观察对象相互作用,以获得观察结果,而观察结果反映了观察对象真实的、客观的状态和状况。科学观察反映的是客观事物的真实面目,具有极强的客观性。如太阳每天早晨从东方升起,傍晚从西方落下,休谟观察到的太阳运动是这样的,我们今天观察的依然是这样的。

观察也是写作的生活基础。文学创作中常用的观察,是一种有别于科学观察的艺术观察。艺术观察是从艺术创作的角度对客观事物进行的观察,带有极强的主观性和艺术性。法国著名作家莫泊桑曾经向福楼拜拜师学习写作,福楼拜便让莫泊桑去第九大街的某个路口向右拐,然后看看路口右边的第一个人是谁。不一会儿莫泊桑就回来告诉他师傅说:"是一个老太婆"。师傅摇摇头说:"你看到的别人也能够看到,你再去瞧瞧。"莫泊桑第二次来到路口,这次他比上次走得近了一些,回来后告诉他的师傅说:"那个老太婆很脏,满脸灰尘,头发乱得像鸡窝。"福楼拜微微一笑说:"有进步,但你看到的别人还是可以看到的,你应该用你的第三只眼睛去看,看到别人所没有看到的。"莫泊桑第三次来到路口,走近老太婆仔细观察了一会,然后回来对师傅说:"老师,我看到了,那个老太婆的鼻子是世界上最蹩脚的木匠随便拿了一块木头削了一块安在她的脸上的。"莫泊桑向老师报告了三次观察结果,第一次和第二次的观察属于科学观察。从莫泊桑的报告中我们得知,路口右边的第一个人是一位年老的女性而不是男性,衣着肮脏而不整洁。所用语言平实、贴切而不夸张。第三次的观察属于艺术观察,从报告中我们可以强烈地感受到艺术创作的气氛,所用语言夸张而富有想象力。可见,科学观察是艺术观察的基础,艺术观察是科学观察的再创作。

一般而言,中小学阶段的科学课程中会强调科学观察,语文课程中会强调艺术观察。由此形成了两种风格的观察日记。

一、两种不同风格的观察日记:文学性观察日记和纪实性观察日记

在中小学阶段,语文课程与科学课程都要求学生撰写观察日记。由于教师素养的不同和课程目标的不同,就出现了两种类型的观察日记:突出艺术观察的文学性观察日记和突出科学观察的纪实性观察日记。在网上可以查到很多作文教育杂志和自然、科学教学的杂志,上面刊载了许多观察日记。前者刊载的观察日记,我们称之为文学性观察日记。它们大都语

句华丽，想象力比较丰富，注重反映观察事物的过程性，具有很强的文学性；缺点是对事物特征的描述有失客观、真实，描述模糊和笼统。后者刊载的观察日记，我们称之为纪实性的观察日记。它们大都用词精确，描摹比较细致，注重反映事物的客观特征，具有很强的真实性。

动植物观察日记是小学常见的作文体裁，有位语文老师认为观察动物就要写出动物的灵性，具体做法：(1)为动物“戴”上人的外貌。即用写人的长相、神态、身材、穿着打扮等方面的语言来描写小动物。(2)让小动物“做”出人的行动，即用写人的动作的语言来描写小动物的活动。(3)让小动物“说”出人的话语。(4)给小动物“注入”人的感受，去体会、表达喜怒哀乐。[①]很多人认为，只有这样写出来的小动物形象才鲜活灵动，但这样的观察和写作属于艺术观察。

调查作文中所用到的观察，是科学观察，有点类似观察记录，但又不同于观察记录。它反映的是事物的真实的本来面目。姚伟国是一名小学科学教师，在他撰写的《如何指导学生进行观察记录——〈植物的一生〉两次教学体会》中，[②]列举了他的学生在掌握观察方法之前(见第1篇和第3篇观察日记)和之后(见第2篇和第4篇观察日记)所撰写的两种不同类型观察日记。

第1篇观察日记	第2篇观察日记
×月×日　星期× 昨天，我没有给凤仙花浇水，它枯萎了，我赶忙浇了点水。过了几天，凤仙花活过来了，我很高兴。后来，我把凤仙花拔了出来，种在了别的地方。	×月×日　星期×（日期） 发芽啦（题目） 今天，我到学校的种植园看我种的凤仙花。它发芽了，有三棵。芽儿好像一把小伞，下面的根是白色的，呈半透明状。两片叶子向两边弯曲着散开，颜色碧绿，形状像一只小船。凤仙花的茎笔直笔直的。因为前几天下了一场雨，叶子上有几颗小露珠，晶莹透亮，真好看。芽大约有四五厘米高。芽儿真是可爱。（正文）

第3篇观察日记	第4篇观察日记
×月×日　星期× 今天，我回到家就去看我种的一棵凤仙花。我去观察了一下，它现在还很小，只有几片叶子。等了一段时间后，这棵凤仙花就长大了一些，也变了一个样儿。	×月×日　星期× 凤仙花在长大 凤仙花一天一天在长高、长大。上周一我用尺量了一下，凤仙花已经有5厘米高了。今天又是星期一，我又去测量了一下。啊，又长高了2厘米！我高兴得欢呼起来。种花确实有许多学问，如什么时候播种，种在什么地方最合适等，这些都是以前我不知道的。

为什么同样的事物，在同一个科目的写作中，学生会写出不同风格的观察日记呢？姚老

---

①李友元.写出小动物的灵性[J].广东第二课堂，2005(5)：22-28.

②姚伟国.如何指导学生进行观察记录——《植物的一生》两次教学体会[J].小学教学设计，2010(2)：36-37.

师的文章揭示了个中原因。原来，在第一次观察日记之后，姚老师反思了自己的教学方法，在课堂上加强了对学生科学观察的训练，学生的观察日记质量得到了提高。那么，中小学阶段我们应当倡导哪一种观察日记呢？从培养学生的观察能力，更好地发展儿童科学素养的角度来讲，我们应当倡导科学观察和纪实性的观察日记。

二、观察日记的格式

观察日记由主体和附录两部分构成。其中，主体包括日期、题目和正文三部分。见上页第 2 篇观察日记。

日期，应在第一行居中写明观察和记日记的时间：年、月、日，星期等。有时候，还需要对当天的天气情况进行记录，如，晴、阴、雨、晴转阴、阵雨等。有的日记还标示温度和湿度状况，如物候记录或物候日记。

题目，一般在日期下面，另起一行，居中位置，也可以置于日期前面。题目是观察的目的和观察的中心，也是文章的中心所在。拟定题目时要新颖、明确。如，《发芽啦》，要让读者了解凤仙花种子的发芽情况；《凤仙花在长大》，要让读者了解凤仙花的生长情况。有时候，题目也可以省略。

正文，是记载作者观察对象的观察活动过程，以及观察所得、所思、所想的篇章。其篇幅长短没有限制，“有话则长，无话则短”。应在日期或题目下另起一行书写，是观察日记的正式内容，也是观察日记的主体。

附录部分，是对观察过程或结果进行进一步补充、说明的部分。比如，在观察过程中拍摄的照片，绘制的地图或图片，都可以作为正文的一部分，也可以作为附录附在正文后面。在一些科学观察中，当需要引用他人的观察方法或观察结果时，还需要在正文后面附上他人成果的文献来源作为参考文献。文献格式见第十一章小论文的写作。

三、观察日记的类型

根据观察内容的记载形式，观察日记可以分为两类：记录型观察日记和文章型观察日记。

（一）记录型观察日记

记录型观察日记是采用文字、表格、图画、照片等形式，简略、真实记录观察对象的一种日记。较少运用记叙、描写、议论、说明、抒情等表达形式。如观察日记《蚕的一生》，是采用文字连续记载观察对象“蚕”从卵开始发育的过程。

蚕的一生

……

4 月 20 日，开始孵出蚁蚕（这时可在卵上喷洒少量的水）。蚁蚕大小像小蚂蚁，长约 2 mm，呈黑色，头部大，身体表面有许多绒毛。用毛笔或鸡毛小心地把蚁蚕扫在饲养盆中，早晚喂一些碎桑叶(不能喂雨淋的湿桑叶，防止蚕拉稀而死)。

4 月 28 日，蚁蚕不吃不动。清除剩余的发霉的桑叶和蚕屎。

4 月 30 日，蚁蚕第一次脱皮，脱皮后长约 5 mm，呈乳白色。早晚可喂整桑叶。

5 月 8 日，小蚕不吃不动，像睡着了一样。做卫生清理工作。

5 月 10 日，第二次脱皮，长约 10 mm，呈乳白色，脱皮后吃得很多，长得很快。

5 月 18 日，蚕又睡着了。做清理卫生工作。

5 月 20 日，第三次脱皮，长约 30 mm，呈乳白色，有少数呈青白色。早、中、晚各喂一次桑叶(因蚕食不足，有的蚕推迟一到两天才眠)。

5 月 28 日到 30 日，蚕第四次脱皮，长约 50 mm，蚕的身体长而圆，青白色，一节一节的共 8 节，分头、胸、腹三部分。头部有口，口中有两个“大牙”(上颚)，用来咬食桑叶。……

(节选自：范德明，《蚕的一生》观察记录，教学仪器与实验，2000 年第 1 期。)

《凸透镜成像》是采用表格形式记录观察结果，记录了凸透镜成像实验中 6 次实验的数据。

×月×日　星期×　阴转晴

凸透镜成像①

实验次数	物距 u/cm	像距 v/cm	像的性质
1	30	15	倒立、缩小的实像
2	28	15.6	
3	26	16.2	
4	24	17.2	
5	22	18.3	
6	20	20	

(二)文章型观察日记

文章型观察日记运用记叙、描写、议论、说明、抒情等表达形式，有时也结合表格、图画等形式，详细、真实、生动地记载观察者的观察活动过程，观察对象或目标的特征，以及观察的所思、所想。比如上述示例中的《发芽啦》和《凤仙花在长大》。再如，《种花观察日志》②和《西

①顾斌. 探究凸透镜成像规律中的数据处理[J]. 中学物理，2014(6)：36.

②李伊. 种花观察日志[J]. 小学生作文辅导，2005(3)：39.

红柿日记》：[1]

种花观察日志

北京市西城区宏庙小学五(2)班　李伊

2005 年 1 月 16 日　晴

今天，老师把花盆和土给了我们。该我选种子时，我兴奋极了，该选什么好呢？最后我选的是五彩茉莉和美女樱的种子。五彩茉莉的花籽儿像小地雷一样，黑褐色的，长度不到 5 毫米。而美女樱的种子却像茶叶梗，又短又细，是土黄色的，长度不到 5 毫米，宽不过 1 毫米。这么点儿的东西能在花盆里存活吗？但还是试试看吧！

西红柿日记

六年级　山口松

三月十九日　周四

从学校回来，哥哥在小屋后光照好的地方搭暖棚。

我问："种什么？"

"西红柿"。

有关暖棚的情况：宽 1.20 米，长 3.50 米，朝南。肥料：切断的稻草和糠和在一起。堆肥：河泥。

三月二十五日　周三

早上，天气晴朗。暖棚的土铺平了。我问姐姐："西红柿种下了？"姐姐点点头。西红柿种子的颜色：灰色的；形状：像虱子似的，扁扁的；种法：约隔一寸左右，深度约 5 分。

到哥哥那里，他给我看看西红柿种子。

边扫院子，我边想：这样的种子会长出那么漂亮的西红柿来，真不可思议。

上述两篇日记中，作者都用数据来说明他们的观察对象，这是运用科学观察的结果。这些观察日记，不仅记录了西红柿种子的颜色、形状，而且还记录了孩子在种植西红柿的过程中体验到的生产技术，如温室的建造、栽培中的肥料、播种的方法、温室的管理和移植的方法等。语言简练而平实，反映了一个六年级学生的西红柿种植经验。

四、观察日记的要素

观察日记，是采用日记体的形式，凭借感觉器官或依赖其他工具收集调查信息，并对调

① 方明生. 日本生活作文教育研究[M]. 上海：上海教育出版社，2002.

查信息进行整理,撰写而成的一种调查作文。如果有人问:写作学习中接触到最早的文体是什么？几乎所有上过学的人都会不假思索,脱口而出“日记”。再接着问,什么日记写得最多？一致的答案——观察日记。考察中小学各学科的课程标准或教材,也可以发现,观察日记是一种出现时间最早,且在文理各个学科都有涉及的一种写作形式。[①] 一篇结构完整的观察日记(以凤仙花为例)应包括以下要素,如图 8-1 所示。

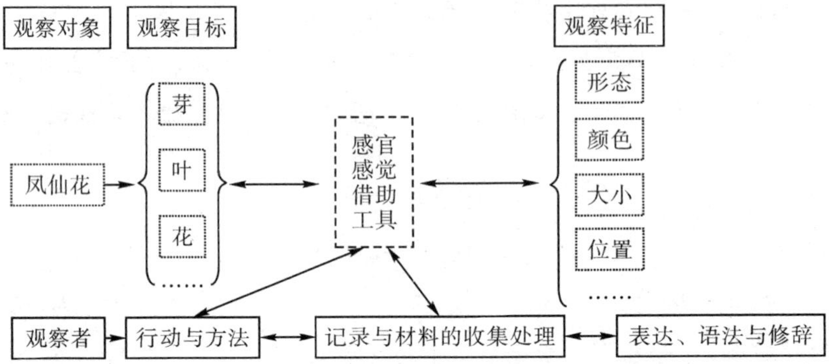

图 8-1　观察日记的写作要素

(一)观察对象

世间的万事万物千变万化,皆可以作为观察日记中的观察对象。可以是自然万象:春夏秋冬、晴雨霜雪、鸟兽虫鱼、湖海山原;也可以是物体的运动、变化,生长、发育等。

(二)观察目标

观察目标是指组成观察对象的若干部分,或观察对象运动和变化过程。观察目标是观察的中心,有时也可以作为观察日记的题目。

(三)观察特征

观察特征是指在一次观察活动中,观察对象或目标吸引观察者注意力和兴趣的一个或若干个特征。以观察“凤仙花”的芽为例,观察特征就包括芽的形态、颜色、大小、位置等;若观察“凤仙花”的叶,观察特征也包括叶的形态、颜色、大小、位置等。

(四)观察者的观察行动或方法

在观察活动中,观察者需动用自己感觉器官的感觉功能对观察目标和观察特征进行感知,如利用眼睛的视觉功能“看”;利用耳朵的听觉功能“听”;利用鼻子的嗅觉功能“闻”;利用皮肤的触觉功能“摸”;利用舌头的味觉功能“尝”,以便全面、客观地获取观察对象的特征信息。很多时候,观察者必须借助各种工具,如尺子、天平、显微镜等,对观察对象进行细致入

①课程教材研究所. 20 世纪中国中小学课程标准·教学大纲汇编[M]. 北京:人民教育出版社,2001.

微地观察。

(五)记录与材料(数据)的收集、处理

一般而言,凡观察必伴随着对观察现象和观察结果的记录。在科学观察中,记录是收集观察第一手资料或数据的最为可靠的方法。因此,科学观察中的记录,又叫科学记录。记录可以采用表格形式,也可以使用画图描绘,形式多样,不必拘泥于文字记录。有时候,也可以使用照相机或摄像机来记录观察到的现象。记录所得到的东西,科学研究上称之为数据。比如,观察者用尺子连续两周在周一的时间里测量凤仙花的高度,获得 5 厘米和 7 厘米的数据。第二周比第一周高了 2 厘米,科学、精确地描述了凤仙花的生长状况——长高了。大多数时候,由于缺乏对观察方法的训练,语文课上进行的观察多停留在"感性经验"上。比如《发豆芽》。[①]

发豆芽 广东省佛冈县龙山中心小学 三(2)班　黄煜恒 6 月 27 日　星期一　晴 早上一起床,我便迫不及待地去给绿豆芽浇水。我发现芽尖长高了一大截,嫩芽弯弯曲曲的,十分可爱。我想,为什么绿豆芽会弯曲生长,而且能够把种子涨破分为两部分,从中间生长出来呢?	发豆芽 广东省佛冈县龙山中心小学 三(2)班　黄煜恒 6 月 28 日　星期二　晴 今天,我发现绿豆芽长得更旺盛了。为了弄清楚豆芽弯曲生长的原因,我找来了《十万个为什么》。看了书,我明白了,原来任何植物都是弯曲生长的。 发豆芽也有学问,真是太有趣了!

小作者在 27 日的日记中描述豆芽"长高了一大截",在 28 日的日记中描述豆芽"长得更旺盛了"。如此描述令人感觉模糊和笼统,如果使用数字来说明绿豆芽的生长,这样的观察就显得更加详细和可信了。利用数据,我们还可以做些处理工作。比如,在 Excel 中制作出绿豆芽生长变化曲线;或计算出平均每天长多少厘米,从而总结出绿豆芽的生长发育规律。一份记录,既可以用作观察日记的写作材料,又可以活学活用数学上的统计知识,还可以通过对数据的各种处理来进行科学研究。这样的学习,会使人兴趣盎然,而不会让人感觉到枯燥和乏味。

作文中,记录或收集到的东西,被称为材料或素材。以《发芽啦》中的凤仙花发芽为例,作者收集到的材料有:

(1)我在学校的种植园种下了三棵凤仙花;

(2)凤仙花发芽了,芽儿好像一把小伞,下面的根是白色的,呈半透明状;

(3)芽大约有四五厘米高;

①黄煜恒.观察日记——发豆芽[J].小学生时空,2011(7):39.

(4)两片叶子向两边弯曲着散开,颜色碧绿,形状像一只小船;

(5)叶子上有几颗小露珠,晶莹透亮,真好看;

(6)凤仙花的茎笔直笔直的;

……

在观察的过程中,通过观察记录,可以收集到关于观察对象、观察目标等多方面材料,但这些材料,是不是都适用于题目和观察目的的要求呢?这就需要作者进行充分的比较、筛选和取舍。

(六)表达、语法与修辞

观察日记是观察者开展观察活动的成果,伴随着观察者的思维活动。思维的表现形式是语言,叶圣陶先生指出,依傍语言材料的思维才能构成人的思想。思维活动的过程同时就是语言形成的过程,不是先有个空无依傍的想头然后找些语言把它描绘出来,而是一边在想一边在说话。想的对头,说的、写的也必然对头;说的、写的有些不到家,就表示想的有些不到家。这里的"说""写"就涉及语言的运用等问题。观察日记中的语言运用,与其他文体写作遇到的语言运用问题一样,涉及遣词造句、表达形式、语法和修辞等。观察日记中的遣词造句、表达形式、语法、修辞等与其他写作方式无异,比如表达形式,也要运用记叙、描写、议论、说明、抒情等。

所谓表达,实际上是将材料(数据)进行筛选与整理,形成文章篇章的一个过程。这里的材料,就好比项链上的珠子。取舍的过程,就是将特征不明显或色泽不鲜艳、有伤疤的珠子去掉。然后将剩余语句按照一定的顺序连缀起来,就成了文章。写作的顺序好比穿项链的绳子。如同绳子有多种多样,写作的顺序也有多种顺序。究竟采用哪种顺序,要根据题目和作者的感受来确定了。夏丏尊和刘薰宇两位先生在《文章作法》中谈到写作时收集到的材料,对于题目并不全然适切。如果将不适切的材料写入文章,文章就会有不适切的毛病。那么,如何筛选材料呢?他们认为,选择材料的标准,一是适切题目,二是注重特色。[①] 这一原则,对科学观察中收集到的数据也同样适用。材料或数据取舍完了,便要对他们进行整理。整理时,将数据与数据描述的特征集合在一起,将同类的材料务必集合在一起。最后将冗繁支离的内容删去。比如,268 页第 2 篇观察日记中"芽儿真是可爱",描写的是观察者对凤仙花芽的赞美之情,是作者的一种情感(感受),与其他材料都不同类,因此将其放在文章的最后。

关于修辞,在有些人看来,观察日记是对客观事物的真实反映,无须修辞。其实这是不符合儿童语言和情感发展规律的。我们先来看一个实例。

①夏丏尊,刘薰宇.文章作法[M].北京:中华书局,2010.

磁力棒观察日记

冯思澄[1] 王敏[2]

江苏省海门市东洲小学；三(1)班

2014 年 8 月 28 日 星期四 晴

今天是我的生日，妈妈送给我一份礼物——“探索者”磁力棒！

我一拿到就迫不及待地打开包装盒。好多的磁力棒呀！我拿出其中一根来玩，没想到冒出来一大串，好多根争先恐后地粘着我手里的那根，谁也不愿意松开。它们可真是形影不离的好朋友呀！

用“形影不离”来比喻磁力棒之间的磁性吸引力。

我拿着磁力棒，准备拼一个“绿色之星”。拼着拼着，我发现有两根磁力棒闹起了别扭，一个头往左，一个头往右，我想让它们靠在一起，可它俩还是谁也不理谁。这到底是怎么了？我急得直跺脚。

用“闹别扭”来比喻磁铁两极相同性质时互相排斥的现象。

怎么才能让它们和好呢？我赶快请教“度娘”：磁铁两端磁性强的区域称为磁极，一端为北极(N)，一端为南极(S)。实验证明：同性磁极相互排斥，异性磁极相互吸引。

原来如此，我灵机一动，连忙把其中一根磁力棒掉个头，两根磁力棒终于和好如初了，头靠着头，说起了悄悄话呢！我掌握了磁力棒的脾气，不一会儿，就拼成了一颗“绿色之星”。

用“和好如初”来比喻磁力棒异性磁极相吸的特点。

哈哈，小小的磁力棒，还藏着大大的知识呢！

（选自《小星星（作文 100 分）》2014 年第 9 期）

儿童认识世界时，总是以一种澄净和自由无羁的心灵、纯真和坦诚的心态，以及直觉的、综合的眼光去观察世界。因其认识总是建立在感觉认识的基础上，他们能够发现世界面貌的真实性和灵动性，但却难以发现世界的客观规律性。因此，学校教育的任务之一就是引导儿童的认识由感性认识上升到理性认识。这样的教育，应当贯穿儿童整个学校课程学习中。而不应当一看到“理性认识”或“客观规律”就将其划分给科学教育。因此，在客观规律的认识面前，科学教育和母语教育应当殊途同归，其教育任务和教育目的是没有什么区别和差异的。

在我国，观察日记的写作一般开始于小学低年级。观察日记集中出现在小学阶段，不但是小学语文课程培养学生观察能力、写作能力的重要作文形式，也是科学课程培养学生科学素养的重要途径，属于基础性的调查作文。如果能够将科学方法运用于观察和对观察结果的分析中，可以培养学生基于证据解释自然世界的科技能力。如果将数学统计方法运用于观察及对观察结果的分析中，可以培养学生数学思维和数学表达的能力。如果将信息技术运用于观察和对观察结果的分析中，就可以培养学生利用计算机对观察信息进行收集、评估的能力，以及利用互联网进行交流与合作的能力。坚持观察日记的写作，可以使学生在已有学习和生活经验的基础上，不断地获得、加工和吸收新知识，培养他们坚持学习的能力。

五、观察记录表

统编版小学语文教材四年级上第 10 课《爬山虎的脚》课文后设有“资料袋”，“资料袋”里提供了两种观察记录的方式——图文结合和做表格，[①]见图 8 - 2。

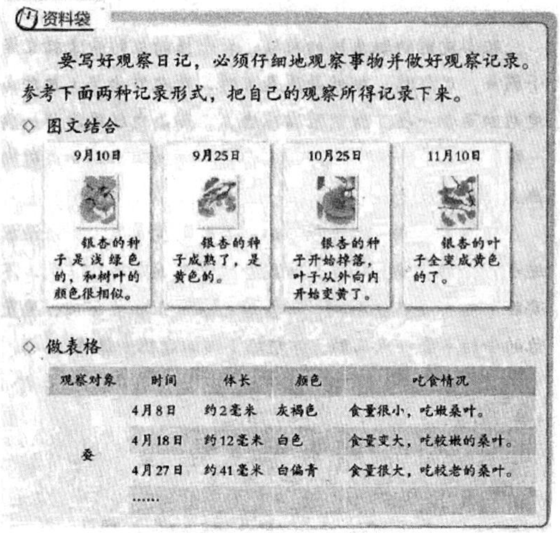

资料袋

要写好观察日记，必须仔细地观察事物并做好观察记录。参考下面两种记录形式，把自己的观察所得记录下来。

◇ 图文结合

9月10日 银杏的种子是浅绿色的，和树叶的颜色很相似。

9月25日 银杏的种子成熟了，是黄色的。

10月25日 银杏的种子开始掉落，叶子从外向内开始变黄了。

11月10日 银杏的叶子全变成黄色的了。

◇ 做表格

观察对象	时间	体长	颜色	吃食情况
蚕	4月8日	约2毫米	灰褐色	食量很小，吃嫩桑叶。
	4月18日	约12毫米	白色	食量变大，吃较嫩的桑叶。
	4月27日	约41毫米	白偏青	食量很大，吃较老的桑叶。
	……			

图 8 - 2　两种观察记录方式

无论哪种记录方式，都包含观察对象、观察时间、现象(变化)。在第一种方式里，观察者以银杏的种子和叶子为对象，记录了银杏种子和叶子颜色的变化，以及种子不成熟—成熟—掉落的变化过程。配以图片，使得观察结果更加直观。在第二种方式里，观察者从身体长度、颜色和进食情况三个方面，对蚕的生长现象进行了详细记录。原始记录是观察日记的基础和依据，它既是观察者观察行为的记录，又是由观察现象推知观察结果的重要依据。比如，我们从表格中可以得知：在半个月时间里，蚕变长了 39 毫米，平均每天长约 2 毫米。

在日常养殖时，很少用一枚或两枚卵孵化蚁蚕，万一这一两枚卵发育不好，观察就会终止。所以，一次养殖可以选取多个蚕卵，如 50 枚，或 100 枚。观察时，就以第一枚蚕卵或第一只蚁蚕的变化为起始点记录蚕的生长情况、生长条件，以及死亡情况。对生长情况的观察可以从体长、颜色、身体结构(如体节、皮肤等)、取食和排便等方面进行，对生长条件的观察可以从温度、湿度和天气(阴、晴、雨、雾、霾)等方面进行，对死亡情况的观察可以从蚕的精神状态、发病情况、死亡率等方面进行。观察时间可以是每天固定一个时间进行观察，也可以是一段时间观察一次。为了更加直观地展示观察结果，可以在表格中附相应的照片。观察记录表可设计如表 8 - 1 所示。

---

①温儒敏. 教育部组织编写义务教育教科书 · 语文(四年级上册)[M]. 北京：人民教育出版社，2019.

表 8－1　蚕的生活史观察记录

时间	生长情况	生长条件	死亡情况

蚕是昆虫纲鳞翅目蚕蛾科昆虫，因其便于饲养，成为观察昆虫生长和变态发育的最佳材料。为了方便中小学开展蚕的养殖和生活史观察的活动，以及观察日记的写作，下面将展示 2021 年秋季山西师范大学生命科学学院 2019 级学生在“蚕的养殖和生活史观察”综合实践活动中的观察记录，如表 8－2、图 8－3 所示：①

表 8－2　蚕的生活史观察记录

时间	生长情况	问题与思考
10 月 1 日	蚕卵形似小芝麻状，宽约 1 毫米，厚约 0.5 毫米，直径 0.2 厘米。刚产下的蚕卵颜色为淡黄色或黄色，1～2 天后变为淡褐色，再过 3～4 天后又变为灰绿色或紫色，之后便不再发生变化	蚕应该放在什么条件下饲养？
10 月 5 日	蚁蚕从卵壳中爬出，卵壳颜色由灰绿色或紫色转为淡黄色。蚁蚕极细小，且多细毛，样子有点像蚂蚁，所以叫蚁蚕。蚁蚕又叫一龄蚕。体长约 2 毫米，体宽约 0.5 毫米，2～3 小时后就会进食新鲜碎桑叶，排出芝麻粒大小的蚕砂（屎）。4～5 天后，不吃不动悄悄完成第一次蜕皮	蚕卵到货时，已经有部分蚁蚕孵化出。将蚁蚕移入纸盒进行喂养，但不再有新的卵孵化出来，为什么？
10 月 10 日	二龄蚕：体长大约 8 毫米，身体变粗，与平常所看到的蚕外形相似，排出较大一些的蚕砂，颜色为淡黄色，4～5 天后蚕的食欲逐渐减退乃至完全禁食时，蚕会吐出少量丝将腹部固定住，同时头、胸部昂起，不再运动，好像睡着了一样，进入“眠”期。约一天后，蚕的头部和胸部使劲向前蠕动，一层硬皮慢慢向后脱落，留在原地，完成第一次蜕皮。脱去旧皮之后，蚕的生长就进入一个新的龄期，成为三龄蚕	家蚕幼虫是否只能吃桑叶？ 蚕原来不是只在结茧时才会吐丝？
10 月 16 日	三龄蚕：体长约 15 毫米，身体变得更粗，进食速度变快，不用将桑叶撕碎，蚕砂变大，全身变为青白色。此时可以清楚地观察到蚕的身体由头部、胸部和腹部组成。头部有口器，胸部具有三对胸足，腹部有五对腹足，背面的末端有尖尖的尾脚，身体两侧有一排黑色小圆点。4～5 天后入眠，像第二次蜕皮一样完成蜕皮，成为四龄蚕	蚕需要呼吸空气吗？用什么进行呼吸？
10 月 22 日	四龄蚕：体长约 25 毫米，进食速度加快，进食量也明显变大，体型变大变胖，蚕砂是蚁蚕的三到四倍。这时可以更详细地观察到蚕宝宝的身体构造。4～5 天后入眠，蜕皮成为五龄蚕	蚕会生病吗？生病了怎么办？

①此记录主要由山西师范大学生命科学学院 2019 级免费师范生班安宸兴提供，樊渝晋、张美、卫相姝、白艳、闫慧芳、郭梦珂、李子仪等参与修改，并提供部分照片。

续表

时间	生长情况	问题与思考
10 月 27 日	五龄蚕:体长约 33 毫米,比四龄蚕更胖更长。五龄前期蚕要大量进食,接着食欲减退,进入五龄末期。然后它就一动不动,排出身体内的大量水分和软粪,体形缩短。接着,蚕的胸部和腹部逐渐由白色变成透明的黄色,蠕动着向高处攀爬,头、胸部左摇右摆寻找结茧空间,有的蚕甚至可以顺着纸盒壁爬上墙壁	结茧前蚕为什么要排出大量水分?
11 月 1 日	蚕结茧:五龄蚕找好地方以后,便开始吐丝,先大范围地吐出较软的丝,渐渐地结出一个较软的椭圆形,半透明的蚕茧。结茧时,蚕一旦受到干扰,便会离开原处另寻结茧地,但吐出的丝的数量大大减少,结出的茧又小又瘪。4 天后,蚕在茧中进行第五次蜕皮,成为蛹。蚕蛹的体形像一个纺锤,形似蝉。身体分为头、胸、腹三个部分。头部很小,可见复眼和触角一对;胸部有胸足和翅;腹部鼓起,有 9 个体节	蚕一生共蜕几次皮?
11 月 16 日	蚕蛾破壳:蚕茧的一端出现淡黄色,是蚕蛾分泌的黄色黏液(含酸性溶茧酶)由内向外渗出染就的,不久,黄色黏液就将蚕茧融化,变成一个小洞,露出蚕蛾的头。随即蚕蛾钻出蚕茧,蚕茧内可见蚕蛹的躯壳,此为第六次蜕皮。蚕蛾全身披着白色鳞毛,不再取食桑叶。头部呈小球状,有鼓起的一对复眼和一对羽毛状的触角;胸部有三对胸足及两对翅,翅较小,几乎不能飞;腹部无腹足,末端体节演化成外生殖器。雌蛾体大,爬动较缓慢;雄蛾体小,一边迅速爬动,一边飞快地振动着翅膀寻找配偶。雌雄蛾相遇以后,尾部交合,进入交配状态。一般交尾 3～4 小时后,雄蛾挣扎几天后死亡,雌蛾开始产卵,大约产卵 400～500 粒后也慢慢死亡	剪破蚕茧,蚕蛹是否能正常羽化?羽化后的蚕蛾如何破茧而出?蚕蛾如何寻找交配对象?雄蛾和雌蛾交尾后,它们是否会立即死去?

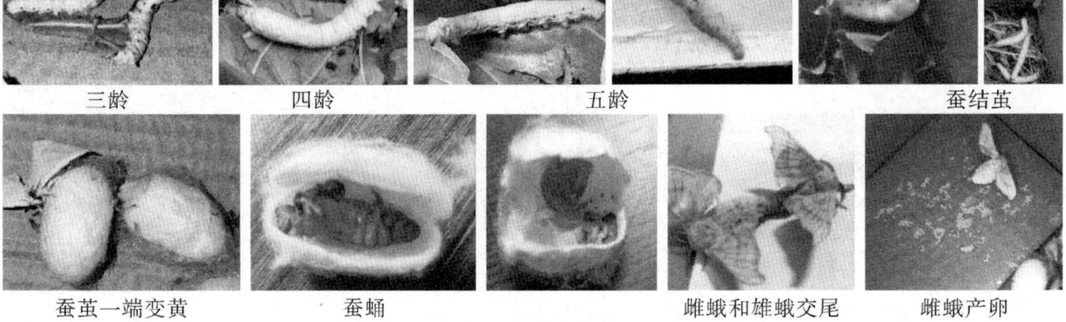

图 8－3　蚕的生活史

六、观察日记何以成为调查作文中最基础、最基本的写作类型?

首先,观察日记始于观察,观察是人类认识世界最基础、最基本的方法。人类对世界的认识,总是由观察开始。它是科学家获取第一手材料的重要方法,也是一种最基本的科学研究方法。为了察觉事物变化、运动的细微差异,观察总是连续进行,对观察对象日复一日地记录,就形成了观察日记。通过对观察日记进行分析、概括,人们就可以发现自然规律。历史上著名的物理学家开普勒,通过对他的老师第谷20多年的观测资料进行分析和概括,发现了行星运动的三大定律。观察日记最重要的意义在于,可以引导学生用科学的方法认识世界,与世界对话,探究世界的奥秘。从各国小学低年级,观察日记都是写作的首选类型,就可以看出观察能力对学生发展的重要价值。

其次,观察日记是儿童语言发展的首选载体之一。据考察,日记起源于"结绳记事",其出现与文字的历史同步。[①] 它记录着人们的"私语言说"。我们知道,言说的目的是为了与他人交流,但日记这种言说,却是一种私密性的"自说自话"。鲁迅先生曾指出,日记是"写给自己看的",有"不肯给人知道"或"不愿别人明白"的留痕。[②] 有人分析,日记之所以成为个人倾诉私密的管道,就在于它在理性、德性和人性的层面隔断了与外部世界的信息交流。对成人而言,"隐身听者"可以是自己,也可以是特定的对象。什么时候记日记和记什么,均可以进行主动选择。但对儿童而言,日记的"隐身听者"就是他们自己。因为言语能力、信息交流能力尚未发展成熟,儿童经常会不自觉地"自言自语"和"自说自话"。"自说自话"是人类语言行为中的普遍现象,日记满足了人类"自说自话"的需求。[③] 因此,记录儿童"自说自话"的观察日记便成为儿童言语发展首选的载体之一。

再次,观察日记的写作可以促进儿童社会化理性思维的发展。观察日记是对客观事物的真实反映,但是儿童的观察日记却别有特色。分析儿童的观察日记时,我们可以发现,有一种修辞手法——拟人,得到了普遍运用。比如《磁力棒观察日记》[④]中,作者使用了大量的拟人手法来描述自己观察到的客观现象和客观规律。作者用"形影不离"来比喻磁力棒与棒之间的磁性吸引力。用"闹别扭"来比喻磁铁两极相同性质时互相排斥的现象。用"和好如初"来比喻磁力棒的异性磁极相吸的现象。这充分体现了儿童有别于成人"理性与逻辑思维",具有"自我中心思维"的特点。

"自我中心思维"是著名的瑞士心理学家让·皮亚杰发现的,他发现儿童的"自言自语"又称"自我中心言语(思维)"。"自我中心思维"是一种处于"我向思维"与社会化思维之间的

---

①张鸿苓.一般书信笔记日记[M].北京:北京师范大学出版社,1994.

②鲁迅.鲁迅全集[C].北京:人民文学出版社,1982.

③赵宪章.日记的私语言说与解构[J].文艺理论研究,2005(3):85-94.

④冯思澄,王敏.磁力棒观察日记[J].小星星(作文100分),2014(9):49-50.

思维。这种思维的主要特点是主客体不分，分不清物质世界和心理世界，具有“泛灵”和“自我中心”的思维特征。在儿童看来，自然界中的万物都是有生命的，都像人一样，有人的灵性、人的情感、人的趣味，等等。这种“泛灵”思维驱使他们自然而然地把自然界的事物当作自己的玩伴，同太阳、月亮、星星、白云，以及花草树木对话。正如意大利哲学家维柯所说：“儿童的特征在于他们把无生命的事物拿到手里，和它们戏谈，好像它们和活的人一样”。[①] 随着儿童年龄的增长和外界环境的影响，自我中心言语最终会完全消失，转而被社会化言语取代。观察日记的写作，可以充分利用儿童从灵魂深处萌发的，对待自然事物的纯粹兴趣，引导儿童的思维发展由自我推向世界，由一物推及它物，由近及远，逐渐去除个人化的“泛灵”思维，形成社会化的理性思维。

第二节　参观记录的写作

参观记录，简称参观记，是实地调查（考察）收集调查信息，并对所获取的信息进行汇总和分析，撰写而成的一种调查作文。参观记，与游记有着明显的区别。第一，游记发端于我国魏晋南北朝，是记叙、描写旅游见闻感受的一种纪实性散文。而参观记是近代才出现的一种调查作文。第二，游记的篇幅短小，内容含量不大。而参观记篇幅比较自由，内容的含量因参观目的和参观事宜可多可少。第三，游记描绘的是现实世界的真实场景、真人真事，其重点在于写景状物。少数情况下也可以是游览梦境，真人绝不能加入虚幻梦境中。参观记无一例外是对真实场地、场景、场合的观察和考察。其重点在于展示所参观之处的有价值、独到的方面，或阐明参观对象或事物所蕴含的原理或成因。第四，游记描写的对象有日月星辰、山河湖瀑、花草树木等自然景物，也可以描写名胜古迹、民俗风情、神话传说等。其中，山川风物仍是游记永恒的主题，因此，人们又把游记称为“山水游记”。[②] 参观记中的展示对象多为名胜古迹、博物馆、工厂、商店、学校、家庭等，也可以是航天展览、画展，还可以是奶牛场、蔬菜基地、陶瓷制作车间等。第五，就表达形式来说，游记侧重于记事和评述，可以较多地使用修辞手法，给人以美的感染和熏陶。参观记侧重于描述和介绍，可以恰当地使用修辞手法，让人们在平实语言的阅读中有所收获。

一、参观记的类型

根据参观的目的，可以将参观划分为专业参观和普通参观。前者是指由专业人员参与，为解决专业问题所做的实地调查、考察或研究。而普通参观是指一般人员参与，为了解某一

①伍蠡甫．西方文论选（上卷）[M]．上海：上海译文出版社，1979．
②王贵荣．略谈游记写作[J]．攀枝花大学学报，2000(4)：38，59．

事物或对象所做的实地观光、考察或旅游。由此就形成两种类型的参观记:专业参观记和普通参观记。前者通过参观解决专业问题的过程、启发和感想等。后者更着重于记录参观过程中的情感体验,类似游记。作为一种调查作文类型的参观记,要突破游记的影响,将问题的发现、问题的分析和问题的解决融入参观过程。必要时,可以使用专业术语或绘制相关图示,以便对参观对象或事物进行全面、详细的介绍和说明。

二、参观记录的写作要素

一篇结构完整的参观记录(参观记)应包括诸多要素,概括起来,就是“6W1H”,其写作要求见表8-3。

表8-3 参观记录的写作要素

要素	含义	要求
Who	进入实地进行调查或考察活动的人们	记叙作者参观过程中的所言、所见、所闻、所思、所行和所想
When	时间	简述参观对象或内容的存在时间
Where	地点	简要描述参观的场地、场所、场合等
What	参观的对象(事物)或内容	重点介绍最有代表性的、最富有特征性或最有启示的对象或内容
Why	参观对象或事物的成因	阐明参观对象或事物所蕴含的原理或成因
Worth	值得参观的缘由	深刻阐明参观的目的、价值和意义
How	参观的方式、条件或保障等	参观的顺序、角度、路线、工具、费用等。如参观的视角有前之,左之,右之,下之,逆之,仰之,俯之;远望,平视,正观等

以上6个“W”和1个“H”的含义都很好理解,也是惯常参观记写作指导都会强调的。只是,其中的“Why”常常被忽略。比如,有人指出,写好“参观”这项活动,第一,应将参观的场面写清楚、写具体。这场面包括参观的对象(物),还包括参观者(人)的动作、语言和神态。第二,应写清楚参观的顺序,先参观什么,后参观什么,依次写明白。第三,参观的内容应有详有略。感兴趣的、感受最深的内容可以详写,其他可以略写。① “Why”是对参观对象或事物之所以成为该对象或事物原因的探究,是一篇参观记体现其专业价值的关键所在。比如,北宋著名科学家沈括在参观山西运城盐池时,对巫咸河为什么是盐池的大害进行了探究,并用平实、简洁的语言予以陈述:

解州盐泽,方百二十里。久雨,四山之水悉注其中未尝溢;大旱未尝涸。卤色

①张成新.怎样写“参观记”[J].故事作文(低年级版),2007(5):36-37.

正赤，在版泉之下，俚俗谓之“蚩尤血”。唯中间有一泉乃是甘泉，得此水然后可以聚。又其北有尧梢水，亦谓之巫咸河。大卤之水，不得甘泉和之不能成盐，唯巫咸水入，则盐不复结，故人谓之“无咸河”，为盐泽之患，筑大堤以防之，甚于备寇盗。原其理，盖巫咸水乃浊水，入卤中，则淤淀卤脉，盐遂不成，非有他异也。①

这篇游记具有非常高的科学价值，也是一篇质量上乘的参观记。沈括在参观盐池时，注意力集中在对盐池周围地形、地貌的观察上。在观察的过程中，他发现地形、地貌对盐池造成了一定的影响，并对其原因进行了探究。从中可以看出，科学家与普通民众在看待同一件事物时所拥有的不一样的视角和认识能力。短小的段落中，作者聚焦参观对象的主要特征，心无旁骛，并没有去关注其他无关事件。而中小学生惯常写的参观记，往往会引入一些无关事件。比如下面的这篇习作：

参观蓝印花布博物馆

傅馨仪

我们来到了蓝印花布博物馆，那是位于南通护城河——壕河边上的一排白墙黑瓦的建筑，被称为“中国蓝印花布传承基地”。进去以后，一位老奶奶——馆长的母亲，也是蓝印花布第四代传人，给我们表演纺纱、织布。

首段点明参观人员(Who)、参观场所(Where)和参观对象和内容(What)，开门见山。

纺纱的机器像一个小水车，机器中间有一个可以转动的柄，机器左边还有一个尖尖的东西。只见老奶奶拿起一团棉花，把棉花钩在尖尖的东西上，然后转动手柄，她手中的棉花就变成了一缕缕的棉线，和织布机上用的线一模一样。接着，她又给我们表演织布。织布时，她的脚一下一下地踩，手中的梭子在织布机里飞快地穿梭着。

此段重点介绍参观内容之一(What)——纺纱和织布过程。

看完纺纱、织布后，我们又参观了各种各样的蓝印花布收藏品，有床单、包袱布等，上面的图案非常精美。①讲解员则告诉我们怎么做蓝印花布：先在牛皮纸上刻出镂空的花纹，然后，擦一层白色的粉，最后把布放进染缸染色。②因为布镂空的地方被粉盖住了着不上色，晾干以后用刀刮掉布上的粉，就露出了白色的图案，一块精美的蓝印花布就做成了。③

①句是过渡句。衔接两个参观内容，过渡自然。

②句用讲解员的话介绍参观内容之二(What)——如何做蓝印花布。同样的内容，不同的表达，形式多样，不呆板。

③句阐明印花布的原理(Why)。

在博物馆的产品开发展示部，妈妈给我买了一件蓝印花布做的小背心，还给爸爸买了一件衬衫。我特别喜欢这件小背心，它有着红色的绲边，扣子也是老式的盘花布纽，我穿起来特别好看。

第四段本应简略介绍参观内容之三(What)——博物馆产品开发展示部。但作者话锋一转，却插入买衣服的事件，偏离参观主题。

这一天，我的收获很大，不仅知道了怎么做蓝印花布，也有了一件漂亮的小背心，我真开心。

最后一段阐明值得参观的缘由(Worth)——知道了怎么做蓝印花布。至于有了一件漂亮的小背心，可能这才是作者开心的理由吧。

①子久．宋沈括《梦溪笔谈》关于运城盐池的记载[J]．运城师专学报，1983(1)：24．

期刊对于这篇文章给出了这样的评语："小作者从纺纱写到织布，再写布的印染，最后写自己的收获，一步步写来，显得条理清楚，层次分明。略有不足的是，小作者在文章的结尾说：'我真开心！'可是全文的语言、语气都显得比较平板，没有充分表达出自己的喜悦心情。这是有待努力的地方。"实际上，从专业参观记的角度来看，小作者的语言平实，客观真实地记录了自己所看到的花布制作全过程。不足之处在于文章内容没有"将参观进行到底"，当参观到博物馆的产品开发展示部时，作者的思想开了小差去买衣服了。从记叙文的角度来看，作者记叙了参观蓝印花布博物馆时的"开心"事件——参观和买衣服，只是语言不够生动，未能表达出喜悦心情。从调查作文的角度来看，作者参观的对象和内容有三个，但只写了两个，第三个提到了，却没有展开。究竟"博物馆的产品开发展示部"有哪些蓝印花产品，读者是永远也不得而知了，这才是有待努力的地方。

三、参观记录表

写好参观记，要手、脑、嘴并用，做好三个及时。手要及时记录信息，收集真实材料；脑要及时思考，抓住参观对象或事物的本质特征；嘴要及时提问，挖掘的信息越多，参观的意义就越大。如此，才能"不虚此行"。需要注意的是，在参观前要制定详细的参观计划并设计好参观记录表。计划越完备，记录表越详细，参观所获得的有价值的信息就越多。参观计划的制订可参考调查或访谈计划来制订，相关内容可参见第七章和第八章。利用 6W1H 可编制参观记录表：

五台山佛光寺参观记录表

参观人：

参观日期：　年　月　日

Who	参观人员	
When	建造年代，历代修缮情况	
Where	位置	
What	参观对象的主要特征	
Why	参观对象主要特征之形成原因	
Worth	参观对象独特的参观价值	
How	参观顺序	

第三节　人物访谈记录与报告的写作

人物访谈记录与报告是以学生家庭生活、学校生活或社会生活中的"人物"为调查和访谈对象，就某一问题展开调查而撰写的调查作文。广义地讲，人物包括“人”与“物”，人物的访谈记录与报告应当包含对“人”的访谈和对“物”的访谈。中学语文教材中，在布置有关人物访谈记录与报告的综合实践学习任务时，普遍使用的是它的广义意义。如，让学生查阅相关资料，实地考察风景名胜、建筑设施，或走访本地博物馆和档案馆等。实际上，对风景名胜、建筑设施、博物馆和档案馆的实地考察，可以归到“参观记录”中。狭义来讲，人物访谈与报告，就是对“人”的访谈与报告。“人物”可以是当地名人，也可以是身边的亲朋好友，还可以是其他地方的人。现在网络这么发达，对远距离之外的人们进行访谈，已经根本不是问题。完成此类作文，关键就是选好“人物”。

一、人物访谈记录与报告的要素

生活中我们常说“某某真是一个人物”。那么，什么样的人才能称得上“人物”呢？一般地，具有某种鲜明特点的人、在某方面有代表性的人，或具有突出才能的人，总之，与众不同的人才能算得上“人物”。因此，人物访谈记录与报告的调查作文应阐明这几个问题，也是人物访谈记录与报告的要素：

(1)访谈的目的：通过本次访谈想要解决什么问题？

(2)访谈的主题：围绕什么主题来设计你的具体问题？

(3)样本的选择：为什么选择他/她？他/她的出名，主要表现在哪些方面？

(4)样本的事迹：他/她为什么出名？

(5)样本的影响：他/她对周围人、家乡或社会带来哪些影响？

(6)访谈的意义与价值：此次访谈有什么新的发现或新的收获？

二、访谈提纲

访谈提纲是为了实现访谈目的而设计的一系列问题或题目。高中语文教材必修上第四单元《家乡文化生活》的活动一“记录家乡的人和物”中，在“活动提示”中提到：[①]访谈中提出问题应具体明确，切忌笼统、含糊不清。可将问答变为交谈，使访谈气氛融洽一些。交流中要注意倾听受访人的看法，随时给予积极回应。访谈结束后要及时整理访谈记录，整合访谈内容，为后续的写作准备好基础材料。那么，问题怎么提？如何在访谈过程中进行追问？我们来看一个案例。

2020年9月1日，中央电视台新闻频道“面对面”播出了《钟芳蓉：心灵归处》这一节目。由央视记者对湖南省高考文科成绩第四名，以676分的高分报考北京大学考古系的留守女孩，“考古界团宠”钟芳蓉及她的妈妈进行了采访。

---

①中华人民共和国教育部.高中教科书·语文(必修上册)[M].北京：人民教育出版社，2019.

采访片段1：

采访人：央视新闻记者董倩（以下简称记者）

被采访人：湖南耒阳留守女孩钟芳蓉

记者：说要查分的时候你不查分，你说“我还想午睡”？

钟芳蓉：嗯。

记者：真的，为什么这么不关心分数？

钟芳蓉：不急。

记者：为什么不急？

钟芳蓉：要出来总会出来的。

记者：你有把握考高分吗？

钟芳蓉：没把握。

记者：那你还不急？

钟芳蓉：不急，我想再差，一本应该会考得上吧。

记者：当时考完以后，你觉得自己最差会怎么样？

钟芳蓉：我没对答案，感觉临场发挥有点糟。语文当时考得挺慌的，作文有很多涂改，有的段落都写错了，直觉大概会在600分以上。

这段访谈，寥寥几个问题就将钟芳蓉从容又自信的形象塑造出来。

采访片段2：

采访人：央视新闻记者董倩（以下简称记者）

被采访人：湖南耒阳留守女孩钟芳蓉的母亲刘小义

记者：知道女儿考得这么好的时候，你心里当时是什么状态？

钟芳蓉母亲刘小义：我感觉好像在做梦，很开心。当时我和同事在一起，就跟她分享了，我高兴得跳了起来。

记者：当时你马上联想到的是什么？

钟芳蓉母亲刘小义：我女儿终于有出息了，可以改变自己的命运了。

记者：什么叫改变自己的命运？

钟芳蓉母亲刘小义：过上好的生活，比我们的生活好。

记者：你理解的好生活是什么？

钟芳蓉母亲刘小义：我理解的好生活就是衣食无忧，让她以后不用像我一样。网上说她是留守儿童，希望她的孩子以后不会成为留守儿童，他们可以一家人开开心心地在一起。

这段访谈，记者以“你是怎么想的？”这个问题开始提问，抓住母亲“改变自己的命运”这个关键词，马上对母亲的人生信念又进行了追问。刘小义的回答既揭示了作为母亲听到女儿高考成绩时的真实反应，又反映出高考对农村留守儿童的非同寻常的意义，记者的提问功底非同一般。

三、访谈记录表

由被访谈人的基本信息、访谈提纲，以及访谈记录组成。具体形式可参见 216 页表 6－1。

第四节　语言课题调查报告的写作

语言课题调查报告是指以生活中客观存在的语言现象为研究对象，对语言文字的结构与功能、历史与演变、运用和发展等展开调查，进而揭示语言文字发展规律的一类调查作文。有关语言文字相关问题的学习与研究，应当是语文课程中的重要内容。《普通高中语文课程标准(2017 年版 2020 年修订)》中指出，语言文字是人类社会最重要的交际工具和信息载体，是人类文化的重要组成部分。语言文字的运用，包括生活、工作和学习中的听说读写活动，以及文学活动，存在于人类社会的各个领域。[①] 语言文字的运用，除了课标规定的以外，还应当包括对语言文字自身问题的调查与研究。

一、语言课题调查报告的要素

采用调查法、访谈法，针对某一语言现象或问题，搜集数据或资料，对语言现象进行剖析，获得有价值、有意义的发现，或者发现语言发展变化的规律，是语言课题调查的主要任务。语言课题调查的最终目的不是讲述一个关于语言文字的"故事"，而是倾向于向世人报告一个你的新发现、新的问题解决方案。因此，语言课题的调查报告应围绕调查地点和范围、调查时间、调查过程、收集和记录数据、整理调查数据、调查结论或者感受、由调查引发的思考或建议等几个方面展开，以实现调查目的。除此之外，涉及语言课题的调查作文，还应有题目、参考文献等。

二、案例分析

在写作中，一不留神，调查作文就会被写成其他类型的作文。比如，下面的这篇写成了童话。[②]

---

①中华人民共和国教育部. 普通高中语文课程标准[S]. 北京：人民教育出版社，2020.

②汪姝琪. 网络语言之是与非[J]. 新语文学习(小学作文)，2012(Z1)：33－34.

网络语言之是与非

最近，学校里刮起了一股零食风，同学们的口袋里、书包里、抽屉里都是大包小包的零食。老鼠大王听到这个消息，便浩浩荡荡地率领着他的鼠民们来到学校安家落户。

一天下课，小老鼠灰灰来到教室，听见一位同学说："楼上的……"灰灰心想：这楼上有什么好吃的吗？于是，他侧耳细听，只听几位同学在七嘴八舌地说，"是藕！""虾米！""大虾。""哇！"灰灰惊呼，"楼上有藕、虾米和大虾！那么多好吃的，我得告诉大王去！"于是，他赶紧跑回洞里，将听来的内容加上自己的猜想，一五一十地禀报给了鼠王。

……

过了一会儿，白白箭一般冲进来，大声叫道："报告大王，我听见一个小孩说他在盖楼，太古怪了！"联系上次灰灰说的怪事，鼠王觉得很是奇怪，便派出侦察连前去一探究竟。一周后，侦察连回来报告："大王，梅山一小最近刮起了一股歪风——用网络语言对话，不懂网络语言的人是听不懂的，您误会了灰灰。"鼠王心里一惊：我们要是不懂网络语言，岂不是找不到吃的，会被活活饿死？想到这里，他吓出一身冷汗，立即下了一道圣旨：高薪聘请会网络语言的鼠民，大力普及网络语言！

不久，一位名叫"小网虫"的田鼠来到老鼠洞内应聘，它还带了台笔记本电脑，来给鼠民们上课。这个消息一传十，十传百，鼠国的子民们纷纷来到田鼠这里学习网络语言，鼠国上下一时丰衣足食，国富民强。鼠国内，鼠民们也在用网络语言热闹地交谈着："筒子们好！""泥好！""886！""虾米""楼上的，又坐沙发啦？"这下可乐坏了梅山卖电脑、开网吧的老板们，他们的生意空前地红火了起来！

鼠国的史学家们也在奋笔疾书，把这一语言革命记载在了鼠国的史书上！

还有的在口头表达时只报告调查结果和结论，而没有将其他要素考虑进来。甚至调查感受，由调查引发的思考等也没有涉及。比如下面的这个调查：[①]

我发现电视广告中经常篡改成语、乱用谐音，如"衣见钟情""衣衣不舍""睛喜眼镜"……还有某电视广告中反复念着这样一句广告词："唯有'毒'品，让我上瘾。"听了让人吓一大跳，待仔细一看，才知道是："唯有独品，让我上瘾。"而其中的"独品"竟是一种洗发水……	首句点明调查结论。 "如"字后边列举了自己的调查结果。

让我们再来看两个案例。以下展示了两篇关于"春联"的作文，[②]第一篇叙述了一个关于调查春联的"调查故事"，第二篇算得上是一篇真正的调查作文。

①丁建华. 我是"语言规范小卫士"——"调查社会用字情况"语文综合实践活动案例[J]. 新作文(语文教学研究)，2016(5)：60－61.

②作文由江苏省苏州市工业园区娄葑第一中心实验小学教研主任王平宏老师提供。

关于春联的调查

寒假期间，我很快就把其他作业做完了，唯独只剩下那份“关于春联的调查报告”了。因为在这段时间里，我们刚刚搬了新家。我对新住进的小区还很陌生，总怕自己迷了路。

1月24日，我的朋友婷婷来到了苏州。她来了，我的烦恼也就消失了。玩了几天后，我便约了她一起到我们小区找春联。

28日，我们起得很早，开始了“调查春联”的行动。调查的第一家当然是我家喽！可是，我们发现我家门上只有一个大得不能再大的“福”字！唉，找遍了我们整整一栋楼，还是一副春联也没有找到。

我们这儿是新小区，还没有多少人入住。想到这一点，我就很失落。

“在想什么呢？别着急，这不才找了几家嘛！”婷婷安慰我。

我只能说“哦”！婷婷是个在任何时候都不会着急的人。

我们继续找，当找到第三栋楼的时候，我眼前一亮。106室门前有一副春联：“春风送暖，喜气临门。”我赶紧抄下来。

虽然第一天才找到了一副春联，但我觉得自己已经很努力了。

第二天，爸爸说带我去一个叔叔家玩。我赶紧问：“叔叔家远不远，要不要开车？”“哈哈，就在我们小区里啊！”爸爸笑着说。

“呃……”我傻眼了。

到了叔叔家里，我不禁兴奋地大叫起来：“哇，春联啊！”我立刻向叔叔借了一张纸和一支笔，把叔叔家的春联全都记了下来：

“物华天宝，人杰地灵。”

“福同时共彩，人并物皆春。”

“日子天天好，生活步步高。”

“忠厚传家久，诗书继世长。”

记录春联

这么多，叔叔家是不是卖春联的呀！我脸上堆满了笑容。

第三天，小区里开始有卖春联的了。这还是我和婷婷去楼下玩的时候发现的。我立刻回到家里取来了笔和纸，疯狂地记录下来：

“一帆风顺年年好，万事如意步步高。”

“一年四季行好运，八方财宝进家门。”

刚抄了两副，卖春联的老爷爷说：“小朋友，要买春联吗？”我和婷婷对视了一下，立马摇了摇头。“那你们？”老爷爷满脸疑惑。“我们想记一下这些春联，行吗？”我们征询他的意见。

“哦，没关系，你们抄吧！”

"谢谢……"

于是，我继续抄起来：

"春满人间欢歌阵阵，福临门第喜气洋洋。"

"春临大地百花艳，节至人间万象新。"

"福旺财旺运气旺，家兴人兴事业兴。"

……

刚好抄到第十条春联的时候，老爷爷摊上的春联正好被我们抄完。我们向老爷爷说了声"再见"后，就离开了。

第四天，我找了一圈还是没找到一副春联，正在丧气的时候，小区的保安竟挨家挨户地送春联来了。我打开送给我家的两副春联，一副写着："大顺大财大吉利，新春新喜新世纪"，另一副写着："占天时地利人和，取九州四海财宝"。

哈哈，得来全不费功夫。我的春联调查也顺利完成。

回想我调查的每家每户的春联，我的感受是：大家在新的一年里，都有了各自的新目标。当然，新年的快乐气氛也从春联中洋溢出来了。

抄了很多春联，但没有对春联进行分析。

有学生对所获取的春联的资料进行了排序和分类，写出了这样的调查作文：

关于春联的调查

今年春节期间，趁着跟随爸爸妈妈串亲戚的机会，我也做了一次关于春联的调查。

我总共记录了十二副对联，发现它们可以归结为三种类型。

第一类是辞旧迎新，庆祝春节的。一般贴在院子的大门上。比如，姥姥家的大门上贴着："旧岁又添几个喜，新年更上一层楼。"横批："辞旧迎新"。同样是"辞旧迎新"的横批，姥姥的邻居家贴的春联是"声声辞旧岁，红梅朵朵迎新春"。另一家贴的是"爆竹声声陈旧，桃符代代更新。"还有春联"辞旧岁岁岁如意，迎新春春春快乐"，还有一家的横批是"辞旧迎春"，而另外一家的横批变成了"新春快乐"。

第二类是祝福的。一般贴在房子的大门上。比如，叔叔家的房门上贴着："福旺财旺运气旺，家兴人兴事业兴"。横批："喜气迎门"。他家的对门，贴着："欢天喜地度佳节，张灯结彩迎新春"，横批："家庭幸福"；正对叔叔家的楼下，贴着："一年四季行好运，八方财宝进家门"，横批："家和万事兴"。

第三类是恭喜发财的。一般贴在商店、饭店的大门上。比如，舅舅家开了一个小卖部，在小卖部的大门上，贴着这样的春联："一帆风顺吉星到，万事如意福临门"。横批是"财源广进"。紧挨舅舅家小卖部的两家商店，一家的春联是"生意兴隆通四海，财源茂盛达三江"，另一家贴的是"年年顺景财源广，岁岁平安福寿多。"横批是"吉星高照"。

另外，我在姑姑家的院子里，还发现了许多粘贴在鸡窝、猪圈、牛棚上的小春联。比如，猪圈的栏杆上，贴着“天狗驱寒尽，宝猪带暖春”的对联。是呀，我们人类要过年，动物也要过年。

在抄写春联的时候，我常常会把上联和下联弄颠倒。如何区分春联的上联和下联呢？还有，为什么春联要有横批？横批与上联和下联有什么关系？还有，只有我们中国人才贴春联吗？……

这次调查，让我对春联有了初步认识。也激发起了我研究春联的兴趣。

同样是调查春联，第二篇和第一篇对所获取的春联资料进行不同的处理。第一篇停留在“记录”“抄写”上，第二篇则将春联看作研究对象，进行充分分析。从第二篇作文中，可以清晰地看出春联调查的地点和范围、时间、过程、数据整理的结果，以及结论和感受。其中，作者用很大的篇幅去展示和报告自己的“新发现”：从十二副对联中发现它们可以归结为三种类型——辞旧迎新庆祝春节类春联、祝福类春联、恭喜发财类春联。除此之外，作者还通过鸡窝、猪圈、牛棚上的春联发现了一个有趣的现象，那就是动物也要过年。文章的最后，作者又提出了许多疑惑。其中，“如何区分春联的上联和下联呢?”“为什么春联要有横批?”“横批与上联和下联有什么关系?”这些问题真正涉及语言学的问题，小作者已经想到了。他必定会在未来的某一个时刻主动地去钻研这些问题，直到全部弄懂。这样的自主学习，正是调查作文的魅力所在，也是调查作文与惯常作文最大的区别。从这篇调查作文中，可以看出小作者已然跳出了原始资料的束缚，从大量的春联中，发展出了明确的概念，提出了自己对春联所折射出的人文社情的看法和观点。这些观点虽显稚嫩，但这却代表了这个年龄阶段儿童对社会的认知能力和认知水平。而这，恰恰体现了调查作文与讲述春联的故事之间的本质区别。

三、调查记录表

统编版七年级(下册)综合性学习“我的语文生活”中，安排的第一个活动是“正眼看招牌”，要求学生调查商店招牌用字不规范、有错别字，或者汉语拼音有错漏等毛病。[①] 教材安排了两个步骤“调查访问”和“整理交流”。其中第一个环节中，让同学们分成若干个小组，每组各选择一条街道，记录下所有商店招牌。留意招牌中有无错别字，是否违反书写、拼音的规范等。若有类似现象，请记录下来，向店主反映。在第二个环节，还是让学生以小组为单位，设计一个统计表，整理、统计数据。在小组间进行交流，补充、完善自己的资料。接下来，各小组合作将记录下来的招牌按照经营范围进行分类。比如，杂货店类、饭店类、书店类、服装店类、饰品店类等。再对各类商店的语言特点进行分析，之后选择一个你认为设计得最好的商店招牌，在全班交流，说说你对这个招牌的评价。

教材设计的这个调查活动，初看很完美，但是，有以下问题不能避免：第一，小组活动要求一个

---

①中华人民共和国教育部.义务教育教科书·语文(7～9年级)[M].北京：人民教育出版社，2018.

小组记录一条街，这就意味着每个人要负责一条街的某一段，每一个人都需要记录这一段的商店用字情况，都需要一个个人调查记录表，而教材中没有给出，难免影响调查的实施。第二，小组调查需要对小组每一个成员的调查结果进行汇总，教材中没有设计信息汇总表，容易使小组调查流于形式。第三，在“调查访问”环节让学生留意招牌中有无错别字，是否有违反书写、拼音的规范等现象，在“整理交流”环节又让学生对各类商店的语言特点进行分析。这样的任务布置不清晰，究竟是记录语言使用不规范现象还是记录语言使用规范现象？第四，活动的最后是让学生选择一个自己认为设计得最好的商店招牌，在全班交流，并对这个招牌进行评价。什么是好的商店招牌？从哪些方面来评价？如果教材能给予提示，会大大提高活动的效率。

本活动的关键是记录商店招牌，因此，根据活动目标，可以设计如下的两个调查表。第一个用于个人调查，[①]表格中包括四个项目。第一列是调查商店的名称，可以匿名记录，也可以用数字来替代，还可以实名记录。第二列是广告或招牌类型，能反映商店的经营范围。第三列是招牌用语，要一字不差地记录招牌上的文字。第四列是用语类型。店铺的广告用语大体包括两类：规范用语和不规范用语。规范用语要找亮点，不规范用语要分类型。在开始调查时，可以查阅文献，了解店铺招牌用语中常见的用语情况。也可以先以某一条街为样本，分几个人去看看，收集回来信息以后，再对这些信息进行分析，得出店铺用语有几种情况或结果。然后，使用编码技术将结果进行分类。如，“GF”代表“用字规范”；“BGF”代表“不规范用字”。其中不规范用字又包括以下几类：“L”代表“乱改、乱造、乱用成语”，“C”代表“错别字”，“P”代表“汉语拼音拼写错误”，“Q”代表“其他”，见表8-4。

表8-4 ×××店铺招牌用语调查记录表

店铺名称	广告类型	招牌用语	用语类型	店铺名称	广告类型	招牌用语	用语类型
1	月饼广告	盒情盒礼	L(合情合理)	2	服装广告	衣鸣惊人	L(一鸣惊人)
	电信广告	全省慢游	C(全省漫游)		网吧广告	一网情深	L(一往情深)
	食店广告	大吃一斤	L(大吃一惊)		发廊广告	奇丝妙想	L(奇思妙想)
	闹钟广告	一见钟情	GF		手表广告	一表人才	GF
	装潢店广告	装璜	C		家具店广告	傢俱	C(家具)
	茶庄招牌	CHA ZHANG	P(Cha Zhuang)		科技创新	KE JI CHUANG XING	P(Ke Ji Chuang Xin)
	小吃铺招牌	XI'AN	P(Xi'an)		新华书店	XIN HUA BOOKSTORE	Q

注：GF＝用字规范；BGF＝不规范用字。L＝乱改、乱造、乱用成语；C＝错别字；P＝汉语拼音拼写错误；“Q”＝其他类型

①张秀芳，薛红艳．浅谈商店、招牌等规范用字问题[J]．安阳师范学院学报，2012(3)：114-117.

小组交流时，需要一个小组调查汇总表，对每个人各种情况的数量进行统计。表格设计如表8－5所示。

表8－5　×××街道店铺招牌用字情况调查汇总表

调查人	规范用字店铺	不规范用字店铺				合计
		L	C	P	Q	
合计						

全班汇总时，可以将“调查人”改为“调查小组”，其他不变。

使用以上记录表，学生就可以一边记录，一边对不规范用字和规范用字情况进行分析和归类。依据此原始记录，再撰写调查作文。有了统计表，再开展小组交流和全班交流，就不会流于形式。

本章小结

本章内容为观察、参观、访谈和语言类调查作文的写作，着重介绍观察日记、参观记录、人物访谈记录与报告、语言类调查报告的写作要素、格式等。第一节观察日记的写作中，在论述观察是科学研究和人类认识世界的最基本方法的基础上，指出文学性和纪实性两种不同风格的观察日记的不同，提炼出观察日记的格式，并将观察日记划分为记录型和文章型观察日记两种类型。接着，介绍观察日记的要素和观察记录表，这也是撰写观察日记最为关键的内容。最后，对观察日记因何而成为最基础、最基本的调查作文进行详细分析。第二节参观记的写作中，概述参观记的类型、要素，提供参观记录的样表。第三节人物访谈记录与报告的写作中，介绍要素和访谈记录表。第四节语言课题调查报告的写作中，在介绍其要素的基础上，通过对语言课题调查作文的案例进行分析，阐明语言课题调查报告与关于语言课题调查的故事的不同。最后，提供调查记录表。四节内容中，都提供了中小学生的写作范文。第一节中还提供了蚕的生活史观察示例。从理论到案例的深刻剖析，力图破解调查作文的写作密码。

思考题

1.一篇结构完整的观察日记包括哪些要素？为什么说观察日记是最基础、最基本的调查作文？

2.参观记与游记有什么区别？如何避免将参观记写成游记？

3.人物访谈记录与报告的写作要素有哪些？

4.语言课题调查报告的要素有哪些？如何在纷繁复杂的语言现象中找到研究问题？

第九章 自然科学调查报告的写作

章节提要

本章探讨自然科学研究论文，包括实验报告、科学调查报告、小制作论文的写作，介绍其要素、写作要求，并安排有实例分析。从理论到案例分析，力图阐明这一类型调查作文的写作密码。

学习目标

1. 明确自然科学研究论文的写作要求。
2. 概述实验报告的基本要求与要点。
3. 描述科学调查报告的基本要求与要素。
4. 说明小制作类论文的基本要求。

自然科学是指以无机自然界和包括人在内的有机自然界为研究对象的各门科学的总称，它包含了许多研究领域。其任务在于以科学的研究方法认识自然界各种物质的存在形式、运动过程、自然属性等特征，揭示隐藏在自然现象背后的客观规律。如生物学是以有生命的有机物体为研究对象，揭示生命起源、进化、遗传与变异、繁殖与适应等自然规律；化学是以无生命的无机物体为研究对象，揭示物质存在的形态、属性、变化规律等自然规律；物理是以物质世界为研究对象，揭示物质最基本的结构、最普遍的相互作用，以及最一般的运动规律。

近年来，自然科学研究呈现出跨学科的研究趋势。中小学阶段学校里面开展有多种类型需要学生亲自动手和亲身体验的科技活动，如观察（观测）、实验、饲养和种植、科技参观、访问、考察、调查活动、科技制作和工艺活动、小发明与小创造活动等。因此，中小学自然科学研究论文包括科学观察日记、科学实验、科学调查报告，以及记述运用科学原理或技术的小制作、小发明或小创造研制过程的小制作类论文。

第一节　自然科学研究论文的写作要求

一、自然科学研究论文的写作要求与类型

自然科学研究论文是指叙述通过观察、科学实验所获得的重大发现，或科学理论知识的重大发展，或已知科学原理在实际应用上的重大进展。因研究对象的客观性，自然科学研究具有可重复性、精确性和客观性。表达自然科学研究成果的论文，在写作上也具有了与文学艺术作品不同的要求。

美国学者罗伯特·巴拉斯认为，科技写作应该满足以下10项要求：①

1. 切题。指科技论文需合乎主题，适合特定读者的阅读，并切合社会发展需要。

2. 均衡。论文需显示问题的各个方法均受到了关注，内容协调。

3. 简洁。对读者表达思想时，不多用一个不必要的字、删去不需要的细节。

4. 一致性。在使用数字、名称、所写和符号方面前后一致，在拼字、标点，以及术语使用方面也不会出现矛盾之处。

5. 控制性。文章内容的组织需要仔细地加以考虑，如文章内容的编排、表达和时序，需以预定的意图影响读者。

6. 趣味性。要能吸引读者的注意力。

7. 说服力。要通过提出有力的证据，使读者信服。

8. 精确性。通过计算或精确的测量尽可能恰当地提出严密的定义。

9. 真诚。写作态度坦率、诚挚、谦逊，而不哗众取宠。

10. 和谐。全文浑然一体并紧凑。

这些要求同样适用于中小学自然科学研究论文。

二、自然科学研究论文的定义、语言特点与类型

严格来讲，自然科学研究论文是指采用科学术语和抽象词语，对自然现象和规律进行记录、描述、说明和传播的学问文章或学术性论文。具有用语准确、明白、平实、简洁、严密和顺畅的语言特点。② 自然科学学术性论文最大的特点就是大量使用科学术语。所谓科学术语，是指在科学技术发展的过程中形成的专门词语。它脱胎于日常词语，又不同于日常词语，是

---

①罗伯特·巴拉斯.科技写作指南[M].李令遐，译.北京：原子能出版社，1984.

②王绍汉.自然科学学术论文的语言特点和要求[J].山东轻工业学院学报(自然科学版)，1988(3～4)：112－116.

由某一领域的专业人员或专家所创造，将反映事物本质、规律等的概念用专门的词语固定下来，对这些概念予以记载、传播、使用而形成的科学术语。中文语境中，科学术语使用的文字都是日常文字，一个人即使没有读过高中或大学，也能认得这些词语，可能会猜出它的含义，但不会知道其真正的学术含义。英语语境中，科学术语与日常用语有很大的区别。如果没有读过大学，是认也不认识这些词语的。GRE 是 Graduate Record Examination 的简称，是美国教育考试中心提供的研究生水平考试。中国学生戏称其为 God Reads English，指连上帝也感觉头疼的一种考试。它的词汇量一般应当在 10000～15000 之间，是六级考试词汇的两倍还多。很多都是冷僻的词汇、晦涩的词语，涉及病理学、语言学、诗体论、岩石学、地形学、气象学、生理学等多个学科。这些词汇却是研究生阶段经常会使用的，涉及科学领域的词汇就属于科学术语。因此，严格意义上的自然科学研究论文指的就是采用科学术语撰写的自然科学研究学术论文，一般发表在专业期刊上，如国际顶级研究杂志《自然》(Nature)、《科学》(Science)等。这些学术论文一方面向科学学术共同体内的成员报告自己的研究发现，另一方面也供其他研究人员学习、参考和研究。

我国历史上第一篇在国际顶级期刊上发表的自然科学学术论文，是由马来西亚华侨、英国剑桥大学的博士、现代医学先驱伍连德(Wu Lien-the)教授及其合作者于 1913 年 8 月 23 日在第 182 卷 4695 期 Lancet(《柳叶刀》)杂志上发表的。题目是 Investigation into the relationship of tarabagan (Mongolia marmot) to plague(《蒙古旱獭与鼠疫关系的调查》)，报告了 1910 年东北大鼠疫的防疫成果。伍连德不仅是中国卫生防疫最早的倡导者、组织者、实践者，还倡议成立了中华医学会，并创刊《中华医学杂志》。他亲任总编辑，在创刊词中寄语："观国之盛衰，恒以杂志为衡量，杂志发达，国家强盛"。[①] 2015 年，我国著名中医药学家屠呦呦凭借第一个解决青蒿素提取温度，发明青蒿素衍生物双氢青蒿素等多项成果获得诺贝尔生理学或医学奖。她的青蒿素论文在中国知网都可以查阅。根据中国科学技术信息研究所发布的 2018 年中国科技论文统计结果显示，2017 年中国学者在 7 种被引次数超过 10 万次且影响因子超过 35 的国际期刊上发表 8259 篇论文，占世界总数的 15.1%，发文数量排名前进到世界第 4 位。[②] 历经百年，我国的科学研究的水平和质量都得到长足的进步。

中小学阶段，学生的主要任务是在学校和教师的引导下，积累和学习科学术语，利用科学术语构建和掌握科学概念、科学原理和科学规律，而不是进行科学研究和科学发现。自然科学学术论文对写作者的科学素养、研究条件与方法等有较高要求，不是说想写就能写得了的。相比社会科学调查研究，自然科学学术研究不仅对个人的专业知识要求很高，而且对仪器设备、材料方法等的要求也很高。因此，即便是科学教育发达的国家，大都不倡导一般学

①伍连德. 医学杂志之关系[J]. 中华医学杂志，1915，1(1)：1－2.

②叶雨婷. 我国在国际顶尖学术期刊发表论文数量位居世界第四[EB/OL]. (2018－11－01). [2021－04－27]. http://shareapp.cyol.com/cmsfile/News/201811/01/share/45559.html.

生撰写自然科学学术论文，而只是鼓励个别学有余力、有科学学术发展潜力的学生在教师指导下开展一些科学研究，撰写学术论文。对绝大多数学生则要求结合课程学习，运用科学研究方法做一些力所能及的观察、实验和调查，撰写观察日记、实验报告、科学调查报告，以及小制作类论文。本章将详细介绍后三者的写作。

三、自然科学学术论文的一般结构

在我国，一般在大学的毕业阶段才开始学习撰写自然科学学术论文，毕业时需向学校提交毕业学位论文。到研究生时，才会系统学习如何撰写自然科学学术论文。因此，这里仅简要介绍自然科学学术论文的结构，而不涉及各部分的详细内容。按照论文的学术创新程度，自然科学学术论文可以划分为两种类型，一类是报告自己研究成果的原创性研究论文。除作者及其单位以外，这类学术论文是由题目、摘要、关键词、正文、致谢、参考文献，以及英文摘要组成。其中正文部分包括引言、材料与方法、结果与讨论和结论。如付巧妹等人撰写的《河南淅川沟湾遗址农业发展方式和先民食物结构变化》，[①]利用C、N稳定同位素分析方法，对出土于河南淅川沟湾遗址的人骨分析，发现粟作农业并不占据主要地位，稻作农业和粟作农业对先民食物贡献基本相当。一类是对已有研究成果进行综合分析的综述性或荟萃分析论文，包括题目、摘要、关键词、正文、参考文献、附录。如《古DNA探秘东亚人群演化图谱》就是一篇综述，通过对课题组所开展的东亚人群古基因组研究进行梳理和总结，系统阐述古DNA所绘制的东亚数万年来人群的遗传演化图谱，并对该领域的未来发展趋势予以探讨和展望。[②] 两类学术论文都含英文摘要，由英文的题名、作者及工作单位、摘要标题Abstract、摘要内容、英文关键词标志Keywords、关键词内容组成。

第二节　实验报告的写作

一、实验报告的概念与主要内容

简单说，实验报告就是对观察和实验研究过程各项工作及其进展、结果的记录。包括日期、时间、材料、方法和数据等，其主要内容包括：引言（前言）、材料与方法、结果、讨论与结论、参考文献。[③] 下面就各部分内容做介绍。

---

①付巧妹，靳松安，胡耀武，等.河南淅川沟湾遗址农业发展方式和先民食物结构变化[J].科学通报，2010，55(7)：593－599.

②付巧妹.古DNA探秘东亚人群演化图谱[J/OL].科学通报：1－12[2022－12－25].http://kns.cnki.net/kcms/detail/11.1784.N.20220902.1532.008.html.

③罗伯特·巴拉斯.科技写作指南[M].李令遐，译.北京：原子能出版社，1984.

引言：指阐明为何要进行该实验。也可以概述研究的对象、意义，以及实验目的(动机)。

材料与方法(步骤)：尽量详细，使有相同经历和受过相同训练的人能利用你所列举的材料、方法或步骤重复这些观测并获得相似数据。

结果：对所观测的事物的说明或对实验现象的描述，并包括对数据(如正文中的图表或统计资料)进行分析的结果。对结果的表述，可以用文字叙述，或图画图示，也可以使用图表。

讨论与结论：讨论部分是你对实验结果的解释，也可提及由他人发表的有关研究成果，并可以将你的研究成果与他人的进行比较。最后列出结论，每一项结论编上号予以分别阐述。

参考文献：需要按照一定的格式列出报告所引用或参考过的文献。

二、实验报告示例

小瓶能“吞”蛋吗？①

（实验名称）

现实生活中有很多看似不会发生但却能实现的现象，煮熟的鸡蛋是我们日常生活中常见的物体，它能进入口径比它小的瓶子里吗？今天就让我们一起来见证一下这奇妙的时刻。

（导言）

准备小口瓶(比鸡蛋稍微小一点)、皱纸、打火机和一个煮熟的鸡蛋。先点燃皱纸，小心地把它放入瓶内；然后立刻把煮熟的鸡蛋放在瓶口上，观察现象(之后剥去鸡蛋皮)；再次点燃皱纸，小心地把去皮(壳)的熟鸡蛋放在瓶口上，观察现象。

（材料与步骤）

结果显示：

(1)煮熟的鸡蛋不能进入燃纸的小口瓶内；

(2)煮熟去皮(壳)的鸡蛋不能进入小口瓶内；

(3)煮熟去皮(壳)的鸡蛋能进入燃纸的小口瓶内，如图1和图2所示；

（结果）

图1

图2

（图示，使实验更直观）

讨论与结论：

从上述实验，我们可以看到煮熟去壳的鸡蛋被一只“看不见”

（讨论）

---

①乔治·C.洛比尔.中学科学活动设计与示范[M].戴儒光，等，译.北京：华夏出版社，2003.

的“上帝之手”压入瓶中，而未去壳的鸡蛋却顶住了“上帝之手”的压力。这是为什么呢？“上帝之手”究竟是什么呢？

结论

皱纸在小口瓶内燃烧以后，使得小口瓶内的空气受热，于是部分热空气便会沿着鸡蛋与瓶口的空隙冒出小瓶。当燃纸烧尽，瓶内的温度骤减，气体压力随之骤减。但是，鸡蛋上面和各边的空气压力却保持不变。没有去壳的鸡蛋，由于外壳坚硬有力，外部空气压力不足以使它变小。而去掉外壳的鸡蛋，把瓶口封得很严密。“上帝之手”——外部大气压力作用在鸡蛋上面，将鸡蛋压小，于是鸡蛋看起来就好像被瓶中的热空气“吸”进瓶中。

这个实验证明了大气压力的存在。

提出进一步研究的问题

那么，如何把瓶里的鸡蛋弄出来却又不弄碎它呢？

三、实验报告示例

下面的实验报告选自日本光存图书株式会社昭和50年版的《中等新国语》(第一册)，[①]是一篇由学生撰写的范文。

水引起的火灾

一、实验动机

我喜欢阅读科技书刊，一有空就看，有一天读了一本儿童科学杂志，杂志上有这样一件有趣的报道：

塑料屋顶的房子里突然起火了，经过调查，不像是由于漏电、吸烟，或有意纵火造成的。到底是什么原因呢？人们仔细地观察了现场，忽然，有人发现在半透明的塑料屋顶上有一汪积水。这里早晨下了雨，后来天就晴了。是不是屋顶那一汪水受到阳光照射，起了凸透镜的作用，聚焦了光线而引起了火灾呢？于是，人们做了多次试验，结果确定，火灾确实是由屋顶的积水引起的。

我读了这篇报道，对此产生了强烈的兴趣，于是和高桥一起进行了实验研究。

二、实验的目的

(1)附着在透明塑料板上的水，在阳光照射下是否能起透镜的作用。

(2)如果能起透镜的作用，又是怎样引起火灾的。

三、实验准备

(1)透明的塑料薄板约一平方米。

(2)四角形木框约八十平方厘米。

① 中等新国语[M]//北京外语学院附中国外语文教学研究组．日本中学语文教学[M]．福州：福建教育出版社，1982.

(3)一把稻草。

(4)自来水两千克。

(5)竹竿两根。

(6)卷尺、温度计、墨纸、消防水一桶。

四、实验经过

选择一个晴天,在午后日光最强烈的时候,观察稻草的燃烧情况,并做好必要的准备。

1. 实验装置的制作

先做木框,然后把透明塑料板钉在木框上,用线绳把带塑料板的木框吊在竹竿上。把水滴在塑料板中间,并注意使它聚成一汪,最后把稻草捆成一束,放在下面。准备完毕。

2. 实验

七月八日,正是梅雨期的晴天,十一点钟已经做好准备,但由于吊竿摇动,焦点找不准,正在费尽心思调整透明塑料板时,太阳移到正南位置,光线从板子中心附近射入,我们心里都很高兴,心想"准能成功"。十一点四十分,焦点聚合在一起,测量焦距为一米零十五厘米,当时的气温为三十一度。

3. 观察燃烧的情况

(1)最初,在焦点位置上放一张墨纸,纸慢慢烧焦了,冒了烟,过了一分钟出现火焰,我们弄清了透明塑料板上的水能代替透镜。

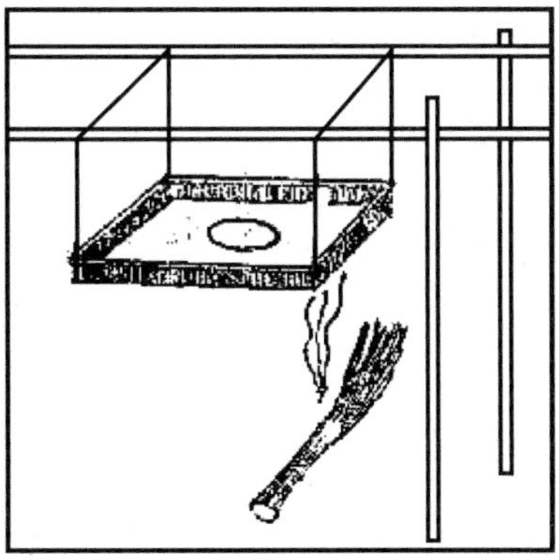

(2)接着我们观察了稻草的燃烧情况,与焦点吻合后一分钟,稻草开始冒烟,发焦,被烧焦的部分逐渐扩大,五分钟后起火,但还不是燃烧状态。再过五分钟,稻草起了火焰,这是在与焦点吻合后十分钟发生的。

这样,我们就搞清楚起火的原因是屋顶的积水。

五、总结反省

(1)实验的装置虽然不难做,但由于用绳子拴的木框不稳当,费了半天劲才找到焦点,而且在调整绳子时,水容易流散。所以我们想应该把木框固定住,把稻草放在可以调整位置的台子上，让稻草与焦点吻合。

另外，如果不光用自来水，而用雨水、脏水等，不用塑料板，而用各种形状的容器，这样也许会发现更多的东西。

(2)在研究中，我们弄清水可以引起火灾的原因，进一步推想，其他可起透镜作用的东西也同样隐藏着危险，如椭圆形的鱼缸，汽车挡风玻璃上的吸盘，在阳光照射下都可能引起火灾，对此，我们一定要给予充分注意。

第三节　科学调查报告的写作

一、科学调查报告的概念与主要内容

科学调查报告，指对基于科学调查研究的各项工作及其进展、结果的记录。其主要内容包括：引言（前言）、目的（意义）、研究方法、结果、分析与讨论、结论与建议、参考文献。下面就各部分含义作以解释。

引言：阐明为何要进行该项调查。

目的（动机或意义）：阐明研究的对象、意义，或问题。

研究方法：包括研究工具、样本和研究过程。要尽量详细，使有相同经历和受过相同训练的人能利用你所列举的材料、方法或步骤，重复这些调查并获得相似数据。

结果：对所调查样本状况的说明，包括对数据（如正文中的图表或统计资料）进行分析的结果。对结果的表述，可以用文字叙述，图画图示，也可以使用图表。

分析与讨论：分析与讨论部分着重对调查结果进行综合分析和讨论，并可以与他人的研究成果进行比较。

结论与建议（结语）：有些科学调查报告，结果显示的材料清晰客观，归纳这些材料即可得到调查结论。每一项结论编上号予以分别阐述。根据研究结论对相关部门提出一些意见，或对调查做一个总结。

参考文献：按照一定的格式列出报告所引用或参考的文献。

二、示例（一）

《牛朱别川的污染和鱼的生活》选自日本光村图书株式会社于昭和52年出版的《中等新国语》（第三册），[①]也是一篇由中学生撰写的学生作品。

牛朱别川的污染和鱼的生活

[前言]在校歌里被唱为“清清流水”的牛朱别川，最近变得乌黑而浑浊，连鱼都很少见到

① 中等新国语[M]//北京外语学院附中国外语文教学研究组. 日本中学语文教学[M]. 福州：福建教育出版社，1982.

了。我们理科俱乐部为了查清原因，进行了为期十个月的调查研究。现将调查结果报告如下。

一、研究动机

在校歌里被唱为“清清流水”的牛朱别川为什么浑浊了？以前为数很多的鱼为什么稀少了？据说这和造纸厂的纸浆废液有很大关系，因此，我们想尽一些中学生的力量，查明这个问题。

二、研究内容

我们首先从调查牛朱别川过去和现在鱼的生活状况入手。

1. 牛朱别川鱼的生活状况

(1)文献中所记载的牛朱别川的鱼类。

我们查阅了《旭川市史》《洞旭川街史》等文献得知，过去在牛朱别川生活的鱼类大致包括：香鱼、鳟鱼、石斑鱼、大马哈鱼、嘉鱼、鲫鱼、鲤鱼、丁斑鱼、杜文鱼等几种鱼。

(2)在访问中了解到的牛朱别川鱼的生活状况。

我们邀请了六十位上了年纪的钓鱼爱好者进行调查，了解河水在被污染以前在牛朱别川能钓到哪些鱼，通过调查我们得知那时有鳟鱼、石斑鱼、大马哈鱼、鲫鱼、丁斑鱼、泥鳅、虹鳟等几种鱼。

(3)通过实地调查知道牛朱别川鱼的生活状况。

我们按下图所示选择了A、B、C、D、E、F六个调查地点，每个地点设置两根钓竿，每两小时钓四次，钓饵用的是绿豆蝇的幼虫。

调查结果：在纸浆废液出口的上游E、F两个地点，钓到了石斑鱼、泥鳅，在下游的A、B、C、D四个地点没有钓到任何鱼类。

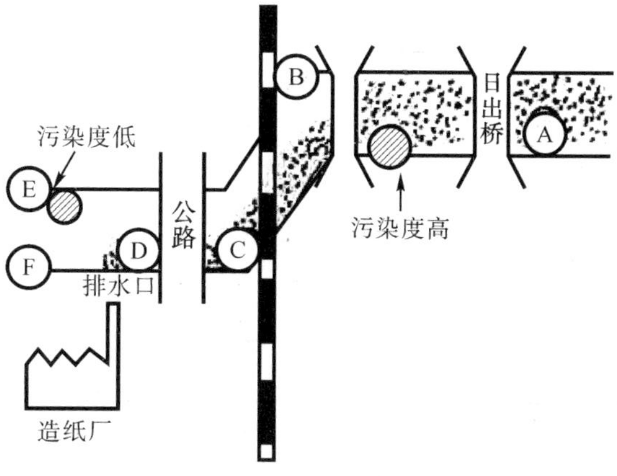

2. 牛朱别川的水质

于是，我们决定调查对鱼生存有很大影响的河川的水质。

首先，我们访问了市机关——公害科，询问了到目前为止市里对牛朱别川水质检查的结果。接着，到保健所请他们在水质分析方面给予指教。我们用学来的办法，对从图中所示的A、B、C、D、E、F等几个地点取来的水样进行了分析，其结果在颜色、脏物、气味、水温氨性氮、有机物、浮游物、pH、金属离子等各项中，A、C、D三个地点的污染程度极高，E、F两个地点的污染程度较轻，而B点的污染程度则介乎两者之间。

由此可见，造成牛朱别川污染的原因之一是纸浆废液。

3. 纸浆废液和鱼的生活

那么，纸浆废液对鱼的生活到底产生了哪些影响呢？我们进行了如下的实验。

方法是在废液流出的地方(D点)和不受废液影响的地方(F点)分别放置养鱼的筐子，每只筐子里放上十几条泥鳅和七条石斑鱼。每隔一段时间观察它们的情况。结果，沉在F点的鱼没有丝毫变化，而沉在D点的泥鳅马上把嘴伸到水面上来，翻着肚子，动作迟钝，六个小时以后全部死亡。石斑鱼在一个半小时之内还朝着水流方向游动，此后急剧变弱，五个小时之后全部死亡。

4. 废液与鱼的死因

我们以纸浆废液作为鱼儿死亡的前提条件，设立：①水中氧气不足；②高水温两个假说，然后加以验证。

方法是在四个(A、B、C、D)筒形容器中分别装入1公升纸浆废液，并在每一个容器中放入石斑鱼三条，泥鳅五条。

A容器：注入氧气，把水温降到15℃(等同于河水的温度)。

B容器：不注入氧气，把水温降到15℃。

C容器：注入氧气，保持原水温25℃。

D容器：不注入氧气，保持原水温25℃。

(实验方法，见表1)

表1　实验方法

条件 容器	注射氧气	降低水温
A	√	√
B		√
C	√	
D		

然后，在四个小时之内观察记录。从A和B以及C和D中分析鱼的死因是否与氧气有关；从A和C以及B和D中分析是否与水温有关。

(实验记录见表2)

表 2 实验记录

时间＼废液	A	B	C	D	
				石斑鱼	泥鳅
1	↓	无变化 活动减少 ↓		↓ 无变化 ↓	↓ 无变化
2	无变化 ↓	↓	无明显变化，但活动能力比 A 弱 ↓	两条露出鼻子 ↓ 全部衰弱 ↓	一条腹部向上 一条身体横斜 ↓ 四条仰面向上 ↓
3	↓	三条泥鳅露出腹部 ↓	↓	一条死亡 ↓ 又一条死亡 ↓	一条死亡 ↓
4	↓	↓	↓	↓	两条死亡 ↓

由此可见，鱼不能在废液中生活，其主要原因是水中氧气不足。此外，从 C 和 D 看高水温在某种程度上也给鱼的生存带来一定困难。

三、结论

1. 现在生活在牛朱别川的鱼类与河水还清澈时相比已经变得非常少了。

2. 牛朱别川污染的最大的原因是纸浆废液。

3. 在浓纸浆废液流动的地方，石斑鱼和泥鳅无法生存。

4. 在纸浆废液中鱼之所以不能生存，是因为水中氧气不足和水温太高。

通过这次研究，我们了解到河川的污染会给鱼类的生活造成重大影响。但是，据报道，最近，关于净化纸浆废液的研究正在取得重大进展。鱼儿和我们都在盼望着牛朱别川能够重新变成一条“清澈流水”的河。

三、示例二

关于汾河源头与汾河太原段（漪汾桥段面）水质对比的调查报告

一、目的与意义

汾河隶属于黄河水系，全长 710 千米，是贯穿山西省最长的一条河流。汾河发源于宁武管涔山，经静乐县进入太原市境内。在历史上就为太原的发展及人民生活发挥了巨大的作用。到了现代，为社会主义现代化的建设起了不可忽视的作用，为农业、工业、居民用水等提供了必要的水源。

为了了解太原市内汾河水质的污染状况，为使母亲河——汾河有一个新的面貌尽一点微薄之力，太铁一中高二年级于1999年4月24日—1999年5月2日对汾河水质进行调查与分析，并写下此调查报告。

采样与分析

我们于4月24日在宁武管涔山雷音寺采集400毫升汾河源头水，又于4月27日在太原漪汾桥下采集400毫升汾河太原段漪汾桥段面水，并将两个水样送交太铁防疫站进行水质检测。

三、结果

1. 两种水样的外观比较，见表1。

表1 两种水样的外观指标对比一览表

水样	项目						
	色度	浑浊	气味	肉眼可见物	pH	挥发酚类	石油类
汾河源头水	<3℃	<3℃	无异味	无	8.06	—	0.6
漪汾桥段面	>3℃	>5℃	有异味	有沉渣	7.53	0.004	2.8

2. 两种水样化学需氧量(COD)、悬浮物及金属离子含量比较，见表2。

表2 两种水样化学需氧量、悬浮物及金属离子含量比较一览表

水样	项目						
	COD	悬浮物	铁	锰	镉	铅	铜
汾河源头水	9.3	—	0.10	0.05	0.002	0.0125	0.05
漪汾桥段面	55.6	97	0.05	0.025	0.004	0.0125	0.05

3. 两种水样水质与国家标准比照

将两种水样水质的检测结果与国家标准进行比照(表3)，国家标准采用国家环保局规定的六级水分级数值并结合地面水环境质量标准(GB3838－88)(表中Ⅲ为尚清洁，Ⅳ为污染)。

表 3 两种水样水质与国家标准的比较(单位:mg/L)

项目	项目									
	汾河源头水样					漪汾桥段面水样				
	实测数据 mg/L	标准(Ⅲ类)	超标倍数(Ⅲ类)	标准(Ⅳ类)	超标倍数(Ⅳ类)	实测数据 mg/L	标准(Ⅲ类)	超标倍数(Ⅲ类)	标准(Ⅳ类)	超标倍数(Ⅳ类)
挥发酚	—	0.01	—	0.1	—	0.004	0.01	—	0.1	—
COD	9.3	15	—	50	—	55.6	15	3.71	50	1.12
石油类	0.6	0.5	1.2	1.0	—	2.8	0.5	5.6	1.0	2.8
悬浮物	—	25	—	—	—	97	25	3.88	—	—

四、结论

从表1至表3可以看出:① 汾河源头水质较好,大多数指标符合国家标准。②汾河太原段(漪汾桥段面)污染情况较严重,已无法直接作为生产生活用水。③ 显然,水质污染是在汾河水从源头向下游流动的过程中发生的。

五、原因分析

造成汾河水质污染的主要原因在于大量的工业废水及生活污水的排入。根据太原市环保局数据统计,汾河流域废水排放总量1981年是20451万吨,1998年是24910万吨,废水处理量1981年是1995万吨,1998年是4732万吨,1998年废水处理量不足20%;工业废水的处理量1981年仅有20%,1998年增长到34%,13213万吨,处理量却不足35%。

六、对策建议

1.坚持谁污染谁治理的原则,严禁有毒有害废水排入汾河。

2.加快城市废水地下管网建设,使企业、居民排放的污水尽量纳入现有污水处理厂。同时,对污水处理厂进行改、扩建,加大其处理污水的能力,实现对资源的再利用。

3.建立太原市汾河流域水源保护联合检测网,使污染源早发现、早治理,发挥系统优势,避免重复性工作。

只有坚持不懈地努力,在全社会成员的共同支持之下,汾河——山西人民的母亲河才有希望重新变为清澈见底、鱼虾群集的面貌。

(本文由原山西省太原市太铁一中生物学教师杨学新提供,参加调查的学生为太铁一中高二年级程龙、范婕、冯越、李静、刘佳、王欢、王鑫、张晨、范婕执笔。选录时有所改动。)

第四节　小制作类论文的写作

一、小制作类论文的主要内容

小制作、小发明等是指学生使用一些特定的工具，亲自动手，按照一定的制作程序进行的创造活动。记录和呈现这一创造性过程的文章，就是小制作类论文。论文的主要内容包括：引言、材料与工具、制作程序、注意事项、结语等。下面就各部分内容做以简介。

引言：阐明制作或发明创造的动因。

材料与工具：列举出在制作过程中使用的各种材料、工具等物品。

制作程序：对制作过程的详细描述，使别人看到你的描述以后能够重复制出。

注意事项：对制作、发明或创造过程中起关键作用的程序、技术或方法的陈述。

结语：对所制作、发明或创造产品的效果进行描述，或对这一过程中成功或失败经验进行总结。

二、小制作类论文示例

制作不倒翁

不倒翁是一种常见的玩具，自从我第一次在邻居家看到它，我就想自己动手做一个。今年暑假，我在《小朋友》上看到一篇如何制作不倒翁的文章，就试着做了一次不倒翁。其制作过程如下。

材料与工具：鸡蛋、沙子、清水 1 盆、A4 白纸 1 张、钉子 1 个、圆规、剪刀、胶水、颜料和彩笔。

制作过程：

(1)先用钉子在鸡蛋的小头端小心地打一个洞，慢慢倒出蛋清和蛋黄，把鸡蛋壳用清水洗干净。

(2)用剪刀把鸡蛋壳的洞口剪平。

(3)把沙子从洞口灌入鸡蛋壳内。

(4)把鸡蛋的大头端朝下放在桌子上，不断往里面加沙子，一边加沙子，一边摇一摇，直到鸡蛋既能倒下又能站立端正为止。

(5)制作小帽：用圆规在 A4 白纸上画一个半径为 2 厘米的圆，剪去 45 度的一个扇面，然后用胶水将剩下的大扇面的两边粘在一起，做成锥形小帽，并粘在鸡蛋的小头端。

(6)画脸：用彩笔在鸡蛋壳上画眼睛、眉毛、嘴巴和耳朵。

(7)给帽子染上颜色。

不倒翁做好以后，我用手指轻轻地戳了它一下，它就摇头晃脑地向不同的方向倒去。但奇怪的是，它始终不会向一个方向倒下去，摇一会儿它就自己把自己摆正了，真是个名副其实的“不倒翁”。那么，不倒翁为什么倒不了呢？这里面有哪些科学原理呢？我问过科学老师，科学老师说等我们上初中学习过物理以后，就会分析其中的奥秘了。

本章小结

本章主要概述自然科学调查研究类论文的写作，重点介绍实验报告、科学调查报告、小制作类论文写作的基本要求与主要内容。大体包括引言、材料与工具（方法）、结果、结论与讨论、参考文献五部分。在每节中都呈现一至两篇中小学生范文，以便更好地破解这类调查作文的写作密码。

思考题

1. 自然科学研究论文有哪些类型呢？请简要说明。
2. 实验报告这一调查作文的主要内容有哪些？请简要叙述。
3. 实验报告和科学调查报告有何异同点？
4. 选择你比较感兴趣的一个自然科学课题，写一篇调查作文。
5. 尝试制作 DNA 模型，写一篇小论文。

第十章　社会科学调查报告的写作

章节提要

本章探讨社会科学调查报告的一般结构与特点，并对其进行举例说明。从理论到案例分析，以阐明社会调查报告的写作密码。

学习目标

1. 概述社会科学调查报告的一般结构。
2. 阐明社会科学调查报告的要求与特点。
3. 比较小学、初中、高中阶段的社会科学调查报告的不同之处。
4. 尝试进行一项社会调查，用表格形式呈现结果，并撰写调查作文。

社会科学是用科学的方法，研究人类社会的种种现象的各学科总体或其中任一学科。它是研究各种社会现象的科学。包括：经济学、政治学、历史学、社会学、心理学、教育学、民俗学、新闻学、传播学等。如政治学研究政治、政策与有关的活动，历史学研究古今中外人类的活动，等等。在社会科学学科中，调查作文愈发占据重要的地位，尤其是调查报告这一类型。

第一节　社会科学调查报告的一般结构

社会科学调查报告的结构一般包括：标题、摘要、前言、正文、结语、致谢、参考文献和附录。

一、标题

标题，即调查报告的题目，可以将“调查”二字纳入题目中，如《关于课外阅读情况的调查》；也可以不用“调查”二字，如《湖南农民运动考察报告》。无论哪种形式，都需要将调查的核心内容反映出来。通常情况下，去掉标题中的“调查”“关于”“报告”等字眼后，剩下的词组或语句便是调查要集中研究的核心内容。

二、摘要

在一些大型报告中，常常会在标题后面出现摘要。摘要部分为所有可能的调查报告读者提供了一个关于调查的主要目的、特性、发现和建议的容易阅读的总结。① 摘要的意义在于方便读者阅读，使他们能够在较短的时间内熟悉和了解你的研究目的、方法，以及你的发现和建议，进而对你的调查研究建立起印象。撰写摘要还可以帮助作者本人全面审视调查的价值和意义。

三、前言

介绍调查研究的背景，陈述研究的目的或研究动机，指出调查的范围与问题或假设。有时候前言部分也包括对相关术语的界定，调查区域的说明或者有关调查局限性的说明。

四、正文

调查报告的主体部分，包括研究方法、调查内容与调查结果、讨论与分析、结论、意见或建议（研究的感想和体会）。

◇研究方法：解释调查设计，属于实验性还是描述性的？该调查设计有哪些研究局限性？界定自变量和因变量、充分说明抽样设计与样本情况（总体的情况、受访者群体的抽样方法、样本量的确定）、调查工具（使用的是问卷还是量表？工具的可靠性和有效性如何？量表分级情况如何？）、数据收集方法、数据统计与分析方法、调查的实施情况（时间与地点）、问卷的回收率等。方法的陈述应当尽量详细，以增加调查的可靠性、有效性和可推广性，同时也可以方便他人重复这些调查并获得相似数据。

◇调查内容与调查结果：详细介绍调查内容，图文并茂地展示调查结果。调查内容涉及几个问题，这些问题答案的类型及所用的测量层次。调查结果的呈现形式有两种，一种是以文字叙述的形式出现；另一种是以数字的形式出现。当对文字叙述的结果进行表达时，应借助于质性分析方法。当用数字形式表达结果时，通常情况下，定量研究中经常以数字形式表达结果，要注意调查结果要与调查内容相呼应，调查结果要与数据统计与分析相呼应。在陈述调查结果时，恰当地使用图表，可以直观而清晰地表示出数据的变化。一篇报告中的图或表应当按照其在文中出现的先后顺序予以分别排序，排序的格式可以是“图（表）＋章节号＋序号”，也可以是“图（表）＋序号”。

---

①阿琳·芬克.如何报告调查结果［M］.第二版.北京：中国劳动社会保障出版社，2004.

本部分是调查报告的核心部分，是调查研究发现的集中展示。调查报告中常用图表来报告结果，有人据此认为图表才是调查结果的核心部分。在撰写调查报告中将大量精力放在图表的修饰和样式的选择上。实际上，图表所展示的信息才是调查报告中的核心信息。而这些核心信息在大多数情况下又是与统计分析方法相关的。

◇讨论与分析：本部分是对调查结果的解释，对结果的解释可以是描述，也可以是比较，还可以是预测，或者对结果之间的关联性进行分析。在解释中要充分利用图表中的核心信息，也可以将自己的调查结果与已有的调查相比较。

◇结论：基于调查结果得出结论。

◇意见或建议(研究的感想和体会)：就研究结果和结论给相关部门或个人提出意见或建议，也可以写出自己的感想和体会。

五、结语

对本次调查予以总结和概括。

六、致谢

对参与调查的受访者、数据登录者、赞助方或支持本调查的人们予以书面感谢。

七、参考文献

按照一定的格式列出报告所引用或参考过的文献。

八、附录

附录展示的是调查过程中使用过的调查问卷或量表，或者访谈的问卷及访谈记录。

第二节　社会科学调查报告的要求

对社会科学调查报告来说，应当具备研究性、真实性、准确性、逻辑性和可读性等特点。

一、研究性

研究性是调查报告最重要的一个特点。可以说，先有研究，才有后文，没有研究就没有调查报告。因此，撰写调查报告必须建立在调查研究的基础上，其写作过程也是一个自然、社会的观察调查研究过程。这个过程与文艺主义作文的“想出来写”：[①]与由老师给予

①方明生．日本生活作文教育研究[M]．上海：上海教育出版社，2002.

一个作业、一个题目，学生在书桌前正襟危坐，摊纸提笔，冥思苦想的“课堂作文”“隔夜作文”的写作大不相同。社会调查报告的写作需要经历确定题目、确定调查样本、收集材料、查阅资料等一系列的研究过程，以及收集数据、使用图表等处理数据、归纳结论等研究方法。

调查报告的研究性还体现在，其研究结果具有“研究性”而非“杜撰性”或“感悟性”。传统作文强调内心的感悟与沉思。而调查报告的研究成果，有数据的支持，有相关研究成果的印证，还有系统的研究方法做工具。所得的结论或结果相比杜撰或者感悟，其问题解决或探讨的力度更大，也更能帮助我们认识自然、社会的客观面目。

而且，调查报告的成果是需要与公众、专家或资助团体公开或分享的。其结果既要向社会上的个人或组织公开，又要接受个人或组织的质疑，还要能经受住时间和实践的检验。欧美一些国家的中小学里，常常会安排调查报告的汇报会。一些有价值的调查报告，作者还会被社会团体或其他中学邀请前去做报告。如《读者》2010 年第 18 期《世界因你而不同》文章里，介绍了美国堪萨斯州的四位小姑娘在参加“国家历史节”竞赛项目的过程中，完成关于《纳粹大屠杀中的英雄》的调查报告，挖掘出一位名叫艾琳娜・森德勒的护士在 1942—1943 年救出了 2500 名犹太儿童的英雄事迹。一些周边的学校和社会团体邀请她们去做演讲，谈谈艾琳娜的故事，以及她们是如何发现她的。而这四位姑娘所在的学校也乐见其成，为她们每次的行程支付汽油费。

因此，从报告结果的公开性来讲，调查报告的写作是有对象的。它的阅读对象，有作者本人、研究小组、学校的同学和教师、社区团体或其他学校，甚至是来自与报告内容相关领域的专家、研究人员。这些人虽然不可能直接参与到调查报告的写作中，但是，通过查阅文献或报告会等形式，调查报告的作者和阅读对象最终将会就报告中的问题，通过直接或间接的方式进行研究信息的交流或共享。这一点，也突破了传统作文长期处于“无对象”写作的写作模式。

二、真实性

调查研究必须是报告者本人亲自参与的，所研究的问题必须是现实生活中的问题，所搜集的数据必须来自可靠和有效的调查工具，如果数据引自第二手，也需要检视数据的真实性和有效性。调查研究从过程到结果，都必须体现真实性而来不得半点杜撰和虚拟。

调查报告的真实性体现在所研究的课题，是来自现实生活中的“真问题”。日本生活调查作文教育实践运动中提出了很多适用于中小学开展的调查作文。有的还形成了系列课题，小学三年级至中学二年级调查作文的系列课题见表 10－1。[①]

①方明生. 日本生活作文教育研究[M]. 上海：上海教育出版社，2002.

表 10-1 小学三年级至中学二年级调查作文的系列课题

三年级	四年级	五年级	六年级	中学一年级	中学二年级
家门前走过的人	调查本地报纸上的广告	调查道路上的交通工具	研究本地交通机构	本地的住房	研究本地的职业
调查运载工具	研究儿童读物	研究本地物价	研究本地报纸	本地的服装和气候	研究本地的动植物
研究学习用品	研究平时吃的点心	调查本地的寺庙	研究市场	本地的工厂和产品	调查图书馆
				研究食品	采访本地名人

调查报告的真实性还体现在研究内容的表述要符合事物的客观面貌。在日本生活调查作文运动初始阶段，就曾有人对生活调查作文如何反映事实做过讨论。比如，有一段作文："在那家工厂里工作的人很多，大家都干得很努力。这么热的天，一直要干到晚上，很晚才浑身是汗地回家。想到这一点就感到有一份敬意。"倡导生活调查作文的教师就指出应该以事实来说明问题，"工作的人很多"，实际有多少人？男工人、女工人各有多少？"这么热的天"，气温有多少度？"晚上很晚"，究竟每天从几点工作到几点？收入情况怎么样？

实际上，翻开世界文学史，我们可以发现写作应当采用科学方法，反映客观事物的真实情况这一主张，曾经催生了"自然主义"文学，并且在法国作家左拉那里达到了最高成就。受到当时社会上流行的达尔文的生物进化论等科学理论和科学重大发现的影响，左拉提出文学作品要力求真实和反映现实。他不赞成作家对客观事物做道德上、情感上的评判，而醉心于对环境中的事实进行记录。在《饕餮的巴黎》中，左拉用了大量篇幅描写市场的景物，书中写到近 30 多种鱼虾和 20 多种蔬菜，左拉从颜色、花纹、形状等方面对它们进行细致入微的介绍。左拉的作品，毕竟是文学作品而不是调查报告。文学作品中如果不对景物做任何的概括和评价，就会使得读者看不出作者的立场和表现意图是什么。换个角度来看，左拉很像是做了一次调查报告市场。但是，左拉又不是在做一个真正的调查研究，因为他所调查的并不是一个真正存在的市场，而是综合了若干市场特征的"市场"。

可见，调查报告的真实性还是有别于文学作品中的真实性。如果把调查报告比作是对客观事物的一次"照相"的话，那么，文学作品则是对客观事物的一次"绘画"。前者强调客观呈现，而后者看重艺术创作和加工。

三、准确性

准确性是指数据统计方法处理得当，数据计算准确。今天，计算机技术已经很普及，借助电脑和统计软件，数据的精确性已经得到很大的提高和改善。但是，实践中调查作文中出现的问题却是我们的学生还不习惯使用数据进行"精确性"的思维。如一位小学低年级学生进行了家用电器的调查，并在调查表中列举了自己家的七种电器：电冰箱、电饭锅、微波炉、电风扇、学习机、复读机和电脑的名称及其价格。写下了这样的文字：①

经过调查我发现以上的电器有的可以帮助学习，有的可以做出美食，有的可以供我们享受，以后我要好好学习，发明更多的电器，使全国人民都能享用。

这里就应当结合调查所得的事实并使用准确的数字来说明问题，“帮助学习的电器”有哪几种？“可以做美食的电器”有哪几种？“可以供我们享受的电器”有哪几种？根据作者的调查，学习机、复读机和电脑三种电器可以帮助我们学习，电冰箱、电饭锅和微波炉三种电器可以贮藏和制作美食，而电风扇则可以使人们在炎热的夏天享受到丝丝凉意。使用数字和事实来说明家用电器的用途，可以增加表达的力度。

四、逻辑性

整个调查研究遵循问题的提出、假设的提出、假设的检验等问题解决的逻辑程序进行，调查问卷的设计遵循问卷设计的要求与规定，数据分析过程遵循统计分析的假设与检验方法，结论的得出也是建立在数据分析的结果之上。所有这些，都显示了调查报告的逻辑性。

五、可读性

可读性是指调查报告能够吸引读者的注意力。与文艺性的文章相比，调查报告的阅读相对来说较为枯燥。调查报告采用客观、平实的语言写就，这一点与小论文是相似的。它既没有小说中的故事情节，也缺少诗歌那样华丽的辞藻和诱人的修辞，读起来似乎不那么生动有趣，难以拨动人们的情感和情绪。但是，调查报告要的就是朴实的语言风格，不做作的研究和写作态度。而调查报告中所附的各式图表，形象直观地展示了调查研究的结果。它们的美观，是难以用文字来描述的。

第三节 中小学社会科学调查报告示例

在中小学阶段，社会调查报告的结构相对要简略一些。尤其是关于研究方法的阐释，中小学生的调查报告中此部分的解释相对来讲可以简略一些。小学阶段的调查报告可以不涉及研究方法的解释，初中阶段的调查报告可以适当涉及一些研究方法的解释，高中阶段及其以上各个阶段的调查报告，则必须涉及研究方法的解释。

---

①由江苏省苏州市娄封第一中心小学王平宏提供。

一、示例一

哥哥结婚记①

哥哥结婚娶嫂子，我把他们从订婚直到结婚我们家花的钱做了记录，统计如下：

彩礼：10000 元。

给女方家的礼物（三金两甩加一）：8000 元。

家用电器（彩电、冰柜、洗衣机、DVD）：6500 元。

其他摆设（沙发、组合家具）：2600 元。

煤气灶、四铺四盖：2600 元。

新衣裳（冬夏各两套）：5000 元（原文列举 15 条，这里不一一引述，总计折合人民币：42100 元）。

现在，哥哥嫂子住我家的新房，爸、妈和我住后院的老房子。为给哥哥结婚我家卖掉了 16 棵树和 63 只羊，花掉了所有的存款，但是没有欠债。完事后，爸爸心疼地说："哈，好家伙，能买 25 头上好的骡子！孩子，你可得好好念书哇，咱可再娶不起了！"

二、示例二

下面的示例选自日本初中国语教材中的学生范文。

名字的变迁②

一、研究的动机和目的

在前不久的读书会上，当我们决定采用志贺直哉著的《清兵卫和葫芦》这本书时，有几个人说到自己的感受，这个说："所谓清兵卫，我想可能是个老爷爷。"那个说："无论怎么说，这个名字都给人以幽默的感觉。"的确，像"何兵卫""何右门卫"这样的名字，在如今确实是新奇少见的。名字的嗜好，好像也是随着时代的变迁而变迁的。

我们班里有田村彦穗、川口知惠理两个人，他们的名字常被人称为发音怪而少见的名字。因为我们大多数人对于人的名字都抱有兴趣，所以我们决定调查从祖父母那一代、父母那一代到我们这一代，三代人名字的变迁。我们想从字数、用字、发音等方面发现其变化规律。我们的研究是这样的。

二、研究方法

（1）班内所有同学都将自己的名字、父母的和祖父母的名字分别用汉字并加注假名写在一览表内。

（2）同父母、祖父母们的名字比，我们这一代名字的字太少，所以又把别班同学的名字加了进来，使老一辈人的名字数与我们同学的名字数相等。

---

①李武南. 儿童作文题材生成的受制因素与对策研究[J]. 金华职业技术学院学报，2008(1)：77－82.

②北京外语学院中国外语文教学研究组. 日本中学语文教学[M]. 福州：福建教育出版社，1982.

(3)统计结果是这样的:男生46人;女生46人;父亲46人;母亲46人;祖父36人;祖母45人。

(4)使用以上得到的数字进行分类考察。

三、研究的内容与结果

1. 字数(参看附图1)

(1)无论是男是女,两个字的名字占多数,特别是我们这一代的男子。

(2)在男子中,三个字的名字逐渐减少,因此要提起三个字以上名字的人,也许会使我们联想附图1起上了年龄的人。

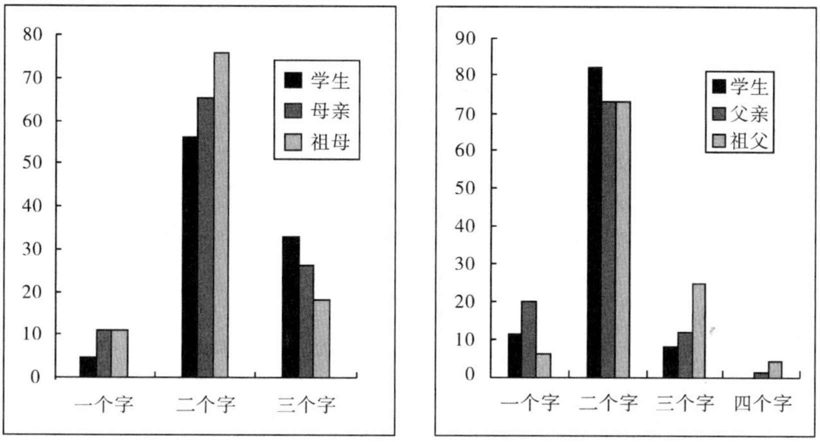

附图1

2. 用字(参看附图2)

(1)男子的名字只用汉字;女子的名字有的使用汉字,有的使用平假名;用片假名写名字的人大大减少了。

(2)常用的汉字。

男子名字中常用的汉字有以下九个,大部分用在名字的结尾:郎、夫、一、三、司、行、介、吉、孝。

女子名字中常用的汉字有七个,有的用在结尾,有的用在中间:子、代、美、惠、理、由、和。

像这些表示男子强壮、健康,女子贤惠、美丽的字被集中使用着,其他的字则很少使用。

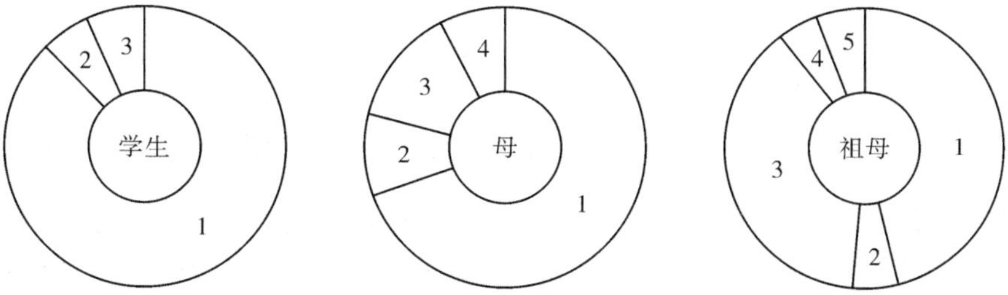

附图2

3. 命名的由来

(1)父母与孩子使用共同的字,父母名字中的某个字在孩子的名字中也有。我们班有二十四位同学,其中有五例就是这样。

父亲:章平——儿子:章宏

父亲:智雄——儿子:智行

母亲:恭子——儿子:恭一

祖父:幸穗——儿子:重穗——孙子:彦穗

父亲:俊司——儿子:洋司

(2)家长的意愿。正如前面提到的,每个人的名字中都包含着爱子之情或对孩子的希望。下面列出几个人的名字,可以从字意上推测它的含义。

希望成为贤明的人:哲夫、知惠理;

希望成为善良的人:良介、良夫、秀子;

希望成为幸福的人:幸男、幸子;

希望成为胸怀宽广的人:裕一、尚裕、昌宏、光宏、博子、裕子、洋子;

希望成为相貌美丽的人:由美子、久美子、真由美、美奈子、玲子、美佳;

希望成为贤惠的人:惠介、文惠。

4. 词类的特点

(1)名词不改变地用在名字上以女子为多,尤其是祖母一代,共有36%的名字都是这样,明显的是使用植物名称如"菊、藤、稻"等,结尾带"子"的如"松子、竹子",在我们这一代人常用的植物名称有"百合子、早苗"等。

(2)动词不改变地用在名字上以男子为多,如祖父名字叫"通",父亲名字叫"登",儿子名字叫"让"。

(3)形容词用在名字上,女子中母亲一代常用"清";男子在父亲一代常用"广、高、多、清"等;学生这一代常用"高"。

四、研究的感想和体会

研究结束了,我们可能觉得付出了很大的劳动,但弄懂的事情并不多。但是,如果从另一方面来看,"随着时代的变化,人们的名字也在不断地变化",即使只是弄清了这一点,也是不小的收获。

特别是我们感觉到祖父母那一代与我们这一代的名字,无论在用字方面还是命名的想法方面都有很大不同。如果把父母一代的名字与我们这一代的名字交换,不会有人感到可笑,但是,如果将祖父母的名字与我们这一代交换,则感到古怪可笑的人一定很多。

另外,我们也认识到,从名字的字数和命名用意方面来看,三代人也有明显的共同特点,如两个字的名字居多;每个人的名字都包含着家长们的爱子之情。

这次研究活动也是有缺点的,如有的人在写名字时不够详细,没有写出祖父母的名字,因而使调查研究工作受到一些挫折。尽管如此,我们仍然认为,这次活动对汉字、语法等方面的学习都有帮助。这的确是一次愉快而有意义的活动。

附图 2 中的 1～5 表示：1. 只写汉字的；2. 汉字加假名的；3. 只写假名的；4. 片假名和汉字的；5. 只写片假名的。

三、示例三

低年级学生的调查报告也可以做成表格形式，如下面这两个例子。①

关于“祭祀祖先”的调查报告(1)

<table>
<tr><td>调查者</td><td>董莹莹</td><td>合作伙伴</td><td></td></tr>
<tr><td>调查时间</td><td>2 月 19 日</td><td>调查地点</td><td>自己家中</td></tr>
<tr><td>访谈对象</td><td colspan="3">姓名：董小男　性别：男　年龄：72</td></tr>
<tr><td colspan="4">一、“祭祀祖先”摆放的供品、摆放方式</td></tr>
<tr><td colspan="2">摆放供品及数量：
1. 鱼一条
2. 红烧肉一盘
3. 鸡一只
4. 鸭一只
5. 青菜一斤
6. 炒香菇半斤
7. 海蜇一斤
8. 牛肉一斤
9. 橘子五个
10. 梨七个
11. 话梅若干
12. 西瓜子一斤
13. 南瓜子一斤</td><td colspan="2">摆放示意图
</td></tr>
<tr><td colspan="2">二、“祭祀祖先”的过程</td><td colspan="2">含义</td></tr>
<tr><td colspan="2">先把筷子和杯子放好</td><td colspan="2">小辈对长辈的祭拜</td></tr>
<tr><td colspan="2">把菜端好，在桌上摆放整齐</td><td colspan="2" rowspan="4">祭上祖的准备工作</td></tr>
<tr><td colspan="2">在杯中酒，洒第一次酒</td></tr>
<tr><td colspan="2">在台角上点好蜡烛，上好香</td></tr>
<tr><td colspan="2">小辈拜一下上祖</td></tr>
<tr><td colspan="2">一共洒三次酒</td><td colspan="2"></td></tr>
<tr><td colspan="2">洒完以后上饭</td><td colspan="2">上祖开始吃了</td></tr>
<tr><td colspan="2">上好饭以后请上祖收钱</td><td colspan="2">上祖去享用</td></tr>
<tr><td colspan="2">钱拿了以后祭拜上祖就结束了</td><td colspan="2"></td></tr>
</table>

①由江苏省苏州市娄封第一中心小学王平宏老师提供。

关于“祭祀祖先”的调查报告(2)

<table>
<tr><td>调查者</td><td>赵哲</td><td>合作伙伴</td><td></td></tr>
<tr><td>调查时间</td><td>2月19日</td><td>调查地点</td><td>姥姥家</td></tr>
<tr><td>访谈对象</td><td colspan="3">姓名:姥姥　性别:女　年龄:66</td></tr>
<tr><td colspan="4">一、“祭祀祖先”摆放的供品、摆放方式</td></tr>
<tr><td colspan="2">摆放供品及数量:
一把香蕉
四个苹果
若干个草莓
五六个蜜橘</td><td colspan="2">摆放示意图
</td></tr>
<tr><td colspan="2">二、“祭祀祖先”的过程</td><td colspan="2">含义</td></tr>
<tr><td colspan="2">先把一个方桌放在客厅中间</td><td colspan="2">尊敬祖先</td></tr>
<tr><td colspan="2">把贡品摆上</td><td colspan="2">供祖先吃</td></tr>
<tr><td colspan="2">摆放香炉</td><td colspan="2">祭祀祖先,希望祖先保佑我们后代</td></tr>
<tr><td colspan="2">之后在方桌前放铜盆</td><td colspan="2"></td></tr>
<tr><td colspan="2">最后我们跪在地毯上</td><td colspan="2">尊敬祖先</td></tr>
<tr><td colspan="2">手拿香祭拜祖先</td><td colspan="2">希望祖先保佑我们</td></tr>
</table>

本章小结

本章主要概述社会科学调查报告的写作,重点介绍社会调查报告的一般结构、写作要求,并呈现多篇中小学生的范文,以便更好地破解社会调查报告的写作密码。

思考题

1. 社会科学调查报告的一般结构是什么?请简要说明。

2. 社会科学调查报告的撰写有哪些要求?

3. 选择你比较感兴趣的一个社会科学调查课题,写一篇调查作文。

第十一章 小论文的写作

章节提要

本章系统介绍小论文的写作，分别从小论文的含义、文献的类型与资料查找方法、文献资料摘录与做笔记、拟写小论文提纲、撰写小论文、提交论文六个方面进行详细阐述。结合案例，从理论到实践，力图破解小论文的写作密码。

学习目标

1. 概述小论文的含义及特点。
2. 学会运用正确的方法查找所需资料。
3. 描述文献摘录与做笔记的一般方法与程序。
4. 阐述小论文写作的一般步骤，并尝试进行写作、修改。

2001年6月，随着《基础教育课程改革纲要（试行）》颁布，一门新的课程“综合实践活动”进入中小学课程体系，并被设置为必修课程。综合性实践活动的内容包括信息技术教育、研究性学习、社会服务与社会实践，以及劳动与技术教育。为了加强“研究性学习”，教育部还颁布了《普通高中“研究性学习”实施指南（试行）》。随后，在新课改实验区的中小学兴起了一股“研究性学习”的热潮。与“研究性学习”同时进入新课改实验区教师和学生们视野的还有“小论文”。因研究性学习成果多以“小论文”表达，撰写“小论文”就成了每一位参与研究性学习的学生和每一位指导教师必须面对的一件事情。那么，什么是小论文？如何撰写小论文？相关问题的讨论可谓是仁者见仁，智者见智。

第一节 何为小论文

一、小论文的含义

如果把小论文看作一种写作类型的话，在西方，亚里士多德可谓是开创者。柏拉图之前，哲学家大多以诗歌形式阐述思想，表达学说。柏拉图则创立了对话体著书立说，他的40多篇著作皆由对话体写成，其形式和内容达到了古希腊当时绝无仅有的峰巅。与柏拉图同时代的他的学生亚里士多德，这位被后世誉为“人类精神发展进程中，科学和科学知觉的创立者”，为了探求真理，明辨一切似是而非的假象，创立了一种与古希腊先哲风格迥异的演讲式(讲稿式)的哲学写作风格或哲学文体——科学散文。亚里士多德的许多著作都是由这种哲学文体写就，周作人认为，其语言风格严谨、枯燥，“偏于学术一端，情采不胜”。① 我们可以把柏拉图和亚里士多德的语言风格做一个比较，先来感受一下柏拉图《理想国》中的语言风格：②

苏格拉底：请问，我们是不是可以这样说呢：人受了伤害，就人之所以为人变坏了，人的德性变坏了？

玻：当然可以这么说。

苏：正义是不是一种人的德性呢？

玻：这是无可否认的。

苏：我的朋友啊！人受了伤害便变得更不正义，这也是不能否认的了。

玻：这似乎是这样的。

我们再来感受一下亚里士多德的语言风格：③

构成动物的各个部分有些是单纯的，有些是复合的；单纯部分，例如肌肉，加以分割时，各部分相同，仍还是肌肉；复合构造，例如手被分割时，各部分就不成为手，颜面被分割时各部分就不成为颜面，被割裂的各部分互不相同。

……

我们所谓“卵”是完成了妊娠的产物，幼体由这卵发生，而原始的种胚只是卵中的一部分，其余部分在种胚发育过程中供为原料。另有一种所谓“蛆”，则以整个蛆为种胚，经分化与生长，发育成一个完全的动物。

德国著名哲学家威廉·冯·洪堡特认为，语言在科学的散文中丝毫不能显示白身的独

①吴恩裕.西洋政治史(一)[M].北京：中国文化服务社，1947.

②柏拉图.理想国(节选本)[M].郭斌和，张自明，译.北京：商务印书馆，2002.

③亚里士多德.动物志[M].吴寿彭，译.北京：商务印书馆，1979.

立性，而应该尽可能地紧跟着思想，伴随思想和表达思想。[①] 从上面的例子，我们可以很清楚地领略到这一点。亚里士多德所创立的科学散文，由于避免了很强的艺术性和盘绕交错的语词组合，其语言更加严谨，更加冷静和庄重，能够直截了当地论述、描写客观对象，因而成为科学的最佳语言表达形式。由于研究条件的限制，我们无法详尽地探究出自亚里士多德以后，科学散文的写作发生了怎样的变化。但可以肯定的是，自亚里士多德以后，科学散文的写作越来越规范，逐渐发展成为一种独立的写作类型——学术（性）论文。

进入中小学后的学术论文写作，又被称为论文写作或小论文写作。贝弗莉·安秦（Beverly Ann Chin）认为，中小学校教师布置给学生的论文，是需要学生写出在特定题目上所做研究，并且行文需要遵循一定格式的一种作文形式。[②] 按照这一定义，中小学生的论文写作，是一种建立在研究基础上的写作。先研究再写作，或者边研究边写作，总而言之，小论文的写作离不开中小学生亲力亲为的研究。贝弗莉将中小学生的论文写作过程总结为七个步骤：寻找论文题目——查资料——做笔记——拟写论文提纲——起草论文初稿——修改和校订初稿——提交论文。论文的写作不同于传统作文，其行文有严格的要求。比如，当我们在论文中使用他人的观点或认识时，就需要既在文中标注出这些观点或认识的来源，还要在文后列出相关文献。可见，论文不仅是对研究结果的一个书面报告，同时也记录和反映了你是如何在前人基础上进行进一步研究的。

在我国，1979 年北京大学附属中学语文教研组就开始了"小论文"写作的尝试。它是由原语文组长章熊同志创办，一般安排在高二下学期开始，一直坚持到今天。1995 年，北大附中的吴祖兴老师在《语文教学通讯》上撰文《开拓写作的新天地》，介绍了北大附中实施小论文的情况。从吴老师的介绍中，可以看出，北大附中当年实施的小论文写作与课改所倡导的研究性学习其实就是一回事。北大附中的小论文写作比一般的作文复杂得多，包括选题、收集材料、拟提纲、写作、答辩等多个环节。在写作前，学生要去阅览室、图书馆收集材料，记笔记，做卡片，有的学生为此还需要进行大量的社会调查。在撰写小论文的过程中，学生了解和掌握了诸如制作资料卡片等一些学术研究的基本方法，也学会了进行学术辩论的技能和技巧。吴祖兴认为小论文是指：[③]

> 我们这儿所说的小论文，不同于学生平时写的议论文。中学生写的议论文是针对某一社会现象或生活、思想上的某一问题发表自己的看法，它们属于所谓的"评论"的范畴。我们这儿所说的小论文，是由学生对知识领域中的某些问题发表

①威廉·冯·洪堡特. 论人类语言结构的差异及其对人类精神发展的影响[M]. 钱敏汝，译. 西安：陕西人民出版社，2006.

②贝弗莉·安·秦. 小论文写作 7 堂必修课——美国中小学生研究性学习特训方案[M]. 周凯南，译. 北京：北京大学出版社，2009.

③吴祖兴. 开拓写作的新天地[J]. 语文教学通讯，1995(10)：10.

看法，从性质上说，它们属于“学术论文”的范畴，但由于中学生受种种客观条件的限制，他们的看法多系阅读前人著作后的一己之见，即使其中不乏种种新意与创见，也还够不上真正意义上的学术研究。因此，我们不称它们为学术论文，称其为“小论文”。同时，它们又不是一般的资料的复述与综合，它们要谈出作者对问题的主观看法，这样，它们与一般的说明文有着明显的区别。

综上所述，中小学校的小论文是指采用平实、严谨的语言，依照学术论文的写作格式，对某一题目或问题所做研究进行陈述的一种特殊文体。那么，研究性的小论文与思考性的作文有何区别呢？

二、研究性小论文的特点

很多人把“研究”等同于“思考”，认为只要动了脑筋，写出文章来就等于完成了思考。这种理解是错误的。今天，我们需要大量运用“研究”，去研究“世事”。

“研究”，是人类认识外界事物的一种方法或途径，是人类针对自然或社会现象中产生的问题，通过搜集大量客观事实或相关文献资料，进而提出新的观点和看法的一种学术活动。当然，“研究”离不开人脑的“思考”，但与“思考”相比，“研究”更强调问题解决的整个过程，而“思考”则局限于对具体问题的处理上。“研究”包含了不同个体之间思维的交流、交锋和交换。需要被研究者和研究人员的参与，有时候甚至需要一个研究团队或群体耗费几年时间同时做一件事情，比如我国“嫦娥探月”工程，计划分三步进行：第一步，发射太空实验室和寻找贵重元素的月球轨道飞行器；第二步，实现太空机器人登月；第三步，载人登月。而“思考”则更多地指向研究者个体的思维活动，无法描述出许多研究个体之间的思维的交流、交锋和交换。而思维的交流、交锋和交换正是创造性见解或观点诞生的温床，在这一点上，个体思考的局限性可见一斑。外界事物虽纷繁复杂，但研究的方法大致可以分为两类，科学研究方法和社会科学研究方法。在英、法、美、德、日这些发达资本主义国家，从小学开始就对儿童进行正规的科学研究和社会研究方法的训练。而在一定研究方法指导下，针对某一问题进行了学术活动以后，所撰写的表达自己新观点和看法的文章，就可以称为小论文。小论文的写作离不开查找文献资料，下面将介绍文献类型和资料查找方法。

第二节　文献类型与资料查找方法

一、文献与文献类型

文献一词，最早见于《论语·八佾》：“子曰：夏礼，吾能言之，杞不足征也。殷礼吾能言之，宋不足征也。文献不足故也。足，则吾能征之矣。”征，证验，证明之义。这句话的意思是，杞国行用的夏礼，我知道，所以不必去验证；而宋国行用的殷礼，我不知道。如果宋国的“文献”足够多，那我就能够验证殷礼。东汉郑玄注曰：“献，犹贤也。我不以礼成之者，以此二国之君，文章贤才不足故也”。《论语・八佾》中的“献”，指通晓典制的人，孔子认为要搞清楚宋国行用的殷礼，不仅要考察旧有的记载，即方策，也要向通晓典制的人进行调查。表明孔子做学问的态度和方法。朱熹《论语集注》解释《八佾》时，指出“文，典籍也。献，贤也”。献，一般认为博学多识，又有美德的人。明朝有本《国朝献征录》书，“献”是当代重要人物的含义。可见，在古代，“文”和“献”的意思是分离的。文，即文章；献，即贤才。及至元朝，马端临在《文献通考》中首次将“文献”二字连在一起题做书名，文献的含义逐渐有了另外的含义。由于“献”的言行被记录下来，就成了“文”，“献”是创生“文”的一个群体，“文”是“献”的言行思想的记录。今天的文即昨天的献，而今天的献也可能成为明天的文。所以，事实上，“文”与“献”某种程度上是不可分的，指向了人类社会贤能智者所创造的文明。

因此，从文献的字源学考察可以发现，文献可以看作一切历史性材料的总和，以及一切社会资料的总和。有人认为文献的现代定义为已发表过的或虽未发表但已被整理、报道过的那些记录有知识的一切载体。这里的一切载体，包括图书、期刊、学位论文、科学报告、档案等常见的纸面印刷品，也包括有实物形态在内的各种材料，如电影胶片、录音带、光盘等。此定义中，将文献限定为“记录有知识的一切载体”上，事实上，一些科学实验的原始记录，在形成科研成果之前，称不上“知识”，但依然属于文献的范畴。著名科学家居里夫人，在和她的丈夫皮埃尔居里研究射性元素钋(Po)的时候，实验笔记从 1897 年 12 月 6 日开始，一直不间断地记录到 1898 年 2 月 17 日首次观察到新的放射性元素钋为止。凭借对这些实验记录的分析和随后几个月的追踪研究，终于获得了两个重要发现：元素钋和放射性(radioactivity)现象，后者揭示了物质本质的神秘面纱，他们由此获得了 1903 年的诺贝尔物理学奖。

自人类发明文字及书写、绘画、印刷工具以来，便有了记载文献的载体。一般地，按照文献载体的形式，可以将文献划分为刻写类型(如甲骨文、手稿等)、印刷型(通过油印、铅印、复印等手段，将文字固化在纸张上所形成的文献，如图书、期刊、报纸等)、视听型(即声像型文献)、缩微型(如缩微胶卷等)和机读型(如磁带、光盘等)。如果按照文献的出版形式划分，文献可以分为图书、连续出版物(包括期刊、报纸、电子杂志)、会议论文、学位论文、研究报告、专利文献、出版物、标准文献、产品样本、技术档案等；如果按照文献的加工程度来划分，文献可以分为零次文献、一次文献、二次文献和三次文献，或称为零级、一级、二级、三级文献。

(一) 零次文献

零次文献即第一手文献(primary documents)，也叫原始资料，是研究者自身经验的未经公开发表、传播和有意识处理的最原始的资料。这类文献包括口头交谈、参观展览、参加报告会、听取经验交流所获取的信息，实验原始记录或实验照片、未发表付印的手稿、草稿、书信、工程草图和各种原始记录。如上文提到的居里夫人的实验笔记。

（二）一次文献

零次文献经过专门机构予以概括整理而形成的或公开的资料。所谓公开，是经过杂志社、出版社等正式出版的出版物，也可以是非正式出版的学位论文、会议论文集、纪要等。

随着现代信息技术的发展，一次文献出现了数字化趋势，出现了电子期刊、电子图书馆、电子刊物等。国内著名的电子资源数据库，如清华大学CNKI系列数据库，收录国内8000多种重要期刊，以学术、技术、政策指导、高等科普及教育类为主，同时收录部分基础教育、大众科普、大众文化和文艺作品类刊物，内容覆盖自然科学、工程技术、农业、哲学、医学、人文社会科学等各个领域，全文文献总量近2000万篇。这些电子期刊、电子图书等数字化电子资源为我们的学习和研究提供了极大的方便。

零次文献是形成一次文献的基础，有着重要的史料保存价值。一次文献虽然是在零次文献的基础上，由研究者经过再创造形成的文献，但它们体现了研究者的原创性劳动，具有很高的原创性和独立性，有时也称原始文献。原始文献是最基本的信息源，也是文献信息检索和利用的主要对象。原始文献最大的特点在于它的原创性，原始文献因系研究者根据自己的研究而发表的原始创作，具有创造性和原始性。创造性是指原始文献中所包含的研究者的新观点、新发明、新技术、新思想等，而原始性指研究者的原始创作和首次发表。

鉴于质谱仪与核磁共振仪在研究蛋白质结构方面的巨大贡献，2002年的诺贝尔化学奖颁给了在这一领域有突破性贡献的美国科学家约翰·芬恩、瑞士科学家库尔特·维特里希，以及日本一个名不见经传的公司小职员田中耕一。因为发明了“对生物大分子的质谱分析法”，田中耕一与美国科学家约翰·芬恩两人合得一半的诺贝尔化学奖奖金。在采用质谱分析仪分析生物大分子时，传统的做法是先将生物大分子分解成小分子，并使之电离然后再做分析，这种做法很容易造成大分子在拆分成小分子的过程中变性。1985年，20多岁的田中耕一在一次错误的实验操作中发现了“软激光解吸附作用技术”，并于当年8月申请了专利。该技术是用激光轰击成团的生物大分子，在不破坏蛋白质分子的条件下成功地使蛋白质离子化。为现代医学诊断和新药开发技术的进步奠定了基础。田中的这一发现是如何为世人所知的呢？零次文献或原始文献可谓功不可没。

1987年，田中供职的岛津公司生产了一种新型质谱仪准备上市，为了宣传产品，田中在公司的允许下于5月份在京都举行的日本质谱学会年会首次对外宣布了这一成果，但并没有引起多少人的注意。1987年9月，第二届中日质谱学研讨会在日本宝塚市召开，田中耕一向与会代表，著名的霍普金斯大学医学院（Johns Hopkins University）的罗伯特教授（Robert Cotter）教授，介绍了自己的研究成果。后者将田中的会议摘要、离子化方法的细节和其中关键的几张质谱影印件通过传真发往欧美几家主要的质谱学实验室。在大阪大学助理教授松尾竹清的提醒下，田中于1988年2月将自己的发现用英文发表于《质谱学快报》（Rapid

Communications in Mass Spectrometry)。两个多月后，德国的两位教授密歇尔·卡拉斯(Michael Karas)和弗兰兹·海伦坎普(Franz Hillenkamp)在《分析化学》杂志上联名发表了他们独立研制的用尼克酸(nicotinic acid)为介质的LDI新方法。基于学术规范，他们在论文的参考文献中引用了田中的会议摘要。而此时，田中投往《质谱学快报》的那篇论文还未正式发表。可见，正是考特(Cotter)教授发出的会议摘要传真使得田中的这一发现没有因杂志的知名度太低而遭到埋没。

(三) 二次文献

二次文献又称检索性文献，二次文献是指对一次文献进行加工整理，包括著录其文献特征、摘录其内容要点，并按照一定的方法编排成系统的、便于查找的文献索引或文摘等。中国人民大学书报资料中心编选的《复印报刊资料》(月刊)就是一种二次文献，它在刊载转引文章时，除了刊载原文题目、作者、摘要、关键词、作者简介之外，还会在正文之前标明原文出处。

二次文献是按照编者的意图和遵循一定的规律，形成的检索性信息库，信息含量高，文献类型集中，是将一次文献集中和有序化后形成的文献信息检索的有效工具。因此，可以帮助研究者在短时间内及时地掌握某一特定课题的文献概况。

(四)三次文献

三次文献也称参考性文献。三次文献是在利用二次文献检索的基础上，对零次文献、一次文献进行系统的整理并概括论述的文献。此类文献不同于一次文献的原始性，也不同于二次文献的客观报道性，具有主观综合的性质，如研究综述。三次文献常常是由某一个领域的权威人物，在一段时间以后，对本领域中的一次文献的总结概括，经常会在专门刊发综述(review)的杂志上发表。

现在，很多高校图书馆都建有电子资源库。利用电子资源库自带的检索功能，我们可以自己制作一个二次文献名录。比如，我们想了解“调查作文”方面的文献有哪些，就可以登陆CNKI中国知网(清华同方)的主页，进入“中国学术期刊网络出版总库”，在页面左侧的“文献分类目录”中选择“社会科学Ⅱ”，在检索页面选择点击“标准检索”按钮，在“输入内容检索条件”一栏选择“主题”或“篇名”，并在后面的空白栏输入“调查作文”四个字，便可以检索结果。

二、资料查找

当我们确定研究题目或论文以后，就可以着手查找资料了。要了解有关某个题目的资料的总体情况，中小学生应该从百科全书和因特网着手。

(一)如何利用百科全书查找资料

百科全书，古希腊、罗马时代称其为“enkyklios paideia”(即普通教育或普通教程)，指的是“三学”(文法、逻辑学和修辞学)和“四术”(算术、几何、天文和音乐),即所谓的“七艺”。[①]中世纪时,德国学者斯卡列哲编著了一本《百科全书・神与世俗知识概要》首次使用了“百科全书”一词作为书名。1630年德国的阿斯特德出版《百科全书》,汇总了当时的“诸科学问”。1780年,法国大哲学家、思想家狄德罗和达朗贝尔耗费数三十年时间编纂完成了35卷的《百科全书・科学、艺术与手工艺大词典》,收集天下学问,举其概要,陈于世人面前,传之于后世,成为现代百科全书的典范。自狄德罗的《百科全书》问世之后,百科全书逐渐成为“人类知识汇总”的代名词。1978年,姜椿芳受中国科学院、中国社会科学院和国家出版事业管理局的委托,领衔组织编纂《中国大百科全书》,于1980年出版1卷《天文学》,至1993年出版全部74卷书(包括索引1卷)。

《中国大百科全书》共包括66个学科和知识门类,依次是《天文学》、《外国文艺》(2卷)、《体育》、《戏曲・曲艺》、《环境科学》、《纺织》、《法学》、《矿冶》、《力学》、《教育》、《固体地球物理学・测绘学・空间科学》、《航空・航天》、《民族》、《交通》、《考古学》、《电子学与计算机》(2卷)、《中国文学》(2卷)、《土木工程》、《大气科学・海洋科学・水文科学》、《物理学》(2卷)、《机械过程》(2卷)、《哲学》(2卷)、《化工》、《宗教》、《语言・文字》、《建筑・园林・城市规划》、《经济学》(3卷)、《数学》、《音乐・舞蹈》、《军事》(2卷)、《戏剧》、《外国历史》(2卷)、《地理学》、《农业》(2卷)、《世界地理》(2卷)、《新闻・出版》、《美术》(2卷)、《自动控制与系统过程》、《电影》、《心理学》、《轻工》、《社会学》、《生物学》(3卷)、《水利》、《中国历史》(3卷)、《电工》、《政治学》、《中国传统医学》、《地质学》、《中国地理》、《文物・博物馆》、《图书馆学・情报学・档案学》、《现代医学》(2卷)、《全书总索引》。[②] 图书馆的工具书阅览室里,都收藏有《中国大百科全书》。除了《中国大百科全书》,在一些大型图书馆的工具书阅览室,还收藏有30卷本的《不列颠百科全书》(俗称《大英百科全书》)、30卷本的《美国百科全书》。

在内容和编排形式上,百科全书有点像《辞海》或《辞源》,一般按照字顺编排。但是每个“词条”的字数,却比《辞海》或《辞源》多十几倍,几十倍,甚至几百倍。《辞海》或《辞源》是以词的释义训诂为主的,百科全书中的词条是以概念为对象,阐述其产生、发展、形成的历史过程。如《中国大百科全书・语言》关于“方言学”词条,内容涉及方言学的定义、分支、发展简史、基本内容、方言学与其他语言学之间的关系及展望。提供了关于“方言学”的综合性的知识。钱伟长为《中国大百科全书・物理学(下卷)》撰写的“力”词条,涉及力的概念、发展简史和力的单位制等内容。一套百科全书,其内容上自天文,下至地理,旁及社会生活、科学技术,举凡人类的知识,世上的学问,包罗万象,无所不收,体现了百科全书的汇编性。与专著不同,百科全书是人类知识的总汇,根据一定体系分类编纂,可以供人们查询检阅,具有分类性和检索性。因此,利用百科全书可以进行初步的资料查找工作。

---

①金常政.百科全书・辞书・年鉴研究与编纂方法[M].北京:奥林匹克出版社,1994.

②同上。

在开始查找资料之前，首先要考虑选择何种百科全书。除了综合性的百科全书，还有类似于《中国医学百科全书》的专题式的百科全书。对青少年来说，最好选择适于青少年使用的综合性的百科全书。在我国，科学普及出版社和知识出版社于1983年出版了由徐望藩和许先根据英国麦克米伦教育公司出版的《少年百科全书——我们的世界》翻译过来的《少年百科全书》。该书收录1110个词条，分为宇宙和地球、植物学、动物、交通和通讯、工农业及其他、人类、外国著名人物、世界风貌、艺术、体育和娱乐10个分册，非常适合中小学生查阅。浙江教育出版社2006年出版了《中国少年儿童百科全书》，有《自然·环境》《科学·技术》《人类·社会》《文化·艺术》四卷，包含5000多个条目和近5000幅插图，涉及60多个学科门类。此外还有《中国少年百科全书》(辽宁教育出版社，1990年)、《中国少年儿童百科全书》(浙江教育出版社，1991年)、《中国儿童大百科全书》(台湾明山书局，1984年)等。

(二)如何利用互联网查找资料

随着网络和计算机的普及，利用互联网(因特网)查找资料逐渐成为一条初步查找资料的有益渠道。很多青少年，也早已习惯了使用“百度”“谷歌”等搜索引擎，查找自己需要的资料。比如，你想撰写一篇关于世博会的文章，在上述任意一个搜索引擎中，输入“世博会”，或“世界博览会”，都会得到与“世博会”有关的网站列表。打开其中的某一个网站，你会发现，你所搜索的资料几乎都是关于2010年上海世博会的。那么，如何搜索到其他年份世博会的资料呢？你只需要在搜索栏中输入“历史上的世博会”，或者直接输入你所要查找的年份，便可以搜索到你所需要的资料。

利用互联网查找资料与利用百科全书查找资料很相似，只是原先需要在书里查找某个词语，现在变成了在搜索引擎中查找关键词。在互联网发布信息，相对于报纸、杂志等传媒要容易很多。报纸、杂志从编辑到排版，再到印刷都需要时间和相关人员的严格审查，而网页则非常简单，只要放在网上就行了。因此，利用互联网查找资料时，一个关键词往往可以查到很多网站。此时，我们就需要对这些网站及网站上的网页做一些选择，尽量选择那些具有专业水准或具有学术性的网站和网页。

利用互联网查找资料时，有时候会遇到查找不到资料或网站资料很少的情况。如果担心网站上的资料不太准确，就要想办法去核实。《读者》2010年第18期介绍了一个美国堪萨斯州4名女中学生为参加“国家历史节”竞赛而进行的“纳粹大屠杀中的英雄”历史课题研究。在确定研究一名救出2500个犹太儿童的“辛德勒”式的历史人物——“艾琳娜·森德勒”后，她们上网搜索“艾琳娜·森德勒”，发现只有两个词条，而且出自同一个网站：犹太正义基金会。犹太正义基金会主页对艾琳娜·森德勒的介绍中，提到了经她救出的犹太人数有2500个。为了确认艾琳娜·森德勒的救人数，她们向基金会发去了电子邮件询问，很快她们就收到回复确认人数无误。犹太基金会的回复增强了4个姑娘搞好课题研究的信心，不久，她们就凭借“瓶子里的生命”[①]的演示报告被推举参加了州级竞赛。

互联网上查找资料，具有快捷、方便、迅速的特点，对于一些载有有用资料的网站，最好能够将其网址收藏，以便今后再访问。资料查找好以后，可以把资料打印出来，或者摘录在文献卡、笔记本上。

(三)如何利用图书馆(包括数字图书馆)查找资料

通常情况下，互联网上的信息可以开拓我们的视野，但并不能满足我们撰写小论文的资料需要。比如，互联网可能会出现我们所需资料的图书或期刊的名称，但要想阅读这本图书或期刊，就必须去图书馆。美国著名小说《根》的作者，为了搞清楚美国非洲人的来源，查遍了华盛顿国家档案馆、国会图书馆、美国革命儿女图书馆的人口普查记录、缩微胶卷、图书资料；在伦敦，《根》的作者查找了 18 世纪 60 年代英国军队调遣记录、伦敦劳埃德船舶登记所的海运记录；在马里兰档案馆，查看了运奴船到达安纳波利斯港后的记录。[②]

传统图书馆收藏有大量的书籍、报刊和期刊等文献。进入图书馆，我们可以利用目录、索引、文摘等检索工具(这些工具本身也能够存储文献，是二次文献)来查找和获得所需要的文献。还可以通过文献的外部特征(作者名、书名、论文名、代码)和内容特征(主题词)等，找出与我们的研究问题相关的书籍、文章、专业论文，以及其他出版物。其中，使用最广的查找方法是主题、书名和作者。近年来，计算机检索已经取代传统的卡片目录式检索等方式，成为图书馆检索文献的主要方式。计算机检索还具有搜索范围、时间不受限制，速度快，在短时间内可以获取大量信息量的优点。在互联网的帮助下，人们坐在家中，轻轻点击一下鼠标，就可以登录到图书馆的主页实现图书检索。

在图书馆的检索主页上，输入主题词，就可以搜索到与论文主题有关的所有图书的信息，包括书名、作者、出版社、出版年和索书号。点击索书号以后，还可以获得该图书在图书馆内的流通信息，如“藏书部门”“流通状态”“应还日期”等信息。其中，索书号是所取图书的“地图”。每一种图书有一种索书号，它决定了每一册图书在书架上的位置。索书号一般包括两部分，如 G633.2/L997。第一部分“G633.2”称为“分类号”，是根据《中国图书馆分类法》(第四版)(简称《中图法》)中的学科主题取用的分类号码。《中图法》是目前我国各级各类图书馆普遍使用的一种图书分类法，包括马克思主义、列宁主义、毛泽东思想，哲学，社会科学，自然科学，综合性图书五大部类，22 个基本大类。“G”代表“文化、科学、教育、体育”这一基本大类，“63”代表基本大类中的“中等教育”类，“633”代表其中的“各科教学法、教学参考书”这一小类，后面的“.2”代表“政治”这一学科。斜杠后面的第二部分“L997”称为“著者号”，是按照图书作者姓名所编排的著者号码。著者号前面的“L”是第一著者中文姓名汉语

---

① 艾琳娜·森德勒将所救孩子的身份信息(犹太名字、波兰名字以及家庭地址)写在纸上放入瓶子里，她把瓶子埋在邻居家门口的一棵苹果树下，以便孩子们将来与父母相认。

② 李稚勇，方明生. 社会科教育展望[M]. 上海：华东师范大学出版社，2001.

拼音的首字母,后面的"997"是根据《中文图书汉语拼音著者号码表》查找到的按著者名字第一字的字头取定的号码。如郭沫若的"郭",表中"Guo"音节下列有14个号码,然后按"mo"的字头"m"取定"郭沫若"的号码是M92。采用索书号,可以将同一学科主题及同一作者所著图书集中在一起,方便读者查找资料。

(四)如何利用其他资源查找资料

除了可以利用图书馆的图书查找资料以外,还可以利用期刊、报纸、学位论文、重要会议论文等纸质文献,或其他非纸质文献查找资料。目前,许多图书馆都引入了清华同方开发的"中国期刊全文数据库""中国重要报纸全文数据库"等。点击这些电子数据库的名称,便可以进入数据库进行检索。中国期刊全文数据库中的检索项目有:主题、篇名、关键词、摘要、作者、第一作者、单位、刊名、参考文献、全文、年、期、基金、中图分类号、ISSN、统一刊号等,选择适当的检索项目,输入相应的检索词,便可以搜索到需要的资料。

查阅文献的具体方法有顺查法、逆查法、抽查法和追溯法。顺查法是以研究问题发生的时间为起点,逐年推进到新近出版的文献;逆查法与顺查法相反,从现在逐年回溯到过去的文献;抽查法是指选择某些发展迅速的研究领域或者研究成果较多的时期进行重点检索;追溯法是指以所掌握的文献或综述的引文和参考文献目录为查找线索,逐一查阅原文,再从这些原文所附的参考文献目录扩检,扩检到的文献还可以继续从所附的参考文献中进行二次扩大,像滚雪球一样,文献数量越集越多,对研究领域的了解也会越来越全面。

(五)采访

采访是一种就某些问题向专家请教以搜集资料的一种方法,其操作过程与注意事项见第六章定性资料的收集与整理中的"访谈法"。

第三节 文献摘录与做笔记

一、带着问题摘录文献与做笔记

在进入图书馆查找资料做笔记之前,一定要带着问题。如果没有问题引导你查找资料,进入图书馆以后你就会像无头的苍蝇一样到处乱撞。看看这本书,看看那本书,一天下来,竟然不知做些什么笔记。要么就恨不得把所有与自己题目相关的文章都复印下来。再者,没有问题引导,资料即使查全了也只能任作者堆砌在那里,不能发挥资料应有的研究价值。

有一次,笔者布置修学综合性实践活动设计课程的大学生查找世博会的资料,然后以"我看世博会"为题写一篇小论文。为避免学生重复查找资料,或有的世博会无人问津,笔者让班长按照学生人数将世博会平均分给每个人,这样,每位同学都可以分到几届世博会作为研究对象。一周后,有位同学交上来一篇题为"世博会主题的反思"的论文。论文是这样写的:

1970 年日本大阪世博会的主题是“人类的进步与和谐”。包括 3 个主题元素:人类、进步、和谐。其中“和谐”理念第一次出现在世博会主题中。大阪世博会的主题体现了日本的文化传统,反映了日本文化中和谐观念的内涵,将单一的“人”本位提升到“人·自然”共本位。

1974 年美国斯波坎世博会的主题是“无污染的进步”,此后,展现人类现代化成就的世博会开始转向关注环境问题。这次世博会,给人们上了深刻的一课,让人们反思人与环境的关系,而且世界环境日始自斯波坎,在环保命题下,人类需要思考生存危机,需要反省生活方式,需要弥补很多很多。……

……

每段的开头句式都一样,“19××年,××世博会的主题是……”,按照时间顺序,作者将 1970—1985 年历届世博会的主题及其含义一一罗列了出来,就凑成了一篇文章。粗看起来与网上关于历届世博会的解说没有什么两样。为什么一篇论文会被写成解说词?究其原因,在于作者在查找资料时脑子里面缺乏问题。

那么,撰写世博会主题的小论文应该查哪些方面的资料呢?既然论文的核心词或关键词是“主题”,就应当围绕“主题”做文章。如 1974 年美国斯波坎世博会的主题是“无污染的进步”,查找资料时就应该围绕以下问题展开:为什么会提出这样一个主题?这个主题是在一个什么样的时代背景下提出来的?围绕这一主题,1974 年的世博会展出了哪些控制污染的科学技术?本次世博会对后世的全球环境改善有何重要影响呢?等等,诸如此类的问题,非常有助于我们查找到有用和全面的资料。

艾弗莉·安·秦总结出了一个“5W+H”提问模式,[①]她认为可以编制一个 6 列的表格,在每列首行分别写上这 5 个“W”和“H”,再在表格中填写至少一个与你的论文题目有关的问题,如果表格里面没有问题,就把它空下来,因为有些题目在有些方面是不需要回答的。以“狗的交流”为例,这里的“谁”“什么时候”“在哪里”就不需要回答。该问题列表如表 11-1 所示。

表 11-1 《狗的交流》中的问题

什么?(What)	在哪里?(Where)	什么时候?(When)	为什么?(Why)	谁?(Who)	怎么样?(How)
狗是以哪些不同的方式进行交流的?			狗为什么吠叫?狗为什么咆哮?狗为什么摇尾?狗为什么舔人的脸?		狗怎样利用声音进行交流?狗怎样利用“肢体语言”进行交流?狗怎样利用面部表情进行交流(微笑和皱眉)?

①贝弗莉·安·秦.小论文写作 7 堂必修课——美国中小学生研究性学习特训方案[M].周凯南,译.北京:北京大学出版社,2009.

如果我们想做关于“国语运动”的小论文，那么，这个表格就需要这么填写，如表 11 - 2 所示。

表 11 - 2 《国语运动》中的问题

什么？(What)	在哪里？(Where)	什么时候？(When)	为什么？(Why)	谁？(Who)	怎么样？(How)
国语是什么？国语与汉语有什么关系？国语与普通话有什么关系？		“国语运动”发生于哪一年？	为什么要进行国语改革？	“国语运动”是谁发起的？ 哪些人或机构参与并推动了“国语运动”的发展？	国语改革是怎样发展的？ 普通话是怎样诞生的？

有这个表格的帮助，我们可以收集到做小论文需要的一些资料。有了这些资料，我们才能如同巧妇有了米面，才有可能利用这些资料完成小论文的撰写。

二、文献记录与做笔记的方式

(一)全文记录

全文记录，即将全文摘抄或者复印下来，在遇到与我们的研究问题密切相关或者对自己研究非常有启发性的重要文章时，我们一般采用这种办法。显然，复印比手工抄录更加省时省力，已经成为现代社会记录文献的一个重要手段。但“眼过千遍，不如手过一遍”，手工摘抄虽然费时费力，但在抄录的过程中我们的大脑总会不断地对文章进行理解、加工，这样，抄录者在抄录过程当中必然会形成对文献的深刻看法。因此，手工摘抄的优点是复印无法比拟的。

(二)目录记录

在正式查找文献之前，最好能够制作一个文献目录。就好比寻宝时的藏宝图，有了它的指引，便可以按图索骥，以最快的速度查找到有用的文献。在对文献进行登记时，最好将文献的相关信息摘录全面，并且按照文献的一般格式予以记录，各种信息之间用不同的标点符号，如“.”“,”或者“:”等隔开。

图书的一般格式为：

[序号]主要责任者.文献名[文献类型标志].出版地:出版者,出版年:页码.

[1]黎锦熙.国语运动[M].北京:商务印书馆,1935:2.

[2]钱玄同.汉字改革与国语运动[A]//钱玄同.钱玄同文集(第三卷)[C].北京:中国人民大学出版社,1999:26.

期刊文章的一般格式为：

[序号]主要责任者.文献名[文献类型标志].刊名,年,卷(期):起止页码.

[1] 王理嘉. 从官话到国语[J]. 语文建设,1999(6):22—23.

电子文献的一般格式为:

[序号]主要责任者. 文献名[文献类型标志/文献载体标志]. 出版年(更新或修改日期)[引用日期]. 获取和访问路径.

[1]江向东. 互联网环境下的信息处理与图书管理系统解决方案[J/OL]. 情报学报,1999,18(2):4[2000—01—18]. http://www.chinainfo.gov.cn/periodical/qbxb/qbxb99/qbxb990203.

[2]萧钰. 出版业信息化迈入快车道[EB/OL]. (2001—12—19)[2002—04—15] http://www.creader.13GB/T 7714—2005 com/news/20011219/200112190019.html.

(三)采访名录

[序号] 受访人,身份. 采访地点:详细地址. 采访年月及采访时间.

[1] 陶本一,《语文报》创始人. 上海:上海市桂林路 100 号上海师范大学六教 410 室. 2008 年 3 月 8 日上午 10:00 - 11:00.

文献目标表还可以作为参考文献使用,附于小论文后面。如果在一开始查找资料时就拟定了一个文献目录表,不仅可以缩短查找资料的时间,而且论文中如果确实引用了这个目录表中的文献,这些文献就可以作为参考文献,附于文章的后面。参考文献的格式可以参考(GB/T 7714 - 2005《文后参考文献著录规划》),但如果老师对参考文献的格式有其他要求,那么,就按照老师的要求对目录表中的文献格式略做修改。如果文章要投向某个杂志社,还需要按照该杂志对参考文献格式的要求对目录表进行修改。

(四)做笔记

一般来说,做笔记有三种形式:提纲、摘录和摘要,我们可以根据自己的研究需要选择其中一种。

提纲是对文中论点或基本内容进行简要概括,有时原文的摘要可以视为文章的提纲。摘录是指小篇幅地抄写原文,可以作为小论文直接引用的重要内容。我们需要注意摘录的内容在自己的论文中所占的比例不能太大,否则大段或者整篇抄录原文作者的原话,将会被视为剽窃。或者可以在所摘录的原文处加上引号,表示这些文字是别人的话。摘要是将切合自己研究所用的要点和内容,从第三者的角度,用自己的话简明扼要地概括文章的内容。摘要的长度不等,要尽可能浓缩文献的主要相关信息,同时还要注意包括所需的所有细节。

做笔记最好使用“自己的话”,不能一字不差地大段抄写文献作者的原话。摘抄时为什么要使用“自己的话”呢?一来要避免抄袭,如果满篇文章都是由别人文献中的原话堆砌而成,那么,你自己写的内容在哪里呢?二来,在摘抄文献时使用“自己的话”,就意味着你理解了文章的原意,而且也对文献信息进行了初步的思维加工。比如,看到文献中有这样的文字:“当狗在家里吠叫起来时,它通常是要告诉主人,‘有人来了!’”,可以记录为:“狗在家里吠叫就意味着‘有人来了!’”。再比如,看到“摇尾巴有不同的含义:‘嗨! 我很高兴见到你!’‘嗨! 想玩吗?’”,可以记录为“摇尾巴意味着狗很高兴见到你,或者想要跟你玩。”[①]还有一种笔记方法,那就是使用不完整的句子或者词组做笔记。将文献中你认为关键的词组或者句子找出来,记在笔记中备用。

以前,人们都是在纸质的笔记本或文献卡上做笔记。写得时间长了,就会手酸腰困。后来,有了复印机,人们都喜欢把需要的资料复印下来,以节约时间、精力。现在,电脑已经普及,许多人喜欢直接在电脑上做笔记。在电脑上做笔记,一种方法是创建 Word 文档。一篇文献的笔记资料创建一个文档,若干篇文献的资料就能够组建一个文件夹。还可以创建成 PowerPoint 演示文稿,一篇文献的资料可以占据一张或若干张幻灯片,若干篇文献的资料可以保存在一个 PPT 的文档中,好找又好阅读。在电脑上做笔记,看起来比手工笔记方便许多,但手工笔记的好处也是显而易见的。利用电脑中的笔记写作,受电源、电脑操作技术、工作场所等外部条件的影响和限制。而手工笔记只要有笔和纸两样东西,就可以完成记录。手工笔记都写在纸上,随时随地都可以查看和阅读,使用起来很方便。如果制作成文献卡片,就可以像打扑克那样,把文献卡片按照不同的主题或者顺序进行排列。那么,如何制作文献卡片呢?

三、编制文献卡片

文献卡片是指用来采集文献信息的纸质卡片,可以向图书馆购买,也可以自己制作。用废弃的硬质纸裁成 8 cm×12 cm 大小的卡片,在卡片的一面写上文献相关信息,另一面记录你所摘录的内容。下面以图书为例,展示一下文献卡片的样式,如图 11-1、11-2 所示。

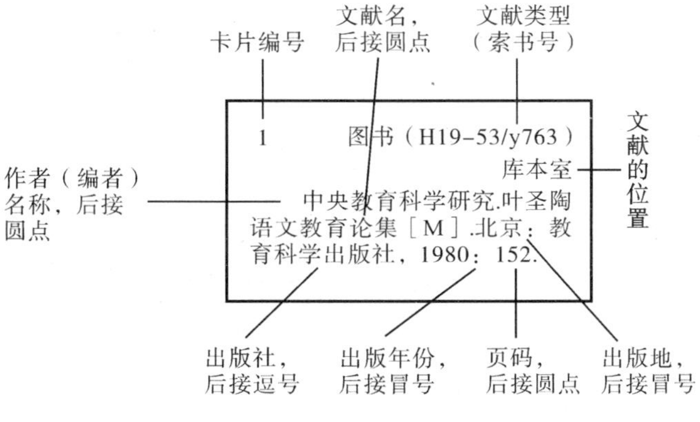

图 11-1 文献卡片的正面

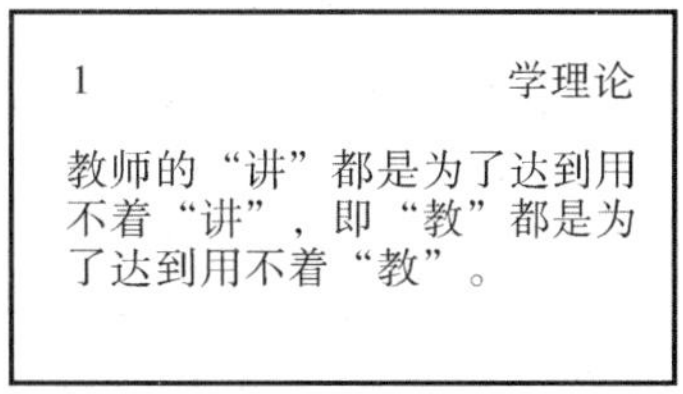

图 11-2 文献卡片的反面

---

①贝弗莉·安·秦.小论文写作 7 堂必修课——美国中小学生研究性学习特训方案[M].周凯南,译.北京:北京大学出版社,2009.

卡片的正面记录文献的详细信息，且每一个信息后面都要用不同的标点符号将其自身与其他信息隔开。图 11-1 所示的是图书的记录方式，期刊、报纸等的格式不再一一举例。卡片的背面记录你的摘录内容，不一定非要摘抄原文。比如，我们在该书第 152 页，看到叶圣陶先生对教师的教有这样的说法，便可以记录为图 11-2 中的那句话。

说到如何看待“讲”，我有个朦胧的想头。教师教任何功课（不限于语文），“讲”都是为了达到用不着“讲”，换个说法，“教”都是为了达到用不着“教”。

四、文献整理

（一）甄别资料

文献摘录一般围绕论文的题目和主题而来，因此，一定要选择那些与自己论文题目和主题十分贴切的资料进行阅读和摘录。如果对文献不加分辨，只要能沾上一点边的资料都搜集来，势必会增加文献整理的工作量。有时候，资料并不是搜集得越多越好。比如，当我们遇到自己特别感兴趣的图书或期刊时，就会把这个原则忘在脑后，随心所欲地摘录或复印资料以备后用。还有一种情况在初学者中很常见，当我们进入搜集资料程序时，还不太清楚或不太肯定自己需要什么资料，往往会搜集一大堆资料来。因此，对大多数初学者而言，在整理文献之前，一定要甄别资料，要在所搜集到的资料或文献卡片中选择“有用的”——跟论文题目或主题密切相关的资料。

近年来，由于互联网强大的搜索资料功能，互联网已经成为学生们首选的搜索资料工具或方式。当搜索到目标资料以后，他们会立即将其存入优盘、手机、mp3 或者电子笔记本中，然后再打印，或者直接在电脑上完成报告的撰写和 PowerPoint 演示文稿的制作。审阅学生的报告或 PPT 时，我们发现一个有趣的现象，那就是大多数学生喜欢尽其所能地在论文或 PPT 中展示他们查到的一切资料。比如，我们有 3 个大学生用 PPT 展示综合性实践活动《家里着火了怎么办？》的研究成果时，展示了从互联网上下载的一些材料。

◇ 乐山市重大火灾案例

◇家庭火灾案例（忘关电暖炉引燃客厅、孩童放火炮引发民房火灾、出门忘断电家中酿火灾）

◇ 2010 年全国火灾统计数据

◇ 火灾逃生方法

◇ 家庭火灾逃生办法

◇ 火灾隐患整改制度

◇ 常用小家电火灾预防措施（电吹风火灾的预防措施、电熨斗火灾的预防措施、电饭锅火灾的预防措施、教育孩子正确预防火灾）

◇ 若干（包括央视新建电视台、街道、商场、森林等）着火的图片以上所列资料，除了第二例、第五例、第七例以外，都与“家里着火”没有直接的关系，因此，这些资料应该予以删除。

(二)文献整合的方法

文献整合又叫文献整理，是研究者对自己掌握的文献进行分析、比较、综合和概括，从而形成对某一研究领域的科学认识的过程。

文献的整理是建立在文献记录的基础上，因此，文献记录工作的好坏直接影响文献的整理。而文献整理工作，有些类似于家务活动中的收拾衣物。每年换季之时，就是最忙碌的时候，我们需要将四季的衣物分别放入不同的整理袋，内衣、外衣、袜子、领带等还要在衣柜中各归其位。剔除无用的文献以后，文献整理的第一步就是要按照研究者的研究设计，根据文献的结构或者研究者自己的分类标准，将所搜集到的大量文献进行分类。比如上面的那个大学生综合性实践活动的例子中，删除与“家庭火灾”无关的资料以后，剩下的资料实际上就集中在家庭火灾的类型、家庭火灾的逃生办法、家庭火灾的预防措施 3 个方面。文献分类以后，然后再按照时间或者相互之间的逻辑关系，从自己的思路出发，对文献进行排序。有专家指出，①有六种基本顺序可以整理你所搜集到的文献卡片。

> 年代或时间顺序：即事件发生的先后顺序。这种顺序对于研究历史事件或者人物生平的论文来说最好用。
>
> 空间顺序：即地点或位置的顺序。这种顺序对于地理方面的论文，或者关于如何设计某个东西(比如一个花园)的论文来说最好用。
>
> 因果关系：即某事件或者某行为如何导致另一事件或行为的产生。这种顺序对于解释科学进程或历史事件的论文来说最好用。
>
> 提出问题/解决问题：即某问题和它的一种或几种解决方法。你可以用这种顺序来组织撰写有关环境问题的论文，如关于全球温室效应的论文。
>
> 比较和对比：即人、事物、事件、思想的相同之处和不同之处。
>
> 重要性顺序：即从最重要的方面开始，到最不重要的方面结束。或者反过来。

文献整合工作，可以在头脑中以缄默内隐的形式进行，也可以将复印来的文献或者文献卡片如同整理衣物一样，放在一起进行归类。有人认为，手上拿一叠文献或卡片，嘴里像《红楼梦》中的香菱学诗那样念念叨叨，有失体面。殊不知，对初学者而言，这是一种最有效的文献整理方式。笔者自己就是利用这一方法，开始自己的研究生涯的。当然，论文写得多了，取得一定经验以后，整理活动就可以全部在头脑中展开。

文献整理需要研究者对自己所掌握的文献进行创造性的思维加工过程，从而形成对研究问题的科学认识。这个创造性的思维加工过程可能依赖于研究者的思维能力，个人的研

---

①贝弗莉·安·秦.小论文写作 7 堂必修课——美国中小学生研究性学习特训方案[M].周凯南，译.北京:北京大学出版社，2009.

究经验，甚至个人的创造能力，是一个极其艰苦的脑力劳动过程。而文献整理是否成功，则会直接影响小论文提纲的建构甚至是论文质量的好坏。

第四节　拟写小论文提纲

一、传统作文提纲及其不足

传统作文非常重视提纲。叶圣陶先生认为“教学生练习作文，要他们先写提纲，就是要他们想清楚后写，不要随便一想就算。”那么，何为“想清楚”呢？叶先生认为：“为什么要写，该怎样写，哪些必要写，哪些用不着写，哪些写在前，哪些写在后，是不是还有什么缺漏，从读者方面着想是不是够明白了……诸如此类的问题都有了确切的解答，这才叫想清楚”。[①] 想得越清楚，就意味着提纲越详细，提纲越详细；也就意味着越容易写成文章。[②]

什么是提纲呢？一般中小学作文指导类书籍都认为，提纲是文章的骨架；提纲是文章的概要；提纲是写作的向导；提纲具有“提纲挈领”的作用，有了它，文章便可以“纲举目张”，可以使你的文章中心明确、层次清晰、条理性强。何时拟写提纲呢？有人认为，写作文的第一步是理解题目，拟提纲是第二步。这是就命题作文而言的。如果题目是自己拟定的，那么，第一步便是拟提纲。就好比盖房子之前必须勾画房子的草图或蓝图一样，在动笔写作之前一定要拟好提纲。一本写给小学生看的作文词典，对拟提纲是这么认识的：[③]写作文之前先勾画出文章的轮廓，搭出一个架子，对材料进行安排，把要写的东西用简单扼要的文字，拟出一个纲目式的计划，这个计划，就叫写作提纲。提纲应该在掌握充分材料的基础上拟定。提纲的拟法，可以分为两部分。[④]

> 第一部分，先列出文章的主题思想，因为这是整个纲目的标准。
>
> 第二部分，根据主题，全面规划一下：先从大的方面确定一下需要写哪几个问题？而每个问题中又要写出哪些项目？之后，就要想想，前后的次序应该是怎样的？哪些地方要具体些，哪些地方可以一笔带过？等等。
>
> 最后，拟好提纲以后，还要检查一下，看看提纲的内容能不能确切地表现主题思想。如果大于主题或者小于主题，便要改动，使之符合主题。

例如毛主席的《纪念白求恩》一文可以归纳成这样的提纲：

> 主题：纪念白求恩，学习白求恩的国际主义精神和毫不利己、专门利人的思想品质与工作态度。

---

①中央教育科学研究所.叶圣陶语文教育论集[M].北京：教育科学出版社，1980.

②康锦屏，郑永昌.高中语文解难手册[M].北京：中国社会出版社，1990.

③福欣.小学生语文词典(作文分册)[M].呼和浩特：内蒙古人民出版社，1999.

④张福深.作文的基础知识[M].石家庄：河北人民出版社，1957.

纲目:1. 开头:总的介绍

①白求恩是谁;

②来中国的目的;

③来中国的意义。

2. 白求恩的思想品质和工作态度

①毫不利己、专门利人;

②群众的反映。

3. 白求恩的事业心

对技术精益求精。

4. 结尾:号召纪念、学习白求恩

①悼念的心情;

②学习内容与目的。

——张福深. 作文的基础知识. 石家庄市:河北人民出版社,1957.

张福深指出,在拟写提纲时还需要注意:第一,纲目的粗细与繁简,既要根据文章的内容确定,也要看自己的需要。比如,有些重要的细节或文章中要突出的语句,大都可以列在提纲里面。第二,在按照提纲撰写文章时,不可拘泥于提纲,或者迁就提纲。提纲只是写好文章的一种有效手段,绝不是写文章的目的。第三,提纲拟得好,写出的文章却不好的情形是有的。

关于提纲的类型,从其载体可以分为两种:一种是写在纸上的,另一种是写在心里的。写在纸上的提纲一般由文章的中心思想和各部分、各段落的基本内容组成。例如,中小学常见作文《我的老师》,其提纲可以拟为:

我的老师

中心思想:通过老师关心我的几件事进行记叙。表现老师关心学生的高贵品质。

段落安排:

(1)开头,概述老师的情况,提示中心。

(2)中心部分:写老师关心我的三件事情

a. 写我原来成绩差,听课不认真,老师给我补课,提高了我的学习成绩(详写)。

b. 写老师关心我的生活。一次天气突然变冷,我的衣服穿少了,老师将他的毛衣给我穿(稍详)。

c. 写有一次我在学校里得了疾病,老师立刻送我进医院治疗(稍详)。

(3)结尾(略)。

(张福深. 作文的基础知识. 石家庄:河北人民出版社,1957.)

因此,作文中段落提纲大致的格式可以概括为:写作的题目、中心思想、各段的主要内容、在段落后注明详写或略写处。这个格式是从记叙文中概括出来的,但同样适用于议论文和说明文。比如，在议论文中，以上格式中的第二部分“中心思想”就变成了中心论题或文章的主旨，第三部分“各段的主要内容”变成为了实现论证论点而提出的论据。

从上面可知，传统作文的提纲是以中心思想为核心，统领各个段落。然后，根据需要，再设置不同的段落，分别从不同方面对中心思想进行或详或略的阐述。设置几个段落，每段会应用哪些素材，先写什么，后写什么，也是拟写提纲时应该考虑的问题。至于提纲的书写格式，则很少论及。而小论文提纲的书写格式、内容与作文是有很大区别的。

二、小论文提纲的拟写

国内作文理论的书籍，在讨论作文提纲时，常常是将其分为记叙文、议论文和说明文三种文体予以分开讨论，且只讨论提纲的内容，而鲜有同时对作文提纲书写形式进行讨论的。就连国内最早开展“小论文写作课”的北京大学附属中学的吴祖兴老师，也发现了学生最初形成的论文提纲往往只是材料的罗列，缺乏鲜明而新颖的论点。需要教师做深入的具体指导，帮助学生通过对材料的分析与归纳，有针对性地提出新颖而又有实际意义的论点。但教师如何指导学生提炼论文的论点和编写论文提纲呢？吴祖兴老师并没有就此做出深入的解释。① 因而，迄今为止，理论界也未能就三种文体的提纲形成一个统一的书写格式。

有学者指出，小论文的提纲相当于一个列表，里面列出了作者在论文主体部分要讨论的所有观点，以及用于支持观点的细节（事例或例子）。常见的提纲形式包括：②最主要的观点（一级标题），要用汉字的数字来进行编号；次重要的观点（二级标题），内缩两格，用代圆点（原文为句点）的阿拉伯数字来编号；支持性的观点（即细节内容），再内缩两格，用带括号的阿拉伯数字来编号。如：③

小论文提纲

□□一、一级标题

□□□□1. 二级标题

□□□□□□□(1)细节

□□□□□□□(2)细节

□□□□2. 二级标题

□□□□□□□(1)细节

□□□□□□□(2)细节

□□□□□□□(3)细节

□□□□3. 二级标题

---

①吴祖兴. 小论文写作课的尝试[J]. 教育科学研究，1995(6)：32－34.

②贝弗莉·安·秦. 小论文写作7堂必修课——美国中小学生研究性学习特训方案[M]. 周凯南，译. 北京：北京大学出版社，2009.

③以下示例中的标题、每行中的空格为后加，原文中没有。

□□□□□□(1)细节

□□□□□□(2)细节

□□二、一级标题

□□□□1.二级标题

□□□□□□(1)细节

贝弗莉还举出了一个例子详细地阐释了如何拟写小论文提纲。比如《狗的交流》这篇小论文,通过整理所查阅大量关于狗的各种与人或其他动物交流的文献,可以将提纲拟为:

一、狗是怎样用声音交流的

1.吠叫

(1)在陌生人靠近时开始吠叫

(2)辨认出陌生人时停止吠叫

2.怒吼和咆哮

(1)说明狗生气了

(2)可能有危险

3.哀鸣和呜咽

(1)狗不高兴

(2)狗生病了

4.嚎叫

(1)常常由火灾警报或者乐器的声音引起

(2)和狼相互嚎叫一样

二、狗是怎样用面部表情交流的

……

假如我们想撰写一篇题目为《鸟类的起源》的小论文,我们先要在图书馆查阅专业性的著作,如郑光美所著的《鸟类学》(北京师范大学出版社,1995版)和沈银柱所著的《进化生物学》(高等教育出版社,2002版)等;接下来可以在Baidu、Google等搜索引擎上搜索关于鸟类起源的一些资料和图片;然后就其中的一些问题访问当地大学或科研单位的一些专家。每一次查找资料时,都要做文献卡片。通常情况下,我们要在一边搜集资料,一边制作文献卡片的同时,阅读并理解文献内容。在充分阅读、理解这些文献内容的基础上,构思提纲的内容。如,我们可以提出以下提纲:

鸟类的起源

一、鸟类的出现

1.鸟类出现的地质年代

2.鸟类出现的进化意义

二、鸟类起源的假说

1. 槽齿类起源说

2. 鳄类的姊妹群学说

3. 兽脚类恐龙起源说

(1)学说内容

(2)鸟类起源于恐龙的证据

传统作文与小论文提纲既有相同之处,又有不同之处。从上面的例子可以看出,传统作文与小论文的提纲是有一些区别的。而明确这些区别,则可以帮助我们更好、更快地从传统作文拟提纲的思维模式中解放出来,学会拟写小论文提纲。首先,传统作文的提纲与小论文的提纲一样,都是采用"总一分"的形式,先提出文章的中心思想或主要观点;然后,再分成若干段落从不同角度对文章的主旨进行阐述。不同之处在于,传统作文的提纲并不重于强调段落之间在逻辑上的层级关系。而在小论文的提纲中,可以明确看出上一层与下一层之间属于包容和被包容的关系,同一层的内容属于并列关系。由提纲转化为文章,在小论文写作方面是有一定规律的。贝弗莉指出,起草论文时,一级标题通常会代表一个段落的主题句,统领一个段落。一篇论文所需要的段落至少要两个;而二级标题通常代表阐释段落主题的次一级的主题句,一个段落所需要的句子一般也不会是一个,需要至少两个细节来支撑一个观点。

还有一个最大的区别,传统作文中提纲的主要内容来源于日常生活中积累的"素材"。在记叙文中,"素材"可以是作者本人经历的事情,也可以是他人经历的事情。在议论文中,"素材"源自名人名言、名人事迹、具有典型性和代表性的事实、数字等。叶圣陶先生认为,文章的写作源头就是我们的充实的生活。生活充实,才会表白、抒发出真实的、深厚的情思来。那么,什么是"生活充实"呢?叶先生认为应是"阅历得广,明白得多,有发现的能力,有推断的方法,情性丰厚,兴趣饶富,内外合一,即知即行,等等",[①]换句话讲,生活充实就意味着得多经验。要经验丰富,就应该有意地应接外物,常常持有一种观察的态度。所以随时随地地留意观察,是扩充经验的不二法门。因此,要想作文写得好,"写出诚实的、自己的话",就必须留意观察生活,积累生活,这一写作理念被奉为写作教学的圭臬,同时也被写入了中华人民共和国成立以后的中小学语文教学大纲或课程标准等课程文件中。

但是,是不是每个学生都对教师布置的作文题目有"充实的经验"呢?如果作者没有充实的经验,却又要在短短的两节作文课的时间内完成命题作文,除了胡诌虚构还有别的方法吗?国家总督学顾问、教育家陶西平曾抨击中小学作文教学中的弊端。他说,现在的中小学教师在作文教学中教学生"母亲都是善良的",所以每个孩子都写了一个虚拟的母亲。[②] 学生

---

①中央教育科学研究所.叶圣陶语文教育论集[C].北京:教育科学出版社,1980.

②赵志疆.标准化作文,"妈妈"只能脸谱化[EB/OL].(2009-11-04).[2009-11-04].http://www.chinanews.com/edu/edu—jysp/news/2009/11—04/1946335.shtml.

作文撒谎，这一现象时至今日愈演愈烈。2010 年 4 月 17 日的《成都商报》第四版以《40 多个娃娃写"危机时刻"，30 多个智斗人贩小偷》，揭示了作文教学中的弊端。这究竟是谁的错呢？传统作文理论倡导写作源于生活，但对如何鉴别生活的真实性却束手无策。换句话讲，学生作文中写到的生活，甚至是议论文中列举的一些论据，其真实性并不要求要在文章中予以证明，因而就给作文造假留下了可乘之机。

小论文的提纲非常强调写作所使用的材料，要有一个确定的出处。论文中所涉及的材料，或者来源于文献资料，或者来源于网络，或者来源于自己的调查访谈，或者来源于科学实验。在写作前，学生就需要付出艰苦劳动去查阅文献、记录文献、整理文献。比如，下面的例子中，对每一个数据的来源，每一个定义的来源，都做了标明。

文盲，是个问题吗？

在世界上的许多国家，15 周岁以上不识字的人被称为文盲。通常教育发达地区，文盲的问题已经不再是问题。例如，新加坡。①新加坡是一个岛国，人口数量只有约中国的 1/300，2013 年教育预算竟然达到了 116 亿新元，大约是中国教育预算的 1/7（以当时 4.85 的兑换率计算），理论上讲已经消除了文盲。

在中国，从新中国成立以后，我国政府一直致力于扫除文盲。改革开放以来，人们普遍认为我国已经消除了文盲。但根据中华人民共和国 2020 年开展的第七次人口普查的数据，②我国人口总数为 14.43 亿，31 个省、自治区、直辖市和现役军人的人口中，文盲率为 2.67%，比上一次 2000 年人口普查的文盲率 4.08%下降了 1.41%。

事实上，扫盲的任务依然艰巨。随着中国经济的发展，越来越多的农村青年去城市打工，与 2010 年第六次人口普查相比，2020 年城镇人口增长了 14.21%，流动人口增长了 69.73%，达到4.9 亿。③大量农村人口涌进城镇，包括数以万计的还没有完成义务教育的青少年，以及成千上万将孩子留给祖父母抚养的年轻父母。那些进入城镇，尤其是进入城市的未成年人不得不在工厂打工，却不能接受教育和培训，从而变成了文盲。而绝大多数留守农村的儿童因为诸多原因，如去很远的地方上学，或者缺乏父母关爱，或没有学费等诸多原因，最终失学而成为文盲。目前，我国的文盲人口为 3775 万人，虽然降到了历史最低点，但由于人口基数大，文盲的总数还在世界前列。

2001 年，联合国教科文组织发布了对文盲标准的新定

①纪赟，新加坡教育的现状与未来，联合早报，2013 年 7 月 22 日.

②中华人民共和国国家统计局，2021 年第七次全国人口普查公报(2021 - 05 - 11).[2021 - 10 - 11]. http://www. gov. cn/tjsj/tjgb/rkpcgb/qgrkpcgb/202/106/t20210628_1818821. html.

③同②.

④谷子，联合国重新定义新世纪文盲，中小学教材教学，2002 年第 7 期第 5 页.

义:④第一类是不能读书识字的人,即传统意义上的老文盲;第二类,不能识别现代社会符号的人;第三类,不能使用计算机进行学习、交流和交际的人。根据联合国的这个定义,即便是北京这样的发达城市,新时代科技文盲的数量也会很多。近年来,随着网络购票,手机查询健康码和行程码,不会使用手机进行交流和交际的人越来越少。但是,使用手机进行移动学习的人口数量在短时间内并没有上升。

文盲的大量存在势必影响我们国家经济和社会的发展。为了应对新世纪的挑战,促进经济和社会的健康发展,避免传统文盲数量和高科技时代新文盲数量的增长,我们必须正视文盲问题,加强扫盲教育工作。第一,应加强义务教育的监督和检查,最大程度杜绝农村留守儿童的失学;第二,应在青少年集中打工的工厂开设文化学习班;第三,应在全社会范围内普及计算机学习、交流和交际技术。

扫盲任重而道远,让我们携手,为消除文盲而共同努力!

写作后,还需要在文章后面列举出参考文献,并且用一定的格式将参考文献写出来,以方便阅读和进一步研究,同时也显示小论文非作者一人杜撰,而是集前人研究观点和研究成果之大成。这样,就能够有效避免论文内容的造假。

第五节　撰写小论文

小论文的写作不同于传统作文写作。小论文写作时要坚决摒弃传统作文的写作套路,采用平实、严谨的语言,将自己对某一题目或问题所做的研究按照一定的顺序陈述清楚。

一、起草小论文的初稿

一篇小论文,其结构一般包括导言、正文和结尾三个主要部分和附录(参考文献)部分。

导言,即小论文的开头部分,位于小论文的主干内容正文之前。如果研究之前曾经做过研究计划,那么,可将研究计划中的"导论"略做修改作为小论文的开头。导言无须写"极为华美流利"的"排比",也无须给"阅卷老师惊艳之感"。在论文开始写一段导言,可以实现两个目的:一要吸引读者的注意;二要给出论文的主题句——整篇论文的中心思想。论文的主题句可以在一开始就给出,也可以在一段话的中间给出,还可以在一段话的结尾时给出,具体主题句何时给出,这将取决于你的导言是如何设计的。如何吸引住读者的注意呢?有学者指出,可以把题目和自身经历联系起来;或以引人或惊人的事实开头;或让读者知道他们将要了解的一些有用的知识。例如:

“碧玉眼睛云母翅,轻如粉蝶瘦于蜂。坐来迎拂波光久,岂是殷勤为蓼丛”,这是我国唐朝诗人韩偓的一首《蜻蜓》诗,你还知道哪些与蜻蜓有关的古诗词呢?让我们一起来研究一下与蜻蜓有关的古诗词吧!

今年的11月15日下午,上海市一幢28层教师公寓发生大火。50多人不幸遇难,其中住在二楼的一家三口躲在卫生间里被活活烧死。二楼距离地面很近,可是却有人因为不懂得火灾逃生自救的方法而丧失生命。

也可以从提出问题入手开始论文写作。例如:

目前,绿色食品很受人们的喜欢。你知道它们是怎么生产出来的吗?

正文,即小论文的主体部分,也是文章的重要部分,位于导言之后结尾之前。正文的写作要求遵循四个原则,一要切题,二要有组织性,三要有说服力,四要通顺。切题,即要围绕论文的题目来写,不能脱离文章的题目信马由缰;有组织性,即要按照提纲的合理顺序安排各个段落的内容,并且要使相邻两个段落在内容上有一定的逻辑联系。提纲中的一级标题可以作为段落内容的主题句,二级标题则是支持主题句的“目”。假设我们在做《鸟的起源》的小论文,其中有一个段落的主题句是“鸟类起源的假说”,那么,这个段落的全部内容应该围绕“关于鸟类起源的几种假说”而展开,下面有几个二级标题,文章就要介绍几个假说。在二级标题以下,还有三级标题“鸟类起源于恐龙的证据”,这就是支持兽脚类恐龙起源说的细节或证据。文章写起来以后,不能像列提纲那样罗列标题,而是要使用一些过渡语句,如同穿珍珠那样,将这些标题有组织地串连在一起,连成一个段落。有说服力指所提供的细节或证据不是虚假的、捏造的,都有各自的文献来源,最终才能使写出来的文章令读者信服。通顺指正文写好以后,读起来自然、流畅,而且不别扭,没有用词不准、词不达意或句子不通的毛病。

结尾,位于文章的最后一个段落。其作用在于对文章的主要观点进行总结。结尾的语句要简洁、概括,不多用一个不必要的字。

参考文献,位于正文之后。在撰写小论文时,要注意对文章中所引用材料的出处予以及时标注。材料的出处信息包括作者、文献题名、刊物或出版社名称、时间等,在每一个信息和信息之间要用适当的标点符号将其间隔开来。有时候,还需要对文献的类型予以标注。在中小学阶段,只要将文献信息写清楚就可以了,无需对文献的类型进行标注。比如上文《文盲,是个问题吗?》文后的参考文献整理如下:

①纪赟.新加坡教育的现状与未来[N].联合早报,2013-7-22.

②中华人民共和国国家统计局.2021年第七次全国人口普查公报[R].(2021-05-11)[2021-10-11].http://www.gov.cn/tjsj/tjgb/rkpcgb/qgrkpcgb/202/106/t20210628_1818821.html.

③同②.

④谷子.联合国重新定义新世纪文盲[J].中小学教材教学,2002(7):5.

论文中的引文有两种标注方式，一种是在句末的右上角插入参考文献的脚注或尾注编号，另一种是采用行中注(夹注)的方法。如果在电脑上写作，做脚注和尾注时可以利用Word文档中"插入"工具栏中的"引用"，在页面的底部插入脚注，或在文章的最后插入尾注。参考文献的格式可以参见前面的"目录记录"。参考文献的排序，如果是脚注，一般选择每页重新排序。如果是尾注，则有两种排序方式，一种是按照参考文献在文章的引文中出现的先后顺序，对参考文献进行排序；另一种是按照参考文献著者姓氏的汉语拼音顺序进行排序。夹注是指在引文之后直接用括号的形式注明引文的来源，行中注可以使读者对引文形成直观的印象。其格式为："(著者姓名，年份)"或"(著者姓名，页码)"。集体著述的文献可标注机关团体名称，如果所引文献有多位著者，对中国著者应标注第一著者的姓名，其后附"等" 字，姓氏与"等"之间留适当空隙。对欧美著者只需标注第一个著者的姓，其后附"et al"。如所引文献引自同一著者在同一年出版的多篇文献时，出版年后应用小写字母 a、b 加以区别。

二、小论文的修改

俗话说"好文章是改出来的"，这话同样适用于小论文的修改。关于修改，毛主席曾说：①

> 孔夫子提倡"再思"，韩愈也说"行成于思"，那是古代的事情。现在的事情，问题很复杂，有些事情甚至想三四回还不够。鲁迅说"至少看两遍"，至多呢？他没有说，我看重要的文章不妨看它十多遍，认真地加以删改，然后发表。文章是客观事物的反映，而事物是曲折复杂的，必须反复研究，才能反映恰当；在这里粗心大意，就是不懂得做文章的起码知识。

小论文的修改包括两部分，一是对论文的内容进行修改，二是对论文的语言运用情况进行检查和修改。有人曾指出传统作文中的记叙和论说文章最常犯的毛病有：②

> 1. 不真实，不具体；2. 片面，武断；3. 条理不清，中心不突出；4. 重点简略，枝节繁多；5. 用词随便，词不达意；6. 啰唆重复，句子不通。

可以把这几条作为经常修改文章的内容。前四点说的就是内容上的毛病，后两点涉及语言运用上的毛病。小论文的修改与传统作文的修改有类似之处，也有不同之处。

小论文中的材料一般都具有真实和客观性，这一点不容置疑。小论文的写作是建立在作者对文献资料的研究基础上的，材料不是作者自己杜撰的，而是来自不同的参考文献或者作者亲身的调查访谈。因此，只要是作者认真地阅读过参考文献，并且参考文献都是正式出版或在公开场合发表过的，那么作者所采撷到的材料可以看作是真实有效的。还有，如果材

①毛泽东. 毛泽东选集(第三卷)[C]. 北京：人民出版社，1991.
②张福深. 作文的基础知识[M]. 石家庄：河北人民出版社，1957.

料来自作者亲身调查访谈，而不是虚构的调查访谈，其材料也是可以看作真实有效的。小论文就是要表达作者的个人观点和认识，而个人的观点和认识总会带某种“片面性”和“武断性”。如果作者在正文中能够利用已有的文献资料证明和阐述其观点和认识，那么，文章就算不得片面和武断。我们来看一下关于片面观点的论争实例。Google 的经营信条是“永不为恶”，2008 年 11 月，美国罗森克兰茨基金会就 Google 公司的这一经营信条在曼哈顿举办了一场 Google 善恶大辩论。[①] 来自弗吉尼亚大学的助理教授希瓦・维迪亚那桑认为 Google 背负了七宗罪所述的所有罪孽：淫欲、饕餮、贪婪、懒惰、愤怒、嫉妒、傲慢。而一位名叫杰夫・加维斯的人为 Google 辩护，认为 Google 具有八大美德：Google 向世人开放世界的所有知识、Google 尊重社会大众的智慧、Google 采纳大众的智慧并将它归还我们、Google 将人们紧密联系起来、Google 是一个能够让我们发挥创造性的平台、Google 的广告助我们成功、Google. org 企图解决全球能源和变暖问题、Google 有一套对待员工的新模式。辩论结束后，主办方要求观众表态，结果显示双方势均力敌：47％的观众认为 Google 遵守了它的经营信条，47％的观众则持反对意见，另有 6％的观众没有做出任何表态。

为了证明自己的观点和认识，作者可以采用大量的支持性材料，有时候就会“枝节繁多”。所以，小论文修改的重点应当放在“条理不清，中心不突出”的问题上。要做到小论文的“条理清晰”，首先，提纲就要拟定得“条理清晰”。还有，可以检查论文的各个部分是否起到了各部分应有的作用。比如，导言有没有做到吸引读者的兴趣？有没有清楚地表达出文章的中心思想？正文部分，有没有切中正题？各个段落之间是否组织在一起了？每个段落的主题句是否得到了充分的细节支持？有没有使用过渡句？各个段落的说服力如何？论文的结尾是否对文章的主要观点进行了总结？等等。

接下来要对论文的语言运用情况进行检查和修改。总体来看，小论文的语言要通顺，读起来要自然、流畅，不别扭。要做到这一点，首先要检查小论文中的字词句使用是否恰当？有没有错别字？句子的语法结构是否完整？结构助词(的、地、得)是否使用规范？“把”字结构和“被”字结构是否使用正确？句子之间的连词使用是否合适？用词是否有重复、啰唆？其次，要检查标点符号的使用情况。

鲁迅先生说文章得至少看两遍，毛主席说文章至多要看十多遍。也就是说，文章的修改不是一蹴而就的事情，需要反复几次才有可能改出一篇好文章。常用的方法是写好文章之后，将文章放在一边，过一两天后再看看。还有一种办法是请别人阅读自己的文章并提出意见。可以请自己的父母家人，也可以请同学、老师帮助提修改意见。

三、小论文的校对

经过几次修改之后，小论文逐渐变得语句通顺、结构合理。但在准备提交给老师或给杂

---

①索尼・汉塞尼. Google：恶还是善[J]. 庞启帆，译. 青年文摘，2009(7)：43.

志社投稿之前，还需要做最后的修改，尽最大努力使论文变得无可挑剔。如果是手写，修改稿就需要几易其稿。誊写文章时要注意字迹工整，并将誊写错误降至最低。如果是在电脑上写作，文章的修改和校对都在电脑上进行。但最后的校对必须在打印出来的文稿上进行，这时，你可能会发现许多之前未曾发现的错误或遗漏之处。完成打印稿的校对之后，一定要对着电子文档将修改过的地方一一更正。

修改和校对小论文时，正确使用校对符号可以提高修改效率。新课改各个版本的中小学语文教材中，都设立了专门的栏目介绍修改符号。这里介绍一些常用的校对符号及其使用方法。1994 年 2 月 26 日，经中华人民共和国新闻出版署批准，并于 1994 年 10 月 1 日实施了《中华人民共和国国家标准(GB/T14706－93)校对符号及其用法》。该标准规定了适用于中文(包括少数民族文字)的各类校样以特定图形为主要特征的、表达校对要求的符号。常用的如表 11－3 所示。

表 11－3　常用校对符号一览表

常用符号	符号形态	示例	校对后的文字
改正		好文字是改出来的　章	好文章是改出来的
删除		好文章是修改出来的	好文章是改出来的
增补		好文是改出来的　章	好文章是改出来的
对调		好文章改是出来的	好文章是改出来的
转移		文章的修改 要重视	要重视文章的修改
接排		首先要检查字词句的使用 其次，要检查标点符号的使用	首先要检查字词句的使用，其次，要检查标点符号的使用
另起段		完成了任务。明年	完成了任务。 明年……

校对的最后一道工序，是参考文献的校对。大致浏览一下文章，看看参考文献在文章里和文章后的标注是否统一。参考文献的信息是否全面、正确。参考文献是否按照一定的顺序排列。参考文献的格式是否符合老师或者杂志社的要求。

第六节　提交论文

校对好的论文，经过最后一次誊写或打印出来以后，就可以提交了。提交的方式有两种，一是提交纸质文本，二是向同学演讲。

一、纸质文本的提交

提交纸质论文的文本时，应当在文本前面另加一个封面。封面写上自己的论文题目和名字，然后将论文装订起来。特别注意的是，无论是手写还是打印的论文，都要保持页面的整洁。

二、向同学演讲

当你计划给同学演讲时，就需要考虑是否需要借助一些仪器设备。如果演讲的地方或教室没有多媒体设备，那么，你就需要做好文字演讲稿或笔记卡。文字演讲稿或笔记卡脱胎于你的论文，只是比论文更简略和概括。上面摘记着论文的要点和提纲，以及一些重要的细节和有说服力的话语。

如果使用多媒体设备来演讲，就需要做好 PPT 的演讲稿。为了增强演讲效果，在 PPT 的演讲稿中，你可以插入大量的图片、表格等来丰富演讲的视觉效果。需要注意的是图片下面、表格上面一定的位置题上文字，对它们的内容进行说明，并记得标注它们的出处。关于如何制作 PPT 演讲稿，大家可以参考市面上的相关书籍，这里不再赘述。

本章小结

本章重点介绍小论文的写作程序与方法，从六个方面对此进行阐述：第一，阐述小论文的含义与特点：第二，在介绍文献基本类型的基础上，详细介绍资料查找的方法；第三，介绍文献摘录与做笔记的一般步骤；第四，在分析传统作文提纲不足的基础上，结合实例重点介绍小论文提纲的结构，为拟写小论文提纲提供思维依据；第五，阐述小论文撰写的一般程序，包括初稿的起草、修改和校对；第六，简要介绍小论文的提交。本章系统叙述小论文的写作及其相关内容，从理论到实例分析，企图破解小论文的写作密码。

思考题

1. 研究性小论文的特点是什么？请举例说明。
2. 文献的类型有哪几种？如何进行文献资料的查询？请简要叙述。
3. 关于文献摘录的方法有哪些？各有何优缺点？请做比较与对比。
4. 从本书第三、四章介绍的各学科小论文中选择一个题目，搜集文献，撰写一篇小论文。